中国金融四十人论坛

CHINA FINANCE 40 FORUM

致力于夯实中国金融学术基础，探究金融领域前沿课题，
引领金融理念突破与创新，推动中国金融改革与发展。

中国金融四十人看四十年

陈　元　黄益平
——主编——

中信出版集团 · 北京

图书在版编目（CIP）数据

中国金融四十人看四十年 / 陈元，黄益平主编 . --
北京：中信出版社，2018.10（2019.11 重印）
（中国金融四十人论坛书系）
ISBN 978-7-5086-9385-9

Ⅰ . ①中… Ⅱ . ①陈… ②黄… Ⅲ . ①金融业－成就
－中国－ 1978-2018 Ⅳ . ① F832.97

中国版本图书馆 CIP 数据核字 (2018) 第 196346 号

中国金融四十人看四十年

主　　编：陈　元　黄益平
出版发行：中信出版集团股份有限公司（北京市朝阳区惠新东街甲 4 号富盛大厦 2 座　邮编　100029）
承 印 者：北京楠萍印刷有限公司

开　　本：787mm×1092mm　1/16　　印　　张：30.5　　字　　数：310 千字
版　　次：2018 年 10 月第 1 版　　印　　次：2019 年11月第 4 次印刷
广告经营许可证：京朝工商广字第 8087 号
书　　号：ISBN 978-7-5086-9385-9
定　　价：78.00 元

中国金融四十人论坛书系
CHINA FINANCE 40 FORUM BOOKS

“中国金融四十人论坛书系”专注于宏观经济和金融领域，着力金融政策研究，力图引领金融理念突破与创新，打造高端、权威、兼具学术品质与政策价值的智库书系品牌。

中国金融四十人论坛是中国最具影响力的非官方、非营利性金融专业智库平台，专注于经济金融领域的政策研究与交流。论坛正式成员由40位40岁上下的金融精锐组成。论坛致力于以前瞻视野和探索精神，夯实中国金融学术基础，研究金融领域前沿课题，推动中国金融业改革与发展。

自2009年以来，“中国金融四十人论坛书系”及旗下“新金融书系”已出版100余本专著。凭借深入、严谨、前沿的研究成果，该书系在金融业内积累了良好口碑，并形成了广泛的影响力。

前 言

今年是中国改革开放40周年，也是中国金融四十人论坛（CF40）创立十周年。论坛秘书处邀请论坛成员和学术顾问撰文回顾中国金融改革与开放的历程、展望未来，既是对改革开放40周年的纪念，也是共同庆祝论坛走过第一个十年。

2008年4月12日，中国金融四十人论坛在北京成立。当时，全球金融危机正逐步走向深渊，中国经济增长的步伐也不断放缓。从成立之日起，中国金融四十人论坛就矢志做中国最好的金融专业智库。十年来，论坛成员们牺牲了无数的周末休息时间，闭门研讨有关中国金融市场与政策的问题。从金融体制改革到金融业开放、从货币政策到汇率政策、从影子银行风险防范到资本市场改革，论坛成员们几乎在所有重大政策问题上都发出了声音、提出了政策主张，其中一些政策建议为金融主管部门提供了重要的参考。与此同时，论坛也经常性地受到决策部门的委托，组织各类政策研讨与沙盘推演。发展至今，中国金融四十人论坛已经成为中国最具影响力的金融专业智库。

* 作者系CF40学术委员会主席黄益平，2018年9月20日。

中国金融四十人论坛的许多成员与学术顾问对中国金融改革的观察与影响在论坛成立之前就开始了，有的甚至始于改革开放的初期。1978 年 12 月，党的十一届三中全会在北京召开的时候，中国只有中国人民银行一家金融机构。在随后的 40 年间，中国的金融业迅速发展、壮大，取得了惊人的成就，也产生了严重的风险。

也许是个巧合，如果以中国金融四十人论坛的成立为界，我们可以把中国改革开放的历程分为两个阶段。2008 年之前，中国经济持续高速地增长，经济结构失衡的问题十分突出，特别是投资率和经常项目顺差不断走高、消费疲软，金融部门虽然发生了不少风险因素，但总体保持了稳定。而 2008 年之后，经济增长速度不断放缓，经济结构再平衡已经发生，国际收支已经相对平衡，消费则已经成为支持经济增长的主力，与此同时，系统性金融风险成为最大的挑战之一。

与世界各国特别是其他中高收入水平的经济体相比，中国的金融体系确实有不少独特之处。一方面，中国的金融机构种类齐全、数量繁多，金融资产的规模也非常庞大。银行、保险、证券等机构几乎应有尽有，四大国有商业银行每年都名列世界前茅，广义货币供应量与国内生产总值之比在全世界排在第三位。即便是国内发展相对滞后的股票与债券市场，其市值在全球也分别排在第二与第三位。与发达经济体相比，中国金融市场中最为欠缺的可能是衍生品市场。另一方面，市场机制尚不能在金融资源的定价和配置中发挥决定性的作用，政府部门对利率、汇率、资金配置、跨境资本流动的干预还十分普遍，几乎所有的大型金融机构都是由国家控股。

简单地概括，在改革开放的40年间，中国建起了一个规模庞大的金融部门，但政府对这个部门的干预程度仍然很高。

这本书中的很多文章可以帮助我们理解中国的金融改革是如何走到今天这一步的，特别难得的是，本书的很多作者都是这些改革的亲历者。他们用第一手的资料为我们讲述商业银行是怎样从一个单一机构演变成今天这个庞大的部门，银行的商业化改造又经历了什么样的挑战与变迁；资本市场如何从无到有，一步一步地走过各种困境，化身为今天市值巨大但市场机制尚不健全的各种交易平台；货币政策怎样从原来的直接控制变成间接调控，又如何从数量调控走向价格调控；汇率政策、人民币国际化和金融开放又走过了怎样惊心动魄的改革与调整阶段。

当然，理解过去的目的是为了更好地展望未来，特别是创造一个更好的未来。中国的金融改革确实还有许多尚未完成的任务，简单地说就是金融部门的规模已经非常大，但质量还有待提高。几乎在所有改革问题上都存在着不同的看法。今天中国不少商业银行的利润量也很可观，但利润率并不高。那么，怎样才能把这些商业银行改造成高质量的金融机构？有人认为应该进一步改善内部治理结构，有人认为需要加强外部竞争，还有人认为必须实行产权改革、降低国有控股的比例。中国的资本市场如何才能成为有效的价格发现工具、政策传导的载体以及风险管理的手段？有人认为需要进一步放松政府对资本市场特别是发行与定价的干预，有人认为应该增加机构投资者，还有人认为应该把重点放在对外开放上。货币政策应该转向什么样的新框架？包括决策过程、政策工具、传导机制以及政策规则。有人认为央行应该尽量独立，有人认为未来价格工具与数量工具仍然需要配合。

在所有这些问题上，中国金融四十人论坛的成员、学术顾问、理事之间也存在很多不同的看法。中国金融四十人论坛在这十年来所做的主要工作就是把学界、业界和政府的专家集中在一起交锋、切磋，试图达成一定的共识，并提出既有理论逻辑性又有实践可行性的政策建议。通过本书的编写，我们也同样希望达成这样一个目的，即充分阐述各自的见解，明确共同点与分歧点，尽可能达成一些共识，共同推动中国金融的下一步改革。

我特别要感谢中国金融四十人论坛的各位成员与学术顾问、理事，在百忙中抽出时间撰写文章、参与讨论。我也要借此机会感谢中国金融四十人论坛秘书处的全体工作人员，十年来始终如一，勤勤恳恳、十分周到地安排各项活动，包括闭门研讨、课题研究、公开论坛，以及各种形式的对内沟通和对外交流，工作量之大，超乎想象。没有全体工作人员十年来的辛勤付出，就不会有今天中国金融四十人论坛所取得的成就。

目　录

中国金融四十人论坛
CHINA FINANCE 40 FORUM

第一章

风雨兼程 40 年：金融体系的改革之路

波澜壮阔的国有银行股份制改革

2018 年是我国改革开放 40 周年。从 1979 年开始，在邓小平"要把银行真正办成银行"的指引下，中国的金融体系，包括中国银行业，尤其是国有银行，掀起了波澜壮阔的改革历程，取得了巨大的变化和成就。

2017 年 7 月，全球银行业权威杂志英国《银行家》公布了 2017 年全球银行 1000 强榜单，中国共有 126 家银行上榜，较 2016 年新增 7 家。按一级资本排名的前十大银行中，中国的银行和美国的银行各占四席。其中，中国工商银行以 2812.62 亿美元的"一级资本"连续第五年位居榜首，利润、市值和资产也居榜首。将时针拨回 20 世纪，谁又能想到中国的银行业从"技术上破产"，通过改革转型发展，成功跻身全球银行业的前列。40 年来，尤其是股份制改革的近 20 年来，国有银行积累了丰富的改革经验，实现了凤凰涅槃，完全可以载入世界金融史册。

---

* 作者系 CF40 学术顾问、上海新金融研究院（SFI）理事长、中国工商银行股份有限公司原董事长姜建清。

股改是我国国有银行改革的辉煌序章，也是没有退路的“背水之战”和“一场输不起的改革”

中国国有银行的改革起步于1979年。波澜壮阔的中国经济改革是国有银行改革的大背景和大基础。40年来，随着我国经济的快速发展，作为现代经济的核心，我国金融改革也发生了翻天覆地的变化。在整个发展历程中，出现了三次重大的转折。

第一次转折是金融与财政的分离，改变了以往“大财政、小银行”的模式，国有银行开始成为国民经济改革发展融资的主渠道，以银行为主导的间接金融体系逐渐建立并为中国经济发展提供了强大的推动力。

中国经济改革开放取得的成绩，与金融改革的推进密不可分。改革开放前夕，我国经济十分困难，甚至处于崩溃的边缘。百废待兴、百业待举，发展经济首先面对的难题是“钱从哪里来”。

新中国成立后的前30年，中国仿照苏联实行计划经济体制，生产由国家计划决定，投资由财政拨款解决，形成了所谓“大财政、小银行”的体制。改革开放初期，放权让利、分灶吃饭使计划经济体制下被压抑的创造力释放出来，推动了国民经济的快速增长。但随着各种“放权”“让利”举措的实施，财政收入占GDP（国内生产总值）的比重迅速下滑，由1978年的31.1%减少到1980年的25.5%，1985年的22.2%，1990年的15.7%。随着财政收入占国民生产总值的比例不断下降，居民分配占国民生产总值的比例不断上升。1978年，政府、企业和居民三者之间的分配比例为33.9%、11.1%和55.0%，1990年，三者之间的分配比例变为21.5%、9.1%

和 69.4%。居民储蓄存款随之大幅度上升，城乡储蓄存款余额由 1978 年的 201 亿元增加到 1990 年的 7034 亿元；城乡居民储蓄占国家银行和农村信用社存款的比重，由 1978 年的 18% 上升到 1990 年的 51%。财政资金供给能力的减少使原来依赖财政投资的模式不可持续，所留下来的空缺，就需要转向银行融资等途径。动员、引导储蓄向投资转化，建立有效的银行融资机制，成为中国经济发展的必然选项。

由于财政的资金供应能力无法满足经济发展对资金的迫切要求，银行的作用凸显，逐渐替代了财政的地位。原来由财政负责安排的对国有企业的流动资金拨款，在 1982 年比 1978 年减少了 64.5%，1979—1982 年，工商企业增加了 700 多亿元流动资金，其中有 82% 是由银行贷款供应的，只有 18% 是财政拨款增加的。自 1979 年银行开办了第一笔技改贷款后，1979 年银行正式确立了技改贷款的信贷计划与资金规模，此后逐步介入国家的固定资产投资领域和基础设施投资领域。从 1981 年起，国家重新调整了宏观的投融资体制和管理制度，实行了“拨改贷”改革。1983 年，又改革了企业流动资金管理制度，把国有企业的流动资金由原来的财政、银行两家管理，改为由中国人民银行一家管理。银行改革成为金融改革的起点，农、中、建三大国家专业银行相继从计划经济下“大一统”的中国人民银行和财政体系中破茧而出。1983 年 9 月，国务院决定中国人民银行专门行使中央银行职能。1984 年 1 月，中国工商银行单独成立，承担原来由中国人民银行办理的工商信贷和储蓄业务。一个“以中国人民银行为领导，以国家专业银行为主体，多种金融机构并存”的“真正的银行”的组织体系在改革中逐渐形成。此后，国家专业银行迅速成长壮大，十几年间资产和营业网点十倍、百倍地增长，充分发挥了聚集、动员社会资金和撬动经济发展的杠杆作用，形成了以银行间接融资为主的资本动员模式和社会资金融通渠道，成为社会固定资产融资和社会生产资金的主要提供者，担负起支持实体经济发展和社会进步的重要职责，促进了国民经济快速增长。

金融与财政的分离，使银行的筹融资等功能得以恢复和强化，保证了中国改革转轨时期社会资金链和资本链的延续，为中国经济的腾飞提供了源源不断的血液，成为中国改革发展奇迹得以实现的重要支撑。中国的 GDP 从 1978 年的 3624 亿元增加到 1990 年的 1.89 万亿元，至 2016 年达到 74.36 万亿元，增长了 204 倍；财政收入从 1978 年的 1132 亿元增加到 1990 年的 2937 亿元，至 2016 年达到 15.96 万亿元，增长了 139 倍。银行存款从 1978 年的 1155 亿元，增加到 1990 年的 1.39 万亿元，至 2016 年达到 150.59 万亿元，增长了 1302 倍；各项贷款从 1978 年的 1890 亿元，增加到 1990 年的 1.75 万亿元，至 2016 年达到 106.6 万亿元，增长了 563 倍。

可以说，没有金融的快速发展，没有银行信贷的快速发展，就没有改革开放的今天。但金融是双刃剑，在中国金融承担着经济发展重任的同时，也承担着巨大的风险。40 年来中国的金融也多次遇到重大风险，所幸通过艰难的改革，涉险过关。

第二次转折是市场化、法制化改革，在 20 世纪 90 年代开始不断进步。这是国有银行改革的必由之路，也是破解国企和银行经营"软约束"、实现金融健康发展的重要途径。

社会主义银行业的发展规律是逐步认识和深化的，国家不断发挥银行的杠杆作用，扩大货币投放和信贷规模，推动经济增长：初期银行业也通过增设机构、放权让利、扩大业务范围和改革资金管理，来搞活金融、搞活经济。但是"微观搞活"和"宏观稳定"是一对矛盾。在改革开放后的十几年（1978—1990 年），信贷年平均增长率达到 20.38%，经济增长率达到 14.6%。信贷的过度投放，虽然促进了经济快速发展，但也导致市场流通的货币过多。通货膨胀根本上是一种货币现象，当然在中国还有结构失衡的原因。

1992 年国民经济进入新一轮快速增长期，但由于经济体制中深层次的矛盾没有得到根本解决，过热现象又一次出现。国家力图通过国有银行控制信贷规模，但各种拆借市场和中心、信托公司、信用社和基金会的账外的违规经营，又成为最早的影子银行。国家采取适度从紧的财政货币政策，治理整顿金融秩序、控制固定资产投资和消费的过快增长，从 1994 年开始相继实施了财税、金融、外汇外贸、计划、投资、流通体制和国有企业等领域的大力改革；实行银行业与证券业、保险业、信托业、房地产业分业经营，银行与各种自办经济实体脱钩；成立了三大政策性银行，初步分离了政策性金融业务和商业性金融业务，规范金融行为的《人民银行法》《商业银行法》《贷款通则》相继出台。1996 年，国民经济扭转了高通胀局面，物价涨幅回落到较低水平，顺利实现"软着陆"，且在此之后保持了 20 多年通货膨胀较低水平的宏观金融环境。

从金融发挥融资主渠道、实施"拨改贷"和"银行统管流动资金"后，银行贷款替代财政资金，对中国经济快速增长起到了良好的促进作用。国家希望通过这些措施增强国有企业预算约束，通过还本付息强化企业算账意识，抑制投资冲动。但原来期冀的改变国家对国有企业的投资拨款"软约束"并没有如愿实现，国有银行无力实现对国有企业的贷款"硬约束"，相反成了国家对国有企业和国有银行的"双重软约束"。财政提供资金的压力最终变成商业银行的贷款数量压力和资产质量压力。20 世纪 90 年代，国有企业加速转型，外部经济环境急剧变化。虽然《商业银行法》颁布后，国有商业银行的企业性质第一次得到了法律上的确立，但是在经济的实际运行中，国有银行仍然无法摆脱政府行政性配置资金的体制惯性。随着国有企业改制的深入，银行承接了大量转制成本，积淀、演变并最终体现为银行的不良贷款。加上商业银行内控管理和信用文化的严重缺陷，国有银行的不良资产包袱日益沉重。据统计，到 1996 年四大国有银行的不良贷款率为 20.4%，其中预期贷款占 11.4%，呆滞贷款占 7.7%，呆账贷款占 1.3%。五年间不良贷款增加了近 4 倍。当时还没有采用严格标准的国际会计准则，实际的不良贷款数额更高。

1997 年亚洲金融危机爆发，中央更加重视金融风险。三年来治理、整顿金融秩序暴露出来的银行坏账堆积、财务亏损、经营财政化、风险不能自担等问题，使党中央和国务院对银行风险有了更深刻的认识。1997 年底中央召开第一次金融工作会议，国家着手重点解决国有银行的不良资产问题，之后主要采取了四大措施：一是财政发行 2700 亿元特种国债，补充国有银行资本金；二是实行贷款质量五级分类，彻底搞清国有银行不良资产底数；三是成立四大资产管理公司，1999 年和 2000 年剥离国有银行的不良资产 1.4 万亿元（1999 年中央财政收入仅 1.14 万亿元），走出化解国有银行风险的重大一步；四是成立金融党工委，建立国有银行系统党委，屏蔽地方政府对国有银行的不当干预。这为之后国有银行实行股份制改革做了思想和基础准备。

第三次重大转折是以产权为核心的国有银行股份制改革，使中国大型银行涅槃重生，翻开了中国金融业改革发展的新篇章。

1999 年第一次剥离国有银行不良资产 1.4 万亿元后，四家银行的不良贷款存量仍然居高不下。2002 年底，按照“一逾两呆”分类为 1.7 万亿元，不良贷款率为 21.4%；按照五级分类为 2.07 万亿元，不良贷款率为 26.12%（工行为 26.01%、农行为 36.65%、中行为 25.56%、建行为 15.28%）。资本金缺口巨大，四家国有银行资本金总额 7494.38 亿元，平均资本充足率为 4.27%。同时银行内控管理依然不足、信贷结构失衡、风险控制薄弱，基层机构有章不循、违规操作现象依然突出，普遍没有建立和落实对分支机构内控制度的检查和评价制度。

2001 年中国“入世”，市场开放后各界对国内金融机构竞争前景普遍担忧，银行体制改革滞后问题引起关注。中央在 2002 年召开了第二次金融工作会议，决心要在“入世”过渡期结束前，彻底解决国有银行的问题。这时中央形成共识，要想让国有银行在剥离不良贷款的同时真正做到自担风险，必须从改变产权制度入手。正是在第二次金融工作会议上，国家确定了国有银行通过股份制改造和上市实现市场化的路径。第二次中央金融工作会议后，金融体制改革提速。理顺产权关系、推动政企分开、强化管理改革被列为三大目标，国有银行股改上市、建立现代企业制度、降低不良资产被作为三大任务。同时决定成立中国银行业监管委员会，将金融监管改革作为金融改革任务的重中之重。这次会议后，大型银行股份制方向确定，改革大幕拉开。

大型银行股份制改革的“攻坚战”

中国商业银行的改革路径选择也是“摸着石头过河”的过程，并没有现成的模式、案例可以仿效。改革开放几十年来，中国商业银行的渐进改革一直没有停步，如采取完善法律法规、剥离政策性银行业务、消除地方政府干预、理顺金融财政关系、新设银行引入竞争机制等外部改革措施，进行商业化改革、加强风险管理和内部控制、完善财务约束、改革人事制度、剥离不良资产、注入资本等内部体制机制改革，推动国有银行逐步走上市场化、商业化道路。然而银行“软约束”的经营体制尚未真正实现市场化转换，现代商业银行制度也尚未完全建立起来，国有银行改革的效果仍不乐观。与国有企业改革进程中的争议类同，国有银行的问题并不仅仅在于科学管理不够，而是存在更为本质的体制机制问题。要引领国有银行朝着市场化、现代化的方向走得更远、更踏实，还需在体制机制方面进行改革。20 世纪 90 年代，国有企业先行进行的股份制改革取得了阶段性成功，开辟了国有企业体制改革的新路，也增强了国有银行股份制改革的信心。2002 年，时任中国银行行长刘明康，克服种种困难，经过两年多的艰巨努力，终于使中银香港成功重组上市，为国有银行股改上市蹚出了一条新路，对如何处理不良资产、弥补资本缺口、引进战略投资者、估值定价及治理和管理体系再造都提供了宝贵的经验。

2002 年国有商业银行综合化改革工作被提上议事日程。研究重点在于探讨和解决可能影响国有银行股份制改革和长远发展的关键性问题，包括股份制改革、法人治理结构、解决历史包袱、动态资本金补充、加强内部管理、劳动人事分配制度和外部环境配套。2002 年，时任央行行长戴相龙同志牵头组织撰写并向国务院报送了《国有独资商业银行综合改革方案（征求意见稿）》，提出通过国有银行股份制改造，完善国有银行法人治理结构，提升内部管理水平。其中，方案最核心、也最具有争议的问题是如何处置四大行的不良资产问题。在 1997 年发行 2700 亿元特别国债补充国有银行资本金（实际资金没有到位），1999 年又剥离了银行 1.4 万亿元（含国家开发银行的 1000 亿元）不良贷款后，不到三年时间这份综合改革方案提出要再剥离不良贷款 9700 亿元，加上消化账面非信贷损失约 4700 亿元，合计需要 1.44 万亿元。如何解决改革成本是个难题。当时，由于中央财政紧张等种种原因，再走财政拨付改革资金、承担改革成本的老路已经走不通了，2001 年国家财政收入仅 1.89 万亿元，中央财政收入 1.03 万亿元，已经捉襟见肘。刨除必要的开支后，还有财政赤字 2517 亿元，如何能承担如此巨额的银行业改制成本？况且后来的改革实践证明，这个改革方案对改革成本的计算远远不足。在改革方案酝酿过程中，也有人提出国有银行自身逐步消化不良资产和损失，估计消化周期需 10 年甚至 20 年，这与改革所处环境和改革目的不适应。有人提出再用 1999 年和 2000 年向四家资产管理公司发债以剥离不良贷款的方法，但涉及巨额特别国债的发行，要列入财政预算、扩大财政赤字，可能性不大。巨大的改制成本使首套方案最终搁浅。

史无前例的中国特色国有银行股改方案

2002 年 11 月 8 日，党的十六大胜利召开。十六大在总结十五大以来经济体制改革经验的基础上，进一步深化提出了中国经济体制改革的总体方略。其中，国有企业改革问题依然是重中之重。十六大报告指出，“除极少数必须由国家独资经营的企业外，积极推行股份制，发展混合所有制经济”。除肯定股份制改革的方向外，更强调了股份制改革的必要性。十六大精神既坚定了国有银行推行以股份制改造为核心的综合改革的信心，也增强了国有银行加快实施股份制改革的紧迫感。

2003 年 5 月，时任中国人民银行行长周小川带队向国务院汇报了第二次的改革构想和实施方案。与 2002 年央行提出的综合改革方案相比，新的实施方案重点为争议的焦点问题，即处理不良资产和增补资本金的钱从何而来的问题，要找到全新的解决途径。其中，不良资产是最大的金融风险，对不良资产包袱沉重的国有银行实施财务重组，将涉及重大资源运用，并将决定中央银行今后五年的工作及政策走向。如果主要大型金融机构都“带病经营”的话，将导致货币政策传导机制失灵，从而影响金融功能的发挥和稳定，进而影响经济改革成效和经济增长。因此，国有银行改革，不仅仅是某几个银行自身的事情，还需要国家层面给予充分和必要的投入。针对可以动用的国家资源，包括财政资源、国有资产资源、央行资产负债表资源和外汇储备资源，方案创造性地提出用外汇储备解决国有银行股份制改革资源的问题。当时国家外汇储备的投资渠道相对较窄，利用国家外汇储备为国有银行注资，既可拓宽外汇储备的投资渠道，又有利于使所有者多元化。2003 年 12 月 16 日，国务院批准设立中央汇金投资有限责任公司，分别向中行和建行注资 225 亿美元。关于不良资产剥离处置问题，1999 年首次剥离时是按账面价值将不良贷款剥离到资产管理公司，因而是一次政策性剥离。新的改革方案中提高了不良资产处置的市场化程度，以拍卖方式定价销售给资产管理公司，相对应的中央银行再贷款也能收回来。这是在全球范围内利用央行资产负债表救助国有银行的首个成功案例。

除了财务重组模式的创新之外，公司治理改革是这次国有商业银行改革的另一大特点。这次改革是要建立一个规范的股份制公司治理结构，重在机制转换，涉及股份公司治理架构、内控机制、引进战略投资者、审慎会计准则、中介机构作用等多个方面，是一次更为全面和彻底的改革。通过在境内外资本市场上市，进一步改善股权结构，真正接受市场的监督和检验，是这次国有商业银行股份制改革的深化和升华。

2003 年 12 月，国家对中、建两行进行了注资，国有银行股改上市的帷幕正式拉开。立足各自股份制改造的不同特色，在国家外汇注资等系列政策支持下，通过财务结构重组、成立股份有限公司、引进战略投资者以及公开发行上市等先后几个阶段，四大国有银行相继完成了股份制改造并成功上市，开始了改革发展的新阶段。同时，交通银行在深化股份制改革道路上实现了新跨越。2005 年 6 月，交通银行在香港联合交易所挂牌上市，2007 年 5 月在境内 A 股上市。2005 年 10 月，中国建设银行在香港上市，2006 年成功回归 A 股市场。2006 年 6 月和 7 月，中国银行也先后在香港 H 股和境内 A 股成功上市。2006 年 10 月，中国工商银行成为在香港和内地资本市场同时上市的第一家金融企业，创全球有史以来 IPO（首次公开募股）最大规模。2010 年 7 月，农业银行先后在上海和香港两地上市，再创全球 IPO 规模之最，至此国有银行股改上市画上了圆满句号。

当时，我作为工商银行改革的亲历者和操盘者，感触颇深。工商银行经营规模大、不良资产压力重，并没有进入改革的第一梯队。但如果不能抓住机遇进行改革的话，工商银行将会错过机会，在新一轮竞争发展中非常被动。为了少花钱，甚至不花钱，工商银行在财务重组和改制中进行了创新。工商银行获得了汇金公司 150 亿美元的注资，并保留了财政部的 1240 亿元资本金。将损失类资产 2460 亿元出售给财政部，财政部通过分期付款方式进行购买，会计处理上表现为工商银行对财政部的债权（应收款）；债务偿还的制度安排是双方共同建立“特别共管基金”账户，将财政部持有工商银行股份的分红、工商银行每年上缴所得税以及不良资产处置回收的现金等，专项用于偿还财政部对工商银行的债务款项。结果，不到五年时间就偿还了全部2460亿元的债务。“特别共管基金”账户的设立，既减少了工商银行重组改制的成本，又促进了工商银行股份制改革的顺利实施，实际上是利用国家信誉和财政能力，为国有银行深化综合改革、推进股份制改造赢得宝贵的时间。同时，这也为其他国有银行的财务重组与股份制改造提供了一种可资借鉴的模式。

股改后的大型商业银行走出了一条不同于以往的发展道路，以优异的成绩向国家和社会交出了一份亮丽的答卷

回望过去40年国有银行的艰辛改革历程，股份制改革是国有银行在荆棘与磨砺中蹚出的一条道路，可能也是最合理的选择。但时至今日，对于国有银行股份制改革的认识仍不完全一致，甚至不时出现国有银行股改“贱卖论”的论调，我们这代经历者和见证者更有责任和使命把这段历史说清楚。

对于国有银行股份制改革是否成功的判断，应该建立在历史比较、动态和全局化的分析基础上。简单估算，对比股改前的两次剥离和汇金注资等财务投入数据，以及股改上市后到2017年末所创造的净利润、为国家上缴的所得税和营业税等利税总额作为财务贡献，尚未包括股改过渡期内通过利润消化的历史包袱，工、农、中、建四行的财务贡献是财务投入的2.66倍，已经远远超过当时的财政投入。除了商业银行直接创造的财务效益外，包括不良资产核销和处

置在内的一系列措施，更是“一把钥匙开两把锁”，大大推动了国有企业卸重负、去杠杆和处理大量“僵尸企业”。国有银行股改建立公司治理结构与机制，重塑了国家与国有银行的关系，巩固了大型商业银行在支持国家经济建设中的主力军地位，夯实了大型商业银行的经济造血功能和金融体系稳定器的职能，为中国之后几年成功抵御金融危机、实现经济持续发展提供了重要保障。

通过股改上市，国有银行发生了脱胎换骨的变化：实现了从质量洼地到质量高地的转变，大型商业银行不良贷款率从股改前的 20% 左右下降至 2017 年的 1.56%，拨备覆盖率从不到 30% 提升至 171.5%，资产质量状况极大改观，风险管理能力实现了质的飞跃；实现从行政约束到资本约束的转变，资本成为约束大型商业银行经营行为的新载体和新工具。2005—2017 年，五家大型商业银行资本净额从 1 万亿元增长至 8.66 万亿元，增长了 7 倍多；同期风险加权资产规模仅增长 5.1 倍，资本充足率从 11.2% 提升至 14.6%。资本约束让大型商业银行走上了一条高效集约、收益风险平衡的可持续发展道路；实现从规模导向到盈利导向的转变，2005—2017 年，五家大型商业银行年创利规模从 1226 亿元增长至 9800 亿元，增长了 7 倍，年均复合增长率达到 18.7%，创造了盈利增长的“黄金十年”；2005 年以来，五家大型商业银行累积分红超过 2.4 万亿元，占同期累积实现净利润总额的 29.8%，为国家和其他广大投资者带来丰厚回报；实现了从单极支撑到多元驱动的转变，2005—2017 年，五家大型商业银行手续费及佣金业务收入年均增速达到 22.7%，高于同期净利息收入增速 9.8 个百分点，占比由 7.9% 左右提升至 18% 以上；实现了从本土经营到全球拓展的转变，五家大型商业银行在境外共计建立了 1200 多家机构，基本构建起覆盖六大洲和全球重要国际金融中心的境外网络布局，境外盈利贡献总体提高。同时，大型商业银行对国家对外开放战略的支持力度也明显提升，在“一带一路”沿线 20 多个国家共建立了 160 多家分支机构，为“一带一路”建设搭建起通畅的金融桥梁；实现了从仰望对手到全球领跑的转变。至 2017 年末，五家大型商业银行的利润总量超越同期花旗集团、汇丰控股、美国银行、摩根大通、三菱日联、法国农业信贷、富国银行七家行利润规模的总和，工商银行更是连续数年蝉联全球最赚钱的银行。

同时，国有银行股改锤炼锻造出一大批专业的商业银行家，为国内国际金融改革提供了一套成功的范例。中央汇金公司先后对光大银行、中国出口信用保险公司等三家保险类机构、银河证券等七家证券类机构进行了改革与重组，使一大批国有金融机构完成了市场化改制。更为重要的是，中国国有银行的改制，没有走苏联、东欧等国家大规模私有化、外资化的道路，而是在坚持国家控股的基础上，走出了一条独具中国特色的市场化改革道路，为国际提供了银行转制和治理现代化的“中国方案”和“中国智慧”。

国有银行改革需要持续完善公司治理和推动战略转型

重温国有银行股改历史，我们能够从中总结提炼出一些经验和规律，对于指导未来中国金融改革具有重要意义。党中央、国务院的领导推动和英明决策是保障金融改革成功的基本前提，也是国有银行股份制改革取得成功的根本原因。金融改革必须与经济发展趋势相配套，“入世”后我国经济进入高速增长的黄金期，为国有银行股改上市和治理结构的市场化造营造了宽松而有利的宏观环境。

创新是驱动金融改革的根本动力，也是破除发展瓶颈、顺利推进改革的手段，需要进行理念创新、制度创新和方法手段创新。国有银行 40 年的改革历史就是一部创新史。金融改革必须抓好市场化机制构建这个核心，在完成财务重组、引进战略投资者和公开上市的改革三部曲的同时，国有银行将精力集中于公司治理结构与机制的建立和完善，致力于风险管理制度的建立与内控机制的完善，使股改后大型商业银行实现了优良的经营业绩。改革“操盘手”和实践者的担当务实是决定金融改革落地成效的关键要素，一代代金融从业者为国有银行股改付出了大量的心血与艰辛的努力，在中国金融史上留下了浓墨重彩的一笔。

股改上市并不是国有银行改革的终点，它只是大型商业银行改革的新起点。股份制改革不可能解决大型商业银行面对的所有内外部矛盾，其本身也需要不断深化。同时我们处于全球经济金融急速变化的时代，面对经济步入新常态，经济周期、行业周期、科技周期三期叠加的特殊阶段，大型商业银行还面临一系列重大挑战，改革任重而道远。大型商业银行的公司治理需要走出一条中国自己的独特道路，坚持党要管党、从严治党的原则，充分发挥“三会一层”公司治理架构作用；要处理好市场化薪酬机制与党管干部原则之间的关系，完善激励机制，有效激发正能量。深入研究统筹支持实体经济与推动金融创新的关系，坚持实体经济本源，规划和推进创新，把握好创新的质与度，增强大型商业银行的国际竞争力。坚定不移抓好风险管理，强化和创新风险管理的理念、制度、方法与工具，及时识别和化解各种风险，保持资产质量稳定，坚决守住不发生系统性风险的底线，成为稳定中国金融行业的“定海神针”。稳步推进国际化、综合化、信息化改革，贯彻“一带一路”倡议，顺应中国经济和企业“走出去”的需要，深入推进银行业的国际化经营，统筹应用好内外两个市场、两种资源；顺应利率市场化和金融脱媒化趋势，稳步推进综合化经营，统筹好服务客户和控住风险的关系，增强可持续发展能力和竞争力，发挥好大行担当与行业规范的作用；顺应互联网信息革命的大潮，深入推进数据化银行建设，创新服务实体经济的渠道与模式，提升服务效率和管理效率，加大金融科技创新力度和控制好金融科技风险。这些既是对股改以来大型商业银行转型三大任务的延续与推进，又是大型商业银行在新时期、新起点向更高层次目标转型改革的时代要求。

我国银行业的改革成果与热议纷争

这些年来，似乎一直有不少对我国银行业的议论乃至指责。其中既有来自国外的，也有来自国内的，既有来自媒体的，也有来自专家、学者的。我认为在社会经济转型阶段，银行作为一个经营管理状况外溢性特别强的行业，受到人们格外关注是正常的。在经济金融体制改革不断深化的过程中，银行的管理能力、服务水平在某些方面表现得滞后于各方面的期望和要求，从而受到各种诟病也是自然的。但应指出的是，其中有些质疑、批评，应该更符合实际一些，有关观点应该具有更充分的事实依据和数据支撑，而不能以讹传讹和想当然。质疑和批评应该是冷静说理的、心平气和的，提出的建议、所出的主意应该是建设性的、具有可操作性的、符合社会主义市场经济改革方向的。总之，不应该是带有既定成见的、情绪化的。

究竟怎么评价我国几大银行的改革成果

这个问题的答案应该是肯定的、明确的，但似乎也有人一直持怀疑态度。其实只要看看十年前后的变化，事情就很清楚了。在

* 作者系 CF40 学术顾问、中国工商银行原行长杨凯生。本文是作者 2014 年所撰写，故有关数据为 2013 年数据。

不到十年的时间里，工、农、中、建、交五大行的不良贷款率从20%~30%，下降到了1%~2%，平均资本充足率从7.95%左右提升到了13%以上，年度利润总额从2002年的1085亿元增加到了2013年的7851亿元。但也有人认为这些还不足以说明问题，他们质疑国有银行改制上市的过程中是不是贱卖了？时至今日这些银行改制过程中剥离不良贷款的成本（实际上更准确地说，这相当程度上是我国经济体制改革过程中，一大批工商企业卸下历史包袱进而改制所需要支付的成本）究竟能不能覆盖？国有银行改制后究竟能不能带来经营管理水平的提高和治理机制的改变？这些问题确实需要认真回答。

交通银行是2004年引入战略投资者的，2005年和2007年先后在香港和上海上市；中国银行2004年进行了股份制改造，2006年6月和7月分别在香港和上海上市；建设银行是2004年进行股份制改造的，2005年和2007年先后在香港和上海上市；工商银行2005年完成了财务重组和股份制改造，2006年引入了战略投资者并于当年10月成为第一家在上海、香港两地同时、同股、同价上市的银行；农业银行2009年改制为股份有限公司，2010年分别在上海和香港挂牌上市，以此为标志，我国五大银行全部完成了从国有独资银行向在境内外上市的公众持股银行的历史性转变。

事非经过不知难，现在有的人在谈起这些“故事”时，并不知道其中曾有多少艰辛和不易，甚至往往还有一些不屑，认为从国有独资银行变为国有控股的上市银行，并不会发生什么根本性的变化。这实在是不了解情况的偏颇之见。例如，在这五大银行上市前的财务重组和股份制改造过程中，都由境内外的律师事务所、国际会计师事务所和评估师事务所进行了工程浩瀚的尽职调查和资产评估。

仅工商银行的法律尽职调查资料就达 80 多吨（这些材料作为重要档案现在仍保存在工商银行巨大的资料室中）。这种具有国际水准的尽职调查和评估工作，不仅摸清了家底，促进了我国大型银行的产权清晰，更重要的是为改制后明确经营管理责任、建立现代企业制度打下了重要基础。举个例子，由于历史原因，工商银行原先在全国各地几万宗营业场所的房屋、土地既有当年分设时从中国人民银行承接过来的，也有国家划拨的，还有出价购买了部分使用权的，更有借用的，总之权属大多不够明确，手续不够完备。通过改制上市前的财务重组，97% 以上的房屋、土地办齐了权属证明。仅这项具体工作的难度之大就远非人们所能想象。

当然，更值得一提的是，在当时由于不少投资者对中国的国有银行改制能否成功持怀疑态度，因此能否在改制前期引入在国际市场上有影响力的战略投资者，继而能够在上市时吸引更多的机构投资者进入，是对改革方案的设计是否正确、操作是否成功的重大考验。各家银行在这方面都竭尽全力开展了有关工作。就拿工商银行来说，我们在境内外广泛接触了各类投资者，努力向全世界展现中国经济金融可持续发展的前景，宣传我国银行的投资价值，以争取获得全球市场的认可。

后来有人说几大银行上市是不是让国外投资者赚了大钱？为什么好处不留给国内投资者呢？提出这样的问题，完全是不了解当时的情况。首先当时国内的 A 股市场很难完全容下体量如此之大的几大银行，需要通过适当引入国际战略投资者并在境内外市场一起上市才能完成这几大银行的改制。实际上几家银行上市前引入的国外战略投资者的投资比例仅有十几个百分点，最低的只是个位数，其余国外投资均为上市时报价购买进入的。应该看到这些国际战略投资者进入的股权比例虽不高，但在当时对上市公开发行的成功起到了重要的“增信”作用。而且必须指出的是，几大银行引入国外战略投资者都是溢价的，价格都是高于净资产的，平均 PB 值（市净率，简单地说即股价与净资产价值之比）超过 1.19 倍，例如工行就达到了 1.22 倍。而目前几大银行的 PB 值均跌破了 1。因此所谓引入战略投资者时定价是否合理的问题似乎已经无须更多讨论了。

当时在上市过程中我们也十分希望能够引入更多的国内机构投资者，但谈何容易，资本市场上不能强买强卖。当时有关部门规定 H 股与 A 股必须同股同价发行，为了更多地吸引国内外投资者参与，我们做了大量的前期铺垫性准备工作，并在国内外进行了广泛的路演。经过在国内从北到南，从东到西的奔走，以及在全球几大洲的路演下来，最终获得了超额认购几十倍的成果。回想起来如果当时国内投资者能够更踊跃、更积极一些，我们的定价将会更理想。当然，最终总体发行是成功的，工行、农行都创下了全球 IPO 融资额的历史纪录。后来，几大银行的市值随着银行盈利能力的增长先后都曾有过不小的上升，有的国外投资者抓住机遇进行了转让套现操作。于是有人质疑境外投资者发了财，国有资产流失了。殊不知作为国有资本控股的上市银行，各方股东的机会是完全均等的，不可能只有其中某一方股东的股权增值获益。就拿国有股东来说，五大银行上市以来，净资产增加了 29136 亿元，增加了约 3.6 倍，国有股权获利超过 27500 亿元，其中现金分红约 11000 亿元（股改上市前由于微利甚至亏损，国家并未从银行获得多少利润回报）。改制上市以来，与 2003 年相比，五大银行的应税能力提升了 4.5 倍以上。仅从这几个方面测算，五大银行的改制成本（剥离 20000 多亿元不良贷款，加上冲销原有部分国有资本和外汇注资折合 5000 亿元人民币，等等）已经覆盖。如果加上华融、信达、长城、东方四大资产管理公司处置几大银行改制过程中剥离的不良资产的回收结果来说，改制成本已消化完毕。

至于几大银行上市后管理水平究竟有无提高，可以从多方面来予以说明。其中最为显著的进步就是银行全面风险管理机制得以完善，建立健全了各类风险的识别、计量、预警以及监测的技术模型和操作方法。近年来，经过监管部门长达五年的持续跟踪、评估和验收以及国际机构的检查，目前已经批准我国几大银行正式实施资本管理高级方法。这标志着按照巴塞尔委员会的统一标准，我国主要银行风险管理的框架、原则、技术以及 IT（信息科技）系统建设等各方面已与国际规范接轨。这在十年前是难以想象的。还有不少人很关心这些银行上市后，董事会、监事会究竟能不能发挥作用，是不是“徒有其表”“形同虚设”，大型上市银行的法人治理机制情况到底如何，董事会、监事会和管理层是否真的在各司其职？建议关心这些问题的朋友，可以听听香港联交所、证监会和大陆银监会、证监会及其上交所对上市银行公司治理机制、内控情况以及信息披露情况的评价，相信一定会有助于大家了解真实情况。人们应该承认在探索具有中国特色的银行治理模式方面我们确实已经迈出了实质性的步子。同时也建议大家可以听听这些银行的董事，尤其是境外独立董事的意见，他们中的不少人曾任过全球性著名银行的高管或国外银行监管机构的高级职务，他们的看法也会有助于大家更全面地了解国有控股大型商业银行改制上市后的经营管理状况和法人治理情况。

总之，我的观点是，事实已经证明我国在这一轮金融危机爆发前，抓住了难得的窗口时机，果断推动几大国有银行改革，其决策是正确的，也是有效的。没有这一改革打下的坚实基础，没有几大银行经营状况的根本改善，很难想象面对这次国际金融危机的冲击，我国经济能有如此大的回旋余地，宏观调控能有如此大的操作空间。

我国银行业究竟是否存在垄断

所谓垄断（无论是卖方垄断还是买方垄断）通常表现为一个或几个大企业凭借自己的优势，不断排挤或吞并其他中小型企业，进而在市场上取得不合理的定价权。形成垄断的原因主要是资源垄断或政府干预带来了市场的进入障碍。那么据此来看，关于我国银行业存在垄断现象的说法是否有道理呢?

首先，不得不说清楚的是，在任何一个国家，银行都是特许经营的行业，开办银行都必须具备一定的资质，都必须获得监管部门的许可。在一些人奉为自由市场经济圭臬的美国，开设银行的审批手续并不比我国简单。因此不可以说因为无法随意办银行、办银行必须经过监管部门的严格审批就是国家垄断银行业的表现。其次，可以看看我国银行业目前的资本结构，工、农、中、建、交五大银行中非国有资本的占比超过了 20%，民间资本在全国性的 12 家股份制商业银行中的占比约为 41%，在 145 家城市商业银行中的占比约为 54%，在农村金融机构（337 家农商行，147 家农村合作银行，1927 家农信社）中民营资本占比超过了 90%。因此简单地说经过几十年的改革开放，我国银行业仍然还是存在国有垄断是不符合事实的。

相信会有人进一步问，既然如此，那十八届三中全会为什么还要特别提出“在加强监管前提下，允许具备条件的民间资本发起设立中小型银行等金融机构”呢？其实这并不矛盾。应该承认过去我国法规上虽未禁止民间资本发起设立银行，但对这一点一直不够明确。除民生银行等少数实例外，其余的民营资本进入银行业主要是陆续通过改制、参股形成的，直接发起设立的不多。十八届三中全会明确提出民间资本可以“发起设立”银行等金融机构，是从顶层政策上进一步明晰这个问题，彰显了坚持市场化改革取向的决心。对一个应该具有开放性的银行业来说，我国民营资本在其中的占比应该还有提升的空间，国有股份的占比也还有下降的余地，这不会影响国家对银行业的管理。我国的银行业目前已不能说是由国有资本垄断的，对其实行更为开放的市场准入制度，为符合条件的各类投资主体提供更公平的投资机会既是应该的，也是可行的。

说到这里，也许有人又会问，虽然从股本结构来看，不能说我国的银行业完全是国有垄断的，但工、农、中、建、交五大银行规模如此之大，认定我国银行业存在大行垄断的结论应该是成立的吧？我们不妨再来做一点分析。

世界上衡量一个国家大银行究竟大到了什么程度，往往是考察其银行业集中度，其中最主要的指标是资产 CR5（Concentration Ratio 5，即一国前五大银行的总资产占该国银行业资产的比例）。

为了说明问题，我们可以将美国、日本、德国、法国、英国、意大利、加拿大、澳大利亚、西班牙、荷兰这些经济体量排名居前的 10 个发达国家，以及巴西、俄罗斯、印度、南非 4 个金砖国家的资产 CR5 与中国做一些对照和比较。我发现尽管由于统计口径存在一些差异，依据不同方法得出的数据存在一些高低误差，但经过对近年来各国有关数据的分析，得出的结论方向是一致的。在这 14 个国家中，除了印度之外，其余各国前五大商业银行的资产占该国银行业资产的比例都高于 50%，尤其是 10 个发达国家银行业 CR5 的比例相当高，最高的澳大利亚、荷兰超过了 90%，德国、加拿大超过了 80%，西班牙、法国、英国、意大利超过了 70%，美国、日本也在 50%~60%。值得注意的一个现象是，这些国家的银行业集中度，基本都是在 20 世纪 80 年代之后随着金融自由化进程的加快而明显提升的。看来事情并不像有的人想象的那么简单，以为只要银行市场进一步开放了，中小银行将纷纷涌现，大银行的竞争优势将逐步削弱，它们的市场占比必然会随之下降。此外，更值得研究的是，在这些国家，银行业集中度的高低似乎与金融市场的稳定水平存在着一定正相关性。例如银行业集中度最高的澳大利亚、加拿大、荷兰在这一轮金融危机中，银行业体系就表现得相对更稳健一些。在美国，20 世纪 80 年代末储蓄信贷机构危机爆发之前，银行业 CR5 一直低于 15%，在那场危机之后，美国银行业的 CR5 快速上升。而在这一轮金融危机后，美国的 CR5 更是从 2007 年的 44%，上升到了 2010 年的 48%，2012 年的 61%，2013 年的 63.2%。我曾与美国一些著名的银行家以及监管官员交换过意见，他们似乎无一例外地都认为这一现象还会继续下去，美国银行的数量将会继续减少，银行业集中度还会进一步提高。这些情况，尤其是每轮危机后银行业集中度就相应提升的趋势究竟说明了什么？这与人们现在常常挂在嘴边的所谓要警惕银行“大而不能倒”的理论又有什么样的内在逻辑关系？这些都需要我们认真进行研究和分析。简单的人云亦云并不利于真正揭示经济金融生活的内在规律。

在金砖国家中，巴西、南非、俄罗斯的银行业集中度近些年来也一直在持续上升。如巴西银行业的 CR5 从 1990 年的 50% 提高到了目前的 70%，南非从 1990 年的 77% 提高到了目前的 90% 以上，俄罗斯从 1995 年的 39% 提高到了目前的 50% 以上。唯有印度银行业集中度有所下降，从 1995 年的 44% 下降到目前的 40%，但印度一家大银行的占比（CR1）相比其他国家要高。

如果把这些年来世界上无论是发达国家还是新兴市场国家银行业集中度不断提升的趋势与我国的现象做一下比较，不难发现中国银行业的市场集中度走向与世界各主要经济体是相反的，我国的 CR5 这些年来是快速下降的。从 1998 年至 2013 年第三季度，我国五大银行的资产占比从 63% 急剧下降到了 44%，下降了近 20 个百分点，而且目前这一势头仍在增强。姑且不去讨论这一与全球市场走向不一致的现象究竟是对是错、其对中国社会经济发展的影响究竟是正面因素为多还是消极作用为多，但起码可以得出的结论是，那种认为我国银行业存在着大银行垄断的判断并没有多少道理。那种认为由于大银行市场占比高了就必然会影响金融市场活力的说法也不符合全球市场的实际。至于说到我国大银行的股本结构中，国有股权占比是否过高了，就是另一个问题了。五大国有控股银行目前已全部是在境内外上市的公众公司。我认为，五大银行股权结构进一步调整的空间和渠道都是存在的。但从全球各国情况来看，股权结构与行业集中度关联似乎不大，实际情况已经清楚表明，在私有化体制下的那些国家银行业的集中度要明显高于我国。因此我国五大银行目前的体量是否过大了，是否存在对市场的垄断，与这几大银行的股权结构有无可能做进一步调整并不是一个命题。在进一步深化我国金融体制改革的政策设计中，政府有关部门和监管机构有必要认真思考这些问题，有志于设立和兴办银行的民间资本持有者在投资决策时也需要认真想明白这些问题。

我国银行业究竟是不是“暴利”行业

近些年来，我国银行业持续较高的盈利能力一直广受关注，其中质疑多于肯定，批评多于表扬。我认为这种现象并不正常。首先，应该肯定经济决定金融，银行业的利润增长是我国经济这些年持续平稳较快增长的一个折射。银行利润的增长，尤其是国有控股银行的利润增长是对国家的贡献，是对股东、投资者的贡献，是履行社会责任的最主要表现。

在大型银行目前的股权结构中，国家控股比例超过了70%。也就是说，这些银行每创造1元钱利润，至少有0.7元是国家的直接收益。五大银行自股改上市以来，共实现税后净利润约39300亿元，按70%比例计，其中国有股获利超过27500亿元，国有股权从中现金分红达11000亿元，国有净资产增值超过3.6倍。与此同时，其他股东与国有股东是同股享有同权的，在权益分配上不可能有任何区别，同样也是银行盈利的受益者。

近几年来，社会上对银行盈利存在一些争议，其中最主要的是两种批评声音。一是认为银行的利润多主要是因为中国目前利率尚未完全市场化，银行的存贷款利差太高；另一种认为银行的利润多主要因为收费项目太多。

其实，我国银行尤其是大型银行近年来的利润增长并不是来自高息贷款。根据中国人民银行现行利率政策，在目前利率尚未完全市场化的情况下，人民币存款利率是有上限的，即不准商业银行高息揽存；贷款利率是有下限的，即不准搞不顾风险的不正当竞争。同时，贷款利率的上限和存款利率的下限是放开的。也就是说，理论上讲是允许商业银行上浮贷款利率和下浮存款利率的。但实际的执行结果是，就拿 2013 年为例，我国几大银行当年新发放的人民币贷款中，执行下浮利率的约占 17.18%，执行基准利率的约占 34.25%，即 51.43% 的贷款执行的是基准利率和下浮利率，而执行上浮利率的只占 48.57%。

有人总是认为现在中国银行业的利率还没有彻底市场化，中央银行还实行利率管制，所以目前银行盈利高不完全是正常的经营结果。而事实上，世界前十大银行的数据对比显示，2013 年，我国五大行的平均净利息收益率水平是 2.5%，而美国的富国银行是 3.39%，花旗银行是 2.88%，美国银行是 2.46%。这些银行所处的环境是利率已经市场化了的，但它们的净利息收益率并不低于我国的几大银行，况且它们还是在美国量化宽松的货币政策尚未完全退出的情况下所实现的这个利差水平。所以不能简单地说，我国银行这些年利润增加较快就是因为我国利率没有市场化，就是政策保护的结果。否则也无法解释在利率市场化程度还远不如现在的 20 世纪 80—90 年代，我国银行业的盈利能力那么低的原因。看一看世界一些主要国家和地区的银行在利率市场化过程中的情况也能说明一些问题。在利率市场化的最初阶段，不少银行大多经历了利差有所缩小的一个阶段，但很快就出现了不同的变化。有的利差水平又上去了（例如美国），有的则下来了（例如日本以及中国台湾地区等）。看来利率市场化的进程与银行利差水平是有关的，但并不是简单的线性相关。如果认为下一步利率市场化之后，存款人的收益率必然会上升，借款人的成本必然会下降，银行的利差必然会收窄，未免过于简单了。

关于银行收费问题，目前银行收费分为两类，一类是政府规定价或指导价，一类是市场化定价。按原有规定，银行收费中约有90%以上是由市场定价的，剩下的10%则需由政府审批价格。但目前由于种种原因，有关部门对商业银行的服务收费管理已趋于严格，例如前不久颁布的《商业银行服务价格管理办法》明确规定，各商业银行总行要定期向监管部门报送服务价格报告，要求商业银行出台收费调整事项的，至少要提前3个月进行公示，如涉及收费优惠的，也要提前明确标注优惠措施的生效和终止日期，等等。目前我国银行根据成本、风险、市场竞争和客户承受能力以及综合回报水平等因素进行服务定价的自主权还不高，与国际上大银行相比，我国银行非利息收入在整个营业收入中的占比还处于较低水平。

据了解，从非利息收入占营业收入的比重来看，2013年，我国上市银行平均为23.1%，而巴克莱银行是59.22%，苏格兰皇家银行是44.42%，德意志银行是53.54%，JP摩根是55.16%，法国巴黎银行是46.95%，富国银行是48.91%，汇丰集团是45.02%，美国银行是52.48%，花旗集团是38.73%，桑坦德是34.76%。这里固然有我国银行与西方主要银行业务范围不同即综合化程度不同的原因，但即使剔除银行综合化经营所带来的收入影响，仅看手续费佣金收入占营业收入的比重，2013年，前十家国际大银行平均为27.63%，同样显著高于我国银行的19.57%。

当然也应该承认目前在我国，银行业的收费确实存在一些需要整顿和规范的问题。举个例子，对一个客户的一笔贷款，银行原本可以将利率确定到某一个水平，例如7.2%。但银行为了体现自己中间业务发展的业绩，就人为将利率定为6%，另1.2%作为所谓的“财务咨询费”“融资顾问费”，变成了中间业务收入。虽然总的来说这并不能增加银行的利润，也没有增加客户的实际成本，但这种为了应付考核，片面追求所谓中间业务发展业绩的做法是一些银行经营指导思想不端正的表现。客户对此有意见，监管部门予以查处和纠正是有道理的。应该说这些银行这样做是图了虚名招了实祸。但总体来看，今后随着我国银行金融产品供给能力和服务能力的提升，银行有关新的收费项目应该还会出现。关键是银行要有严格的收费规则、收费项目及公开透明的标准。需报批的必须履行报批手续，凡收费了的必须提供相应的服务。真正做到了这些，相信社会公众对银行服务收费的理解也会进一步增强。

说到这里，也许有人还会质疑，银行这些年利润不菲，既不是来自利差保护，又不是来自乱收费，究竟是来自哪儿呢？一些企业经营困难而银行盈利状况却不错，究竟是什么原因呢？我们可以看一看 2013 年度的有关数据，我国 16 家上市银行的资产回报率（ROA）平均为 1.23%，规模以上工业企业的 ROA 平均是 7.39%；16 家上市银行的资本回报率（ROE）平均为 18.93%，规模以上工业企业的 ROE 平均为 12.78%。如果说仅通过这样对比，还很难就银行业的盈利是否正常做出判断的话，那还可以进一步做一点分析。我认为，实事求是地说，这些年银行的利润增长主要来自银行资产总量的迅速扩张、资产质量的相对稳定、技术手段的不断改进以及经营成本的严格控制。

一是银行业资产总量的迅速增长拉动了利润相应增加。到 2013 年末，我国银行资产规模与 2004 年相比增长了 119 万亿元，相当于增长了 3.7 倍。在这样的情况下，如果银行利润不能相应增长是不正常的。当然我国社会经济发展所需的资金主要依靠银行贷款，致使银行资产规模不断扩张，直接融资、间接融资的结构一直难以有效调整这是另一个需要讨论的问题。据我所知，一些银行尤其是大银行的管理者并不希望看到自身银行规模的持续扩张，他们对其中蕴藏的风险隐患是有担心和忧虑的。

二是前些年银行资产质量的相对稳定推动了利润增长。2006—2013 年，我国银行不良贷款余额从 12549 亿元降到 5921 亿元，不良率从 7.09% 降到 1.0%，这带来的直接效果是信贷成本率（减值计提与贷款总额的比值）从 2006 年的 0.7% 下降到 2013 年的 0.54%。信贷成本率的明显下降，又进一步带动资产减值准备提取与拨备前利润的比例明显下降。2006 年，我国银行这一比例高达 25.5%，2013 年则下降到 14.88%，下降了 10.6 个百分点。因此可以说是宏观经济的平稳和银行信贷管理水平的提升，促进了银行这些年信贷资产质量的改善进而有效拉动银行的利润增长。目前由于宏观上经济增长趋缓，银行业信贷资产质量出现了一定的波动，这对银行的盈利能力已提出了严峻挑战。从 2013 年以及 2014 年第一季度的情况看，银行利润的增幅出现了明显下滑。这恰恰从另一个方面验证了银行业前几年利润的高速增长是我国经济持续发展的一种联动反映。

三是银行技术手段的改进推动了利润增长。我国几大银行目前电子银行的业务替代率已经将近 80%，即每 100 笔业务中，只有 20 余笔业务是在物理网点的柜台上办理的。工商银行的电子银行业务替代率更是达到了 82%。也就是说，如果没有强大的网络支撑和技术保障，仅工商银行一家就需再增加近 3 万家物理网点才能完成目前的服务量。经过测算，电子渠道办理业务的平均成本是每笔 0.49 元，而在柜台办理业务平均成本是每笔 3.06 元，相差约 6 倍。而十年前，我国银行业电子银行替代率只有 15% 左右。毫无疑问，目前利润的增加是银行前期电子化建设、信息网络建设大量投入的结果，是技术进步的结果。例如工商银行，从 2000 年开始，连续 15 年平均每年对 IT 系统建设的投资都超过了 50 亿元。如此巨大的投入如果得不到足够的回报，那倒真是失职了。

四是严格的经营成本控制保证了银行的利润增长。我国的银行业尤其是大银行的成本收入比自股改上市以来呈稳中有降的态势。2006 年成本收入比平均是 45.14%，2013 年是 30.79%，下降了 14.35 个百分点。而同期，国际银行业的成本收入比从 56.5% 上升到 66.5%。事实证明我国银行严格控制成本是拉动利润增长的一个重要原因。

综上所述，我以为我国银行尤其是大银行能实现盈利能力的可持续增长是好事，是对国家、股东、社会公众应尽的责任，如果反而因此受到指责是不公道的。

银行与实体经济是不是相对应乃至相对立的两个方面

金融危机爆发以来，一些西方国家特别是美国关于要重视实体经济的声音多了起来。

之所以出现这种情况，主要是因为此前美国金融市场上衍生品交易量过大，一些衍生品层次过多，结构过于复杂，与实体经济运行的关联度越来越模糊。而众多的投资者乃至金融机构包括监管部门对这些金融交易活动的内容及其风险多是不甚了了，大多是只知其然，而未去深究其所以然。这就带来了很多问题，后来也引发了不小的风险。

因此，在这样的情况下，这些国家有人提出金融活动要更多回归实体经济，要避免过度投机以控制风险，是有道理的。当然，如果把这一轮金融危机全部归咎于所谓的虚拟经济活动，也未必是完全找准了病因。一些国家的社会制度例如社会福利制度有不合理的地方，一些国家乃至全球经济结构存在着不平衡现象，一些国家货币政策失误带来了副作用，以及国际货币体系的不完善，等等，恐怕是更重要的问题。

当前值得注意的是，在现阶段，究竟应该如何正确分析我国金融活动的性质，如何正确看待我国实体经济和金融行业的关系？

现在有些专家学者认为金融业、银行业就是属于虚拟经济，是与实体经济相对立的两个方面。这种看法未免有失偏颇，在理论上并不完全站得住脚，与实际情况也不尽相符。

尽管对什么是所谓的实体经济至今并没有一个权威的、统一的定义，但我认为有人关于“生产商品和提供服务的经济活动是实体经济”的提法，比那些认为“实体经济一定要有物质性投入和物质性产出”的说法合理得多。

这里姑且不去讨论教育、文化、艺术、体育等精神层面的一些生产、服务和消费活动是不是属于实体经济，应不应该加快发展（我认为应该属于，应该加快发展），仅就金融业而言，是第三产业中的重要门类，它本身就是社会经济生活的现实组成部分。它随着人类社会化大生产和专业化分工的进程，它一方面从生产部门中逐步分离出来，另一方面又渗透到物质产品、精神产品生产、分配、交换、消费的全过程。没有金融业，人类的生产、消费只能处于物物交换的原始状态,社会化大生产就无法进行。邓小平同志关于“金融是现代经济的核心”的重要思想，正是金融业与实体经济关系的精辟概括。

实际上，作为实体经济的重要组成部分，中国的金融业在服务和支持实体经济发展方面一直发挥着重要的作用。仅以银行业为例，1979—2013 年的 35 年，我国银行业信贷余额从 2040 亿元增加到 76.63 万亿元，占 GDP 的比重从 1979 年的 50.2% 提高到 2013 年的 134.7%。总体来看，这 35 年我国银行信贷余额每增加 1 个百分点，就推动了 GDP 总量增加 0.37 个百分点。当然，经济增长过度依靠银行信贷是否健康，这种模式是否可持续，我国经济运行中资金投入的效率是否应该进一步提高，那是需要另外研究的问题。但这些数据充分佐证了金融业与实体经济是血液、肌肉和骨骼的关系，它们之间谁也离不了谁，都是社会发展和国民经济生活实实在在的有机组成部分。

谈金融业是否属于实体经济，还需提及的一个问题是，发展金融衍生品是不是就是搞虚拟经济？

这些年在西方金融市场发达的国家，出现了很多以不确定性为交易对象的金融衍生品，其中比较典型的就是以违约的可能性为交易对象的金融产品。应该说，其中有些衍生产品应用得好是具有风险对冲功能的，例如利率、汇率调期互换的一些产品，今后这些产品不应该也不可能消失。事实上自金融危机爆发以来美国等西方发达国家这些产品的交易活动也并没有减少。但有的产品，特别是以衍生品为基础的一些再衍生品，例如 CDO（债权抵押证券）的平方，甚至立方，确实带来了不少问题，这些产品在相当程度上已经游离于实体经济之外，成了一些金融机构以及一些投资者之间的对赌游戏，将它们冠以“虚拟经济”是恰当的。现在，我国的金融市场还很不发达，我国目前基本上还没有这些基于衍生产品的再衍生品。

我们应该一方面深入研究这些产品可能带来的风险，汲取它们的教训，目前不应该也不必要去搞那些结构过于复杂，连发行者自己也说不清楚的产品，那对实体经济的发展没有什么积极意义。另一方面要坚定不移地深化金融改革，推动金融创新，要认识到我国的金融市场还需要更多的金融产品（例如信贷资产的证券化等），我国的实体经济还需要更多的金融服务，我国的投资者还需要更多的投资工具。延缓金融创新和金融改革不利于防范金融风险，金融少了工具不利于实体经济的发展。

目前一些人之所以认为我国的银行业与实体经济是相对立的，还有一个重要的原因，就是简单地将所谓企业融资难、融资贵的问题归咎于银行。如前所述，这些年来银行的信贷增幅一直是高于 GDP 增幅加 CPI（居民消费价格指数）增幅之和的，如果再加上社会融资总量中由银行投资的企业债券等，银行资金进入实体经济的数量就更可观了。在一定意义上可以说明我国企业生产经营对银行信贷的依赖已经过度。对银行必须实施严格的资本管理，坚决抑制银行信贷规模和资产总量的无限扩张，对实体经济必须努力降低其负债率。唯有这样，我国的经济金融才能真正进入可持续发展的健康轨道。

说到这里，也许有人又会单独提出小微企业融资问题来讨论，因为这个问题事关就业，事关民生，事关社会的和谐稳定，是一个方方面面都非常关注的问题。我们还是要用数据来说话。目前工、农、中、建、交五家银行给小微企业的贷款约占全国商业银行对小微企业贷款总额的 31.6%；12 家全国性股份制商业银行给小微企业的贷款约占 20%；145 家城市商业银行给小微企业的贷款约占 16%；337 家农村商业银行、147 家农村合作银行、1927 家农信社以及村镇银行、小贷公司给小微企业的贷款约占 32.3%。从这些数据可以看出，不同规模、不同层级的银行机构虽有不同的市场分工和客户定位（这是市场经济条件下所应该的），但都为小微企业的发展提供了一定的服务，做出了自己的贡献。简单地批评银行，特别是认为大、中型银行不愿意给小微企业提供服务是有失偏颇的。而且需要指出的是，这些年来为了督促和鼓励银行尽最大可能为小微企业提供信贷支持，有关部门还出台了一系列政策和措施。例如财政部在考核国有控股银行的经营业绩时，专门设立了对中小微企业贷款在贷款总额中的占比的考核指标，如果低于有关要求，将直接影响到考评得分。银监会在关于商业银行资本管理办法中规定，在计算风险权重时，一般公司权重为 100%，而符合条件的小微企业风险权重可设定为 75%。在实施内部评级法时，考虑到小微企业分散性的特点，将相同违约概率下的小型企业的相关性确定为大型企业的 80%。也就是说，在同样的资本占用条件下，对小微企业可发放的贷款规模会多于中型企业特别是大型企业。一个简单的道理是，同样的资本占用可发放的贷款越多，银行的盈利则可能增加得越多。因此认为银行主观上不愿意为小微企业发放贷款的说法理由并不充分。

至于“贷款贵”的问题，有些观点在前文论及银行存贷利差问题时已有涉及，就不再赘述了。这里仅对各类银行所发放的贷款利率水平做一个分析。截至 2013 年，大型银行新发放的人民币贷款利率平均为 6.39%，12 家全国性股份制商业银行为 6.86%，城商行约为 7.7%。可以看出小银行贷款利率比中型银行要高 84 个基点，比大银行要高 131 个基点。另外，农村合作银行、村镇银行发放贷款的利率约为 10%，小贷公司约为 20% 左右。可以得出的结论是，由于管理成本以及资本逐利性要求的差异，一般说来贷款利率水平与银行规模是成反比的。这也是国际金融市场上的普遍现象。因此，在谈及所谓的实体经济融资成本高的时候，还需从多个角度做全面的分析。

应该指出的是，我国银行业前一阶段的确有某些业务操作对实体经济的运行并没有什么实质性的积极意义。例如有的银行为了规避监管要求，在一些特殊时点上进行同业间的资产买入返售（售出回购），其中有的就是游离于实体经济需要的。对类似这种完全是为了应付监管规定和银行自身时点考核要求而进行的业务操作应该加以限制和规范。中国人民银行、银监会等部门对此已提出了明确要求，各家银行都应该认真执行。

事实上,我作为一个在银行系统工作了近30年的金融从业人员，对大银行经营管理机制缺乏足够的活力是有切身体会的，对银行亟须进一步加快转型发展的紧迫性也是深有感触的。但我始终认为对经济金融问题的剖析要更加理性化，对银行问题的讨论要更加专业化。对任何事物都需坚持辩证地看、全面地看、历史地看，思想方法上的任何简单化、片面性都是有害无益的。

开发性金融：从“芜湖模式”到“一带一路”

自 1994 年 3 月成立以来，国家开发银行（以下简称国开行）已历经了 20 余年的改革探索。在此过程中，我们借鉴国际先进的金融理论，坚持从中国国情出发，在实践中不断探索，积极支持经济建设，探索出了“芜湖模式”“投棋布子”等建设方式，取得了具有国际先进水平的市场业绩，走出了一条符合中国实际的开发性金融之路。

2017 年 10 月，党的十九大修改党章将“一带一路”倡议写入党的指导思想，这指示了我们党在国际经济、投资和金融领域中指导对外合作的基本方略。开发性金融的逻辑与“一带一路”倡议的特点高度匹配，必将在支持“一带一路”建设的过程中大有所为。

开发性金融的本质：服务于国家战略的市场化金融

“开发性金融”这个概念是由我明确的。布雷顿森林体系中存在“开发性金融机构”的概念，但“开发性金融”与“开发性机构”的意义完全不同：开发性金融不限于任何国家，也不限于多边组织，

---

* 作者系 CF40 常务理事会主席，十二届全国政协副主席，国家开发银行原董事长、党委书记陈元。

且正好符合我国开发银行的发展现状。此外，这个词既能准确表达意思，也能在国际上被广泛接受。重要的是，“开发性金融”不仅是一个新兴名称，还是一套体系完整的金融方法。其既不同于传统的商业银行，也不同于依靠财政支持的政策性银行，而是一个全新的领域。

开发性金融一直处于发展之中，其最主要的内容也被不断提炼。或许我们可以这样表述：开发性金融是为实现国家战略而发展出来的一系列金融方法，其基本特征与财政性拨款、减让性融资支持大不相同的地方在于，开发性金融完全使用市场方法来实现国家战略。值得注意的是，开发性金融的资金通过国家信用证券化得到。通过国家信用市场化而得来的资金，必然要以市场化的方式来运用。

一般而言，开发性金融的实现方法可被分为两类。第一类，开发性金融可运用现成市场来实现国家战略，这种方式与商业金融较为相似。但商业金融往往只是运用市场获取最大利益，国家战略在其中的地位与角色不够清晰。在当前的国情下，我认为商业性金融机构也要通过市场化方式实现国家战略，也要发展能够为国家战略和实体经济添砖加瓦的项目。第二类，在没有市场的情况下，开发性金融仍要通过金融方法实现国家战略。由此看来，开发性金融将要面对的是一个创造市场的过程。不创造市场，就会出现资金运用问题和大额不良贷款风险，甚至会导致金融危机。

这或许与很多人的观点相去甚远。一直有观点认为，市场是天上掉下来的“馅饼”，美国的“馅饼”已经掉下来很多了，我们直接采用美国的方式来发展就可以了。事实上，这种看法是不正确的：世界上没有天上掉馅饼的好事。我国的经济发展需要靠我们自己的辛勤耕耘来实现，我们必须主动创造一个能够为我所用的高效运行模式。在推进开发性金融的过程中，“只想摘桃子不想种地”的想法是一种思想懒惰，更是天真的幻想。另外，还有一些主流经济学观点把开发性金融看作“怪物”，老想着把“怪物”装到惯用的箱子里，因此他们总是试图把开发银行往商业银行的路上带。对于我国开发性金融的发展而言，这无疑是一种固化的意识形态障碍。

“芜湖模式”将开发性金融的名号一炮打响

“开发性金融”的概念刚提出时，来自市场方面的反馈大多较为消极。国开行以外的商业银行、金融体系和各个政府部门对开发性金融的反应截然不同：央行在经过短暂犹豫后表示完全赞成，发改委也完全赞成；但财政部和银监会持坚决反对态度，时任国务院总理也坚决反对。真正让开发性金融一炮打响的是“芜湖模式”的星火燎原。

1997 年之前，国开行的任务就是执行计划经济委员会的投资指示，即“计委挖坑，开行种树”。在国开行将融资的主动权拿回来后，我们就开始思考开发银行真正的业务范围和发展方向。那时，我提出要让开发银行在经济发展中发挥更大的作用，要将城市建设作为开发银行发展的新方向。1998 年，开发银行与芜湖市建设投资有限公司签订了 10.8 亿元的 10 年期贷款协议，以支持芜湖市包括公路建设、城市供水系统改善及垃圾处理场建设在内的 6 个基础设施建设项目，贷款担保和还款来源由市政府负责，这就是我们所说的“芜湖模式”。

“芜湖模式”的创新之处在于“打捆”，即将多个城市建设项目进行捆绑，通过优质项目带动劣质项目。之所以要进行打捆，是因为城市建设项目往往相互关联，河道整治、道路治理等项目与其周边环境不可分割。如果只发展单个项目，往往见不到整体效果。以上海的苏州河为例，这一项目使用国开行资金对整个区域进行打捆改造，使得城市建设颇具规模，城市发展速度非常快。无论是对国开行员工还是对各地政府，打捆贷款的出现都无异于一种思想解放。

值得注意的是，之所以选择城市建设作为方向，是因为我们逐渐认识到：土地能够带来巨额的财政收入。最初，城建打捆贷款的还款来源是地方政府的财政资产；后来，拆迁土地及拆迁商品房的再卖收入也可用于还款；再后来，土地招拍挂制度出现，全国各个城市大力推动这一制度，为国开行的城市建设工作提供了有力的还款保障。由此，政府就能够使用国开行的资金治理土地、发展城市，再通过土地招拍挂的所得资金进行还款。立足于“农民变市民，土地变资产”这两个核心点，我国的城市化基本模式初见轮廓。

“芜湖模式”将政府和银行的力量相结合，通过创造出来的市场化方式推动经济发展。这一发展模式的成功奠定了国开行生存的基础，极大鼓舞了全国开行人的信心。“芜湖模式”遍地开花，城市建设不断发展，这不仅奠定了国开行业务发展的基础，也奠定了开发性金融的基础理论。2004 年后，国开行逐渐提出了“政府热点、雪中送炭、规划先行、信用建设、融资推动”的二十字方针，这二十字方针及国开行的几条核心理论，基本上都是从城市建设的经验中归纳出来的。不仅如此，我们还总结出了一些关于国家发展建设的普遍性认识：现阶段，城市化建设可带动工业化建设，从而带动整个经济社会发展。城市化提供需求、工业化提供供给，供需相结合，使得我国经济社会加速发展的宏观模型清晰可见。由此可知，开发性金融既有顽强的生命力，也有巨大的推动力，其可回收、有盈利，可以与市场上任何一个机构来比较业绩，甚至比它们表现得更好。

积极发挥引领作用，开发性金融初探国际业务

在城市建设工作不断发展的过程中，我们遇到了许多难题，如资源约束。都说中国地大物博，可平均到 13 亿人身上，我们的资源完全不够。首先，我国的金属矿产资源非常短缺，目前我国铁矿石的进口量超过 55%，铜矿的进口量超过 70%，有时需要直接进口成品铜。其次，我国的能源矿产也面临难题。以工业供煤为例，我国不仅面临着用煤发电的环境保护问题，还面临着煤矿运输问题：与把煤矿千里迢迢地从西北运到东南相比，从澳洲买煤的开采、运输成本更加合算。因此，国开行逐渐将目光转向国际。我们认识到，必须要为中国的城市化建设和整个经济体系的发展打造国际化格局，否则我们的发展进程将不可持续。

自 2004 年起，国开银行开始考虑发展国际业务。那时，大家对国际业务的理解大多仅限于商业银行的国际业务，例如国内企业的外汇贷款。但我提出，国开行的国际业务应在全世界“投棋布子”，积极发挥开发性金融的引领作用。于是在接下来的两年里，国开行的海外工作组走访世界各国，对各个地区的中资企业加以指导，采取“先派人员、再抓业务”的方式对中资企业进行大额贷款，这是任何商业银行都不曾走过的道路。此前，许多海外的中资企业融资无门，几乎无法适应欧美市场中的高门槛；此后，国开行紧紧围绕合作国政府的关注热点，与中外政府部门和企业合作，以市场化手段开展国际合作业务，成功运作了中俄石油、中巴石油、中委联合融资基金等一批重大项目。

除了贷款业务外，国开行的国际合作业务还包括投资业务。2007年8月，国开行向英国巴克莱银行投入15亿英镑资金，持股3.1%，取得一个董事席位及未来三年内增持到不超过10%的权利，这成为国开行最大的海外投资业务。对于国开行而言，购买巴克莱银行的股票具有双重意义：首先，这有助于国开行在内部发展方面向其借鉴经验；其次，有助于国开行学习其国际业务经验。例如，巴克莱银行在非洲地区布局了许多网络，参股巴克莱有助于国开行在日后与其在非洲地区投资的业务形成合力，共同发展。2014年，国开行与巴克莱银行签署了一项新协议，协议指定巴克莱银行向国开行的全球分支提供企业和投资银行服务，并向国开行提供其想法、目标和融资结构。自此，双方的合作进一步加深。

全面认识“一带一路”倡议，发挥开发性金融独特作用

2013年，习近平总书记首次提出建设“丝绸之路经济带”和“21世纪海上丝绸之路”的构想，旨在借用古代丝绸之路的历史符号，积极发展与沿线国家的经济合作伙伴关系，共同打造政治互信、经济融合、文化包容的利益共同体、命运共同体和责任共同体。2017年10月，党的十九大修改党章将“一带一路”倡议写入党的指导思想，这是非常重要的战略定位，指示了我们党在国际经济、投资和金融领域中指导对外合作的基本方略。

开发性金融逻辑与“一带一路”倡议的特点相匹配，在支持“一带一路”建设过程中将大有所为。作为中国的开发性金融机构和中国首屈一指的对外投融资合作银行，国开行人必须全面认识“一带一路”倡议的重要意义，认真贯彻落实中央各项战略部署，

坚持稳中求进推动国际业务工作，突出服务“一带一路”建设，争取在推动重大项目落地、开展多双边合作、稳定资产质量等方面取得新成绩。

“一带一路”倡议的重要意义

第一，“一带一路”倡议是国际经济社会发展的客观要求。从根本上来看，目前的世界经济体系都是以发达国家的利益为出发点的，虽然其货币发行及金融拓展的过程在客观上也带动了世界经济的发展。从长期来看，发达国家人口较少，对于全球经济发展的带动作用将日趋无力。进一步来看，现在全球经济已经进入需求不足的阶段：一方面，发达国家的整体经济总量和福利水平较高，本国劳动力在经济活动中的参与度逐年下降，这在客观上进一步加剧了其发展动力不足的问题；另一方面，发展中国家的投资需求更为迫切。所以从目前情况来看，全世界的经济发展都需要一定的投资来支持。推进“一带一路”建设、扩大对外投资合作，不仅可以极大地促进“一带一路”沿线发展中国家的经济社会发展，也有利于发达国家“搭便车”，使其可以从发展中国家不断完善的基础设施、市场机制中受益。由此可见，“一带一路”建设不仅符合中国利益，也符合第三世界、第二世界、第一世界的共同利益。

第二，“一带一路”倡议是中国建立现代化经济体系的重要标志。全球经济已经进入需求不足的阶段，目前的世界经济体系已不能承载中国经济的飞速发展。究其原因，即世界经济是由以美、欧、日为主的发达经济体带动发展的，它们建立的全球供应链、塑造出的全球价值链和全球金融链，以及占据国际领先地位的科研教育链，都只为其自身发展而服务。现在，中国经济已发展到了关键时刻，我们必须在国际经济中创造更大的格局、发挥更为重要的作用，以满足我们建设现代化经济体系所需要的国际条件。我们要很好地通过"一带一路"倡议向世界其他地区扩展，建立起全球化的经济体系。在这样的体系中，中国应能够发挥重要的主导作用，能够保证关键性大宗商品的来源和供应链，且能够掌握商品的定价权。

第三，"一带一路"倡议是中国全球化发展的潜在蓝海。首先，"一带一路"倡议对我国的产业链、技术链布局具有带动作用，我们可借助"一带一路"倡议把加工环节以及过剩产能转移出去，从而实现产业链、技术链不断升级。其次，"一带一路"建设是人民币扩容的重要支撑，在"一带一路"范围内推行人民币国际化所遇阻力将相对较小。不仅如此，"一带一路"倡议还是我国构建人类命运共同体的关键地带。从长远来看，"一带一路"倡议也是我们向非洲和拉美地区发展的重要条件，这将有利于我国在地缘政治和国际安全等各个方面的发展。

第四，"一带一路"倡议是经济落后地区脱贫致富的真正希望。西方发达经济体对世界范围内的经济体制、资源及生产要素的布局都以其自身的经济利益为目的，"一带一路"倡议所涉及的区域是当前西方发达经济体所未曾覆盖的。这些经济落后的第三世界国家的真正希望在于，像中国这样具有国际责任感的大国能够与其合作，从而促进其经济发展。

"一带一路"倡议是中国为推动全球命运共同体和全球经济共同体的进一步形成而建立的。中国不会把这些贫穷落后的国家看作没有任何价值的"包袱"，而会从人民的角度看待问题：一切从中国人民的需要出发，同时也要考虑全世界人民的发展。中国人民经过几十年到上百年的努力摆脱了贫困落后的局面，我们相信，这些国家也可以通过其自身的努力和与国际社会的真诚合作走出困境。

第五，“一带一路”倡议是发达市场扩大发展空间的顺风车。在发展“一带一路”倡议的过程中，中国一国的金融资源还远远不够，我们也无法包揽天下。我们必须充分利用国际市场的资源，大力调动发达国家的积极性，吸引国际资本以构成共赢布局。因此，我们不仅要考虑投资对象国家的经济发展因素，还要考虑我们想要动员的国际资本的利益，尽力构成多方共赢的布局，谨防“黑天鹅”事件的出现。我们希望各国能够以共赢为核心，通过实现共同利益来促进共同发展。

金融与投资在“一带一路”倡议中的独特地位

在“一带一路”倡议的发展过程中，金融和投资具有独特的地位和作用。

第一，世界上的欠发达国家及新兴市场国家的发展都需要投资，都需要基础设施及其他公共配套设施的建设。在很多地方，我们仅发展单个项目是远远不够的，还需帮助当地社会发展社区、改善民生，而这些活动都需要投资及多种与投资相关的有效社会活动将它们连接成整体。

第二，从资本发展的角度来看，资本从来不是在发展中国家形成的，而是在发达国家市场中积聚起来的。资本的流动过程即是从已发展的市场经济国家向新兴市场国家流动的过程。在这种情况下，金融和投资成为资本流动的必要条件。在原有体系下，发达市场对新兴市场和发展中国家进行的金融与投资完全以逐利为目标，很少有长远考虑。但我们也必须认识到，很多长远利益可以被分解为互成体系的一个个短期利益，在这样的体系基础下，许多大项目可以分解成一个个可以实现盈利的具体工程。

具体工程的组合是一个长期的、困难的过程，想要资本能够真正从经济相对发达的国家向新兴市场流动，就必须创造必要的条件。以美、欧、日为代表的发达国家市场中的盈利空间有限，且市场越来越小，因为以逐利为目标的资本运作及市场运作的需求终将越来越少；另外，这些市场越要达到盈利目标，其必将愈加缺少新的投资方向。由此，发达市场的长期发展空间会越来越小，但其短期利益和短期市场还会存在较长时间。也正因为其缺少长远的、全球化的目标和动力，只把资金局限在本国原有市场，许多发达国家在快速去产能和私有化之后，都出现了金融泡沫、房地产泡沫和其他泡沫。由此可知，资本流动成为欠发达国家能否发展的一个主要矛盾：资本主义制度下的经济市场需求正在萎缩，其没有向外发展的动力及盈利空间，也不愿付出努力去积极开拓国际空间。

第三，金融发展应是投资的通道。目前，我们应致力于建设一条金融闭门通道，使中国、中等发展中国家和发达国家能够通过这一通道共同向“一带一路”国家和欠发达国家输出资本，投资于这些国家的基础设施和社会发展。

想要实现金融循环的闭门通道，就要使资金能够“出得去、回得来”。目前，只有美元能够完全实现闭门循环，欧元、日元也可在一定程度上实现。我们要想发展“一带一路”倡议，想要中国的金融市场获得更大发展，就一定要发展我们和这些欠发达国家或新兴市场国家之间金融循环的闭环通道，就要形成支付系统、资本投资保护系统、储备货币运作机制和合作协议，就要使更多国家愿意让人民币成为贸易结算货币和储备货币。虽然我们现在已经与许多国家进行货币互换，但这些国家基本上已被由美元所代表的体系所垄断，人民币还尚未形成在实体经济中的闭门流动，并未发挥实质性作用。

美国能够做到金融的闭门循环，是因为目前世界范围内的贸易都以美元结算，流出美国的大量美元又会通过贸易交易流回美国的资本市场，购买美国国债。中国现在的外汇储备已达到三万亿美元，其中有相当一部分用于购买美国国债。对此，我们希望能够适当减少对美元的依赖，虽然这并不是一件容易做到的事。我国应尝试多种方法来设计和推动人民币的国际应用，通过人民币来建设“一带一路”倡议项目，使人民币能够在未来向中国的债券市场汇入，从而建立良性的大循环而非恶性、套汇、投机的小循环，避免人民币枯萎。

“一带一路”金融合作的三个层面

在“一带一路”倡议的发展过程中，各国间的金融合作可分为三个层面。

第一，企业层面。无论是股权融资还是债务融资，每一个企业在进行融资时都会考虑风险、收益、企业的治理结构以及当地的政治稳定性等因素。由此，企业往往在精打细算之后放弃项目或另寻出路，单个项目的成功率很低。对于这样的现状，我们应力求改变。

第二，市场层面。在这一层面，我们需考虑不同国家或地区的政治稳定性及资源重要性。在市场层面，有些资源的市场稳定性可以覆盖和解决当地的政治不稳定问题。以石油为例，石油是充分国际化和市场化的大宗商品中的代表性产品，其价格在很大程度上决定了美元的命运，也影响着许多资源国家的经济状况，因为这些国家的收入高低取决于石油价格。由此可知，如果大宗商品的国际市场足够好、足够稳定，这些地区的政治稳定风险就可在较大程度上被对冲。例如，委内瑞拉政治波动频繁，国际上普遍认为其政治局势具有很大问题，但是委内瑞拉的石油出口并没有因此受到限制。此外，委内瑞拉对外出口的石油中有90%流入美国，其政治波动是在与美国有着如此密切的石油出口合作的背景下发生的，这种政治波动并不会影响其石油生产和出口。因此，其石油价格相对稳定，从而保证了一些项目的成功。除了委内瑞拉外，中东、巴西和非洲国家的石油出口也都有类似的情况。由此可见，这些国际化的大宗商品的市场稳定性降低了相关国家和地区的政治波动性，其具有一定的抵御局部政治波动风险的能力。所以，我们应该看清市场和局部地缘政治波动之间的互动关系。此外，我们也应更多地考虑金融市场配置资源的能力，因为向这些具有稳定性的市场配置金融资源将会得到稳定回报。

具体而言，香港特区的股票市场及香港特区的其他银团市场对于区域化项目和国际化项目的资源配置能力都有着较好的适应性和开拓性。因此，我们应该大大发挥香港市场的作用。中国的债券市场是一个更大的市场。不论市场如何波动，外资都可以到中国的人民币债券市场发债，用人民币进行各项必需的投资及经营业务。在很大程度上，市场稳定性的实现是体量扩大的结果。过去我国经济体量小，害怕投机性的波动；现在，人民币市场迅速扩大，已经达到相当规模，单笔的、规模较小的投机性动作绝不会影响整个人民币市场的稳定性，这也大大削弱了外资在中国债券市场进行投机的能力。由此，随着中国自身力量的强大，我们自己的金融市场也将成为国际金融界中重要的参与力量和交易场所。

第三，货币层面。除了企业层面的融资和金融市场层面的融资，货币层面的合作也是必须配置的，各国央行之间必须进行足够深入的合作。首先，央行之间要在支付系统层面进行合作。人民币走出去当然要量力而行，但是所走的每一步都必须要有支付系统来支撑。我们要有自己的体系，不能一味依赖其他货币系统，如果只依赖于美元系统或其他外国系统，人民币就会变成国际货币的一个派生产品，无法发挥其应有的作用。而且，在很多情况下，外国系统并不为人民币服务。其次，央行之间的货币互换也应深入下去，使资金使用达到项目层次，而非仅限于额度协议的签订。例如，在发展非洲国家的石油、天然气生产能力时，我国可使用人民币进行投资，这些人民币可被用于购买中国设备及向中国的施工公司进行支付。我们还可以使用人民币来购买石油、天然气等大宗产品，这些得到投资的国家也可使用开采得到的石油、天然气来归还我们的建设资金。由此，双方均可受益：对于中方而言，人民币形成了闭环回流；对于这些国家而言，其可将剩余的人民币投资于中国的债券市场，中国债券比美元债券的收益还要更高一点。

有了市场层面和货币层面的合作，企业层面的金融业务就可获得支撑，得以克服风险。实现本币互换后，货币存到合作国的央行中，国家就可以进行货币扩容、增信，以改善货币流动性。很多国家，特别是一些贫穷国家，其货币流动性非常紧张但又不能过度增发货币，因为增发货币会导致货币贬值和通胀。由此看来，这些领域都与我们的项目建设相关。在贫困国家建设一个石油化工项目，这对中国而言只是一个普通项目，但对于有些国家而言，这可能会对其国家经济产生重大影响，甚至可能影响到国家宏观经济的稳定。所以我们在“走出去”的时候，一定要全面考虑这些不同层面的问题，努力实现互利共赢。

有了这三方面的合作，项目合作的成功率就会提高很多。当然，项目合作还需要政府间制定框架，签订有关投资保护、支付系统、储备货币的投资方式协议。从项目层次来说，我们还要考虑一种组合融资——不是组合金融，而是组合项目。组合融资需要把相关项目进行打捆，使其互相对冲风险、化解风险。组合融资有三种实现形式：第一，不同产品相互打捆可克服经济周期的波动。石油等大宗商品与家用电器、汽车等消费品各有其经济周期，这种周期波动可以通过打捆融资进行对冲。第二，产业链上下游结合。在一些产业链中，上游产品深陷困境而下游加工能力很强，将上下游相结合即可降低风险。第三，针对不同行业、不同地区的差异,可将高风险产品与低风险产品进行组合以对冲风险。由此可见，组合融资既要考虑项目层面的融资，也要考虑金融方式的融资；既组合项目，也组合企业，可在企业、市场和货币三个层面形成互补互动的有机整体。

用开发性金融更好地服务“一带一路”建设

“一带一路”建设的参与国中有众多新兴市场国家和发展中国家。这些国家一方面具有促进经济建设和社会发展的强烈愿望，另一方面又因资金实力和资本积累不足，无力推进基础设施互联互通等重大项目建设。这为开发性金融充分发挥自身优势、支持“一带一路”建设提供了广阔空间。结合开发性金融探索国际业务以来的多年发展历程，我们总结出了以下经验。

第一，通盘考虑各方要素，融资推动与规划先行并重。

在国际市场进行投资，与在股票市场或债券市场买卖等即期交易行为不同，必须在事前进行长期分析和系统规划。在国开行“政府热点、雪中送炭、规划先行、信用建设、融资推动”的二十字方针中，规划先行与融资推动这两者相辅相成：融资是规划合作的基本推动力，融资推动可让合作方清楚地看到规划带来的投资和收益，能够极大地提高其合作积极性；而在推进重大国际合作项目的过程中，规划更是融资的必要前提。在推进“一带一路”倡议的过程中，我们也要注重从长计议，对未来五年、十年甚至更长时间的发展形势进行通盘规划，把空白化、碎片化的区域和产业政策整合起来，综合考虑经济、社会、人文、外交、法律、金融等各方面影响，形成明确的工作目标和具体的合作项目，为项目提供有效的安全保障。

每一项国际业务的实现都需要我们做大量的工作、付出不懈的努力。推进一个项目，如果只是简单地从工程承包的角度来测算需要多少投资、多少工期、多少人力技术支持，那是远远不够的。我们必须坚持规划先行的方针，充分考虑各方利益的关注点及影响因素，所谓“谋定而后动”。特别是当前，一些地区和国家政局动荡，国际形势风云变幻，我们必须做好应对各种变化的准备，充分估计可能出现的变化和可能遇到的困难，预先形成有效对策。

第二，协调各方利益，推动形成合力。

一方面，在推进“一带一路”建设时，我们有时会遇到来自合作国中不同派别的政治势力或者有利益诉求的地方势力的反对或干扰，造成工程进度放缓甚至停滞。想要解决这些问题，就要通盘考虑合作国的实际国情，在项目自身条件可承受、我方整体利益不受损害的前提下，主动让利，使各相关方利益均沾，以此改善民众对项目的看法，也可同时改善当地的政治环境并缓解国际舆论压力。具体而言，我们可以允许合作国的地方行政机构在项目建设或企业经营中扮演一定角色，参与决策和管理；也可以雇用当地工作人员，在管理、操作等不同层面形成国际团队。主动让利后，不但我们的投资项目得以发展，当地人员也可以从中获得就业机会及其他收益。这样一来，当地人的既得利益就可以与我们的发展目标相融合，从而实现各出其力、各取所需。

另一方面，中国自己的团队也要注重形成整体合力，齐心协力打造“走出去”的整体格局和体系。如果各团队之间相互扯皮，就会造成工作碎片化，又会为项目发展增添新的难题。过去，国开行的许多海外项目都由工程公司打先锋，他们往往仅从施工角度考虑问题，缺乏统筹安排，很容易造成国内公司间的恶性竞争；今后，我们应让投资公司也参与其中，从投资、发展的整体安全角度通盘策划。如有可能，也可以采用国企、民企、外企相结合的方式，使三者共同发挥作用。例如，有些国家不接受我国国有企业的海外项目，或在态度上对国企有戒心，或在法律上对国企有限制。在这样的情况下，民营企业就应该发挥作用，通过金融或其他方式提供支持。不论是国企还是民企，甚至是外企，只要能够形成一致利益，就可以彼此合作、形成合力，共同推动项目成功。

第三，发挥企业核心作用，拓展市场化运作的周转空间。

“一带一路”建设是复杂的系统工程，需要以全局规划作为支撑。在这一规划中，企业要发挥核心作用，政府也要做好配合工作。其中，企业是融资推动的最终落实者，因为企业以财务可持续作为生存发展的基础，拥有一以贯之的盈利目标和追求，他们始终有动力去协调各方、形成合力。

如果在推进项目的过程中遇到困难，企业不能只依赖政府补贴，而是要想办法让项目自达平衡。例如，在国际业务中，企业可以打捆经营，然后进行市场化运作。市场化运作最根本的要点在于，项目要有合理回报。国际项目中的合理回报，既包含短期回报，又包含长期回报；既要有财务回报，又要有外交、战略、社会、经济等财务以外的回报。有些时候，长期回报或财务以外的回报更为重要。以坦赞铁路为例，这一项目的短期回报并不明显，但是其长期回报的示范效应到现在还在发挥。今后，各企业可能还会遇到类似的情况，也需要将各项合理回报综合考虑。

对于“一带一路”建设项目的回报期，我们可以按 50 年甚至 100 年来考虑，因为对于中国经济这么大的盘子，如此之长的回报期也是能够转得过来的，而且盘子越大，我们的周转空间就越大。实践证明，用市场化运作的方法把各方力量加以放大和巩固，是增强我们全球运作能力的最有效的方法，将会取得长期的、令人信服的优异效果。

我国保险业复业 40 年的改革历程及经验教训

1979 年，以国家批准正式恢复国内保险业务为标志，中国保险业开启了改革开放的历史进程。在党中央、国务院的正确领导下，我国保险业从逐步恢复国内业务到发展成为全球第二大保险市场，从探索对外开放试点到实现全面对外开放，从经营体制改革到更好地使市场发挥在资源配置中的决定性作用，专业保险监管从无到有并逐步健全。40 年的风雨历程和砥砺奋进中，我国保险业在防范分散风险、保障人民生活、服务实体经济等方面发挥了积极作用。回顾保险业复业 40 年来的几轮改革发展历程，总结经验和教训，对于更好地促进保险监管和行业改革发展具有重要的借鉴意义。

第一轮改革发展（1979—1989 年）

1979—1989 年，是国内保险业务的逐步恢复时期，保险规章制度也开始陆续建立起来，保险业的改革创新主要集中在财产保险领域，保险市场在较长一段时间内由中国人民保险公司独家经营，直

---

* 作者系 CF40 学术顾问、全国社会保障基金理事会副理事长、中国银行保险监督管理委员会原副主席陈文辉。

到 1986 年独家垄断经营格局才被打破。

国内保险业务逐步恢复

1979 年，国务院批准恢复国内保险业务。随后，中国人民银行下发《关于恢复国内保险业务和加强保险机构的通知》，就恢复国内保险业务和设置保险机构等问题提出了要求。中国人民保险总公司立即进行恢复国内保险业务和机构的筹备工作。1979 年 11 月，中国人民银行召开全国保险工作会议，明确保险工作的方针和任务，对 1980 年恢复国内保险业务的工作进行了具体部署。

恢复国内保险业务，首先从财产险开始，1982 年开始恢复办理人身保险业务。随着国内保险业务的全面恢复，保险业务规模迅速扩大，1980 年全国保费收入仅为 4.6 亿元，到 1989 年已发展到 142.4 亿元，增长约 31 倍，年均增长速度为 46.4%。

打破独家垄断经营格局

我国保险市场在 1986 年前一直由中国人民保险公司独家垄断经营。1985 年 3 月，国务院颁布了《保险企业管理暂行条例》，明确规定只要具备相关条件，经过国家保险管理机关批准，并向工商行政管理机关申请营业执照，便可设立保险机构，经营保险业务。1986 年，经中国人民银行批准，成立了新疆生产建设兵团农牧业保险公司，专门经营新疆生产建设兵团农场内部的种养两业保险；1988 年，批准成立平安保险公司；1991 年，批准成立太平洋保险公司。从此，正式打破了国内保险市场由中国人民保险公司独家经营的格局。

改革发展重心集中在财产保险领域

恢复保险业务后，国内保险市场以财产保险为主，改革创新和发展的重心也集中在财产保险领域。过去企业发生意外损失统一由财政解决的做法也得到了相应改变，全民所有制和集体所有制企业的财产均可自愿参加保险，而全民所有制单位投保的财产，一旦发生损失，由保险公司按保险合同规定负责赔偿，国家财政不再核销和拨款。这一时期，我国财产保险在国家有关政策的支持下得到较大发展，处于我国保险业的主导地位，占总保费收入的比重一直在70%以上。1980—1989年，全国财产险保费收入从1980年的4.6亿元增长到1989年的78.1亿元，九年间增长了近17倍，年均增长速度达37%。

规章制度开始搭建

随着保险业务的恢复发展，保险规章制度也开始建立。在规范保险合同行为方面，1982年开始实施的《经济合同法》对财产保险合同做了专门规定，这是新中国成立后第一部正式与保险有关的法律规定。为配合《经济合同法》的实施，国务院于1983年9月1日颁布了《中华人民共和国财产保险合同条例》，这是新中国成立后第一部调整保险合同关系的专门立法，基本具备了保险合同法的框架，适应了当时保险业发展的需要。在规范保险经营和保险监管方面，1985年国务院颁布了《保险企业管理暂行条例》，这是第一部专门对保险经营进行规定的行政法规，对保险企业的性质、组织、资本金、准备金和再保险等事项进行了规定。

第二轮改革发展（1990—2001 年）

1990—2001 年，是国内保险业初步探索对外开放的阶段，从上海作为对外开放试点到友邦进入内地带来境外保险营销模式。这一阶段保险业也在不断规范，由混业经营到分业经营，由人民银行管理到设立保监会进行专门监管，不断推进保险业形成多元化市场格局。

初步探索对外开放

1992 年，国务院选定上海作为第一个保险对外开放试点城市，这标志着我国保险业探索对外开放的开始。1992 年 7 月，中国人民银行颁布了《上海外资保险机构暂行管理办法》，对外资保险公司设立的条件、业务范围、资金运用以及对外资保险公司的监管等做出了较为明确的规定。同年 9 月，批准友邦在上海设立独资寿险公司（友邦也成为目前中国内地唯一一家外商独资寿险公司）。1995 年，保险对外开放试点城市从上海扩大到广州。2000 年，中国保监会加入国际保险监督官协会。截至 2001 年底，我国共有外资保险机构 32 家，其中，财险 13 家（含 3 家筹建），寿险 19 家（含 8 家筹建）。这十年间，外资保险公司业务得到了较快发展，保费收入从 1992 年的 29.5 万元增加到 2001 年的 32.84 亿元。

专栏 1　保险业对外开放

改革开放以来，我国通过试点探索，由点及面、循序渐进地推进保险业开放措施和开放范围。1980 年开始，陆续批准外资保险公司在华设立代表处。1992 年，国务院先后选定上海、广州作为我国第一批保险对外开放试点城市。自 2001 年加入 WTO（世界贸易组织）后，我国在承诺期内切实履行对保险业的全面开放承诺，在业务领域和地域范围方面逐步扩大。

近年来，我国积极参与国际保险监管合作和规则制定。2018 年 2 月，原保监会负责人作为新兴市场代表，首次当选国际保险监督官协会执委会副主席。同时，我国保险监督管理机构成为国际养老金监督官协会执委。

按照习近平总书记在 2018 年博鳌亚洲论坛年会上宣布的关于“在服务业特别是金融业方面，2017 年底宣布的放宽银行、证券、保险行业外资股比限制的重大措施要确保落地，同时要加大开放力度，加快保险行业开放进程，放宽外资金融机构设立限制，扩大外资金融机构在华业务范围，拓宽中外金融市场合作领域”的精神，我国将加快推进保险业对外开放，近期已推出一系列对外开放举措，并在加快推动尽早落地。

引入境外保险营销体制

对外开放带来了外资的先进管理理念和技术。随着友邦保险在上海设立分公司，个人营销代理制这一全新的保险营销模式开始进入我国内地。平安保险借鉴友邦保险营销代理制度，推动了我国保险业销售体制改革，并被国内各寿险公司广泛采用。同时，这次保险营销模式的创新也推动了我国保险产品的创新，各寿险公司逐步将业务发展重点向个险业务转移，开发了一大批针对个人需求的寿险产品和健康险产品，使寿险产品结构发生了巨大变化，由以简易人身险、团体意外险、养老年金险为主逐步变为以生存、健康和养老风险保障为主的传统人身险。

专栏 2　保险销售体制改革

伴随保险业改革和发展，我国保险销售体制发生了深刻变化。1992 年以前，寿险销售只有业务员直销的单一方式。1992 年个人营销模式由友邦保险公司引入我国后，逐渐成为寿险销售的主渠道，并推动了寿险业跨越式发展。2000 年以后，寿险公司大量开发分红险、投连险、万能险，银邮代理得到较快发展，逐步成为寿险三大主渠道之一。2007 年寿险公司个险、银邮、直销比例为 52 : 12 : 34。同期，个人营销模式与 4S 店、汽修厂等兼业代理一起成为车险销售的重要渠道，财产险销售也呈现多元化。2008 年，保险业开始积极探索销售员工制等改革创新，网络销售等新型渠道获得快速发展。2018 年 3 月，我国已有专业保险中介机构 2612 家，其中保险中介集团公司 5 家，全国性保险专业代理机构 225 家，区域性保险专业代理机构 1553 家，保险经纪机构 477 家，保险公估机构 361 家，兼业代理机构 3 万多家。保险销售从业人员约 800 万人，通过中介渠道实现的保费收入为 3.2 万亿元，占全部保费的 88%。

颁布实施《保险法》

1995 年 10 月 1 日，我国正式颁布实施《中华人民共和国保险法》(以下简称《保险法》)，这是新中国成立以来第一部保险基本法，将《保险合同法》和《保险业法》合二为一，对保险合同、保险公司、保险经营行为、保险监管、保险违法行为处罚等方面做出了较为系统的规定，标志着我国保险业进入有法可依、依法经营、依法监管的新阶段。《保险法》颁布后，保险监管机构制定了一系列配套规章制度，其中 2001 年前后出台了保险代理、经纪、公估等部门规章。

分业经营体系初步确立

《保险法》确立了产险、寿险分业经营的原则，各保险公司开始实施产险、寿险分业经营体制改革。1995 年 10 月，根据体制改革方案，中国人民保险公司改制为中国人民保险（集团）公司，下设中保财产保险、中保人寿保险和中保再保险有限公司，1998 年又各自正式独立。2000 年以后，新疆兵团保险、太平洋保险、平安保险先后正式完成分业经营体制改革。实践证明，分业经营体制改革在促进产险、寿险专业化经营和防范经营风险等方面发挥了积极作用，极大地促进了人身险业务的发展。1997 年，人身险保费收入首次超过财产险。

多元化市场格局探索推进

这一时期，保险市场初步形成了以国有公司和股份制公司为主体、政策性公司为补充、中外公司并存、多家公司竞争发展的新格局。2001 年底，全国共有保险公司 52 家，其中，国有公司为 5 家，股份制公司为 15 家，中外合资公司为 19 家，外资公司为 13 家。保险中介市场也开始得到发展，一批专业化的保险中介机构相继成立，共有专业保险中介机构 170 家。

现代保险监管体系开始建立

按照银行、保险、证券分业监管原则，国务院于 1998 年 11 月 18 日批准设立中国保险监督管理委员会，专司保险监管职能，集中管理全国保险市场。从 1999 年底开始，保监会陆续在各省、自治区、直辖市及计划单列市设立派出机构，到 2001 年 4 月，派出机构设立到位，全国保险监管组织体系开始逐步形成，这标志着我国保险监督管理体制进入了一个新阶段。

第三轮改革发展（2002—2008 年）

这一时期，我国保险业市场体系日益丰富，服务领域不断拓宽，整体实力有效增强，在促进改革、保障经济、稳定社会、造福人民等方面发挥了积极作用。

保险市场体系不断丰富

这一阶段，我国积极培育现代保险市场体系，一批新的保险机构相继设立，一些新的保险业务从无到有，初步形成了多种组织形式、多种所有制形式并存，分工比较合理的保险市场体系。2008 年底，全国共有保险公司 120 家，比 2001 年底的 52 家增加了 68 家，其中保险集团和控股公司为 8 家，财产险公司为 47 家，人身险公司为 56

家，再保险公司为9家。专业保险机构不断丰富，其中自2003年中国人保资产管理公司成立开始，到2008年底已有9家保险资产管理公司，以集中管理和专业化运用为导向的保险资金运用体制初步形成。

保险体制机制改革实现突破

我国积极推动建立现代企业制度，强化保险公司的激励约束机制。保险业在我国金融业中率先完成改制和上市，探索了国有金融企业股份制改革的有效途径，为金融业的改制上市积累了经验、提供了借鉴。2003年，中国人保、中国人寿和中国再保险三家国有保险公司全部完成了重组改制，中国人民财产保险股份有限公司在香港上市，中国人寿保险股份有限公司在纽约和香港两地同步上市。2008年底，共有6家保险公司在境内外上市。通过改革，主要保险公司开始建立较为规范的公司治理结构架构，为建立健全现代保险企业制度创造了条件。

专栏3　国有保险公司改制上市

加入WTO后，为应对国内外竞争、提高综合竞争力，作为国有金融企业改革的探索者，国有保险公司率先在金融业完成股份制改革。2003年，中国人民财产保险股份有限公司成为国内首家在境外上市的国有金融企业，中国人寿保险股份有限公司在境内外两地同步上市。通过改制上市，国有保险公司实现了组织形式的转变，促进了管理体制的转变，推动了经营机制的转变，显著提高了保险公司竞争能力。在2007年《财富》杂志评选的世界500强中，中国人寿排名上升至 192 位，比 2003 年提高了 98 位。改制上市所产生的变革效应，成为推动保险业市场化改革的强大动力。2018 年 3 月，我国已有 9 家保险公司上市，其中有 5 家进入全球 500 强。

保险市场加快对外开放

加入 WTO 以来，保险业认真贯彻党中央国务院决策部署，分步骤、多层次地推进对外开放，成为开放时间最早、开放程度最高、开放步伐最快的金融领域。在此期间，保监会推出一系列政策措施，加快保险市场对外开放。这一时期，全球主要保险集团都在我国设立了经营机构，产生的“鲶鱼效应”促进了中资保险公司提升竞争力。保监会还积极加强国际交往，借鉴国际金融保险监管经验，增强自身监管专业性和有效性。2005 年，保监会组织亚洲 14 个国家和地区的保险监管部门发起成立了“亚洲保险监督官论坛”。同年 12 月，保监会加入国际养老金监督官协会，并当选执行委员会委员。2006 年 10 月，在北京成功举办国际保险监督官协会第 13 届年会。

三支柱监管框架初步搭建

在中国保险业发展的初期，保险监管主要是市场行为监管。2003 年中国保监会发布了《保险公司偿付能力额度及监管指标管理规定》，保险监管逐步从以市场行为监管为主，过渡到市场行为和偿付能力监管并重。2006 年保监会发布了《关于规范保险公司治理结构的指导意见》，引入保险公司治理监管，推动形成偿付能力、公司治理、市场行为监管三支柱的现代保险监管框架。三支柱框架的建立，健全了保险监管制度体系，强化了保险机构的主体责任和监管机构的监管责任，提升了保险业防范化解风险的整体能力。此外，2004 年保监会出台《保险保障基金管理办法》，成立了保险保障基金，率先在金融业建立了市场化的行业风险救助机制。保险保障基金成立后，在没有动用国家资金的情况下，成功参与化解了有关保险公司的风险处置。

政策支持体系得到加强

随着现代保险功能作用的逐步体现，党和国家对保险业的重视日益提升。2006 年，国务院下发了《国务院关于保险业改革发展的若干意见》，对保险业改革发展具有里程碑的意义。2004—2006 年，连续三个中央 1 号文件提出要加快建立政策性农业保险制度，中央财政于 2007 年首次对农业保险给予财政补贴和保费补贴试点，这些政策有力地推动了农业保险发展。2006 年 7 月，国务院颁布实施《机动车交通事故责任强制保险条例》，确立了交通事故责任强制保险制度。

专栏 4　2006 年和 2014 年的两个保险“国十条”

2006 年，国务院出台《关于保险业改革发展的若干意见》(简称“国十条”)，围绕保险经济补偿、资金融通、社会管理三大功能，从农业保险、养老保险、健康保险、保险资金运用等领域入手，对保险业如何改革发展做出了一系列部署，有效推动了保险业的改革创新和发展。2008 年，我国保费收入增长至 9784 亿元，世界排名上升至第 9 位，保险业总资产为 3.34 万亿元。2014 年，国务院出台

《关于加快发展现代保险服务业的若干意见》(简称“新国十条”)，提出 9 个方面 29 条政策措施，进一步提升了保险业的战略定位。“新国十条”实施以来，国家及各部委、各地方党委政府在税优健康保险、税延养老保险、巨灾保险等方面出台了一系列支持政策，有力地促进了现代保险服务业的改革发展。

保险功能作用逐步体现

随着保险业的进一步发展，保险业不断融入经济社会发展全局，功能作用得到了有效发挥。一是保障经济发展。保险业作为经济“助推器”，通过发挥经济补偿功能，有力支持了经济建设和改革开放。比如，出口信用保险支持对外贸易与投资 1000 多亿美元，为 5000 多家企业提供了风险保障服务。二是支持社会融资。保险机构成为债券市场第二大机构投资者和资本市场的重要机构投资者，有效提升了金融资源的配置效率，增强了金融体系运行的稳定性和协调性。三是参与灾害救助。保险业作为社会的“稳定器”，积极参与防灾防损和抗灾救灾，成为社会保障体系的重要组成部分。四是服务“三农”建设。保险业在分散农业生产风险、支持农村建设、稳定农民生活等方面提供了广泛服务。在 31 个省市累计为 5000 万人次进城务工农民提供保险保障，在 14 个省 114 个县（市）参与了新型农村合作医疗试点建设，服务新农村建设取得积极进展。

第四轮改革发展（2009 年至今）

国际金融危机后，我国保险业吸取经验教训，借鉴国际保险业改革成果，推进保险行业和监管改革。在这一阶段，行业改革开放进一步深化，市场在资源配置中的决定性作用进一步发挥；我国自主研发和逐步健全、实施了第二代偿付能力监管制度体系，监管的科学性、有效性进一步提升；稳妥处置各类风险和挑战，守住了不发生系统性风险的底线；保险业深入贯彻落实《国务院关于加快发展现代保险服务业的若干意见》，服务经济社会的能力有效增强。

2018 年 3 月，中央发布《深化党和国家机构改革方案》，决定将银监会和保监会的职责整合，组建中国银行保险监督管理委员会，不再保留银监会和保监会，保险监管开始踏上新征程。

市场在资源配置中的决定性作用日益体现

一是推进保险资金运用改革，全面对接实体经济。党的十八大以来，保监会加大保险资金运用改革力度，逐步扩大市场主体的投资主动权，支持保险资金进入实体经济和资本市场。近期，又推出了资产负债管理监管规则，进一步防范资产负债错配风险，推动行业回归本源。二是推进保险产品定价机制改革，不断优化价格形成机制。在财产险方面，推进商业车险费率改革，完善定价方式，下调费率浮动系数下限。在人身险方面，按照“普通型、万能型、分红型三步走”的路径，推进费率市场化改革，放开已经持续执行 14 年的 2.5% 的预定利率上限。三是推进市场体系建设，主动适应市场需求。批准设立互联网保险公司和保险资产管理公司，支持专业化保险机构建设，促进各地区保险机构协调发展。保险法人机构达 224 家，其中产险为 82 家、人身险为 90 家、再保险为 11 家、集团为 12 家、资管为 24 家、互助为 5 家。

专栏 5　保险资金运用改革

1995 年颁布的《保险法》严格规定了保险公司的资金运用，限于银行存款、买卖政府债券、金融债券和国务院规定的其他资金运用形式，不得用于设立证券经营机构和向企业投资。这主要是基于当时保险业的实际状况和资金运用能力，虽然保障了保险资金的安全性，但也导致保险资金处于闲置或低收益状态，增大了利差损等风险隐患。为此，从 2003 年开始，保监会着手探索拓宽保险资金运用范围，特别是党的十八大以来，积极推进保险资金市场化改革，逐步扩大了市场主体的投资主动权，拓展了保险资金的投资选择和配置空间，有效激发了市场活力，推动保险资金成为国家重大战略、基础设施建设、资本市场发展的重要参与者。2017 年末，保险资金运用余额达 14.9 万亿元，是 2012 年 6.9 万亿元的 2.2 倍；保险资金运用收益共计 8352 亿元，是 2012 年 2085 亿元的 4.1 倍；保险业利润总额 2567 亿元，是 2012 年利润总额 469 亿元的 5.5 倍，有力支持了直接融资和多层次资本市场的发展。

积极稳妥地处置突出风险隐患

一是顺利应对处置重点风险隐患。制定风险预案，强化风险防线，成立调研组、监管组和接管组，有效防范化解和处置了一批重大风险隐患。2016 年、2017 年公司分别对有关问题派出监管组和调研组；2018 年依法接管安邦保险集团，运用保险保障基金注资，着力化解重大风险隐患。目前，保险业综合偿付能力充足率达 248%，保险保障基金余额达 1194 亿元，保险业总体风险可控，处置风险也具备了一定物质基础。二是构建全流程风险防控机制。健全事前风险防范和预警机制，建立监测指标体系，从源头上防范风险。健全事中风险识别和控制机制，发挥第二代偿付能力监管制度体系（简称偿二代）“指挥棒”作用，及时识别和控制风险。健全事后风险化解和救助机制，完善保险保障基金制度，健全市场化风险自救机制。三是推动行业形成全面风险管理理念。强化保险机构的主体作用，推动建设全面覆盖、全程管理、全员参与的风险管理体系，督促保险机构强化稳健经营理念。

专栏 6 “1+4”系列组合拳

2017 年 4 月以后，保监会党委认真贯彻落实习近平总书记关于金融工作的系列重要讲话精神，就保险监管、行业发展和服务实体经济等出台了“1+4”系列文件，打出组合拳。这是一项系统工程，“1”即《中国保监会关于进一步加强保险监管 维护保险业稳定健康发展的通知》，这是大方向和总要求；“4”即防控风险、治理乱象、补齐短板、支持实体经济的四个配套文件，是具体路径。

“1+4”系列文件明确了保险业强监管、治乱象、补短板、防风险、服务实体经济的任务和要求，是落实“稳中求进”工作总基调、牢牢守住风险底线、推动保险业服务经济社会发展的重要举措。随着“1+4”系列文件的贯彻落实，保险市场乱象得到了遏制，风险防范能力得到了加强，服务实体经济得到了拓展，保险业加快了回归本源的进程。

逐步完善三支柱现代保险监管框架

保监会汇聚监管、行业和智库力量，经过三年努力，成功研发以风险为导向、符合国情、国际可比的偿二代，出台偿二代 17 项主干监管规则。到 2016 年初步建成，与美国 RBC（风险资本）监管、欧盟偿付能力Ⅱ形成了全球三足鼎立的局面。目前正在推进偿二代二期工程建设。2017 年 4 月以来，修订完善了《保险公司股权管理办法》，强力规范保险企业公司治理。强化市场行为监管，加大对违法违规的处罚力度。以偿付能力监管为核心、以公司治理监管为基础、以市场行为监管为抓手的三支柱监管框架进一步健全完善。

专栏 7 偿二代建设

党的十八大以来，保监会不断深化保险监管改革，历时三年自主研制出风险导向的偿二代。经过一年的过渡期试运行，于 2016 年正式实施。偿二代的基本原则是以我国国情为基础，与国际监管规则接轨，以风险为导向。偿二代的制度特征，首先表现为统一监管，即全国统一的监管主体和监管政策；其次表现为新兴市场的特征，即更加注重资本成本和资本使用效益，更加注重定性监管，更加注重市场适应性和动态性，更加注重执行力和约束力、可操作性和执行效果；最后表现为坚持风险导向兼顾价值。偿二代的核心是三支柱的监管体系，包括定量监管、定性监管和市场约束三个方面。偿二代既符合国际保险监督官协会提出的保险核心监管原则，又具有鲜明的新兴市场特点和可实施性，获得了国内外广泛的肯定，并推介向亚洲国家和地区。

全面对外开放力度进一步加大

保险业稳步实施“引进来”“走出去”，外资保险机构已经进入健康、养老、巨灾保险等专业领域。目前，共有16个国家和地区的境外保险机构在我国设立了57家外资保险机构，完善了我国保险市场主体结构，形成了中外资保险公司优势互补、公平竞争、共同发展的局面。2017年，外资保险公司原保险保费收入2140亿元，市场份额约占6%。

2018年4月，为贯彻落实习近平总书记在博鳌亚洲论坛年会上的重要讲话精神，银保监会宣布将外资人身险公司外方股比放宽至51%，三年后不再设限；允许符合条件的境外投资者来华经营保险代理业务和保险公估业务；放开外资保险经纪公司经营范围，与中资公司一致。

行业政策支持体系和基础建设进一步完善

政策支持力度加大。国务院于2014年出台《关于加快发展现代保险服务业的若干意见》之后，国务院办公厅于当年出台《关于加快发展商业健康保险的若干意见》，于2017年出台《关于加快发展商业养老保险的若干意见》。国家“十三五”规划有18处提到商业保险。国务院及各部委、地方党政还针对农业、巨灾、健康、养老等保险出台了相关补贴和税优政策，支持保险业参与大病保险等管理运作。发展现代保险服务业逐步成为国家战略，社会各界对保险的认可程度稳步提升。

行业基础设施得到改善。第一，信息基础建设得到推进。成立中国保险信息技术管理有限公司，加快建设全国车险、农险、健康险、保单登记等信息平台，制定生命表和行业纯风险损失率表，为强化监管、促进保险业健康发展提供支撑。第二，市场基础建设得到推进。建设上海保险交易所和保险资产交易平台，探索推动全行业的资产托管中心、巨灾保险共保体等基础平台建设，成立中保投资公司，促进保险市场要素有序高效配置。第三，信用基础建设得到推进。建设保险信用体系及信用评价体系，推动保险信用信息与社会信用信息共享。加强保险从业人员诚信教育，推行守信评星和失信黑名单制度。

专栏 8 大病保险普惠民生

因病致贫返贫是导致我国贫困问题的重要原因之一。为切实解决人民群众最关心、最直接、最现实的利益问题，2012 年，我国开始着手建立大病保险制度，由国家发改委、财政部、保监会等 6 部委联合印发《关于开展城乡居民大病保险工作的指导意见》。2017 年末，16 家保险公司在全国 31 个省（区、市）开展了城乡居民大病保险，承保 10.6 亿城乡居民（其中城镇居民约 5000 万人），实际报销比例在基本医保基础上平均提升了 14 个百分点，最高赔付金额达 111 万元，赔付人数 684 万人，为 102.57 万人安排了转外就医服务。同时，保险公司积极配合各级政府推动城乡居民大病保险向困难群众适当倾斜，降低起付线，放宽报销范围，提高报销水平，2017 年对 77.46 万建档立卡贫困人口进行了赔付，进一步减轻了贫困人群的医疗负担。自开展城乡居民大病保险以来，超过 1700 万人获得赔付，为解决“因病致贫”“因病返贫”做出了积极贡献。

我国保险业综合竞争力和国际影响力不断增强

我国保险业竞争力稳步提升。2017 年我国保险市场超过日本成为全球第二大保险市场，有 6 家保险公司进入全球 500 强，一家公司作为新兴市场唯一代表进入全球 9 家系统重要性保险机构之列，我国已经成为全球最重要的新兴保险市场。目前，保险业总资产达 16.8 万亿元，净资产达 1.9 万亿元，行业竞争力不断增强。

我国保险业国际话语权显著增强。保监会成功当选为亚洲保险监督官论坛轮值主席。2016 年，再次成功当选为国际养老金监督官协会（IOPS）执委。2018 年 2 月，保监会负责人作为新兴市场代表首次当选为国际保险监督官协会执委会副主席。我国保险业加强双边及多边合作，积极参与国际保险监督官协会共同框架制定和实地测试、保险全球资本标准制定和全球系统重要性保险机构认定相关工作，与美、欧、亚等国家（地区）的保险监管机构和国际组织开展偿付能力监管合作，坚定发出中国声音、注入中国元素，以偿二代为代表的中国保险监管制度体系的国际影响力显著扩大。

保险业服务实体经济和社会发展能力持续加强

一方面，发挥了风险保障的独特功能。2017 年为经济社会提供风险保障 4154 万亿元，赔付 1.1 万亿元。其中政策性信用保险提供风险保障超过 5000 亿美元；农业保险为 2.1 亿户次农户提供风险保障 2.8 万亿元，受益农户达 5388 万户次；责任保险提供风险保障 252 万亿元；大病保险已覆盖 10.6 亿城乡居民，患者实际报销比例平均提升了 14 个百分点；健康险为 53 亿人次提供风险保障 532 万亿元。另一方面，发挥了保险长期资金的独特优势。保险资金运用余额近 15 万亿元，其中以各类资产管理产品形式支持“一带一路”建设 8568.3 亿元，支持长江经济带建设 3652.5 亿元，支持棚户区改造 1458 亿元，支持京津冀协同发展 1568 亿元，支持振兴东北老工业基地 345 亿元，支持绿色金融 6676 亿元。

专栏 9　保险业服务脱贫攻坚

保险业统筹行业力量，采取切实措施，扎实推进保险扶贫工作。目前已建立了三套功能作用协同配合的保险扶贫体系，分别是以农业保险、大病保险为核心的保险扶贫保障体系，以小额贷款保证保险、农业保险保单质押为核心的保险扶贫增信体系，以保险资金支农融资和直接投资为核心的保险扶贫投资体系。此外，保险业还通过助学贷款保证保险、移民安置项目农房保险等方式，多形式、多渠道助推国家健康扶贫、教育扶贫、易地搬迁扶贫等战略实施。通过全行业共同努力，保险助推脱贫攻坚工作取得阶段性成效，贫困群众的保险服务得到明显改善，贫困地区保险深度、保险密度有明显提升。

主要经验和教训

我国保险业复业 40 年来的改革发展，经历了艰辛探索和实践，取得了巨大成就，也存在不少问题，既积累了宝贵经验，也有过深刻教训。深入总结这些经验和教训，有利于为未来保险业的监管和改革发展提供有益借鉴。

主要经验

一是坚持加强党的领导，坚持党管保险是确保保险行业始终坚持正确发展方向的根本。保险是一种准公共服务，具有很强的政策性，只有坚持加强党的领导，才能在国家治理体系和治理能力现代化中发挥更大作用。实践证明，保险业越是加强党的领导，就越能实现稳定健康发展，越有利于服务实体经济和国家战略，越能有效防范化解风险。坚持加强党的领导，就必须把讲政治的要求落实到政策制定和执行的各个环节、各个方面，坚决贯彻党中央国务院关于金融保险工作的决策和部署，坚持正确方向、更好服务全局。

二是我国经济社会发展和全球化红利，为保险业改革发展提供了重要基础。2017 年，我国 GDP 是 1980 年的 182 倍，而保费收入是 1980 年的 7952 倍。经济总量的快速增长和全球化参与程度的不断加深，不仅为保险业改革发展注入了新的生机和活力，也要求保险业发挥更大的作用。改革开放以来，随着国家经济实力的提升、人民收入水平的提高、社会发展的进步，保险业对经济社会发展的渗透度不断提升，保障社会稳定的功能和服务民生建设的作用日益显现，参与社会管理的深度和广度不断加大，在应对灾害事故、服务“三农”、支持实体经济、保障和改善民生、促进政府职能转变等方面都发挥了积极作用。

三是坚持回归本源、做强主业，这是保险业有效服务实体经济和防范化解风险的根本之策。实践证明，保险业越是注重回归本源，越是发挥主业优势，就越不会出现风险，越能有效服务经济社会发展。保险业回归本源，做强主业，关键要准确把握保险的本质和功能。保险产品首先是一个消费品，其核心功能是风险管理和风险保障，保险业只有发挥好长期稳健风险管理和保障的功能，才能更好地服务经济社会发展，才能发挥好经济“减震器”和社会“稳定器”作用。

四是每一轮深化改革，都提升了保险市场资源配置效率和全要素生产率。40 年来，保险业立足实际，推进重点领域和关键环节的改革，探索产品创新、服务创新、管理创新和体制机制创新，极大地释放了创新动力和发展潜力，使行业取得了长足进步、发生了深刻变化、提升了竞争能力。当前，保险业存在的许多问题都是改革、发展、前进中的问题，还是要用改革的思路和办法来加以解决，核心是要通过全面深化改革，加强风险防范和消费者权益保护，牢牢守住不发生系统性风险底线，更好地服务实体经济。

五是保险业的率先对外开放，有效推动了我国保险业改革创新的较早起步。实践证明，开放是保险业繁荣发展的必由之路，顺应开放大势，把握合作大局，用好国际国内两个市场、两种资源，是建设保险强国的必然选择。保险业在我国金融业中开放时间早、开放力度大、开放水平高，以开放促改革促发展取得了明显成效。面向未来，我国正以更加自信的姿态将对外开放不断引向深入，保险业“引进来”和“走出去”的步伐也将更加坚定，这将有利于提高保险业的发展质量，不断建设更高水平更高层次的开放型行业。

六是稳步推进保险监管现代化，是适应保险发展新形势和维护保险市场稳定的重要保障。这些年来，保险监管既注重立足国情，又注重借鉴国际经验，不断厘清监管和发展的关系，努力强化“保护公众利益、确保市场公平、维护市场稳定”的保险监管目标，较好地维护了市场平稳有序运转。通过不断完善偿付能力监管体系，逐步确立三支柱现代监管框架，提高了监管的主动性、预见性和创造性。通过持续改进市场准入、公司治理、保险产品、资金运用等监管法规制度，运用现代技术手段，增强了监管的有效性和针对性。

七是坚持保护消费者合法权益不动摇，保险业的发展道路才会越走越宽。保险消费者是保险业生存与发展的基石。这些年来，保险监管坚持以人民为中心的发展思想，以推进制度机制和信用体系建设为基础，以加大监督检查力度为手段，以加强信息披露和消费者教育为支撑，着力加强保护消费者合法权益。实践证明，只有坚持把人民群众需不需要、满不满意作为保险监管的根本评价标准，把保护消费者合法权益作为出发点和落脚点，才能不断增强人民群众的获得感、幸福感，才能真正赢得人民群众的信赖，保险业的发展前景才会越来越好。

主要教训

一是投资者、经营者和监管者都应该清醒地认识到，我国保险业具有新兴市场和初级阶段的双重特征，金融文化和风险文化的形成难以一蹴而就。发达市场的成熟金融文化都经历了长期沉淀，在一轮又一轮经济周期中淘汰了许多违背经济金融规律的投机者。我国保险业的金融文化和风险文化还在形成中，粗放发展的经营理念仍然不同程度地存在。保险业培育成熟的金融文化和风险文化，是一项长期性、基础性工作，难以一蹴而就，保险业的投资者、经营者、监管者对此应当有清醒的认识，需要在厘清投资理念、强化合规意识、完善法规制度、加大监管力度等方面下更大功夫。

二是保险业绝不能背离审慎经营的规律，搞冒险激进经营，否则就会偏离正确的发展方向、失守风险底线。改革开放以来，我国绝大多数保险机构能够坚持稳健经营的原则，逐渐成长为经济社会风险管理和保险保障的重要提供者。然而，少数保险机构的控股股东动机不纯，无视行业发展规律，激进经营、无序扩张，不仅使机构本身偏离了正确发展方向，陷入巨大风险之中，也对保险行业的形象和长期健康发展带来了极大伤害。保险业必须进一步树立审慎经营的理念，牢牢守住风险底线，确保行业行稳致远。

三是在经济高速增长阶段，主要依靠行业发展来化解保险风险是比较可行的，而在经济转向高质量发展阶段，防范化解风险的理念思维也需要相应转变。伴随我国经济的快速增长，保费规模从 1980 年的 4.6 亿元增长到 2017 年的 3.7 万亿元，年均增长速度 27.5%。这为行业通过扩大增量来化解风险提供了可能和条件。20 世纪 80 年代的激进海外承保、20 世纪 90 年代资金运用乱象和利差损等风险，都是通过发展实现了风险的稀释和消化。但我们应当清醒地看到，我国经济已由高速增长阶段转向高质量发展阶段，保险业同样也会经历增速换挡的过程，片面地再用以往发展增量化解存量风险的方法已经难以为继，而且可能会错失化解风险的最佳时机。因此，我们必须摒弃速度第一、规模优先的粗放增长模式，转向集约化的高质量发展模式，更加注重从源头和机制上防范化解风险。

四是在风险管控能力不到位的情况下，盲目仓促涉足新业务新领域，往往会带来较大风险。保险是经营风险的行业，最讲究稳健审慎经营，但我国保险业在盲目创新上是有过教训的。20 世纪 90

年代和 21 世纪初，我国一些保险机构因承保不熟悉的长尾责任风险而遭受不小的损失。2002 年前后有关保险公司因管控措施跟不上和销售误导引发“投连险退保风波”。2008 年平安保险投资富通造成逾 200 亿元的巨额损失，教训不可谓不深刻。近几年，类似情况也对保险业的形象造成了很大的负面影响。总之，保险业应当把有效的风险管控作为进军新业务新领域的重要前提，防止盲目多元化和无序创新带来的风险。

五是在保险业发展的起步时期，监管者有时会陷入主管和监管的角色冲突，随着行业的发展壮大，厘清角色定位、回归监管本位已经势在必行。当保险业处于发展起步期，基础比较薄弱，保险监管往往在一定程度上承担着培育市场的责任，有时也存在做大做强行业的内在冲动。这样就容易导致角色冲突，甚至把发展而不是监管摆在突出位置，形成“父爱主义”和“护犊子”倾向，造成“该管的没管住，不该管的管得过多”。保险监管应当在前一阶段厘清监管定位、强化监管职责的基础上，认真落实“服务实体经济、防范金融风险、深化金融改革”三大任务，切实做到“监管姓监”，严肃监管问责。

六是保险监管任何时候都要保持前瞻性和灵敏性，敢于碰真动硬，才能保证监管的权威性，对保险业违法违规行为产生强有力的震慑。保险业一个时期以来发生的一些乱象和风险，与监管不严有直接关系。必须让监管长上牙齿，真正管用，否则再好的制度也只会沦为摆设。从严监管，就是要努力培育恪尽职守、敢于监管、精于监管、严格问责的监管精神，及时准确地发现风险隐患和问题苗头，未雨绸缪、防微杜渐，切实把风险消除在萌芽状态，形成有风险未及时发现就是失职、发现风险未及时提示和处置就是渎职的严肃监管氛围。

七是资本在保险经营和保险市场中的影响力日益扩大，其积极作用和风险隐患并存，应当大力加强对资本的监管。改革开放初期，保险市场以国有保险公司为主体，资本的逐利性和波动性表现得并不明显。随着民营资本不断进入保险业，少数股东规避市场准入、资本约束等监管限制，通过交叉持股、违规代持、层层嵌套等形式，造成股权结构复杂且不透明。有的大股东把保险公司当成“融资平台”和“自留地”,导致一系列风险乱象。要从根本上解决这一问题，必须把资本监管摆在突出位置，切实加强保险公司治理监管，严格股东准入标准，强化股东穿透监管，加强资本金真实性核查，从源头防范动机不纯的投资人进入保险业，促进保险业高质量发展。

从传统业务向高质量发展的中国保险业转型升级之路

我是保险业的一名老兵，20 世纪 80 年代初开始学习保险专业，80 年代末研究生毕业后进入中国人民保险公司（以下简称人保公司）总部工作。1995 年，南下赴香港中保（即现在的中国太平）工作。2005 年 12 月，重返内地保险业，到中国人寿工作。2017 年 2 月，中央调我到人保集团任职。这样的经历，使我基本上完整地见证了中国保险业这 40 年来所发生的巨大变化，也亲身参与了许多重要领域的重大变革。改革开放 40 年来，在党中央的坚强领导下，在全体保险人的共同努力下，中国保险业的发展取得了举世瞩目的成绩，实现了根本性转变，正快步行走在从传统保险业向高质量发展的转型升级之路上。新时代、新征程，中国保险人将以新时代中国特色社会主义思想为指导，坚定不移地把保险业改革开放引向深入，加快向高质量发展转型。

保险业在 40 年改革开放中实现了根本性转变

改革开放是当代中国最鲜明的特色，是我们党在新的历史时期

* 作者系 CF40 常务理事，中国人民保险集团股份有限公司董事长、党委书记缪建民。

最鲜明的旗帜，是党和人民事业大踏步赶上时代的重要法宝。40 年来，中国保险业高举改革开放伟大旗帜，锐意深化改革，勇当开放尖兵，行业面貌发生了巨大变化，我国保险市场由改革开放之初中国人民保险公司独家经营，全部保费收入只有 4.6 亿元，到 2017 年底，全国保险机构达到 218 家，总资产 16.7 万亿元，实现保费收入 3.7 万亿元，市场规模增长 7900 多倍，世界排名跃升至第 2 位；承担保险责任金额 4154 万亿元，是同期 GDP 的 50 倍，保险赔付也达到了 1.1 万亿元，成为名副其实的保险大国。在这些数字值增长之外，更可宝贵的是，行业在发展定位、体制机制、行业功能、人民获得感等方面实现了根本性转变。

融入发展全局，保险业实现了从财政保障功能的替代物到服务国家治理体系和治理能力现代化的根本性转变

保险工作涉及经济社会发展的方方面面，直接面对广大的人民群众，很多保险产品都具有互助共济性，可以说是准公共产品。但在改革开放之初，与 1958 年停办国内保险业务的逻辑相一致，保险业的发展定位更多是财政保障功能的替代物。1978 年 12 月，十一届三中全会确立改革开放政策，决定把工作重点转移到以经济建设为中心的社会主义现代化建设上来。1979 年 2 月，中国人民银行在全国分行行长会议上提出恢复国内保险业务。1979 年 4 月，国务院批准《中国人民银行分行行长会议纪要》，做出“逐步恢复国内保险业务”的重大决策，中国人民银行立即颁布《关于恢复国内保险业务和加强保险机构的通知》（以下简称《通知》），对恢复国内保险业务和设置保险机构做出了具体部署。需要注意的是，《通知》指出，

“参加保险的财产一旦发生保险责任范围内的损失，由保险公司按照保险契约的规定负责赔偿，国家财政不再核销或拨款”。也就是说，在当时的背景下，国家在很大程度上是将保险业定位为财政保障功能的替代物。

随着保险业的迅速恢复和发展、保险业务领域的逐步拓展、保险机制作用的发挥，国家对于保险业发展定位的认识也在不断深化。2006 年，与改革建立起来的社会主义市场经济体制对市场化风险保障模式和社会管理模式的要求相适应，《国务院关于保险业改革发展的若干意见》首次提出，“保险……是市场经济条件下风险管理的基本手段”。2014 年，在全面深化改革的大背景下，国务院再次专门颁布《关于加快发展现代保险服务业的若干意见》，开篇即重申“保险是现代经济的重要产业和风险管理的基本手段，是社会文明水平、经济发达程度、社会治理能力的重要标志”，并明确提出“立足于服务国家治理体系和治理能力现代化，把发展现代保险服务业放在经济社会工作整体布局中统筹考虑”。相应地，各部委和地方政府也越来越多地把保险纳入自身“工具箱”，脱贫攻坚、绿色中国、健康中国、乡村振兴、“一带一路”倡议、旅游出行、安全生产等政策中均可看到保险的身影。

40 年来，保险业的发展定位实现了从“财政保障功能的替代物”，到“市场经济条件下风险管理的基本手段”，再到“服务国家治理体系和治理能力现代化”的根本性转变，与国家改革目标从“有计划的商品经济”到“社会主义市场经济”再到“国家治理体系和治理能力现代化”的转变高度契合。保险人也不辱使命，主动融入服务党和国家战略，主动服务实体经济和保障民生，服务大局的能力不断提高。特别是构建了适应我国分散性农业特点的业务模式，有效解决了以家庭为单位分散性农业运作模式下开办农业保险的国际性难题，农业保险市场规模跃居世界第二，2017 年为 2.13 亿户次农户提供风险保障 2.79 万亿元；开创“大病保险 + 专业经办服务”的新医改典型经验，为国家出台大病保险制度提供了重要的理论与实证支持，推动大病保险从无到有。2017 年大病保险项目共覆盖 10 亿城乡居民，世界权威医学杂志《柳叶刀》刊文对此表示肯定，认为这具有国际示范意义。这些充分体现了保险业与时俱进的改革精神，具有鲜明的时代特征，表明保险业将在新时代发挥更大的作用。

引入竞争机制，保险业实现了从低效垄断到市场发挥决定性作用的根本性转变

竞争是市场经济的灵魂，改革开放的精髓就在于竞争机制的引入。保险业 40 年来取得的成就，从根本上得益于改革开放为行业发展创造的有利外部条件，其中，大力推进行业的市场化建设、引入竞争机制是最重要的一条，包括引进外资和实现内资市场的充分竞争方面，保险业都走在金融行业的前列。

改革开放之初，只有人保一家公司。那时人保公司不仅是一个商业保险公司，在一定程度上还代表政府履行监管职能，包括起草了新中国第一个保险公司管理条例，代表政府参加对外谈判等。在早期关贸总协定服务贸易中涉及保险业的谈判中，我曾代表人保公司参加。应该说，在当时保险业处于复业起步阶段、实力弱小的特殊历史时期，中国人民保险公司的独家经营对于行业的全面恢复起到了十分重要的作用。但随着国民经济的发展，人民保险需求的增长，人保独家垄断经营的弊端逐渐暴露，突出表现为创新动力不足，保险费率居高不下。

当时，据说有的企业为了买保险，还要请人保公司的干部吃饭；对照今天保险市场白热化的竞争，真可以说是“天方夜谭”。

竞争机制的引入，使保险业实现了从卖方市场向买方市场的转变。目前中国保险市场主体发展到了220多家，先后经历了从人保公司独家垄断，到20世纪80—90年代初期平安、太平洋保险公司成立后的寡头垄断，到20世纪90年代中期华泰、华安、泰康、新华人寿等一批公司设立的有限竞争，再到现在充分竞争的发展过程。这一过程中，消费者的地位和重要性越来越凸显，选择权也越来越多。比如，最初人保公司的寿险产品只有意外险和简易人身险，而现在市场上各类人身险产品已非常丰富，涵盖传统寿险、分红险、万能险、投连险、意外险、健康险等人身险险种，注册产品高达上千种。比如，推进商业车险改革，放松了过去车险定价的统一性，让有良好驾驶习惯的消费者得到更多实惠，车均保费2016年下降了5.3%，2017年进一步下降了3.6%，显著提高了消费者获得感。

竞争机制的引入，也使保险业在开放中实现了国际接轨。回顾我国金融业的对外开放进程，保险业可以说是开放时间最早、开放力度最大、开放过渡期最短，无论是作为入世谈判的焦点还是新时代对外开放的排头兵，在国家整个对外开放布局中一直居于重要地位。实事求是地讲，“入世”之时我国保险体系很不完善，保险机构无论体制、机制、产品、理念等，都距离现代企业制度和市场化竞争主体有较大差距，业界对于开放普遍存在不同程度的畏惧心理。但是从金融改革开放大局出发，经过综合权衡，我国决定以保险业率先开放换取银行等其他金融行业更长的过渡保护期。保险业开放的入世承诺，在当时可谓一石激起千层浪，“狼来了！”“生死大限”等惊呼声在中资保险界响成一片。但回过头来看，开放催生了竞争，开放带来了繁荣，在“内资”与“外资”的交流碰撞中，外资公司不但没有像此前业界人士担忧的那样“吃掉”内资机构，反而更像是一批投入中国保险池塘的“鲶鱼”，个人营销代理制、偿付能力监管、保险资金集中运用、银行保险、投资连接险等先进的技术、管理与产品服务被先后引进来，成为中资保险机构迅速成长的催化剂。“入世”前没有一家中资保险机构进入《财富》500 强，而 2017 年有 6 家上榜，上榜数量位列全球第三，其中中国人寿、中国人保、中国平安都进入了前 120 位，国际影响力和话语权不断提高。

40 年来，保险业引入竞争、推进市场化，增强了行业的活力和创造力，给了我们深刻的启示。过去，有人一谈起竞争就说“恶性竞争”，实际上竞争只有公平和不公平之分。金融监管就是要创造一个公平竞争的外部环境，同时防范风险，保护消费者利益。监管提供的是一种公共产品，是保险市场参与者、消费者都需要的公共产品。它为市场参与者创造一个公平竞争的环境。只要创造了这样的环境，竞争就应该是公平的。监管要防范的是不公平的竞争。如果一家企业被淘汰了，说明这家企业不适应市场，不被客户所接受。监管如果创造了一个公平竞争的环境，同时防范了风险，保护了消费者利益，那么这种监管就是一种优质的公共产品。党的十九届三中全会决定深化党和国家机构改革，整合银监会和保监会职责，组建中国银行保险监督管理委员会，强化功能监管，相信将更有利于推进保险业的市场化进程。

拓展金融属性，保险业实现了从风险管理到资金融通的根本性转变

金融吸收储蓄，并把储蓄转化为投资。从全球保险业发展历程

来看，保险经历了一个从非金融到金融的转变过程。传统保险属于风险管理的范畴，具有两个基本特征：一是以损失分担的方式进行风险管理；二是具有明显的相互救助的性质，是社会救助的一部分。随着产品的开发（特别是储蓄性、投资性产品的开发），以及保险资产管理的发展，保险才逐渐具备金融属性。

40 年来，我国保险业的金融属性也经历了一个从无到有的过程。从改革开放之初，到 20 世纪 80 年代后期我进入保险业，由于没有储蓄投资型产品，那时候的保险公司没有金融概念，保险资金基本上以银行存款形式进入了银行。20 世纪 90 年代初期，保险在特定时代办过“三产”。1995 年，《保险法》颁布，保险资金运用开始有了明确的法律规定，但严格限制在银行存款、购买国债、金融债。我国保险业完整意义上的金融功能是在 21 世纪以后逐渐培育起来的。21 世纪以来，在应对利差损的背景下，行业开启了分红、万能和投连等具有储蓄投资性质的产品创新。有了这些产品之后，强化了负债管理，开始成立专业的资产管理公司进行集中化、专业化的资金运用。有了资金运用以后，又强调资产负债的匹配，逐步形成了风险管理与资产管理业务双轮驱动的格局。党的十八大以来，又从资产负债互动的角度提出了资产负债管理，主动从源头上化解资产负债错配风险。这一期间，我有幸执掌国寿资产八年，担任中国保险资产管理业协会首届会长，在业内率先开展基础设施债权投资、QFII（合格境外机构投资者）投资咨询、设立保险系基金公司、发行保险资管产品等业务创新，将国寿资产打造成为国内最大的保险资产管理机构；推动保险资金业外委受托、保险资产管理产品注册发行、保险资产登记交易等体制机制改革，为国内保险资产管理的专业化、市场化发展、保险资产负债的和谐互动贡献了自己一份心力。

正是因为具有了金融的功能，我国保险业才开拓了市场、推动了发展，并且满足了需求、提升了服务。从理论上讲，经济增长进入中等收入阶段以后，随着收入的增加，人们对保障的边际需求是递减的，但对于财富管理的边际需求是递增的。西方保险业发展的历史和这一判断大体上一致。如美国保险行业在整个金融行业的占比最初是逐年增加，但到一定程度后，其他金融业（如对冲基金、私募基金等）发展更快，保险业在金融业的占比又出现了递减。对保障的需求是：很穷的时候，买不起保险；收入提高后，可以买到保障；但收入再提高到一定程度后，自己就可以保障自己了，这时保险的边际需求就是递减的，而财富管理需求则是递增的。40 年来，我国保险业资金融通功能的发挥就是适应了这种转变，这是保险业在走向现代化过程中的一个重大转型。

需要注意的是，保险是金融，但又不是纯粹的金融，行业金融属性的发挥必须以保障属性的实现为前提。近几年来，由于对保险业股东结构和资产负债管理的约束严重不足，少数公司通过销售中短存续期产品或非寿险投资型产品为主的“平台型”发展模式，使保险行业偏离了保险保障的本源，保险资金举牌上市公司的现象频繁出现，扰乱了金融市场与资本市场，形成了突出风险隐患，值得行业反思和警惕。令人欣慰的是，中央及时提出了“保险姓保，回归本源”“做优主业，做精专业”的要求，为行业把握好保障属性和金融属性的辩证关系提供了明确方向。

利用现代技术，实现从信息化“补课”到数字化融合的根本性转变

科技是第一生产力。保险单是一种无形商品，保险业与客户之

间的所有交互都是围绕信息而发生，科技对于保险业更是有着特殊价值。40 年来，保险业坚持以科技变革支撑和引领改革，对标国际同业进行信息化补课，对标互联网企业推进实施数字化战略，在提升业务效率的同时，极大地改善了人民群众的保险体验。

20 世纪 80 年代复业后的很长一段时期，保险业务处理主要依靠手工或半手工。1996 年保险业分业经营后，随着保单数量激增，计算机才逐渐代替了传统的手工出单。“入世”后，“与狼共舞”的中资保险机构更加深刻地感受到了与国际领先保险企业间存在的明显差距，其中尤其明显的是信息化建设，进而掀起了一波信息化“补课”潮。2010 年，人保集团南信息中心投入运营，成为率先建成大型信息中心的国有保险集团。随后，中国人寿也建成了现代化的数据中心，信息技术部门的一位负责人到日本考察保险公司的信息化建设，回来后汇报称当时日本许多保险公司采用的 IT 技术远比国内落后。可以说，经过 30 多年的追赶“补课”，中国保险业至少在信息化硬件平台上赶上了国际同业。

在信息化、数字化时代背景下，如果传统保险公司在数字化方面不能与时俱进，就会被时代淘汰。在完成信息化“补课”的基础上，与“数字中国”建设相适应，这几年保险企业又陆续启动实施了数字化战略。2017 年，中央调我到人保集团任职以来，提出了“智·惠人保”数字化战略，我们将在信息科技应用、新技术布局、商业模式创新三方面持续发力，在移动互联、物联网、大数据、人工智能、区块链、生物识别等多个领域全面开展研究应用，通过数字化重塑努力打造全渠道体验、智能分析、生态系统三大关键能力，不断推动“以客户为中心”的创新与变革，满足人民群众日益增长的美好生活保险需求。目前，人保财险已将无人机查勘技术广泛运用于农险理赔，开发了“区块链 + 养牛保险”等系列应用场景，并构建了“开放、互联、智能、高效”的健康管理服务生态圈。科技支撑下的保险新业态也在快速崛起，最典型的是原保监会 2013 年批准设立全球首家互联网保险公司——众安在线保险公司，在近几年毕马威发布的全球金融科技百强榜中均占据榜首位置，2017 年 9 月成功在香港上市后市值很快超过千亿元；其创新推出的“尊享 e 生”互联网短期医疗险等，适应新生代消费者的数字化体验需求，更是成为提升国民保险意识的现象级“爆款”产品。可以说，在客户数字化体验方面，中国保险业已经走在了世界前列。

保险业在向高质量发展转型中面临着重大考验

当前，中国特色社会主义进入了新时代，我国经济发展也进入了新时代，主要矛盾已经转化为人民日益增长的美好生活需要和不平衡不充分的发展之间的矛盾，全社会正在着力建设现代化经济体系，提高保障和改善民生水平，努力实现更高质量、更有效率、更加公平、更可持续的发展。保险是经济社会发展和人民美好生活的必需品。在新的时代条件下，我国保险业发展将逐步迈向保险需求“S 曲线”的加速上升阶段，是金融领域中最具有发展潜力的行业；但也面临保险供给不平衡不充分、市场周期下行、发展方式粗放、收益率中长期下降等潜在考验，向高质量发展转型之路依然任重道远，必须增强忧患意识。

保险供给不平衡、不充分的考验

40 年来，保险业积极融入服务全局，为经济社会发展提供了坚实的保障，但保险供给还存在很多空白点，还难以完全满足人民群众日益迸发、不断升级的保险需求。目前，我国保险深度为 4.15%，仅相当于世界平均水平（6.28%）的 66.1%；保险密度为 337.1 美元 / 人，仅相当于世界平均水平（638.3 美元 / 人）的 52.8%。在财产险领域，保险赔付占灾害损失比重远低于国际上 30% 的平均水平，存在巨大的保障缺口；车险占比超过 70%，企财险、责任险等专业险种的发展滞后于中央加快推进国家治理现代化和供给侧结构性改革的新要求；农险产品体系单一、没有差异化、保障水平偏低，难以满足新型农业经营主体的多层次风险管理需求。在人身险领域，健康、养老等长期寿险业务发展不足，我国寿险保单持有人只占总人口的 8%，人均持有保单仅有 0.13 张；保险与健康养老产业的融合度不够，与人民群众对未来老年生活的美好期待不相适应。同时，海外服务网络布局滞后，在保障服务“一带一路”倡议实施、维护国家海外利益方面存在突出短板。

市场周期下行的考验

40 年来，我国保险业除个别年份负增长外，基本上保持了平稳向上的快速发展势头，年复合增速高达 27.5%。但是面对经济转型的宏观环境，面对金融监管政策趋严的政策“常态”，我国保险业恐怕正进入新一轮下行周期。财产险市场可以说从 2017 年开始就进入下行周期，在增速放缓的同时，2017 年第一季度出现了全行业的承保亏损，市场综合成本率超过 100%；现在行业内大型公司和中小公司分化态势十分明显，中小财产险公司的日子不好过，大型财险公司的日子还能过，不排除与上一轮周期一样，出现全行业经营亏损才能见底。寿险行业 2018 年下行态势凸显，开门不红，第一季度新单期缴大幅回落，“老六家”寿险公司个险新单期缴负增长在 10%~40%，这是改革开放以来的第一次；总保费有的增长好一些，有的差一些，但主要是靠续期拉动。现在靠续期拉动是吃以前的老本，2018 年新单期缴负增长后，未来几年的总保费增长会受到影响。寿险行业的特点是，开门红首年期缴做全年业务的 40%~50%，10 月就开始准备第二年的开门红，搞队伍建设，培育新客户。2018 年寿险开门不红、年底关门也很难红，全年可能比第一季度更难，2019 年有可能比 2018 年更难。当前和今后一段时间，保险业要有过冬的思想准备。当然，面对市场周期下行的考验，既不能心存幻想，也不能盲目悲观。古人讲“阴极之至，阳气始生”，每个下行周期的结束就意味着新一轮发展的时机来临。从我国保险业复业 40 年的发展历程看，这种螺旋式上升的周期特征其实十分明显。比如，寿险市场的高利率保单利差损、投连险退保危机以及财险市场上一轮车险费率市场化进程，都一度对行业发展带来了巨大冲击，但随之而来的又是新的发展阶段。可以说，只要充分认识到市场变化周期律，加快质量、效率、动力变革，就能把握先手、化危为机。

发展方式粗放的考验

目前，市场上的保险机构超过 200 家，这些公司在核心竞争力上差异很大，但总体上仍处在粗放式发展阶段，存在着“高投入、高成本、高消耗”的“三高”现象。“高投入”突出表现为机构设置上不计成本“占市场，铺摊子”，除几家新兴的互联网保险公司、自保公司外，公司无论大小，都是从全国到省、市、县这样层层设立分支机构，结果就是使大多数保险公司背上了沉重的投入包袱。这与海外保险业形成了鲜明对比。20 世纪 90 年代我刚赴香港工作的时候就发现，很多本地财险公司注册资本金只有几千万港币，一二十名员工，没有分支机构，但是日子过得很滋润。“高成本”突出表现为业务开拓上大打低水平的价格战，2017 年车险保费规模超过 10 亿元的公司中，综合费用率低于 40% 的仅有人保、太保、国寿财险和英大财险 4 家，有的公司费用率甚至高达 60% 以上，而这只在 20 世纪 90 年代的手工作业时代出现过；寿险方面，银行代销的趸交产品手续费率普遍在 2.5% 以上，而四大行的净息差也不过 2% 左右。“高消耗”突出表现为销售误导，对保险资源进行破坏性的开发。“三高”的结果是投入产出不成正比，效益不高，2017 年财险公司的亏损面高达 42%，寿险公司的亏损面为 35%。

收益率中长期下降的考验

保险资金有负债成本，如果投资收益率比负债成本低，就会形成利差损。20 世纪 90 年代后期，人民银行连续七次降息，一年期存款利息从 10.98% 降到 2.25%，当时有的人身险公司认为这是发展业务的大好机会，推出了预定利率高达 8.8% 的寿险保单，造成了巨大的利差损。近 20 年来，监管部门实施了寿险产品定价监管，保险公司也普遍建立了资产负债管理体系，应该说再发生类似利差损的风险不大。但长远来看，在经济转型、股票市场估值与国际接轨、老龄化等因素叠加影响下，对中长期资本收益率下降的风险还是要有所警觉。第一，中国经济正在向高质量发展转型，靠高投资和高投入的增长模式难以为继，在经济全球化遭遇“逆风”、中国经济“调结构”

任重道远的情况下，我国经济未来很难再现高增长、低通胀的情景。第二，在内地与香港、伦敦股票市场互联互通，CDR（中国存托凭证）推出，IPO 注册制改革等 A 股市场双向开放大背景下，A 股市场的供求关系将产生根本性变化，A 股市场与海外资本市场的估值将渐趋接轨。第三，中国老龄化加速发展，将导致有效需求下降，资本回报率下降。日本人口总量的高峰期是在 1990 年，股票市场、房地产市场及宏观经济的高峰也是在 1990 年；此后随着泡沫破灭、人口老龄化，资本回报率逐年下降，目前 10 年期国债收益率仅为 0.05%。我国台湾地区也是如此，10 年期公债利率近十年来保持在 2% 以下，目前仅为 1.05%。从中国的人口结构来看，2012 年以来，我国劳动年龄人口以每年 300 万 ~400 万的速度连续六年下降，到 2017 年减少总量已经达到 2500 万人，且预计在较长时间内会呈不断减少趋势。从国际经验看，我国中长期债券收益率也将不可避免地进入趋势性下降通道。由于保险的负债成本较高并具有刚性，这种风险对行业的影响是系统性的，必须未雨绸缪、早做准备。

保险业将在新一轮改革开放中加快向高质量发展转型

正如习近平总书记所说：“一个时代有一个时代的问题，一代人有一代人的使命。”站在改革开放 40 周年新的历史起点上，保险业只有深刻认识我国经济已经由高速增长阶段转向高质量发展阶段的重大现实意义和深远历史意义，深刻认识这一重大判断中蕴含的发展导向之变和内在规律启示，坚定不移地贯彻新发展理念，坚定不移地全面深化改革，加快向高质量发展转型，才能有效应对各种挑战和考验，才能迎来更加广阔的未来，才能在实现中华民族伟大复兴“中国梦”的进程中发挥更大作用。

进一步增强保险业发展的人民性

人民性是全面深化改革的根本价值属性。40 年来，保险业在经济社会工作整体布局中的地位之所以能够持续提升，能够成为国家治理体系和治理能力现代化不可或缺的抓手，最根本的还是坚持了以人民为中心的改革价值取向。新形势下，着眼解决好保险供给不平衡不充分的问题，保险业必须坚持以人民为中心的发展思想，强化宗旨意识，始终把人民放在心中最高位置，紧紧围绕人民群众的美好生活需要，深入推进保险供给侧结构性改革，切实在灾害救助、脱贫攻坚、养老医疗、“三农”、普惠金融等方面为人民群众分忧解难，为增强人民群众的获得感、增进人民福祉发挥重要的支持保障作用。坚定服务乡村振兴战略，主动对接专业大户、家庭农场、农业合作社等新型农业经营主体，加强对农业产业链、供应链的全过程风险保障，在提供一体化、综合化保险服务的同时，强化普惠金融资金供给，更好满足乡村振兴过程中多样化的金融需求。坚定服务打好精准脱贫攻坚战，在前期工作的基础上，把保险扶贫、融资扶贫与产业扶贫有机结合起来，进一步发挥好保险扶贫功能作用。坚定服务健康中国和社会保障体系建设，在做好各项社保经办服务的同时，加快发展个税递延养老保险等市场化的第三支柱，在创新养老养生、医养结合等服务模式方面，进行更加深入的探索实践。坚定服务打好污染防治攻坚战，加快发展绿色金融、绿色保险，积极推进具有环境污染风险管理、防范等功能的责任险种发展，有效服务绿色产业发展中的保障与融资需求，探索在清洁能源、节能环保、循环经济等领域推进绿色投资。

进一步释放保险业市场化改革红利

市场化是 40 年来中国改革一以贯之的方向，也是保险业改革的核心。可以说，没有市场化改革，我国就没有保险业从“零”起步到成为名副其实的保险大国的历史性成就。当前，在下行的市场周期中，要扭转粗放的发展方式，必须更好地发挥市场在资源配置中的决定性作用，持续推动质量变革、效率变革、动力变革，释放改革红利，打破“高投入、高成本、高消耗”的增长怪圈，真正实现从保险大国向保险强国的转型升级。强化价值导向，正确处理好“面子”和“里子”的关系，不能简单地唯保费论英雄，坚决挤出、压缩、调整那些有规模无效益、不利于长远可持续发展的业务，努力推动行业发展质量变革。弘扬企业家精神，深化商业车险等费率市场化改革，稳步扩大保险公司自主定价权范围，坚持不懈抓好公平竞争市场环境建设，减少“破坏性努力”的制度性成本损耗，改善供需关系，提高供给效率，努力实现行业发展效率变革。推动商业模式转变，落实中央“做强主业、做精专业”的要求，深化“以市场为导向”“以客户为中心”的经营理念，推进财产险“去中介、降成本、优服务、强黏性”，推进寿险产品、队伍与管理转型，创新销售方式和渠道，持续推进商业模式变革与技术变革融合，努力实现行业发展动力变革。

进一步增强保险业发展的开放性

过去 40 年保险业发展是在开放条件下取得的，未来中国保险业实现高质量发展也必须在更加开放条件下进行。2018 年 4 月，习近平总书记在博鳌亚洲论坛 2018 年年会上向全世界庄重承诺加快保险行业开放进程，保险业再次成为中国金融业对外开放的排头兵。如果说“入世”谈判的时候，面对开放的挑战，中国保险人是心怀忐忑甚至些许悲壮，今天我们则是充满自信和从容。中国保险业将化开放压力为改革动力，积极利用保险业全面开放带来的发展新动力，探索与外资保险公司的合作发展新路径，进一步充分吸收发达保险市场的先进理念、技术和管理经验，实现自身专业能力和竞争实力的提升。在引进来的同时，以服务“一带一路”建设为重点，以更宽广的视野推进国际化发展，统筹利用全球保险产业链资源，深化海外业务与服务网络布局，加强对我国海外利益的本地化服务，努力在开放合作、变革创新的时代潮流中谋求行业更大的发展空间。

进一步增强保险业发展的稳健性

坚持底线思维，是以习近平总书记为核心的党中央推动新一轮改革的治理智慧。新形势下，中央把防控金融风险放到更加重要的位置，保险本身就是经营风险的行业，风险防控工作更是不能有丝毫懈怠，绝不能由“风险的管理者”异化为“风险的制造者”，绝不能让本是风险管理的行业成为风险之源。立足当前，就是要更好地把握稳和进的关系，建议监管部门在严监管的过程中既要有完成市场出清的决心和意志，不惮于个体风险的暴露，又要根据市场形势演进，适当灵活把握节奏，避免引发“处置风险的风险”；同时，注重发挥中国人民保险集团等行业骨干企业的正能量作用，避免行业价值导向出现逆选择，牢牢把握行业发展的主动权。着眼长远，就是要有效应对资本回报率中长期下降的影响，在加强产品精算、努力控制销售管理成本、优化长期资产配置等方面做好准备，在负债和资产两端协同配合，防范好资产负债错配的系统性风险，实现可持续发展。

中国期货市场发展历史与前瞻

历史与回顾——回望中国期货市场

纵观国内外期货市场的发展历史，中国期货市场的发展跟国外有些不同的地方。西方期货市场是在自由市场经济的基础上自发产生的。1848 年，为了规避农产品价格季节性波动，美国芝加哥地区的农场主、面粉加工商及贸易商联合发起组建了芝加哥期货交易所（CBOT），这是国外最早的期货市场（开始是远期市场，以后才过渡到标准化合约市场）。而我国期货市场则是在政府直接推动下建立起来的。这是因为过去我国实行的是计划经济，改革开放以后要建立市场经济，没有经验，要向国外学习。正是在这样的背景下，政府直接推动并探索建立了中国期货市场。

* 作者系 CF40 创始成员、SFI 学术顾问、第十三届全国政协委员、中国证监会原副主席姜洋。本文根据作者 2018 年 2 月 11 日在中国金融四十人论坛和北方新金融研究院主办的“中国金融四十人看四十年”系列讲座第 2 期上的演讲整理而成，由作者审定并根据期货市场发展的最新情况进行了补充。

研究孕育阶段（改革开放初期—1990 年）

大约在 2005 年，上海期货交易所下建立了一个内部的博物馆。博物馆里收藏了“文化大革命”期间陈云同志的一份手稿复印件[①]，这是 1973 年当时国务院分管财经工作的副总理陈云同志，代国家对外贸易部给国务院起草的一份报告。这份报告对国家对外贸易部下属公司在美国、英国的商品期货交易所进行期货交易的全过程进行了叙述和分析。该报告在《陈云选集》第三卷中也有收录。

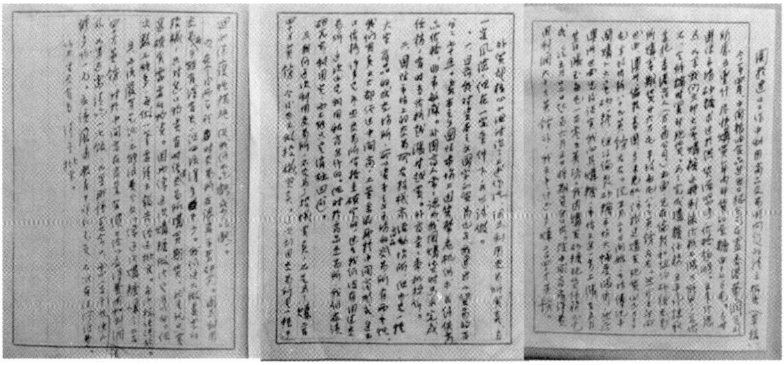

图 1-1　陈云同志手稿

手稿的主要内容是，香港华润公司为了完成购糖任务，旗下的五丰行公司委托中间商，在美国和英国的期货交易所做原糖期货交易。陈云同志认为，当中国大量买入现货时，肯定要把价格抬上去，为了规避风险（套期保值），我们可以在期货市场上去买（建仓）。

① 手稿原件收藏在上海青浦陈云同志博物馆。

当国外投机者发现中国大量买入的时候，我们的期货仓位已经建好了。后来，在糖价涨上去的时候，五丰行将期货卖出去平仓，扣除中间商应得费用和利润 60 万英镑外，还赚了 240 万英镑。

根据我的理解，陈云同志对期货市场有五点看法：

第一，期货不是个坏东西；

第二，套期保值是个好东西；

第三，不能用期货市场做投机；

第四，国外的期货交易所一些好的东西，我们可以使用和认真学习借鉴；

第五，中国的国有外贸企业可以从事期货套期保值交易。

在此之前，那时的组织纪律要求，去国外访问时不能去证券交易所、期货交易所参观。陈云同志批示以后，中国的外贸公司开始可以在境外市场做棉花、白糖等大宗商品的期货套期保值交易。

改革开放以后，1985 年，时任中国国家主席李先念到现代期货发源地——美国芝加哥进行访问，其间芝加哥商业交易所集团（CME）终身荣誉主席梅拉梅德（Leo Melamed）陪同参观了芝加哥商业交易所。梅拉梅德在国际期货界被称为金融期货之父。1972 年，随着布雷顿森林体系的瓦解，美元和黄金脱钩，美元与其他货币的汇率大幅波动。在任芝加哥商业交易所理事长期间，梅拉梅德顺势而为，抓住这个时机，创办了国际货币市场，推出了金融领域第一个期货品种——外汇期货，成为金融期货的开山鼻祖。李先念同志在芝加哥访问的时候，专门到芝加哥商业交易所去参观，这一行动具有很大的象征意义，表明我国高层领导人在改革开放的进程中，开始了对市场的具体形式的关注与研究。据梅拉梅德后来回忆，李先念同志询问了期货市场的机制与作用。梅拉梅德说，他预感到中国今后可能也会出现期货市场。

1988 年，时任国务院总理李鹏同志在七届全国人大一次会议的政府工作报告中，明确提出要探索期货交易。当时有许多境内外专家学者为中国改革开放献计献策，其中有一些人对期货市场有研究。当年年初，国家有关方面在北京组织了一场市场经济研讨活动，有位香港专家做了一个有关期货市场交易的报告。活动结束后，该报告的录像和文字整理稿被送给了国务院领导参阅。李鹏总理看过以后，批示国务院发展研究中心的领导同志牵头成立专班，研究论证建立期货市场的可行性。这个研究班子提出了积极的意见。

试点探索阶段（1990—1993 年）

经过研究孕育阶段，各有关方面逐渐统一了认识，中国期货市场终于迈出了历史性的第一步。1990 年 7 月，国务院批转《商业部等八部门关于试办郑州粮食批发市场报告的通知》，提到，“具体交易价格通过市场公开竞争形成”“允许远期合同在场内转让”。众所周知，标准化合同和定制化合同是不一样的，业内一般称标准化合同为期货合约，定制化合同为远期合约。而要转让必须是同质化的物品，其实这里的场内转让就暗含了标准化合约的意思。标准化合约即期货合约。在 20 世纪 90 年代初期，如果明目张胆地说要发展期货市场，面临的意识形态阻碍比较大。因此，只能对外宣称建批发市场，金融属性（T+0 交易）暗藏在交易机制当中。

1990 年 10 月，郑州粮食批发市场正式开业，这是我国第一个拥有期货交易品种的市场，但当时还没被称为期货交易所。实际上，这是一种“明修栈道、暗度陈仓”的做法，说建立批发市场比说建立期货市场更容易被当时各方所接受，可以减少试点的阻力，这是在当时的历史环境下不得已之策。近年来，我国清理了很多场外的、变相的、非法的期货交易场所，这些非法交易场所的出现与试点时期的一些历史颇有渊源。我们现在的一些非法交易场所正是学习当时的这种方式，打着大宗商品交易所的名号，实际上在从事非法期货交易，这是现阶段法律法规所不允许的。

郑州粮食批发市场开办以来影响很大，全国各地都跟着学习其期货交易机制。但20世纪90年代初期，社会上关于“姓社姓资”、“计划多一点还是市场多一点”的争论仍然激烈，对期货市场的负面舆论居多。1992年初，邓小平同志在南方谈话中指出，对于证券、股市这些东西，“允许看，但要坚决地试”，这打破了当时人们思想上的桎梏。李鹏同志在同年的政府工作报告中明确提出，要发展批发市场和期货市场。政府的支持赋予了期货市场开拓者和播种者勇气。尽管期货市场在播种和成长中出现了一些问题，但应该给开拓者和播种者充分的肯定。没有当时期货市场开拓者、播种者“大胆试”的冲劲和闯劲，期货市场不知道要推后多少年才能在中国建立起来。这些早期的开拓者、播种者、建设者功不可没。

1992年尤其是党的十四大以后，期货市场发展得比较快，有些地方甚至不讲条件地建立期货交易所。到了1993年底，由于“大干快上”，才一年多的时间，国内期货交易所就达到50多家，期货经纪公司300多家，期货兼营机构（银行、证券公司、信托公司）2000多家。各地一哄而起办期货市场暴露出了一系列问题：交易品种严重重复，严重过度投机，市场操纵频发；盲目发展境外期货，地下交易盛行；期货经营机构运作不规范；市场监管无法可依，管理多头政策混乱；经济纠纷和社会问题频发。当时的情况用十二个字总结就是："无序发展、无法可依、无人监管"。尤其是期货市场的监管主体不明确，试点探索阶段出现的各种各样的问题亟待整顿。

清理整顿阶段（1993—2000 年）

1993 年 11 月 4 日，国务院发布《关于坚决制止期货市场盲目发展的通知》，明确了"规范起步，加强立法，一切经过试验和严格控制"的原则，标志着期货市场第一轮清理整顿的开始。同年 11 月 14 日，党的十四届三中全会审议通过了《中共中央关于建立社会主义市场经济体制若干问题的决定》，要求严格规范少数商品期货市场试点，这也是党的中央全会首次提及期货市场。1993 年之前，期货市场的监管机构并不明确。1993 年之后，国务院逐步把期货市场清理整顿的任务交由证监会牵头落实。但在法规里面，还没有明确证监会的监管地位。

关于清理整顿的背景，公开出版的《李鹏论宏观经济》一书收录了李鹏同志关于期货市场的一篇讲话，那是时任总理李鹏同志在 1995 年听取中国证监会一次工作汇报时的讲话整理稿，其中谈到了期货市场的试验和发展问题。李鹏同志在讲话中指出："期货，最突出的是投机过度，期货价格炒得过高，并且对现货市场产生了连带影响……只留几个小品种继续试验。"在该书正式出版之前，中央文献出版社将书中涉及期货的内容请证监会核对把关。由于在领导班子中分管期货，任务交到我手上。我认真拜读，并查阅了证监会的档案，对当时的情况更加明白了。这也是在 2004 年之前或者 21 世纪初，我国只有少数几个期货品种在交易的原因。虽然当初期货市场出了很多问题，但不能关，关了会涉及改革开放风向标的问题，所以只能留下几个小品种继续试验。

1995年和1997年，期货市场先后发生了两件大事。首先，金融期货市场出了大事。1995年2月23日，我国“327”国债期货事件爆发，万国证券由于违规交易被整顿，并入申银证券，改名申银万国证券。随后不久，作为中国首个金融衍生品的国债期货也被停止了交易。当时，上海证券交易所（以下简称上证所）面临着系统性风险爆发的危机。虽然交易所宣布当天收市前最后8分钟的交易无效，但实际上那时已经产生了非常大的资金缺口。最后，上海市政府紧急协调银行把结算的缺口暂时堵上（1997年之前，各证券、期货交易所是由地方政府主管，证监会监管。这种多头管理方式是导致出问题的原因之一，1998年国务院发文，所有的证券、期货交易所归证监会统一集中监管），避免了一次系统性金融风险的发生（4年后，上证所靠各种办法才逐步将这个结算资金缺口逐步填平）。同一天，新加坡期货市场也出现了一个金融衍生品即股指期货风险事件，英国巴林银行集团新加坡分公司总经理里森（Nick Leeson）由于银行内控机制失灵违规超额交易，导致巴林银行事件爆发。该事件虽然导致巴林银行这一百年老店倒闭，但由于新加坡期货市场相对成熟，风险控制制度完善，只是单个风险，交易所没有出现结算风险，影响有限。而“327”国债期货事件爆发当天，如果没有政府及时协调，堵住资金缺口，结算崩溃的连锁反应就会出来，就可能引发系统性风险。

巴林银行事件带给我们的启示是，新加坡交易所的监管非常严格，有一整套风控体系，可以把风险拦在场外。里森再做假账，在交易所的保证金是要交足的，“8888”账户骗的是公司总部，只能说明公司的风控体系不到位。巴林银行倒闭了，但新加坡交易所并未受到严重冲击。交易所的中央对手方清算机制保证了风险没有传递到交易所其他对手方。而与此相反，在“327”国债期货事件中，由于上证所没有建立严格的中央对手方清算制度，虽然交易所也有风险控制，例如，限仓和保证金方面的规定，但并没有严格执行也没有落实到计算机系统里，一些市场大户到底有多少仓位，他们下的单是否超仓，交没交够保证金，交易所并不知道，爆仓也就难免了。近年来，监管部门大力清理非法交易平台，正是因为这些非法交易平台并没有一套系统的风险控制机制。非法交易平台赚钱，地方政府有税收，但导致的是老百姓投资的损失，影响的是党和政府的形象。这些经济损失的背后，可能带来社会稳定问题。

其次，商品期货也出了一个大的风险事件。1997 年，由于市场上锌的价格比较好，湖南株洲冶炼厂（以下简称株冶）在英国期货市场伦敦金属交易所（LME）先后卖出了 45 万吨期锌合约，比株冶一年的总产量高出了足足 15 万吨。这引起了境外金融机构的注意，并导致它们利用资金优势，拉高期锌价格，蓄谋逼仓。事发后，株冶通过种种办法组织货源以应付“巨量交割”，但终因实物锌数量有限，仍需在期货市场高价买入部分合约平仓。短短六七个月，伦敦锌价涨幅超过 50%，而株冶在锌价大涨的情况下，期货账户反而发生巨额亏损，亏损金额达 14.6 亿元。这件发生在境外期货市场的事件后来被称为“株冶期货风险事件”。事件的发生，是因为当时企业的管理人员没有经过现代市场经济的洗礼，不懂现代金融工具的使用。后来，株冶吸取这个教训，变坏事为好事，培养专业人员，现在做有色金属期货做得很好。

这两件事导致期货市场的“坏名声”经久不散。但实际上，金融工具本身并没有好坏之分，主要看谁使用。就如同奔驰车是个好车，给会开的人可以大大节省出行时间，但给不会开车的人可能用不了多久就撞坏了。上述两个风险事件，一个发生在金融期货上，一个发生在商品期货上，促进了中国政府和期货行业对期货风险的认识，提高了监管及立法的紧迫性。1997 年 3 月，李鹏总理在政府工作报告中指出，要规范证券、期货市场，增强风险意识。如果没有出现上述风险事件，政府不会从这样的高度去看待期货市场。

1997 年爆发亚洲金融危机，突出了我国规范期货市场的迫切性。1997 年 12 月，中共中央、国务院在《关于深化金融改革，整顿金融秩序，防范金融风险的通知》中明确指出，继续整顿、撤并现有期货交易所和期货经纪机构。1998 年 8 月，国务院发布《关于进一步整顿和规范期货市场的通知》，坚持“继续试点，加强监管，依法规范，防范风险”的原则，正式开始了期货市场第二轮清理整顿。1999 年 6 月，国务院颁布《期货交易管理暂行条例》（以下简称《期货暂行条例》），标志着期货市场终于从“无法运行”阶段进入“有法运行”阶段。《期货暂行条例》的出台，是前期通过期货市场试点运行，暴露了一系列问题，再慢慢地把很多清理整顿、规范运行的措施吸收到其中的一个过程。《期货暂行条例》实际上是一个限制性比较强的法规。

《期货暂行条例》明确了由中国证监会集中统一监管期货市场，全国各地的期货交易所经过整顿和撤并，由 50 多家逐步减少，最终仅留下 3 家——上海期货交易所（以下简称上期所）、郑州商品交易所（以下简称郑商所）和大连商品交易所（以下简称大商所）。直至 2006 年中国金融期货交易所成立，成为全国第 4 家期货交易所。证券、期货交易所的管理权收归证监会，并作为证监会的会管单位纳入了对党组织、人、财、物的全面、垂直的系统管理。

同时还停止了大量期货品种的交易，并提高了部分保留品种的交易保证金比例。最终有交易的只有上期所的铜和铝，郑商所的小麦和大商所的大豆 4 个期货品种。郑商所把小麦分成了强筋小麦和硬小麦两个品种，大商所把大豆分成大豆一号（非转基因大豆，即东北大豆）和大豆二号两个品种，所以实际有交易量的期货品种不止 4 个。另外还有几个保留的品种，如天然橡胶、早籼稻、绿豆等，由于提高了保证金比例，实际上都停止了交易。

在此阶段，政府还出台规定禁止国内机构和个人进行境外期货和衍生品交易；严禁金融机构参与期货交易、严禁国有企业违规从事期货交易，严禁信贷资金、财政资金以任何形式流入期货市场，金融机构不得为期货交易提供融资或担保；合并和取缔了大量的中介机构，期货经纪公司从 300 多家降到 200 家左右，取消了 2000 多家期货兼营机构。

规范发展阶段（2000—2012 年）

经过两轮清理整顿，我国期货市场从 2000 年开始步入规范发展阶段。时隔十年以后，党的中央全会再提期货市场发展。2003 年 10 月，党的十六届三中全会审议通过的《中共中央关于完善社会主义市场经济体制若干问题的决定》明确提出，要稳步发展期货市场。在这一阶段，从 2004 年开始，几乎每年的中央一号文件都提到要发展期货市场。2006 年的政府工作报告提出，积极稳妥地发展债券市场和期货市场。2008 年的政府工作报告再次强调，稳步发展期货市场。

表 1-1　2004—2012 年中央一号文件关于期货市场的相关表述

2004 年	完善粮食现货和期货市场。
2005 年	在继续搞好集贸市场和批发市场建设的同时，注重发挥期货市场的引导作用。
2006 年	发展大宗农产品期货市场和“订单农业”。
2007 年	进一步规范和完善农产品期货市场，充分发挥引导生产、稳定市场、规避风险的作用。
2008 年	完善农产品期货市场，积极稳妥发展农产品期货品种。
2009 年	采取市场预警、储备调节、增加险种、期货交易等措施，稳定发展生猪产业。
2010 年	加快发展农产品期货市场，逐步拓展交易品种，鼓励生产经营者运用期货交易机制规避市场风险。
2012 年	充分发挥农产品期货市场引导生产、规避风险的积极作用。

2004 年，《国务院关于推进资本市场改革开放和稳定发展的若干意见》（简称老“国九条”）中提到，“在严格控制风险的前提下，逐步推出为大宗商品生产者和消费者提供发现价格和套期保值功能的商品期货品种，研究开发与股票和债券相关的新品种及其衍生品”。这句话有两个层次：第一，大宗商品期货品种要逐步推出，为实体经济服务；第二，金融期货要研究推出。商品期货在前，金融期货在后。

借着这股东风，从 2004 年开始，多年不批期货品种上市的局面结束。当年，上期所上市了燃料油期货，郑商所上市了棉花期货，大商所上市了玉米期货等新品种。其中，上期所推出的燃料油期货，是我国第一个石油期货品种。限于当时的市场条件，上期所在顶层设计上系统地考虑了石油期货产品的上市秩序。当时上期所的考虑是，先从燃料油期货起步，积累经验，创造条件，逐步推出原油期货等其他石油期货品种。石油的概念很大，里面包含原油、柴油、汽油、煤油、燃料油、沥青等很多产品。原油是其中最大、最基础的一种。原油可以提炼出若干种产品，比如沥青、柴油、汽油、煤油、燃料油，还有其他一些相关产品如塑料、化纤等。石油期货一般是指原油期货，但从广义上讲，石油期货的范围显然更广。

燃料油期货上市后，运行良好，在当时的情况下为实体经济服务的效果明显，这促进了交易所和各方推动原油期货上市的信心和决心。近年来，受燃料油加征消费税及现货需求结构发生变化等因素影响，燃料油现货市场大幅萎缩，燃料油期货作为衍生品的作用随之消失，交易逐渐清淡。2018 年 6 月 26 日，上期所根据现货市场变化，对燃料油期货合约及相关实施细则进行了修订。这就是一个规律：在现货价格频繁波动的时候才需要期货市场。如果一个品种现货市场上价格没有了波动，或者说现货市场消失了，那期货市场就没有存在的价值。例如，美国的鸡蛋期货合约，在刚推出来时非常活跃，后来就不活跃了。我向梅拉梅德请教，为何鸡蛋期货合约现在没交易了？他回答说，由于产销一条龙，鸡蛋从田间地头直接到超市，没有中间环节，价格也就没有了波动，就不再需要期货了。只有在现货价格频繁波动的时候，才需要期货发挥价格发现和套期保值的功能。

在 1999 年《期货暂行条例》的基础上，国家分别于 2007 年、2012 年两次对条例进行了修改，对期货市场的改革发展起到了巨大的推动作用。我两次都全程参与了。在 2007 年的修改中，“暂行”两字被拿掉，《期货交易管理条例》（以下简称《期货条例》）正式颁布，金融期货、场内期权被正式写入，这为期货市场的发展打开了空间。2010 年，沪深 300 股指期货成为我国期货市场上第一个金融期货品种。

2012年，第四次全国金融工作会议明确提出，要稳妥推出原油等大宗商品期货品种。同年修改《期货条例》，删除了限制外国人参与境内期货交易的规定，允许外国人参与境内特定期货品种交易。这就为国际化的原油期货上市及铁矿石等大宗商品期货的国际化打开了大门。这次修改主要考虑到，原油期货设计中面临的最大问题是国内原油现货市场高度集中，"三桶油"占据着主导地位。而在高度集中的现货市场上是无法开展期货交易的，只有现货市场化程度比较高才可以。因此，从一开始上期所就定位为国际化市场，向全球投资者开放，让全球众多的原油生产商、贸易商、金融机构进来，这样市场参与者之间才能形成一种平衡，市场才不易被操纵，运行才能健康稳定。2014年底国务院已同意证监会批复上期所原油期货品种上市，2015年上半年本已准备挂牌交易的原油期货，因当年7月的股市异常波动而延后。2018年3月26日开锣交易的原油期货实际上延后了两年多。原油期货上市意义重大，影响深远，可谓是改革开放的又一个里程碑。这个里程碑的基础制度安排是在2012年就设下的，而创造条件从2004年燃料油期货上市即已开始。

到党的十八大召开前，我国期货市场共上市期货品种28个，其中商品期货27个，金融期货1个。随着期货市场品种不断增多，交易量快速增长，功能逐渐发挥，初步具备了在更高层次上服务实体经济发展的能力。许多金融机构从观望转为积极加入期货市场。

创新发展阶段（党的十八大以来）

党的十八大以来，我国期货市场进入创新发展阶段。2013年8月，习近平总书记视察大商所，寄语大商所"要脚踏实地，大胆探索，努力走出一条成功之路”。习近平总书记的重要讲话，对期货市场的建设者、参与者和监管者都是一个巨大的鼓舞和鞭策，期货市场改革开放迈开了大步。

在党中央、国务院的坚强领导下，期货市场创新加快。党的十八大以来，我国期货市场新上市期货、期权品种 29 个，超过了之前 20 多年上市产品的总和。商品期货创新与对外开放加速，一些准备多年的战略性大宗商品期货品种如铁矿石期货、原油期货相继上市并允许国际投资者参与交易，实现了境外投资者直接参与境内期货市场的重大突破，我国期货市场正式走向国际。金融期货发展步伐加快，股指期货品种体系进一步完善，增加了上证 50、中证 500 股指期货两个品种；国债期货市场起步，推出了 5 年期、10 年期国债期货两个品种。场内期权实现“零”的突破，2015 年，上市了首个金融期权——上证 50ETF（交易型开放式指数基金）期权；2017 年，商品期权——豆粕、白糖期货期权先后上市。

2013 年以来，每年中央一号文件对期货市场的表述和要求都是递进的。2014 年，《国务院关于进一步促进资本市场健康发展的若干意见》（简称新“国九条”）发布，关于期货市场的内容大幅增加。2017 年的中央一号文件特别指出，要积极引导涉农企业利用期货、期权市场管理风险。为什么要对此专门进行强调呢？这些年的实践证明，期货市场的产品增多了，规范性加强了，功能也在逐步发挥，防范风险的能力提高了，但问题在于企业不是不想参与，而是有诸多顾虑不敢参与。对于很多企业，尤其是国有企业的管理者来说，他们普遍认为，期货做好了，得不到表扬，一旦期货交易发生亏损，即使期现货综合来看盈亏相抵，在上级主管部门考核时还是面临很大的压力。而作为党中央文件的要求，鼓励企业参与期货交易，企业的心里就踏实了。

此外，2017 年、2018 年连续两年中央一号文件都要求积极探索，将保险引入，把场外期权和期货结合起来为更多的中小微企业和“三农”服务。很多人会有疑问，农民、小商小贩该如何来做期货？例如，浙江很多小五金企业，日常生产经营只需要几吨铜，而交割一手铜期货合约的规模是 25 吨，规模这么大，交割这么复杂，该怎么办？这就涉及场外期权的问题，要请专业机构帮助他们做风险管理。2012 年，证监会允许期货公司成立风险管理子公司，为企业提供量身定制的风险管理服务。例如，双方可以根据上述服务对象的避险要求，签订一个风险管理服务合同，它实际上是一个场外期权，客户缴纳权利金，期货公司保证到期履约。这时，小商小贩就可以放心生产、采购了，不用担心市场价格波动风险，他们也不必自己到期货市场开户买进卖出期货合约。实际上，期货风险子公司成为服务商，为中小微企业解决不了的风险管理问题提供避险工具，头寸除内部对冲之外，暴露的敞口部分可以到标准化的期货市场进行套期保值，这样为实体经济服务的面就铺开了。近年来，我们说期货市场做大了，不仅仅体现在交易量上，还体现在更多的专业机构到交易所作为机构投资者来管理风险。比如有些生产贸易商的期货部门，它们直接为中小微企业提供场外期权服务，他们吸收的风险则是到期货交易所利用标准化合约来对冲。通过两层风险的管理，扩大了期货市场服务实体经济的范围。2018 年中央一号文件提出，要稳步扩大“保险＋期货”试点，探索“订单农业＋保险＋期货（权）”试点，表明期货市场和实体经济、“三农”及中小微企业联系得越来越紧密。

表 1-2　2013—2018 年中央一号文件关于期货市场的相关表述

2013 年	加强农产品期货市场建设，适时增加新的农产品期货品种，培育具有国内外影响力的农产品价格形成和交易中心。
2014 年	健全大宗农产品期货交易品种体系，推动证券期货经营机构开发适合“三农”的个性化产品。
2015 年	创新农产品流通方式，发展农产品期货交易，开发农产品期货交易新品种。
2016 年	创设农产品期货品种，开展农产品期权试点。探索建立农业补贴、涉农信贷、农产品期货和农业保险联动机制。稳步扩大“保险 + 期货”试点。
2017 年	深入推进农产品期货、期权市场建设，积极引导涉农企业利用期货、期权管理市场风险，稳步扩大“保险 + 期货”试点。
2018 年	深入推进农产品期货、期权市场建设，稳步扩大“保险 + 期货”试点，探索“订单农业 + 保险 + 期货（权）”试点。

党的十九大报告提出，建设现代化经济体系。其中大宗商品期货市场非常重要。2018 年 3 月 26 日，中国版原油期货上市。国际市场对此高度关注。原油期货上市以后，对中国经济、政治可能都会带来一些变化。原油期货作为我国期货市场对外开放的第一个品种推出来，为下一步推动我国商品期货市场的全面对外开放奠定了坚实的基础。期货市场发展进入了新时代。

中国期货市场发展现状

2000 年以来，我国期货市场交易水平逐年提升。截至 2018 年 6 月底，我国上市期货期权品种共 57 个，其中，商品期货期权 51 个，金融期货期权 6 个。全市场资金总量 4000 多亿元，有效投资者 129 万户。

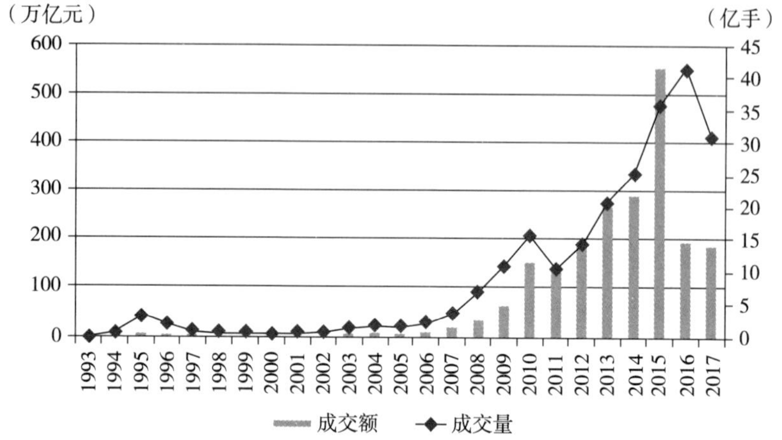

图 1-2　1993—2017 年我国期货市场成交量、成交额情况

表 1-3　我国上市的期货、期权品种及数量

类型	品种	数量
农产品	棉花、早籼稻、菜籽油、油菜籽、菜籽粕、白糖、强麦、普麦、黄大豆 1 号、黄大豆 2 号、玉米、豆粕、豆油、棕榈油、粳稻、晚籼稻、棉纱、鸡蛋、胶合板、纤维板、玉米淀粉、鲜苹果期货，白糖期权、豆粕期权	24
金属	铜、铝、锌、铅、黄金、螺纹钢、线材、白银、铁矿石、热轧卷板、镍、锡、硅铁、锰硅	14
能源化工	天然橡胶、燃料油、PTA（精对苯二甲酸）、LLDPE（线性低密度聚乙烯）、PVC（聚氯乙烯）、焦炭、玻璃、甲醇、沥青、动力煤、焦煤、聚丙烯、原油	13
金融	沪深 300、上证 50、中证 500 股指期货，5 年期、10 年期国债期货，上证 50ETF 期权	6
合计	期货品种 54 个，期权品种 3 个；商品 51 个，金融 6 个	57

美国期货业协会（FIA）数据显示，我国商品期货成交量已经连续九年位居全球第一。2017 年，我国商品期货全年成交量 30.5 亿

手，在全球商品期货市场中占比 55%，共有 6 个商品期货品种进入全球商品期货品种交易量前 10 名。但需要说明的是，国际上我国商品期货交易量排名靠前是按照手数来统计的。我国商品期货合约的价值量一般比国外要小，例如伦铜期货合约是 25 吨 / 手，我国沪铜期货合约是 5 吨 / 手。如果按照交易额来排名，我国期货市场的排位要退后。

表 1-4　2017 年全球交易量前 10 名的商品期货情况

排名	名称	国家	品种	成交量（亿手）
1	螺纹钢期货	中国	金属	7.02
2	布伦特原油期货	俄罗斯	能源	4.52
3	铁矿石期货	中国	金属	3.29
4	轻质原油期货	美国	能源	3.10
5	布伦特原油期货	英国	能源	2.42
6	豆粕期货	中国	农产品	1.63
7	PTA 期货	中国	化工品	1.40
8	甲醇期货	中国	化工品	1.37
9	玉米期货	中国	农产品	1.27
10	天然气期货	美国	能源	1.08

从商品期货交易规模的增长趋势上看，中国和美国、英国是截然不同的。美国、英国制造业最繁荣的阶段已经过去了，而我国工业化还未完成，还要大量进口大宗商品和原材料，进行制造业的生产。在这个阶段，商品期货市场的潜力是很大的。但即便美国、英国处在去工业化阶段，为何商品期货交易量还能保持这么大呢？答案就在于国家的“软实力”。当一国期货市场发展到高级阶段，成为全球有影响力的定价中心，即便此后制造业转移到其他国家，但

定价的功能还可以留在本土。

当前，我国期货市场总体运行平稳，效率不断提高，功能逐步发挥。商品期货市场的交易持仓比（期货品种日均持仓量与日均成交量的比值，衡量期货品种的流动性情况）在1~2倍，和美国商品期货市场的交易持仓比大致相当。美国期货市场的交易持仓比大概是1倍。但也会出现某一交易品种的交易持仓比大大超过1~2倍的情况，只是不如中国期货市场那么频繁。此外，近年来，我国商品期货市场持仓者中专业机构和产业客户的占比显著上升，机构持仓占比在40%~60%，与十多年前商品期货市场相比发生了翻天覆地的变化。2017年，全市场机构持仓占比平均值为55%。不过，这个比例与成熟的期货市场比还是显得太低。机构持仓占比上升是好事，说明从事套期保值的客户在增加。如我国有色金属、油脂油料行业，95%以上的企业都在利用期货市场发现的价格作为定价基准，进行原材料采购谈判，同时利用期货市场套期保值管理价格风险，锁定产成品销售利润。

特色与规律——中国期货市场创新

关于特色问题，从一开始便有争论。证券市场也好，期货市场也好，中国有没有特色呢？改革开放40年来，从实践当中总结，还真有一些特色，这并不是从理论到理论的推演，而是从实践当中提炼和概括的，当然理论本身也是对实践的高度抽象概括，带有普遍性。我们学习西方期货市场制度，运行了20多年，发现如果完全照搬照套，中国的期货市场是很难发展起来的，必须结合中国的国情。

我们的改革开放是“摸着石头过河”摸过来的。发展中国期货市场也是如此，我们既要借鉴国际市场的先进经验，也要立足于中国的实际。中国期货市场 20 多年的实践探索，既遵循了国际市场的一般性规律，如产品设计、集中竞价、双向交易、中央对手方集中清算、保证金制度、会员制度、自律管理、政府监管，这些一般性的交易机制与制度安排是我们学习西方的，但同时我们也结合国情形成了自己的一些特色。

党的十九大报告明确指出，中国特色社会主义最本质的特征是中国共产党领导。我国期货市场建设与发展是在中国共产党领导的社会主义制度下进行的，在政治、历史、文化背景以及经济发展阶段上与实行资本主义制度的欧美有许多不同。我国期货市场从诞生之始，就面临着与西方市场截然不同的环境。我国改革开放是从计划经济向市场经济转型的过程中，对原先的计划经济体制渐行渐改。同时，我国还是一个新兴市场国家，发展不成熟。因此，过去计划经济体制中的一些问题，新兴市场国家发展中的一些问题，同时在我国交织出现，“新兴加转轨”的背景，增加了我国期货市场建设的复杂性、艰巨性和挑战性。这些问题需要我们在坚持中国特色社会主义制度的前提下探索性、创造性地去解决，这样就必然形成某些自己的特点。

特色一：价格“双轨制”下的期货市场

我国的期货市场制度是在“双轨制”的价格体系下形成的。为什么中国在 20 世纪 80 年代无法建立期货市场，而在 90 年代能够建立？最主要的原因就是，20 世纪 80 年代全社会还在讨论“计划多一点”还是“市场多一点”。搞市场就必须在计划外搞，计划经济下的价格是管死的，不具备市场特征，但计划外市场溢价的部分是可以的。当然，“双轨制”带来了很多腐败现象，“官倒”就是其一。能不能建立期货市场，首先要看基础产品，或者说期货合约标的物具不具备市场基础。20 世纪 90 年代初，随着改革的推进，我们的钢材和石油都产生了计划内、计划外两种价格。以石油为例，1992—1994 年，石油价格实行“双轨制”，贸易量有 6%~7% 在计划外，规模大概有 2000 万吨。当时的上海石油交易所就拿这 2000 万吨计划外石油来做石油期货交易的标的物、交割品。按照当时的国情，用计划外的商品来搞期货市场，这在西方是没有的。这正是我们的特色。

现货存在市场价格，期货市场才有交易运作的基础。石油价格曾经在 1993 年出现市场价和计划价并行的“双轨价”，但后来取消了市场现货价格后，期货市场就无存在意义。1994 年，国务院批转国家计委、国家经贸委《关于改革原油、成品油流通体制的意见》，对原油、成品油实行统一计划分配、政府统一定价。石油流通全部回到计划轨道内，计划定价和市场定价并行的“双轨制”在石油产品上戛然而止。此时，石油期货已经没有存在的价值，刚刚上市交易运行了一年多的石油期货摘牌停市，上海石油交易所偃旗息鼓，并入了上海商品交易所，在以后的整理中上海商品交易所又并入了上期所。

特色二：散户多、合约小的市场

我国的期货市场是一个散户多、合约小的市场。20 世纪 80 年代，在中国一个万元户就不得了了。20 世纪 90 年代初万元户也不多。如果当时照搬国外的大合约，比如，伦铜期货 25 吨 / 手的合约规模，交易就不会活跃。因为大家都没钱，一手 25 吨，那时交易 1 手铜期货的保证金需要好几万元。后来，交易所就把从英国搬来的期货合约进行了中国式改造，将交易单位改小为 5 吨 / 手，但交割单位仍然维持 25 吨一张标准仓单，并规定自然人不能进入交割月，到交割时，交割者可将 5 手交易单位凑成 1 个交割单位进行交割。这一改，铜期货交易慢慢活跃起来了，流动性多起来了，套期保值的企业也逐渐进来了。这个结合中国国情的改造是成功的，因为如果没有投机者，套期保值者就没有对手方。通过这一改造，提高了市场的流动性，解决了企业套期保值和投机者资金少的问题，同时又不影响企业最后的交割。而西方国家，到今天为止，期货市场一直都是机构投资者占主导，或是金融机构，或是各种私募，或是有钱人。而当初中国的市场，一开始让金融机构和国有企业进入，但很多机构拿着公家的钱乱投机，出了很多问题，后来政府发文要求它们从这个市场退出，然后允许自然人参与交易，因此参与者都是散户，钱很少。所以根据中国当时的国情，调整期货合约规模。刚刚开始搞市场，只能采取这种方式。

表 1 5　国内外代表性品种期货合约规模对比

品种	中国	国际代表性合约
铜期货	5 吨 / 手	25 吨 / 手
大豆期货	10 吨 / 手	5000 蒲式耳 / 手 (约 136 吨 / 手)
沪深 300 股指期货	约 90 万元 / 手	10 万美元 / 手，50 万美元 / 手不等
国债期货	100 万元 / 手	10 万美元 / 手、20 万美元 / 手、100 万美元 / 手不等

从表 1–5 中，我们还可以看到一个很有趣的现象：我国的铜期货是 5 吨 / 手，伦敦的铜期货是 25 吨 / 手；我国的大豆期货是 10 吨 / 手，美国的大豆期货是 136 吨 / 手。国内商品期货合约规模远远低于国际同类代表性合约。但我国的股指期货和国债期货都是 100 万元 / 手左

右，按照当前的汇率计算，都超过了美国同类迷你合约的规模。这主要是因为两个金融期货合约推出的时间比较晚，现在中国人逐渐富起来，有钱人多了，机构投资者也逐步发展起来了，交易所在产品设计时合约规模就大一些。至于刚刚推出的原油期货，1000桶 / 手，合约规模和纽约商业交易所（NYMEX）的西得克萨斯中间基（WTI）原油期货、洲际交易所的北海布伦特（Brent）原油期货相同。如果不根据当初的国情来设计合约，今天的市场就很难存在。实事求是地设计符合国情的制度，会让我国越来越靠近成熟市场。

中国期货市场的散户投资者多，这也与全世界范围内的信息革命息息相关。20 世纪 80 年代以来，随着通信和计算机技术的发展，欧美等国将电子交易逐步应用于期货市场。20 世纪 90 年代初我国建立期货市场时，探索者在引进西方期货市场的交易机制、交易制度时，一并引入了刚刚兴起的电子化交易系统。而西方虽然有先进的计算机技术，但受制于当时交易所的会员制结构，会员出于自身利益考量，反对利用计算机交易系统。当初西方期货交易所的会员席位是家族内部继承的。梅拉梅德曾告诉我，在芝加哥商业交易所，他家就先后买了好几个会员资格作为投资。货币市场建立以后，也开始搞会员制，两个市场不能联通，相互之间不能参与对方市场里面的事。因为原来从事猪肉、鸡蛋等农产品期货交易的会员，认为做金融的人不应该参与到自己的圈子中来。后来随着市场的发展，两个市场才慢慢走到一起，两类会员也合并了，最后通过股份化、公司化，会员成为交易所的股东，利益逐步统一，交易所才建立起了全球范围内的计算机交易系统。而我国刚刚开始兴办交易所，没有这些利益束缚。先进的交易手段，使得个人投资者获取交易信息的成本非常低，因此一开始个人就成为我国期货市场的直接参与者。

特色三：先交钱、后交易的市场

我国期货市场是先交钱、后交易的市场。我国现阶段的法律制度、契约精神、诚信环境与市场经济体制、期货市场存在着许多不适应的地方，过去期货市场上经常发生客户输钱弃仓跑路的事情。因此，为了让期货市场这一改革开放的标志性市场能够发展起来，我国不得不采取了一系列创新性的动作。比如期货保证金的收取和交易结算制度安排，与西方期货市场“先交易，后交钱”的信用担保不一样，我国是“先交钱，后交易”。我们中国人说，“先小人，后君子”，在期货保证金与交易结算制度上就是“先查钱，后开仓”。如果客户要买卖期货合约，期货公司首先要瞄一眼客户在期货保证金账户里的钱够不够买卖合约所需要的，不准透支，有保证金可下单、成交即扣款、平仓即回款。所以我国期货市场的技术系统，比股票市场的运转要慢一点，因为执行期货交易前要查询的项目比股票交易多。这就是中国的特色，可能若干年以后会有改变，但现阶段主要通过交易所对会员、会员对客户实施事前控制。

特色四：“穿透式”监管市场，全球绝无仅有

在 2015 年的陆家嘴论坛上，香港交易所集团行政总裁李小加表示，中国是世界上唯一的一个“穿透式”监管市场。中国的股票市场如此，期货市场也是如此。通过“穿透式”监管，监管机构和交易所可以“穿透”期货公司会员，一眼望穿到投资者账户里的合约头寸与资金。如果投资者有任何违法违规或欺诈客户的活动，就能

看得见、说得清，从而有助于管得住。而西方市场多数采用综合账户管理模式，交易所只能看见中介机构的账户，中介机构掌握客户的资金和头寸情况，只有在客户的头寸达到报告水平时，它们才向监管部门和交易所报告客户的详细信息。

近年来，内地股票市场与香港股票市场互联互通加速推进，沪港通、深港通相继推出。在这个过程中，两地监管机构和交易所都认为，两地市场互联互通不仅要让香港市场受益，也要促进内地市场稳定，实施“穿透式”监管非常有必要。2017 年，中国证监会和香港证监会合作，查处了唐汉博利用沪港通跨境操纵市场案件。在整个事件的调查过程中，因为看不穿，花费了巨大的人力、物力和财力。如果实行了“穿透式”监管，就不会产生这么大的成本，监管机构可以直接看到哪些人在交易，及时发现违法违规行为，所以“穿透式”监管是中国市场最大的特色。内地市场有 1 亿多投资者，散户多，市场发展不成熟，不能因为两地市场监管制度上的差异，给不法投资者绕道香港市场实施反向操纵留下可乘之机。经过多次沟通，香港证监会、香港交易所与中国证监会、沪深交易所认识逐步统一。2017 年 11 月，香港证监会宣布，将为“沪深股通”引入投资者识别码制度，即对香港北上的资金实施“穿透”，同时要求内地南下的资金也要“穿透”。

“穿透式”监管也引起了国际监管同人的高度关注。2017 年以来，几次国际证监会组织的会议上，中国证监会都被邀请介绍中国证券期货市场实行“穿透式”监管制度多年来的成功经验，受到包括美国、加拿大、墨西哥、沙特等许多国家的肯定和赞同，都认为这是有利于保护投资者利益、防范系统性风险的制度安排。目前许多国家想做，但还都停留在制度论证阶段。美国想学，但是不能全学，只能部分地学，主要用在反洗钱、反偷税漏税上。因为一旦“穿透”，华尔街大投行的利益会受损，他们竭力反对。而国会和白宫一般对他们的意见是很重视的，所以西方资本主义制度本质上还是为大资本服务的。实际上，美国证监会原主席莱维特（Arthur Levitt）在 20 世纪 90 年代就提出来要搞“穿透式”监管,但遭到华尔街的一致反对。莱维特在 1993—2001 年担任了八年美国证监会主席，卸任以后，写了《散户至上》一书。在书中，莱维特结合自己 28 年华尔街市场经历和八年证监会主席的监管体会，细致入微地描写和深刻分析了美国资本市场的种种问题以及监管中的种种无奈。“穿透式”监管对华尔街金融机构最大的威胁就是，报价公开以后，投资者报价和券商执行价之间的价差就会透明，中介机构盈利的空间就会被压缩。

我们的市场要坚持以人民为中心的发展思想，要保护好投资者尤其是广大中小投资者的利益。在美国期货市场，中介机构挪用客户保证金，监管部门没有办法，但在中国期货市场，由于有期货保证金安全存管监控制度，一旦挪用就会立即被发现。此外，如果存在操纵市场行为，“穿透式”监管可以看得一清二楚。这有利于保护投资者，尤其是中小投资者的合法权益。

那么我们这些特色国际上是否认可呢？根据国际货币基金组织、世界银行和国际证监会组织联合开展的两次 FSAP（金融部门评估规则）评估结果，中国期货市场的各项制度总体符合国际标准。2009—2011 年第一次 FSAP 评估结果显示，在适用的 14 项基本原则中，我国期货市场全部符合的有 9 项，基本符合的有 2 项，部分符合的有 3 项。这一评估结论与对最发达的美国期货市场的评估结论基本相当。2015—2017 年第二次 FSAP 评估认为，中国在投资者保护和市场风险监测方面的先进做法值得其他市场借鉴。

这就是一种自信。习近平总书记说，要坚定中国特色社会主义道路自信、理论自信、制度自信和文化自信。我国期货市场 20 多年的发展实践，正是践行“四个自信”的生动体现。我们没有凭空说自己期货市场的制度特色就是好，而是依照国情，借鉴国外，走自己的路，并取得了斐然成绩。

机遇与挑战——中国期货市场前瞻

机遇与挑战是事物发展的一体两面。中国期货市场只有因势利导，抓住机遇，加快发展，才能真正确立在全球的影响力。

我国期货市场存在的主要问题

第一，没有一部专门的《期货法》，法律层级太低。随着期货市场逐步对外开放，这个问题将更加凸显。国外机构参与中国期货市场有顾虑，合规部门审查通不过，担心有法律风险。

第二，期货市场的品种不能满足实体经济发展和现代金融体系建设的需要，市场规模和深度不够。

第三，市场的封闭性。迄今为止，我国仅有原油期货、铁矿石期货真正实现对外开放。此外，只有 QFII 等少数境外主体可以参与国内股指期货交易，期货市场缺乏国际定价影响力。

我国期货市场发展面临的机遇

一是经济崛起，避险需求大。当前，我国实体经济仍以较高速度在增长，实体经济产生的巨大风险管理需求对期货和衍生品市场发展构成有力支撑。

二是金融市场化改革，避险需求大。在国际上，美国、日本等发达市场利率市场化进程与衍生品发展时间高度重叠，它们的利率期货及相关场外衍生品市场就是在利率市场化改革过程中推出，并逐步发展壮大成为今天这个样子的。

表 1-6　美、日利率市场化与衍生品发展高度重叠

美国			日本		
时间	利率市场化措施	金融衍生品	时间	利率市场化措施	金融衍生品
1970—1973 年	短期定期存款利率自由化，大额存单利率管制		1985	国债利率市场化	10 年期国债期货
1975—1977 年		长期政府债券期货，抵押债券期货，国债期货	1988—1989 年		20 年期、30 年期国债期货
1980 年	6 年内取消存款利率上限		1989 年	同业、短期利率放开	日元和美元的短期利率期货
1981 年		利率互换，CD 期货，利率期权	1990 年		债券期货期权交易
1982 年	基本实现利率自由化		1994 年	利率基本实现完全市场化	高级利率衍生产品
1983 年	取消所有定期存款利率上限	远期利率协议（FRA）			
1986 年	取消利率管制，利率自由化				
1989 年以后		利率期货、期权、互换，各类复杂衍生产品			

三是社会转型，避险需求大。期货和衍生品市场的发展与养老退休制度紧密相关。大量的储蓄流入金融市场，通过退休基金、保

险产品和共同基金来管理。它们到各类和各地市场寻找投资机会的同时，必须有效地管理它们面临的风险，这无疑需要一个高效的期货和衍生品市场。

四是“一带一路”倡议的实施带来的机遇。“一带一路”沿线区域大宗商品资源丰富，与我国经济需求关联紧密，资源互补优势明显。在我国期货市场交易的品种中，天然橡胶从泰国进口占到了总进口量的45%；棕榈油从马来西亚进口占63%；原油从中东进口占43%；锡矿砂从缅甸进口占99%；镍矿砂从菲律宾进口占83%；棉花从印度、孟加拉国、斯里兰卡进口也占据了很大的比重。这些国家都是位于“一带一路”沿线上的。随着“一带一路”倡议的逐步落实，商品期货交割仓库的布局非常重要，我国交易所、实体企业、金融机构在风险管理领域与沿线国家实体经济的深度融合，可以促使我国与沿线国家经济和企业更加紧密地联系在一起。

五是，美国和英国成功建立大宗商品定价中心的经验可以借鉴。英美经济崛起的标志之一，就是在工业化过程中，巨大的国际贸易量促进了本国商品期货市场的发展，形成了有国际影响力的大宗商品定价中心。100多年前英国形成了伦敦金属交易所的有色金属定价中心，美国也逐渐形成了芝加哥期货交易所的农产品定价中心、纽约商业交易所的贵金属定价中心和能源产品定价中心。

六是，我国期货市场经过20多年的发展，积累了丰富的交易、风控及监管经验和专业人才储备。

我国期货市场发展面临的挑战

我国面临的挑战是什么？我国有没有这个能力来应对挑战？

首先，抓住机遇的能力面临挑战。这包括以下几个方面：

第一，一旦错过城镇化、工业化高峰期，错过大宗商品“大进”的有利时机，我国就有可能丧失这个难得的历史机遇，定价中心就不会在中国了。在这个问题上，英、美两国是成功的，日本是失败的。第二次世界大战以后，日本也经历了 30 多年的经济高速增长期，制造业和大宗商品贸易大发展。但日本对期货市场采取“多头管理”，农产品期货市场、工业品期货市场、金融期货市场长期分别由日本农林水产省、经济产业省和大藏省（后期金融期货监管职责从大藏省移交给了金融厅）监管，缺乏权威性的集中统一管理，行政部门之间各自为政、相互扯皮，结果导致了期货市场高度的碎片化，日本丧失了难得的机会，商品期货从此一蹶不振。

第二，基础资产的市场化程度还需提高。一些生产要素市场仍受到行政管制因素影响，典型的如能源领域的石油、电力、天然气，农业领域的粮食等。

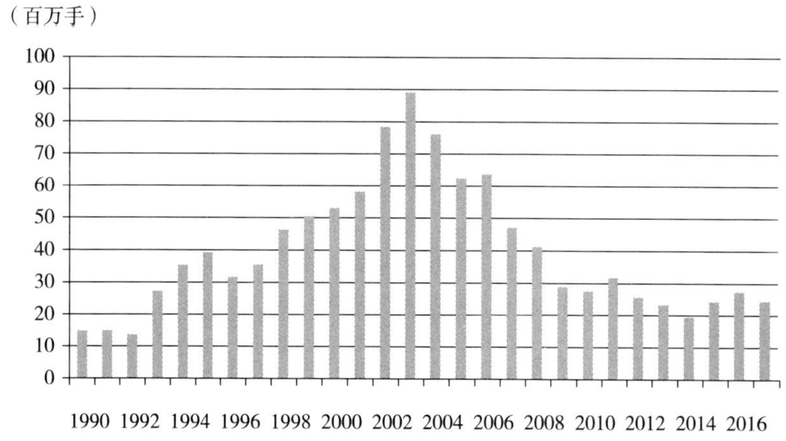

图 1-3　1990—2017 年日本商品期货市场成交量

数据来源：FOW。

第三，以“散户”为主的投资者结构制约较大，流动性质量不高，稳定性较差，缺乏具有一定体量交易、持仓较为均衡，能够提供稳定流动性的机构投资者。

第四，市场经济意识和开放意识不够，包括法律意识、契约精神、诚信环境等。

第五，包括社会认知度、企业考评体系、会计制度、信贷等在内的微观环境不配套，还存在很多妨碍企业参与和利用衍生品市场的制度、机制障碍。

其次，我国面临开放环境下的竞争压力。开放以后，究竟是让我国的投资者到国外交易，还是吸引国外的投资者到国内交易？其实，国外交易所最看重的是我国的投资者资源，想要拉我国的投资者出去。投资者是期货市场最宝贵的资源，只有把宝贵的投资者资源留在国内，同时吸引境外机构积极参与，使国内市场的流动性更好、交易效率更高、价格发现和套期保值功能发挥得更好，我们才能形成有影响力的定价中心，影响全球大宗商品贸易的定价。如果投资者都流失了，虽然对企业来说也做了套期保值，但定价中心是在国外，我个人认为，从国家战略的角度看这是不合适的。

那么定价话语权如何体现在制度上呢？我认为主要包括规则制定权、规则调整权和监管主导权。企业如果在境外参与期货交易，要被动接受外国期货交易所的规则制度和所在国的法律法规及政府监管，而如果在中国本土的期货交易所内进行交易，则是本国的规则制度起作用。这种规则制度对定价的话语权、影响力在美国期货市场上已经得到了充分的反映。比如，2008 年美国 CFTC（商品期货委员会）修改监管规则，将原油期货市场上互换交易商的持仓由原来的套期保值持仓认定为投机持仓。监管规则调整后，金融机构互换交易不计入套期保值，它们的持仓就要受到限制，要对超过持仓限额的部分进行平仓，抛出期货期权合约，这导致纽约商业交易所 WTI 原油期货价格暴跌。油价波动引起了俄罗斯、委内瑞拉等原油出口国的担心和忧虑，因为它们的财政收入受到很大影响，社会稳定就可能出问题。2014 年乌克兰事件爆发后，美国前国务卿赖斯就提出来，要通过油价向俄罗斯施压。因此，从表面上看是规则的改变，实质上是政治打压。期货市场是国家间战略博弈的一个重要平台，美国通过对具有定价权的原油期货市场的监管规则进行调整，影响油价，从而达到阶段性的政治目的。看似是市场在起作用，实质是政治在起作用。这个传递的链条说明规则制度的重要性，这是影响国家政治、经济安全的一件大事。

再次，我们面临的一个严峻挑战就是“领跑者”对“追赶者”的打压。中国已成为全球第二大经济体和第一大货物贸易国，美国现在对我们的发展高度警惕，如“一带一路”倡议、亚投行、人民币加入 SDR（特别提款权），等等。中国迅速发展的商品期货市场也面临同样的挑战，比如对于我国刚刚推出的原油期货（以人民币计价，面向全球投资者开放），美国就非常关注，这就和关注人民币国际化是同样的道理，担心石油人民币会取代石油美元，进行过度的政治解读。

最后，我们面临规则博弈中的后发者劣势。由美、欧早前主导的衍生品市场国际规则对新兴市场的包容度不够，我们作为后发者，经济体量已经成为全球第二，欧美原有的规则已经对我国经济发展造成制约，我国稍有改变就会被指责为改变现存的制度规则。但当初的规则是美、欧国家根据它们的特点、国情制定的，没有考虑新兴市场国家的需求。

期货市场发展定位与思路

期货市场的发展定位是服务实体经济、国家战略。2017 年召开的全国金融工作会议，提出服务实体经济、防控金融风险、深化金融改革三大任务。会议明确指出要引导期货市场健康发展。对于中国期货市场下一步的发展思路，我认为主要应坚持以下三点：

第一，统筹协调，推进场内、场外两个市场共同发展。场外市场的发展会培育一大批机构投资者，这些机构投资者进入场内市场对冲风险，使场内市场的稳定性更强，市场的深厚度更深厚，有利于场内市场做大。场内市场做大，价格发现、套期保值功能发挥得更好，又会吸引更多的机构投资者进来。因此两个市场的关系是，场内市场为场外市场交易提供参照价格、套保场所，场外市场拓展场内市场服务实体经济的广度和深度。我一直坚持这个观点，商品场外衍生品市场对中国商品期货市场非常重要，不能简单地看美国场外市场主要是金融衍生品，就认为我国没必要发展商品场外衍生品市场，这是中国当前发展阶段所需要的，也是当前中国国情所决定的。

第二，大力发展商品期货市场，深入建设金融期货市场。充分挖掘商品期货市场潜力的同时，把建设金融期货市场作为未来创新的重点，丰富股权类、股指类、国债类期货和期权品种，加快研究推出外汇期货及其他衍生品，尽快完善金融期货品种体系。

第三，加快期货市场对外开放步伐，“走出去”与“引进来”双向开放。期货市场应利用经济崛起的机遇期，加快“引进来”的步伐，形成国际市场的“中国价格”和“中国规则”，建立话语权，在自己的主场管理市场风险。

总体而言，中国期货市场未来的机遇与挑战并存。

改革与开放——原油期货时代的来临

2018 年 3 月 26 日，面向全球投资者开放的人民币原油期货在上期所正式挂牌交易，标志着我国期货市场改革开放迈出了大步伐。《华尔街日报》在原油期货上市前的一篇评论文章中指出，“作为世界最大的原油进口国，中国这么做旨在拥有更大的原油定价权。如果成功推出，中国原油期货合约将可能挑战布伦特和西得克萨斯中间基原油合约的主导地位，并在一定程度上削弱美元对全球市场的控制力”。其实，上期所当初的想法没有那么复杂。作为一家以商品期货为主业的期货交易所，希望上市原油这个最大宗的商品的期货合约，那是再自然不过的想法了。

早在 2001 年，由于当时上市原油期货的市场条件还不够成熟，上期所对石油期货产品的上市路径进行了顶层设计，提出分两步走的策略：先从石油产品中市场化程度最高的燃料油起步，开展燃料油期货交易，积累经验，创造条件，逐步推出原油等其他石油期货。那时，交易所就已经把上市原油期货作为最主要的目标。上期所于 2004 年上市了燃料油期货，于 2013 年上市了石油沥青期货，这为原油期货积累了丰富的经验。2008 年国际金融危机之前，美国并没有太多地关注这件事。金融危机以后，美国的国际地位相对下降，中国的国际地位相对上升，美国开始在方方面面都把中国作为竞争对手。在中国推出人民币原油期货问题上，美国就高度关注。而对中国来说，作为全球第一大原油进口国和第二大原油消费国，推出原油期货主要是基于本国实体经济发展和进一步改革开放的需要。

2017 年，中国的原油消费量 6.1 亿吨，进口量 4.2 亿吨，进口依存度近 70%。每天有那么多原油在海上飘着，要经过长距离的海路运输，而价格是随时波动的，亟待对价格风险进行管理。

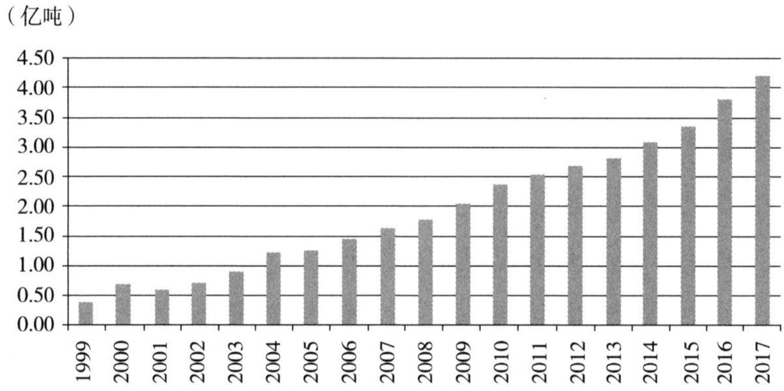

图 1-4　1999—2017 年中国原油进口量

从石油市场格局来看，亚洲地区是未来原油消费的主要地区，亚洲崛起是全球共识。亚洲经济发展对资源的需求将加大，在新能源还没有革命性突破之前，原油消费是非常大的。有人说全面推广新能源汽车了，是不是原油消费就没那么大了。实际上，汽油、柴油只是原油下游产品的一部分，家里用的、穿的，很多都是原油提炼出来的化工用品。原油是最基础的原材料，在未来几十年内，其作为战略性大宗商品在国民经济中的作用不会消失。2016 年，亚太地区原油消费量 15.6 亿吨（中国约占 1/3），占世界的 35%。同期，北美、欧洲原油消费量分别占世界的 24% 和 20%。美国由于“页岩油气革命”，在未来几十年内可能再次成为石油的生产大国。

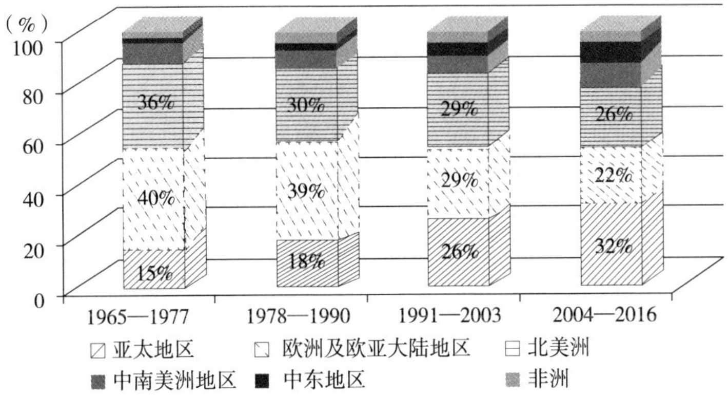

图 1-5 1965—2016 年世界各地区原油消费情况

目前，国际原油贸易定价主要有两个基准，一个是美国纽约商业交易所的 WTI 原油期货合约，另一个是洲际交易所（ICE）的 Brent 原油期货合约。尽管亚太地区的原油消费量和进口量大，但在该区域内还没有一个成熟的期货市场为原油贸易提供定价基准和规避风险的工具。由于没有一个充分反映亚太地区原油实际供求情况的定价基准，因此亚太国家只能被动接受新加坡普氏报价、迪拜商品交易所的阿曼原油期货价格等作为原油贸易的定价基准。但是这些价格并没有反映中国及亚太地区其他主要原油进口国的真实情况，导致亚太国家从中东地区进口原油的价格，比欧美国家在同一地区购买同品质原油要高，这对于亚太国家是一件很吃亏的事情。所以，我国推出上海原油期货市场，目的就是消除这个不合理的“亚洲溢价”，形成一个反映亚洲地区实际情况的原油定价基准。这个定价基准，再加上北美的 WTI 原油期货、欧洲的 Brent 原油期货，全球 24 小时的定价体系就形成了。希望上海原油期货也能达到这个效果，虽然在短时间内还很难。

从 2001 年上期所开始研究论证开展石油期货交易，到 2018 年原油期货上市，整整历时 17 年。上期所在设计原油期货合约时主要考虑了以下几方面的因素。

一是引入境外投资者的问题。原油期货在设计阶段，就定位为一个国际化市场。如果仅仅是一个国内市场，掌握现货商品的只有中石油等“几桶油”，原油期货是搞不起来的。当时交易所的考虑，要使参与主体多元化，期货价格才不易被操纵，但基于国内经营原油的主体太单一、集中、高度垄断，所以要让市场主体多元化，引入国际投资者，将市场参与者范围扩大到全球。

二是计价和结算货币的问题。一旦国际投资者参与进来，就涉及期货合约用什么货币计价和结算的问题。一开始，大部分人还是认为用美元计价和结算比较合适，理由是国际原油现货贸易大多用美元计价和结算，主要原油期货合约 WTI、Brent 以及阿曼原油期货等，也都是用美元计价和结算。我们研究后认为，还是要用人民币计价和结算比较妥当。如果仅从交易所上市品种考虑，用什么货币计价和结算方便就用什么，但要从国家利益的大局出发，不能只看局部和眼前。我们与人民银行、外管局进行了沟通，他们都支持用人民币计价和结算。当时的考虑其实很简单：第一，上期所上市一个品种；第二，推动金融市场对外开放；第三，有利于人民币国际化。最后，我们平衡兼顾中外参与者的诉求，在原油期货的计价和结算上用人民币，但境外参与者可以用外汇作为保证金使用。

三是可交割油种的问题。用什么油作为交割油种，这又是一个大难题。WTI 原油期货是用墨西哥湾库欣的西得克萨斯中间基原油作为交割标的，Brent 原油期货是用北海布伦特原油作为交割标的。上海原油期货如果主要用国产原油作为交割标的会产生一个问题，我们是原油净进口国，高度依赖进口，这样做违背实体经济发展规律。因此，我们要以外国原油作为主要交割标的。2017 年，我国进口原油中 43% 来自中东地区，是我国原油进口最主要的来源。综合考虑各种因素，上海原油期货的可交割油种一共有 7 种，以中东原油为主，包括阿联酋的迪拜原油和上扎库姆原油、阿曼原油、卡塔尔海洋油、也门马西拉原油以及伊拉克巴士拉轻油 6 种。同时，胜利原油作为唯一的国产原油被纳入可交割油种，以防范可能发生的交割风险。上海原油期货标的是一个开放的标的，未来随着市场的发展及外部环境的变化，上期所将对可交割油种的范围进一步调整和完善。最终，我们希望原油的来源和运输渠道更加多元化。

表 1-7　各国原油期货可交割品种和升贴水

国家	原油品种	API 度最小值	硫含量最大值（%）	升贴水（人民币 / 桶）
阿拉伯联合酋长国	迪拜原油	30	2.8	0
阿拉伯联合酋长国	上扎库姆原油	33	2.0	0
阿曼苏丹国	阿曼原油	30	1.6	0
卡塔尔国	卡塔尔海洋油	31	2.2	0
也门共和国	马西拉原油	31	0.8	5
伊拉克共和国	巴士拉轻油	28	3.5	–5
中华人民共和国	胜利原油	24	1.0	–5

原油期货不同于一般的商品期货，它关联政治、经济、军事、外交和人民日常生活，这些方面相互影响，交织在一起，关乎更长远的国家战略。

基金业在改革中发展　在开放中壮大

2018 年是改革开放 40 周年，也是中国基金业发展 20 周年。20 年来，我一直工作于基金行业，见证了这个行业改革开放的整个历程。

20 世纪 90 年代初，中国证券市场开始起步。在地方政府和人民银行的支持下，第一批投资基金开始出现。1992 年 4 月海南富岛投资基金发起成立，11 月山东淄博乡镇企业投资基金设立。这批处于探索阶段的基金先后有 79 支，总资产达 90 多亿元，投资者约 120 万户，积累了一定的运作经验，培养了一批基金管理人才。但由于经济过热和监管缺失，也集聚了大量风险。1997 年，国务院证券委颁布《证券投资基金管理暂行办法》，拉开了基金行业规范发展的序幕。

1998 年 3 月，第一家公募基金管理公司国泰基金管理公司成立，1998 年 3 月 27 日，经中国证监会批准，基金金泰和基金开元正式设立。现在提及的公募基金 20 年，就是以此为起点的。2001 年 9 月，首支开放式股票型基金华安创新基金成立。2001 年 12 月，中国加入世界贸易组织，公募基金管理公司允许外资持股不超过 33%。2002 年，首家中外合资基金管理公司招商基金管理有限公司获批成

* 作者系 CF40 理事，中国证券投资基金业协会党委书记、会长洪磊。

立。2005 年基金管理公司外资持股上限提高到 49%，中外合资基金管理公司开始大量出现。在此期间，债券型基金、货币型基金、上市开放式基金（LOF）、ETF、QDII 基金相继出现。伴随着股权多元化和产品多元化，公募基金业迈入多元、开放发展阶段。

2012 年 12 月，《中华人民共和国证券投资基金法》（以下简称《基金法》）完成修订并于 2013 年 6 月 1 日正式实施。新《基金法》将私募基金纳入统一监管。2014 年 2 月 7 日，中国证券投资基金业协会正式启动私募基金登记备案工作，以行业自律为主的私募基金开启蓬勃发展时代。

截至 2018 年 6 月底，中国证券投资基金业协会自律管理的各类资产管理产品规模达到 53.07 万亿元，占到全社会资产管理业务的半壁江山。其中，公募基金规模 12.70 万亿元，私募基金规模 12.60 万亿元，证券期货经营机构私募资产管理业务规模 27.61 万亿元。20 年来，公募基金已成为制度体系最为完善、信托关系落实最为充分、投资者权益保护最为有效的行业，没有发生系统性风险，成为资产管理行业规范发展的标杆。

20 年来，基金行业的健康发展印证了改革开放的成功，也为我们提供了诸多启示。

持续改革和开放促进基金业发展进步

法律法规恪守本质、与时俱进，为基金业发展提供了根本保障

1997 年 11 月，国务院证券委员会颁布《证券投资基金管理暂行办法》，确立了集合投资、受托管理、独立托管和利益共享、风

险共担等基金基本原则，同时，中国证监会就设立基金管理公司和设立证券投资基金制定了具体规则，涵盖基金契约、托管协议、招募说明书、公司章程、信息披露、从业人员资格管理等，奠定行业制度基本方向。2004 年 6 月，《基金法》正式实施，这是第一部系统的行业基本法。《基金法》以信托原理为基础，规范了信托关系当事人的权利义务。信托当事人包括委托人、受托人、受益人，三者缺一不可。《基金法》中所谓委托人，指的是自然人、法人或者其他组织等基金份额持有人；所谓受托人，是指根据依法订立的信托合同，承诺接受委托，并按照合同约定，对信托财产进行管理、运用或处分的人。在《基金法》中的基金管理人和基金托管人，就是依法设立并取得基金管理资格的基金管理公司和依法设立并取得基金托管资格的商业银行。根据自益信托原理，其受益人即基金份额持有人。《基金法》全面加强了基金管理人、托管人与基金持有人之间的信义义务要求，为行业行稳致远打下了坚实的基础。

随着《基金法》的颁布，证监会还颁布了《证券投资基金管理公司管理办法》《证券投资基金托管资格管理办法》《证券投资基金行业高级管理人员任职管理办法》《证券投资基金销售管理办法》《证券投资基金运作管理办法》《证券投资基金信息披露管理办法》六个行政规章。这“一法六规”是细化落实《基金法》的具体举措，构成了我国基金法律体系的核心，是我国证券投资基金进入法治时代的标志。

2012 年 12 月，《基金法》完成重大修订，并于 2013 年 6 月正式实施。新《基金法》继承和发扬了信托投资主体间权利义务关系的基本法理念，进一步优化行政监管机制，强化行业自律，增设基金业中介机构权利义务内容，加强基金管理人内控制度要求，强化基金从业人员诚信义务，全面加强基金持有人权益保护力度。新《基金法》最显著的变化是增加了“非公开募集”章节，将私募基金纳入调整范围，具有里程碑意义，私募基金从此有了正式的法律身份。

20 年来，双受托制度、投资者适当性制度、信息披露制度、净值化管理制度、看穿式监管制度等一系列基本制度规则不断完善，忠实维护持有人利益优先原则，全面落实信义义务对行业的要求，信义义务深入行业骨髓，成为行业最宝贵的财富。行业法律法规始终坚持信义义务本质，根据行业发展实际和最新要求不断完善，同时吸收借鉴国际成熟经验，体现了善法与良治的良性互动，奠定了基金行业健康发展的根基。

勇于开放、对标国际，为基金业发展提供了内生动力

基金行业自发展之初即多方借鉴国际经验，积极与国际接轨。以履行 WTO 承诺为契机，中国证监会于 2002 年出台了《外资参股基金管理公司设立规则》，开启了中国基金业对外开放篇章。16 年来，从允许外资参股，到允许私募证券基金外商独资，基金行业不断引入成熟市场基础制度和运行机制，在基金管理公司内部治理、投研体系建设以及专业管理人员队伍等方面取得显著进步。为合理划分权责、有效防范和化解风险、保证投资过程的科学和规范、减少投资随意性、防范关联交易和不正当利益输送、保证经营活动合法合规、保护基金持有人利益，证监会在吸收借鉴海外经验的基础上，把国际内控基本原则细化为基金公司内部流程风险控制要点，发布了《证券投资基金管理公司内部控制指导意见》。在私募基金方面，以登记备案为开端，逐步建立产品募集、托管、信息披露、内部控制、基金服务和从业人员管理等一整套自律管理规则体系。行业开放既带来了先进的理念、制度，也提升了行业专业化投资管理能力和市场化竞争水平，激发了行业活力，增强了抗风险能力。截至2017年底，我国境内共有基金管理公司113家，其中，中外合资公司达到45家。在协会组织的中国基金业20周年“优秀基金管理公司及管理层”“优秀基金产品及管理团队”推选中，评价机构根据主动管理权益类基金产品的单位累计收益率和单位累计收益率的规模加权值，对基金产品和公司给持有人带来的长期财富贡献进行了评估，据此推选出的7~15年组基金公司中，80%都是合资公司，恰恰说明了开放的重要性和引进前述制度的深远影响。2016年，外商独资私募证券投资基金管理公司获准在中国证券投资基金业协会登记，迄今已有13家国际基金行业巨头在中国“落户”。下一步还要进一步发展外资资产管理机构参与我国的资本市场资产管理服务，通过为合格投资者提供财富管理方案，帮助更广大的投资者分享长期投资价值。在市场互联互通方面，已批准11支“北上”基金产品和50支“南下”基金产品，初步形成双向开放的市场竞争格局。在国际交流与合作方面，中国证券投资基金业协会与联合国责任投资原则组织（UNPRI）、碳排放组织（CDP）、亚洲公司治理协会、伦敦金融城等国际机构保持密切沟通与合作，行业公信力和国际影响力显著提升。

行业自律日益发挥实质作用，为基金业现代化治理探索出新路

早在1999年，10家基金管理公司自发组织，轮流举办基金业联席会议，开展行业交流，推动行业自律。2001年8月，经10家管理公司提议，中国证券业协会牵头成立了中国证券业协会基金公会。2002 年 12 月，中国证券业协会证券投资基金业委员会成立。2010 年 10 月，在《基金法》修订思路指导下，开始筹备中国证券投资基金业协会。2012 年 6 月 6 日，中国证券投资基金业协会（以下简称协会）正式成立。依据《基金法》授权和中国证监会指导，协会从自律管理与服务视角出发，致力于基金行业治理体系和治理能力的现代化探索。以 2016 年 2 月 5 日发布的《关于进一步规范私募基金管理人登记若干事项的公告》为标志，协会从登记备案源头开始，全面规范展业秩序和信用环境。《私募投资基金管理人登记和基金备案办法（试行）》明确登记备案基本要求与信息报送内容流程；《私募投资基金管理人内部控制指引》引导管理人完善内控制度，提高风险防范能力；《私募投资基金募集行为管理办法》立足于守住合格投资者第一道防线，规范私募基金募集流程；《私募投资基金合同指引（1—3 号）》针对契约型、合伙型与公司型私募基金提出差异化要求，引导、规范基金合同订立条款，约束管理人恪守合同义务，保护投资者利益；《私募投资基金信息披露管理办法》明确管理人信息披露与报送要求，保护投资者合法知情权；《私募投资基金服务业务管理办法（试行）》规范行业外包服务，推动行业专业化分工，降低运营成本。“7+2”自律规则体系初步形成，为落实基金本质，贯彻《基金法》各项原则，建设行业信用体系和信用文化，推动行业法治化、专业化、国际化进程奠定坚实基础。

增强金融科技应用，为基金业发展提供有力支撑

金融科技应用对基金业健康发展产生了重大推动作用，这里仅举几个例子。

2003年，证监会开始陆续发布基金财务指标、净值表现、投资组合等编报规则，以及基金日报、周报、季报、半年报、年报等的内容与格式准则，运用可扩展商业报告语言（XBRL）形成了覆盖基金运作全过程的数字化信息披露体系，实现了一次录入，永久使用。

2006年，中国证监会开始建设基金综合监管系统（FIRST），基金业非现场检查手段全面升级。充分的信息披露和强大的异常行为监测，为公平交易、规范运作、防范道德风险和市场风险奠定了良好基础。

为解决基金估值随意和操纵风险，中国证监会关于证券投资基金估值业务的指导意见和行业协会一系列会计核算指引，持续完善了公募基金公允价值估值体系。其中，率先引入中债收益率曲线作为债券估值定价标准，将公允价值确定的影子定价对货币市场基金估值偏离度进行控制，为货币市场基金完全实现公允价值定价奠定良好基础。20年来，公募基金已经在净值化管理和公允价值计量方面形成最佳实践。

2011年，《证券投资基金销售管理办法》发布，要求“基金销售机构、基金注册登记机构应当通过中国证监会指定的技术平台进行数据交换”。基金注册登记与运作数据集中备份到中央数据交换平台，为行业数据安全高效流转和大数据监管奠定了基础，实现了账户分布式存储，提高了基金账户的安全性和不可篡改性，有效保护了投资者权益。

私募基金登记备案以来，协会信用信息管理平台不断迭代，2017年3月，在总结以上经验基础上，资产管理业务综合报送平台（AMBERS）正式上线，形成集机构、产品、人员、工作流程为一体的信息报送及流程管理平台。行业信息报送、存储方式实现了从非结构化、非标准化到结构化、标准化的实质性转变，有力提升了登记备案、持续披露、社会公示、失联报告、信用管理与信用报告等自律服务工作的质量，推动私募基金行业三重博弈，形成信用记录、信用约束和信用发展良性循环。

新时代基金业面临新挑战

当前，正处于新一轮技术变革、国际政治经济关系重构和国内创新发展转型时期，基金业发展面临新挑战。

一是基金业发展缺少长期投资生态。过去 20 年，国内公募基金总体取得显著成绩，同时也面临包括产品结构性失衡、同质化、投资者和管理人行为短期化倾向等问题。公募基金本身创造了令人瞩目的长期价值，但是投资者却没有能够真正享受到长期收益。一方面，公募基金过往资金来源是以散户化资金、套利驱动资金为主，养老金、保险资金等长期的机构投资者占比很小，多数基金投资者没有把基金作为长期配置工具，平均持有期短，单支基金持有期限小于一年的占比近 1/2，小于三年的占比近 2/3。公募基金价值投资、长期投资功能式微，无论是作为大众理财的专业化工具，还是作为资本市场的买方代表，公募基金的主体地位远未体现。部分基金管理人依赖结构化产品、定增基金、定制基金等短期资金驱动型产品突破规模困境，短期化趋势显著。另一方面，由于公募基金投资主体的投资倾向和行业评价都更加关注短期表现，公募基金股票换手率仍处于较高水平，没有充分体现长期投资、价值投资功能。

二是公募基金治理模式活力不足。目前，公募基金还处于比较严格的牌照管制阶段，公募牌照仍然是稀缺资源。一方面，社会资本对公募牌照有强烈需求，另一方面，取得公募牌照的中小机构发展乏力，缺少社会公信和认可，整个行业发展活力不足。其根本原因仍是行政许可模式下，管理人缺少市场化信用构建过程。事实上，私募基金管理人和从业人员经过快速成长，已经具备历史信用记录机制。相当一批私募基金管理人经过市场检验，投资管理能力、内部治理水平得到市场认可，具备了开展公募业务的潜力，应当为其自愿开展公募业务提供合理的制度安排。目前，公募基金允许外方持股比例提高到 51%，三年后将允许外资持股 100%。应当尽快建立境内私募基金管理人直接申请公募牌照的条件和路径，创造行业公平展业环境，提升行业内在活力。

三是私募基金财产安全机制缺失。公募基金 20 年发展经验证明，托管机制是迄今为止保障基金财产独立性、安全性的最有效的措施。《基金法》第八十九条规定，“除基金合同另有约定外，非公开募集基金应当由基金托管人托管。”全国人大官网发布的《基金法释义》明确指出，“《基金法》第三十三条第一款规定的基金托管人仅限于依法设立的商业银行或者其他金融机构，并不能涵盖拥有履行基金托管人职能的其他机构，例如有些学者建议的基金受托人委员会或者基金董事会。如果非公开募集基金的投资人与基金受托人在基金合同中约定由基金受托人委员会或者基金董事会承担托管职能，可以不将基金交由第三十三条第一款规定的基金托管人托管。”该条释义非常清楚地解释了“以合同为例外”的确切内涵，即私募基金原则上应当委托给《基金法》认可的特定托管人，包括商业银行和其他金融机构，也可以通过基金合同约定委托给未得到《基金法》认可的其他机构，如基金受托人委员会或者基金董事会。但是，《基金法》并没有说私募基金可以根据基金合同约定不设托管。对《基金法》承认合同约定的误解，导致实践中私募基金托管制度安排面临重重阻力。显而易见的是，实践中大部分私募基金投资者和管理人之间，不具备充分了解、信任和完全托付而无须第三方监督的基础，托管制度仍是保护基金财产免遭非法使用、转移或灭失的最佳选择。目前，行业对私募基金托管还缺少充分认识，非公开市场缺少确权机制和资金划拨封闭运转机制、托管人履职手段不足等问题还比较突出，导致私募基金财产安全机制存在很大欠缺，制约了行业健康发展。

遵循信义义务根本要求，将基金业发展推向更高阶段

基金业肩负着服务实体经济、建设多层次资本市场、提高居民财富管理水平的重任。必须把握新形势，理解新使命，领会新要求，站在新时代新起点上，坚定不移地推进改革开放，遵循信义义务根本要求，将基金业发展推向更高阶段。

要在服务实体经济方面行稳致远

服务实体经济是金融的根本目的，也是基金行业的本分。金融体系有两大基本类型：一是以金融中介提供间接融资为主导的金融体系；二是以资本市场提供直接融资为主的金融体系。金融体系的现代性主要体现为与生产力发展相适应的金融资源组织、配置能力。经历漫长的农业革命和不断加速的工业革命，人类生产力已经走到全面科技创新的前沿。只有科技创新驱动产业升级，才能推动经济

持续增长。因此，现代金融体系的核心内涵就是适应结构优化和创新发展的要求，发展出有利于创新资本形成的金融资源配置体系。应当创造一切有利于创新资本形成的制度条件，形成有利于创新资本形成的市场环境。包括证券投资和股权投资活动在内的基金业是直接融资的主要力量和创新资本形成的核心载体，要发展长期投资生态链条，通过战略驱动、创新驱动、科技驱动、利益驱动等有效措施，引导投资者长期投资。应支持符合条件的私募证券投资基金管理机构直接申请公募业务，推动相关制度落地，催生基金业自主发展新动力。要引导养老金、理财资金等有长期配置需要的资金开展大类资产配置业务，形成从长期资金到公私募基金再到基础资产三层有机架构。

要在防范行业风险方面持之以恒

金融安全是国家安全的重要组成部分。维护金融安全，是关系我国经济社会发展全局的战略性、根本性大事。基金行业要从基金本质出发，忠实履行受托人义务，坚持组合投资和风险自担基本属性，做好跨市场资管产品的正本清源工作。要进一步明确私募基金登记备案和风险监测标准，防范管理人和基金投资者之间的利益冲突，防止刚性兑付、资金池，甚至非法集资活动渗透到基金领域，守住行业风险底线。要进一步加强基金托管制度建设，有效保障受托财产安全，切实防范管理人道德风险。应强化第三方服务机构信义义务要求，加强金融与工商基础设施互联互通，保障基金财产闭环运作。

要在新一轮对外开放中发展壮大

坚定不移地推进对外开放是中国同世界交融发展的坚定信念。协会积极贯彻落实党中央和国务院要求，已开展外籍私募高管和基金经理英文从业资格考试工作，将外商独资私募基金管理人境外实际控制人要求，从穿透至“最终出资人”，改为追溯到“受境外金融监管部门监管的境外机构”，为境外优秀基金管理人进入中国提供了实质性便利。为营造公平、透明、稳定、可预期的商事环境，协会将进一步完善基金行业信用体系建设，立足于经营稳定性、专业性、合规性、透明性等指标，推动建立市场化信用体系。协会将推动基金行业践行责任投资，引导基金管理人将保护环境、维护社会正义、强化公司治理纳入投资管理体系。基金行业将继续探索开放发展新路，在开放中建成一个强大的资产管理行业。

我国外汇市场发展与外汇管理体制改革

外汇市场是中国金融市场体系的重要组成部分，在宏观调控、资源配置、汇率形成和风险管理中发挥着重要的作用。改革开放 40 年来，我国外汇市场和外汇管理体制改革不断推进，中国货币当局渐进稳健有序发展外汇市场，形成了与国内外经济形势和体制演变相适应的市场模式和交易方式，在服务实体经济、促进改革开放、防控系统性金融风险方面发挥了重要作用。此处旨在回顾改革开放 40 年中国外汇市场和外汇管理体制的发展历程，从中总结经验，并提出进一步发展外汇市场的建议。

改革开放 40 年来我国外汇市场的发展历程

改革开放以来，我国外汇市场经历了开办外汇调剂业务、外汇调剂市场、公开外汇调价市场和统一的银行间外汇市场四个发展阶段。统一的银行间外汇市场形成之后，又经历了银行间外汇市场迅速发展和人民币国际化背景下的市场开放新阶段。人民币汇率形成

---

* 作者系 CF40 成员、中国人民银行金融研究所所长孙国峰。

机制也相应发生了重大转变，由官方定价过渡到官方定价和市场定价并存，进而发展为以市场供求为基础、参考一篮子货币进行调节、有管理的浮动汇率制度。

统一的银行间外汇市场形成之前（1979—1993 年底）

1978 年以前，我国的外汇管理体制是国家垄断下的外汇统收统支的计划体制，这个时期不存在真正意义上的外汇市场，人民币汇率仅仅是内部核算的工具，由国家计划决定。改革开放后，我国于 1979 年实行了外汇留成制度，创汇单位可以自行使用留成外汇，从而产生了调剂外汇余缺的需求。1980 年 10 月，中国银行开办了外汇调剂业务，标志着中国外汇市场萌芽的产生。这个时期官方汇率在媒介外汇交易中占绝对主导地位，市场汇价的影响很小，人民币汇率形成机制尚处于初级阶段。

1985 年 11 月，深圳经济特区成立了第一家外汇调剂中心，集中办理当地外汇调剂业务。在之后的两年时间里，各地都先后成立了外汇调剂中心，外汇调剂量增加，价格浮动范围也有所放宽，外汇调剂市场初步形成。但各个调剂市场的汇价并不相同，形成了官方汇率与多个调剂汇率并存的局面，官方汇率下的外汇交易仍占主导地位，人民币汇率的形成机制还很不完善。

1988 年 9 月，上海创办了中国第一个公开的外汇调剂市场，实行会员制，竞价成交，集中清算。1993 年底，全国已有 18 个城市开办公开外汇调剂市场，当年国际收支贸易项下 80% 左右的外汇收支由市场进行调剂。这一时期，人民币汇率的形成机制是官方定价和市场定价并存，市场力量已经占了主导地位。但由于各个调剂市场是分割的，交易对象仍是外汇额度而不是现汇，市场汇价形成机制尚未形成，也很不规范。1993 年 7 月开始，为加强宏观调控，中国人民银行开始对各地的外汇调剂市场进行有目标的统一干预，这就是外汇公开市场操作的前身。

统一的银行间外汇市场形成阶段（1994—2005 年）

伴随外汇调剂市场的形成和发展，建立统一规范的外汇市场成为中国外汇市场主要的改革方向。1993 年 11 月，中国共产党的十四届三中全会《关于建立社会主义市场经济体制若干问题的决定》提出："改革外汇管理体制，建立以市场供求为基础的、有管理的浮动汇率制度和统一规范的外汇市场，逐步使人民币成为可兑换的货币。"

1994 年，我国决定对外汇管理体制进行重大改革，实现汇率并轨，实行人民币有管理的浮动汇率制度，实施银行结售汇制并建立银行间外汇市场。1994 年 4 月 4 日，中国外汇交易中心正式联网运作，标志着全国统一的银行间外汇市场建立，中国外汇市场进入了一个以单一汇率和市场配置制度为基础的发展时期。该时期的外汇市场在市场结构、组织形式、交易方式、价格形成上，都朝着统一、规范的市场化方向迈了一大步。在市场结构上，外汇市场包括两个层次：一是外汇指定银行与企业间的零售市场；二是以银行为主体的银行间外汇市场。在组织形式上，银行间外汇市场通过中国外汇交易中心的市场交易网络进行交易。交易总中心设在上海，采取会员制的形式，实行计算机全国联网。在交易方式上，银行间外汇市场采取公开竞价、电脑撮合的形式，按照价格优先、时间优先的原则撮合成交。由此，人民币汇率的形成机制发生了根本性的变化，发展为以市场供求为基础的、单一的、有管理的浮动汇率制度。

银行间外汇市场发展阶段（2005—2015 年）

2005 年 7 月 21 日，中国重启汇率市场化改革，开始实行以市场供求为基础、参考一篮子货币进行调节、有管理的浮动汇率制度。在企业层面，买卖外汇的自由度进一步提升，企业和个人拥有更多保留和使用外汇资金的自由，结售汇行为在一定程度上体现了市场预期和需求。2008 年 4 月，强制结售汇制度取消，企业账户限额和个人购汇额度扩大。在银行层面，中国人民银行对各银行的结售汇周转头寸管理改为综合头寸管理，结售汇综合头寸限额的管理区间变成下限为零、上限为外汇管理局核定的限额，银行体系的结售汇综合头寸总限额有了一定程度的提高，但仍保留了结售汇综合头寸管埋。

自此，我国银行间外汇市场进入快速发展阶段，持续进行产品创新。其中，2005 年推出人民币外汇远期交易、2006 年推出人民币外汇掉期交易、2007 年推出人民币外汇货币掉期交易、2011 年推出人民币外汇期权交易。目前银行间外汇市场已具有即期、远期、掉期、货币掉期和期权等衍生产品，可交易货币已扩大至 27 种发达和新兴市场货币，并形成了人民币兑非美元货币的直接报价和交易机制。银行间市场基础设施不断完善，交易清算模式逐步多样化，交易报告库建设初具雏形，中国外汇交易中心作为交易主平台和定价中心、上海清算所作为中央对手集中清算机构的专业化服务功能日益成熟。

人民币国际化背景下的市场开放阶段（2015 年至今）

2015 年，为推动中国外汇市场对外开放，境外央行类机构（包括境外央行和货币当局、国际金融组织以及主权财富基金），境外清算行和人民币购售业务的境外参加行三类机构被允许进入银行间外汇市场。2015 年 11 月 30 日，国际货币基金组织批准人民币加入 SDR 货币篮子，2016 年 10 月 1 日人民币正式纳入国际货币基金组织 SDR 货币篮子，这是人民币国际化进程重要的里程碑。进一步完善健全我国外汇市场、扩大市场对外开放对于推进人民币国际化有重要意义，而人民币国际化又为中国外汇市场的发展开放提供了难得的机遇。

截至 2018 年 6 月底，三类机构共有 89 家入市。2018 年 6 月，人民银行发布《人民银行关于完善人民币购售业务管理有关问题的通知》（银发〔2018〕159 号），规定境内代理行、境外清算行和境外参加行可为经常项下和直接投资、经批准的证券投资等资本和金融项下的跨境人民币结算需求办理人民币购售业务，交易品种包括即期、远期、外汇掉期、货币掉期和期权等。与结售汇市场类似，规定办理人民币购售业务需要坚持实需原则，境外参加行应保留相关业务背景材料备查。境外参加行与客户开展衍生品交易的，客户的衍生品交易敞口应与作为交易基础的人民币收支预期具有合理的相关度，并且能够提供证明其真实需求背景的书面材料。同时规定办理人民币购售业务应坚持审慎原则，形成的头寸应基本平盘。

2017 年，人民币外汇市场各类产品累计成交 24.1 万亿美元（日均 987 亿美元），较 2004 年（0.96 万亿美元）增长 25.1 倍。其中，衍生品交易量为 14.6 万亿美元，占交易总量的比重由 2004 年的 1.8% 增长至 60.58%。人民币汇率双向浮动弹性明显增强，市场在汇率决定中起到了更大的作用。2018 年第一季度，人民币兑美元汇率中间价波动率为 4.05%，接近部分亚洲货币水平，汇率弹性加大有效分化了市场预期，发挥了弹性汇率自动稳定器的作用。①

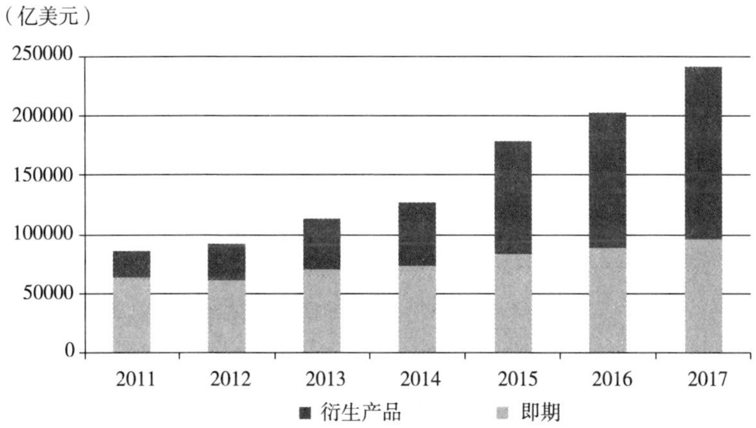

图 1-6　中国外汇市场交易量及构成

数据来源：国家外汇管理局。

我国外汇市场的特点

双层结构：结售汇市场和银行间外汇市场

目前，中国外汇市场可以分为银行为客户（包括企业和个人）

① 国家外汇管理局国际收支分析小组 .2017 年国际收支报告［M］. 北京：中国金融出版社，2018.

和自身办理人民币与外汇兑换业务的结售汇市场和银行之间进行人民币外汇买卖的银行间市场。结售汇市场主要服务于客户和银行自身的实际用汇和套期保值需求，而银行间市场主要为银行和其他市场成员平补外汇头寸和调节外汇流动性。

银行对客户市场与银行间市场既分层又统一。分层性体现在，企业、个人只能作为金融机构的客户开展交易而不能进入银行间市场，金融机构之间也不能在银行间市场之外进行交易，两个市场适度分离。统一性体现在,金融机构将代客结售汇头寸在银行间市场平盘，使得两个市场的资金、价格产生内在联系，银行对客户市场重在形成市场供求，银行间市场重在形成市场价格，量与价互联互通。

交易规则：实需原则、市场准入和量价规定

在结售汇市场，外汇管理部门要求银行办理结售汇业务时，应当遵循实需原则，按照“了解业务、了解客户、尽职审查”的展业三原则对相关凭证或商业单据进行审核。银行为客户办理人民币与外汇衍生产品业务时也需要具有对冲外汇风险敞口的真实需求背景。

在银行间市场，人民币外汇买卖不受实需原则限制，但是在市场准入和买卖价量上都需要符合相关规定。市场准入方面，银行间外汇市场实行会员制，截至 2018 年 6 月底，银行间人民币外汇会员共有 667 家，除 2 家企业集团外，其余均为金融机构，其中境内中资金融机构 442 家，境内外资银行 134 家，境外金融机构 89 家。境内机构只有具备国家外汇管理局批准的即期结售汇业务资格，才能申请成为银行间人民币外汇即期会员，而要申请人民币外汇衍生品会员，除具备银行间外汇市场即期会员资格外，还需要取得相关金

融监管部门批准的衍生品业务资格。交易价格方面，银行间市场人民币外汇即期交易价格需在当日中间价和波幅限制所确定的上下限范围内，目前人民币兑美元即期交易的波幅限制为 ±2%，即每日银行间人民币兑美元的即期报价和成交价不得超过当日中间价上下 2%（结售汇市场、银行间人民币外汇衍生品市场没有价格限制）。交易规模方面，银行间外汇市场会员需遵守结售汇综合头寸管理的规定，结售汇综合头寸由银行代客和自身结售汇头寸以及银行间外汇市场交易头寸共同组成，外汇管理部门对结售汇综合头寸按照权责发生制原则进行正负区间限额管理，并按周进行考核和监管。

控制杠杆：外汇市场和资本流动的宏观审慎政策

2015 年以来，针对市场主体过度加杠杆融资和跨境资金的短期炒作，中国人民银行逐步建立了比较系统的对外汇市场和跨境资本流动的宏观审慎政策框架，主要包括三个方面的内容。

一是对外汇市场的宏观审慎管理。主要是通过价格手段抑制企业和境外主体在人民币单边非理性预期的情况下的投机行为。2015 年 8 月，银行代客远期售汇和人民币购售业务量大幅增长，明显超出了正常水平，存在一定投机套利和顺周期行为。中国人民银行分别于 2015 年 8 月底以及 9 月中旬对银行远期售汇以及人民币购售业务采取了宏观审慎管理措施，要求金融机构按其远期售汇（含期权和掉期）签约额的 20% 交存外汇风险准备金，并提高了跨境人民币购售业务存在异常的个别银行购售平盘手续费。相关政策实施后成效明显，金融机构人民币购售净购买人民币金额回归至正常水平，短期套利活动得到有效抑制，之前上调的部分银行人民币购售平盘手续费率又恢复至正常水平。2017 年 9 月，人民银行调整外汇风险准备金政策，将外汇风险准备金征收比例降为零。2018 年 8 月 6 日，人民银行表示为防范宏观金融风险，促进金融机构稳健经营，加强宏观审慎管理，将远期售汇业务的外汇风险准备金率从 0 调整为 20%。对外汇市场宏观审慎管理措施的逆周期灵活运用反映央行对这一工具的把握已经成熟。

二是对境外人民币业务参加行存放境内代理行人民币存款执行正常存款准备金率。2016 年 1 月，中国人民银行对境外金融机构在境内金融机构存放执行正常的存款准备金率，进一步完善存款准备金制度，加强境外机构流动性管理。随着我国经济增长韧性增强，跨境资本流动和外汇供求趋于平衡，2017 年 9 月，中国人民银行宣布调整对境外金融机构境内存放执行正常准备金率的政策，取消对境外金融机构境内存放准备金的穿透式管理。

三是实施本外币一体化的全口径跨境融资宏观审慎管理。中国人民银行在上海自贸区试点以及上海、广东、天津、福建四个自贸区试点这两个阶段试点的基础上，于 2016 年 5 月将全口径跨境融资宏观审慎管理政策推广至全国，对金融机构和企业，外汇管理部门不再实行外债事前审批，而是由金融机构和企业在与其资本或净资产挂钩的跨境融资上限内，自主开展本外币跨境融资。2017 年初，中国人民银行又进一步完善了政策框架，适当扩大了企业和金融机构的跨境融资空间，便利境内机构充分利用境外低成本资金，支持实体经济发展。中国人民银行可对跨境融资杠杆率、风险转换因子以及宏观审慎调节参数进行调节，使跨境融资水平与宏观经济热度、整体偿债能力和国际收支状况相适应，控制杠杆率和货币错配风险，有效防范系统性金融风险。

我国外汇市场的运行效果

改革开放至今，中国成功应对了 1998 年的亚洲金融危机和 2008 年的国际金融危机，并且安然度过了 2014—2016 年美国货币政策转向的冲击，外汇市场起到了积极的作用。外汇市场运行为中国的经济结构调整以及人民币汇率制度的完善争取到了时间和空间。近年来，中国经济增长动能加快转换，内需对经济的拉动不断上升，对外依赖度降低，外汇市场发展和人民币汇率弹性的增强也增加了中国应对外部冲击的能力，为经济金融韧性的增强提供了相对稳定的环境。

一是优化资源配置，促进中国经济的内外平衡。1994 年起我国国际收支的经常账户开始出现持续顺差，到 2007 年经常账户顺差占 GDP 的比重达到了 9.9%。在外汇市场上反映为外汇的供大于求，汇率渐进升值，对外汇供求起到了调节作用，促进了中国国际收支的平衡。2008 年起经常账户顺差逐步回落，至 2017 年经常账户顺差占 GDP 的比重为 1.3%。同时，由外汇市场供求关系决定的人民币汇率为国内经济和对外贸易提供了真实的价格信号，汇率的调节作用也推动了国内经济的转型升级。2005 年汇改以来，人民币汇率的渐进升值倒逼出口企业降低成本，提高技术水平和产品质量，从而促进了我国的产业结构和区域经济结构调整，改善了我国在国际分工中的地位，形成了经济增长的新动能。

二是积累了数量可观的外汇储备。中国在较长时期内处于国际收支“双顺差”的格局，这为外汇储备的积累提供了基础。此外，由于中国在改革开放初期曾经历了极度的外汇短缺，因此实行了较为严格的外汇结汇制，一方面强制出口企业结汇，另一方面允许企业用汇时可以到银行购汇。目前虽然强制结售汇已被取消，但结售汇制度仍然是外汇管理的核心制度之一。这样的制度有利于中央银行对外汇市场供求的调控，也有利于积累和使用外汇储备。2000—2013 年，我国外汇储备总量增长了 22.1 倍，年平均增长率高达 147%。数量可观的外汇储备在我国调节国际收支、保证对外支付、防止汇率大幅波动以及预防金融市场外部冲击等方面发挥了重要的作用。2015 年，受到美元加息和人民币贬值的影响，外汇市场经历了高强度跨境资本流动的冲击，巨额外汇储备发挥了平抑外汇市场波动的重要作用，同时也出现了 20 多年来首次下降。但由于采取宏观审慎政策措施平抑跨境资本流动，外汇储备在较短时间内企稳回升。截至 2017 年末，我国外汇储备余额 31399 亿美元，较 2016 年末上升 1294 亿美元。

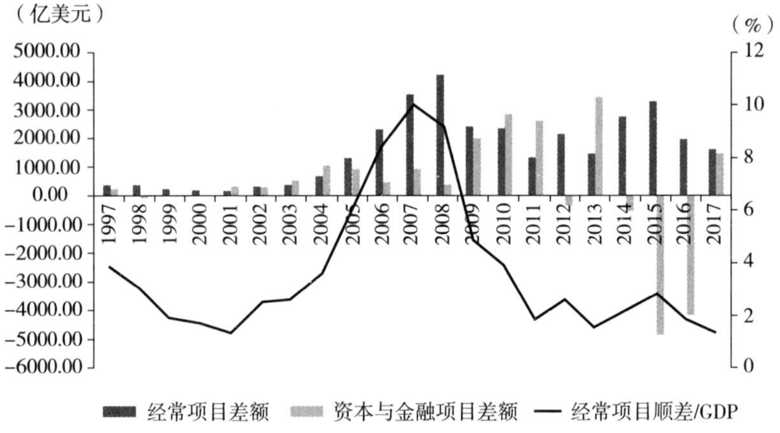

图 1-7　1997—2017 年我国国际收支状况

数据来源：国家外汇管理局、国家统计局。

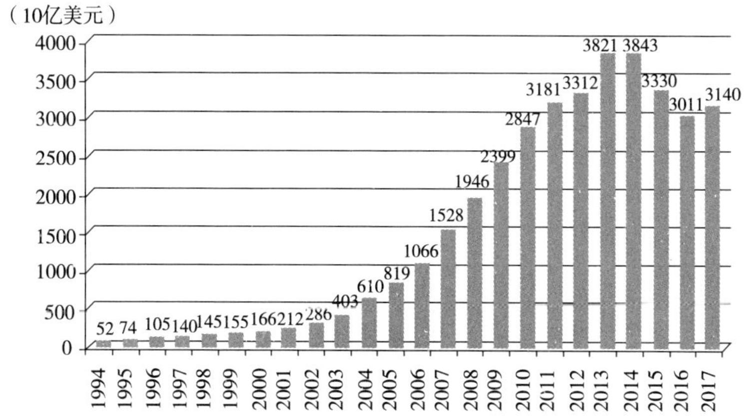

图 1-8　1994—2017 年中国外汇储备规模

数据来源：国家外汇管理局。

三是提高了汇率的灵活性。中国外汇市场改革发展和人民币汇率形成机制的市场化改革相辅相成，外汇市场在促进形成合理均衡的汇率水平、传递汇率信号、引导资金有序流动、提高汇率的灵活性中发挥了重要作用。总体上，2005 年后，人民币对一篮子货币渐进升值，从 2005 年 6 月至 2018 年 3 月，人民币兑美元汇率中间价升值 24%，国际清算银行（BIS）计算的人民币实际有效汇率升值 51%。目前，人民币兑一篮子货币汇率保持基本稳定，兑美元双边汇率弹性进一步增强。

四是有效防控了外债和跨境资本流动风险。中国自 1985 年起外债总体规模持续上升，其中短期债务占外债余额的比例自 2000 年以来有所上升，短期外债与外汇储备之比则波动下降。截至 2017 年末，中国全口径外债余额为 17106 亿美元，其中中长期外债余额为 6116 亿美元，占 36%；短期外债余额为 10990 亿美元，占 64%。2017 年末，中国外债负债率为 14%，债务率为 71%，偿债率为 7%，短期外债与外汇储备的比例为 35%，上述指标均在国际公认的安全线以内，外债风险总体可控。从 BIS 公布的数据来看，近年来我国跨境融资的规模也趋于平稳。

图 1-9　人民币实际有效汇率指数和美元兑人民币中间价

数据来源：Wind。

图 1-10　参考一篮子货币的人民币汇率指数

数据来源：Wind。

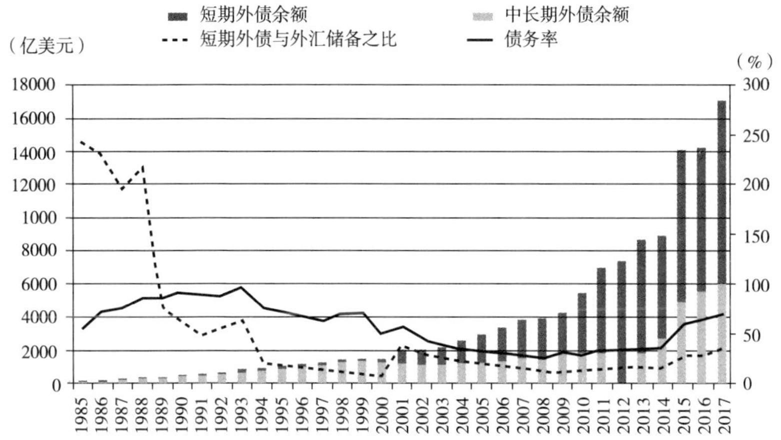

图 1-11　1985—2017 年中国外债规模及结构

数据来源：国家外汇管理局。

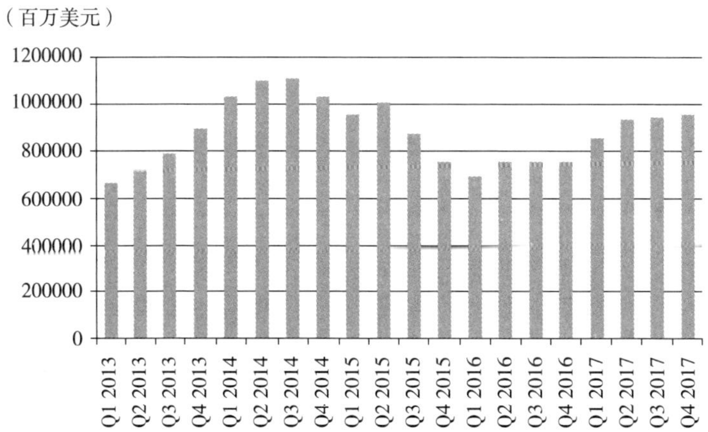

图 1-12　中国跨境融资总规模

数据来源：BIS。

五是抑制了汇率的过度投机。自 2005 年汇改以来，我国实行以市场供求为基础、参考一篮子货币进行调节、有管理的浮动汇率制度。2015 年“8·11”汇改进一步调整了人民币兑美元汇率中间价报价机制，使得人民币兑美元汇率中间价更加真实地反映了外汇市场的供求关系和参考一篮子货币进行调节。无论是从长期走势还是短期内由于特殊事件导致国际汇市剧烈波动的情况来看，人民币汇率的波幅都明显小于其他主要货币，总体上对一篮子货币汇率保持了基本稳定，市场预期也较为平稳，从而抑制了汇率的过度投机行为，外汇市场在其中发挥了重要作用。

我国外汇市场发展的经验和特点

总结我国外汇市场和外汇管理的改革发展过程，有以下四方面的经验。

外汇市场发展要坚持服务实体经济

服务实体经济是金融发展的本质要求，而实体经济对于外汇市场的基本和核心需求是有效配置外汇资源和防范汇率风险。我国外汇市场的发展从多方面体现了服务实体经济的要求：首先，无论是针对境内经济主体的结售汇业务，还是针对跨境人民币结算的人民币购售业务，均要求办理业务的银行严格按照展业三原则的规定核实真实的需求背景，这一规定保证了外汇市场服务于真实的贸易和投资。其次，银行间外汇市场的主要参与者为中外资银行，全球外汇市场的主要投机力量如对冲基金、资产管理公司等机构类型，暂时没有被引入银行间外汇市场，尽管银行间外汇市场也有证券和基金类参与者，但目前仅有 2 家试点。最后，结售汇综合头寸管理能够灵活管理银行自营投机交易的规模。在 2012 年 4 月之前，结售汇综合头寸管理的下限为零，也就意味着银行在银行间市场除了为企业结汇平补美元头寸外，不得做空美元，直到 2012 年人民币单边升值预期得到缓解后，这一头寸下限规定才得以放开。

对真实合规需求背景的要求，使经济主体在对外经贸中真实的外汇兑换需求被充分满足，对投机交易的抑制，保证了在单边预期比较强烈的情况下，人民币汇率不会出现过度的波动。这种结售汇市场（人民币购售市场）加银行间市场的独特双层结构以及与之对应的相关外汇管理规定为服务实体经济、管理汇率风险提供了强有力的支持。通过从多维度出发促进外汇市场为实体经济服务，不仅满足了实体经济外汇资源配置和防范汇率风险的需求，同时抑制了市场投机行为，保证了外汇市场的稳定和健康发展。

外汇市场发展要始终坚持防控金融风险

党的十九大报告提出坚决打好防范化解重大风险的攻坚战，2017 年底中央经济工作会议强调防控金融风险。外汇市场的价格变化迅速，容易引发顺周期行为和羊群效应；同时外汇市场与其他金融市场有较高关联度，存在传染性，因此外汇市场的异常波动在纵向和横向两个维度都可能引发系统性金融风险，完善外汇市场的风险防控机制是市场良性发展的必要保障。

在微观层面，外汇业务的风险主要包括价格风险、信用风险、流动性风险、市场风险、操作风险、法律风险等。从信用风险角度来看，除金融机构自身加强风险管理外，还应通过一些制度安排提高外汇交易的透明度和一致性，防控对手方信用风险。同时金融机构应当建立并严格执行风险管理制度，开展全面的情景测试和压力测试以衡量并管理市场风险，建立有效的交易管理系统，强化外汇交易的信息披露，防范、化解操作风险和流动性风险。在宏观层面，应重点防范顺周期行为。市场主体的顺周期行为通常会导致价格对市场供求的调节机制失灵，容易引发羊群效应，并造成风险的传染，所以要通过宏观审慎政策来抑制顺周期行为，其关键在于控制杠杆率。

在外汇市场和资本流动的宏观审慎政策方面，我国在全球范围内是比较领先的。2015 年以来，我国逐步建立了比较系统的对外汇市场和跨境资本流动的宏观审慎政策框架，跨境资本流动宏观审慎管理不同于资本管制，具有公开、透明、市场化、价格型、非歧视性、动态调整等特征，主要目的是防范系统性金融风险，维护金融稳定。未来针对外汇市场发展的新形势、新动态，应当继续坚持市场化的基本取向，进一步探索完善宏观审慎政策框架，建立健全防范化解外汇衍生品市场各类风险的长效机制。

外汇市场应渐进改革和开放

我国外汇市场在改革开放的过程中，充分坚持了渐进可控的原则，不仅保证了与其他领域的金融改革和发展协调推进，同时有效防范了内外部冲击风险，维持了外汇市场的持续稳健发展。在坚持市场化改革和对外开放大方向的同时，该管还是要管，管理的艺术在加强。近年来，我国的外汇管理在不断改革。国家外汇管理局取消了金融机构入市的事前资格许可；银行间人民币兑美元即期交易价格的波幅限制从 0.3% 逐步扩大到 0.5%、1% 直至目前的 2%，柜台市场的波幅限制被取消；结售汇综合头寸的下限放开并从按日考核更改为按周考核等。近期外汇管理部门相继发文完善人民币购售业务和合格境外投资者外汇管理，都是大力推进市场开放、便利对外经贸的措施。但是，国际金融危机后，各国也更加深刻地意识到了金融体系自身的顺周期性和脆弱性。近年来，在防范系统性金融风险，维护金融稳定的过程中，我国的外汇管理宏观审慎工具箱也在不断丰富。我国的结售汇综合头寸管理曾经有过两项临时性措施，即 2010 年 11 月至 2012 年 4 月实施的收付实现制头寸余额下限管理，以及 2013 年 5 月至 2014 年 12 月实施的结售汇综合头寸限额与外汇贷存比挂钩，这两项措施都是在特殊时期为抑制短期投机行为、维护金融稳定而采取的市场化动态调整手段。之前提到的跨境资本流动宏观审慎框架也是如此。从趋势上看，我国的外汇管理正逐步从严格管制走向市场化、价格型、透明化和动态化管理。

实现宏观经济的内外总体平衡

随着全球资本流动规模的增大，特别是在全球金融危机之后，在资本流动、汇率制度、货币政策独立三者中，资本流动的重要性提升。因此，不论是汇率自由浮动，还是处于固定和自由浮动的中间状态，由于资本流动的量级相对最高，必然需要对资本流动进行一定的管理，不然不能实现最优均衡。同时还需要提高汇率灵活性和开展货币政策国际协调，即采用“跨境资本流动宏观审慎管理 + 汇率灵活性 + 货币政策国际协调”这一宏观金融政策框架。

从 2015—2016 年应对外汇市场和人民币汇率波动的实践来看，这一宏观金融政策框架发挥了重要作用，有效应对了冲击。一是完善了跨境资本流动的宏观审慎管理。基于外汇市场和外债两个维度，从市场加杠杆融资和以自有资金短期炒作两种行为模式入手，以公开、透明、市场化的手段进行逆周期调节，促进金融机构稳健经营，维护金融稳定。这些措施在实践中取得了较好的效果：离岸人民币流动性阶段性收紧，投机操作有所收敛；金融机构远期售汇签约额和人民币购售净购买人民币金额回归至正常水平，银行和企业的实需性需求也得到了保障。二是提高汇率灵活性。完善人民币汇率市场化形成机制，逐步形成以市场供求为基础、双向浮动、有弹性的汇率运行机制，汇率灵活性的提高也增大了货币政策的独立性。三是加强货币政策的国际协调。货币政策决策考虑其他主要经济体的经济金融状况纳，同各国货币当局进行货币政策的信息交流，充分考虑市场预期的因素。通过三方面同时着力，实现了我国宏观金融的总体平衡。

进一步发展我国外汇市场的建议

中国外汇市场经历改革开放 40 年来的发展，在深度、广度和市场流动性等方面都有了显著提升，在扩大对外开放的同时，积极与国际标准接轨，在改革创新中确保市场稳健发展，更好地为实体经济服务。未来，应在现有改革成果的基础上，继续从完善市场监管、培育市场参与者、加强人才队伍建设等方面，进一步加强外汇市场建设，为此提出以下建议：

一是进一步完善外汇市场监管体系。随着央行常态干预的逐步淡出，外汇市场基本实现自求平衡。与此同时，资本项目的重要性显著提升。我国现行外汇市场的监管体系主要针对经常项目管理，是否适用于资本项目管理仍需要探讨。因此，建议借鉴国际经验，进一步完善对银行结售汇市场以及银行间外汇市场的监管体系，加强行业自律管理，抑制市场投机行为，确保外汇市场在服务实体的同时，防范市场投机等风险。

二是要培养外汇市场参与者的定价能力。由于外汇市场存在异质性预期，非成熟外汇市场的汇率定价更容易受到适应性预期的影响，也因此更难以形成合理均衡的汇率水平。因而，要合理引导外汇市场参与者理性预期，培养外汇市场参与者的定价能力，让机构能够“静下心来定价”，减少适应性预期的影响，更有效地趋近合理均衡水平。

三是要引导企业树立“风险中性”的理念。我国外汇衍生品交易量占比在近年来呈显著上升趋势。企业叙作外汇衍生产品的目的应是锁定外汇成本，降低生产经营的不确定性，实现主营业务盈利，而不应以外汇衍生品交易本身的盈利为目的。在现实中，外汇衍生品到期交割价格和当时的现货价格之间会存在差价，企业有可能“盈”也有可能“亏”，但这不能成为企业决定是否做外汇衍生产品的理由，也不能成为判断外汇衍生产品操作是否成功的指标。要通过培训和教育，引导企业树立“风险中性”理念，专注于实体业务，不将精力过多用在判断或投机市场趋势上。

四是要注重外汇市场人才的培养。随着外汇市场不断深化发展并逐步融入国际市场，对人才的需求也更加旺盛。我国要建立起外汇市场的人才培养机制，通过培训加实践的方式培养专业、自律、具有丰富行业经验和国际视野的外汇市场和外汇管理人才，并不断与国际接轨，更好地参与到全球外汇市场中，更深入地参与全球治理。

中国金融四十人论坛
CHINA FINANCE 40 FORUM

第二章

波浪式前进：金融开放与人民币国际化

中国对外开放的历程与经验总结

回顾中国对外开放的历程

20 世纪 70 年代末，中国打开了封闭多年的国门，开启了不断融入经济全球化浪潮的历史进程。经过 40 年的不断扩大开放，中国从经济全球化的旁观者变身为经济全球化的参与者、贡献者和受益者。

中国的对外开放采取的是渐进式推进的战略，经历了从试水到自觉的历程。在不同的阶段，中国决策者审时度势，深入分析经济全球化带来的机遇与挑战，不断调整开放战略，持续推进扩大开放，扬长避短，趋利避害。

对外开放的启动阶段（1978—1991 年）

第二次世界大战结束后，国际政治经济格局分化，出现了以美国为首的西方阵营和以苏联为首的社会主义阵营。新中国作为社会主义阵营的重要成员，与苏联等社会主义国家开展贸易与经济合作。但是，20 世纪 50 年代末中苏关系破裂后，中国被迫陷入两大阵营

* 作者系 CF40 学术委员、国务院发展研究中心副主任隆国强。

的夹缝中。中国采取进口替代的发展战略，借助计划经济体制，独立自主推进工业化进程，形成了一套保护发展的模式及相应的体制。1979 年，中美正式建立外交关系，中国与以美国为首的西方国家的关系迅速改善，这为中国对外开放提供了可能。但是，从长期的封闭式发展转向对外开放，需要突破思想认识、体制机制和既得利益等多方面的束缚，因此，早期的对外开放是一种自我突围。

第一，对外开放理念的形成。从封闭发展转向开放发展，首先要突破长期形成的思想认识的樊篱。早在 1975 年，邓小平就提出把加强技术引进、增加外贸出口作为大政策。“文化大革命”结束后，中国政府开始派出代表团赴境外考察调研，受到极大的震撼。1978 年 7—9 月，国务院举办了关于加速现代化建设的务虚会，研究国外经济发展的成功经验，就如何加强技术引进、扩大外贸出口、采取灵活方式利用国外资金等问题，进行了深入探讨。1978 年 12 月，中共十一届三中全会确立以经济建设为中心，实行改革开放，拉开了中国改革开放的大幕。

第二，以兴建经济特区为突破口，打造吸引外商投资的环境。中央于 1979 年 7 月做出了设立经济特区的重大决策，并随后审议批准建立深圳、珠海、汕头、厦门四个经济特区。经济特区在贸易投资自由化、便利化方面实行特殊政策并做了大量探索性工作。在经济特区建设取得成功经验之后，中央于 1984 年决定开放 14 个港口城市，在这些城市设立经济技术开发区，实行经济特区的部分政策。在此之后，中央陆续开辟了沿海经济开放区、海南经济特区并开放了上海浦东地区。至此，我国沿海地区形成了较为完整的经济开放带。

第三，吸引出口型外商投资，大力发展加工贸易。我国对外开放后，推出了一系列吸引外资、鼓励出口的政策，加之中国劳动力成本低、土地成本低的优势，对劳动密集型出口企业产生了极强的吸引力。外商投资企业来华设厂，自主进口原材料、零部件，加工后自主寻找外方买家，形成了进料加工的新模式。加工贸易政策的实行，使我国抓住了东亚地区劳动密集型出口导向产业跨境转移的机遇，使我国劳动密集型制造业的国际竞争力越来越强。加工贸易快速发展，成为出口创汇的主要方式。

第四，推进外贸与外汇管理体制改革，增强本土企业出口创汇能力。计划体制下我国对外贸经营权实行严格管制，虽然有利于国家计划用汇，但不利于生产企业了解国际市场需求，抑制了出口。1978 年 10 月，机械工业部成立"中国机械设备出口公司"（后改为进出口公司），为本部门工业企业提供外贸服务，成为第一个工贸结合的试点。此后越来越多的工业企业获取得了外贸经营权，打破了计划体制下外贸垄断经营的格局。为了调动外贸企业的经营积极性，1988 年初国务院决定在全国范围内全面推行对外贸易承包经营责任制，由各省市和直接承担出口任务的国家外贸公司分别向国家承包出口收汇、上缴外汇和经济效益指标，超出承包基数的外汇实行分成。留成外汇除了自用外，也出现了调剂余缺的需求。为此，国家设立了外汇调剂市场，允许外汇额度进入调剂市场并跨省调剂。调剂市场的汇率由市场供需决定，汇率水平与官方汇率不同，出现了汇率双轨制。外汇调剂市场确定的外汇价格高于官方汇率，有利于鼓励扩大出口。

对外开放的深化阶段（1992—2001 年）

这一时期中国对外开放面临极其复杂的外部环境：1991 年底苏

联解体，东欧剧变；关贸总协定乌拉圭回合完成谈判，世界贸易组织成立，取代了关贸总协定；苏东国家逐渐被纳入经济全球化的浪潮，经济全球化的广度、深度达到了前所未有的水平；美国大力推动信息高速公路，信息产业引领美国经济走向繁荣；东亚经济经历持续的繁荣发展，于 1997 年突然遭遇亚洲金融危机，危机重创了东亚大部分经济体。

面对国际国内复杂的形势，1992 年春天，邓小平发表南方谈话，开启了我国改革开放的新篇章。南方谈话回答了关于社会主义市场经济的很多重大理论问题，如“三个有利于”标准、社会主义与市场经济的关系、科学技术是第一生产力、“两手抓、两手都要硬”等，进一步明确了改革开放的方向，掀起了改革开放的新高潮。

第一，利用外资跃上新台阶。首先，着力打造全方位开放格局。按照 1993 年十四届三中全会决定的部署，我国对外开放的空间布局由沿海地区快速向沿边、沿江和内陆中心城市推进。2000 年，国家实行西部大开发战略，制定了更加优惠的政策，鼓励外商投资企业向中西部地区投资。其次，特殊经济区体系不断丰富。这一时期，在批准设立更多经济技术开发区的同时，一些新的特殊经济区也开始纷纷设立，如保税区、边境经济合作区、国家级高新技术产业开发区、出口加工区等。1992 年 10 月，上海浦东新区成立，标志着国家级新区作为承担国家重大发展和改革开放战略任务的综合功能区的问世。此外，1994 年 2 月，国务院批准设立中国和新加坡两国政府合作的苏州工业园。最后，以产业导向为特点的外商投资政策体系基本建立。1987 年，我国首次颁布《指导吸收外商投资方向暂行规定及其目录》，1995 年 6 月，我国颁布《指导外商投资方向暂行规定》和《外商投资产业指导目录》。这些成为我国利用外资产业导向的重要政策工具。2000年6月，我国适应西部大开发的新形势，制定了《中西部地区外商投资优势产业目录》，对中西部地区的外商投资项目提供更加优惠的政策待遇。

第二，实行汇率并轨与经常项目可兑换。外汇双轨制虽然有利于刺激出口，但也带来了很多不规范现象，不适应社会主义市场经济体制的要求。因此，1994年启动了汇率并轨改革。一是将官定汇率和外汇调剂市场的双重汇率并轨成统一的由银行间外汇市场决定的汇率，综合考虑当时的官定汇率、调剂市场汇率和“黑市”汇率，并轨时的汇率水平定在1美元兑8.7元人民币，1994年平均汇率为8.62元/美元，比1993年平均汇率5.76元/美元有较大幅度贬值。这对于扩大出口和吸收出口导向型外商投资都有积极作用。二是对外贸企业实行统一的结汇制，取消各类外汇留成，取消出口企业外汇上缴和额度管理制度。三是对进口等经常项目下的用汇凭有效凭证实行售汇制度，取消用汇计划。四是于1996年12月1日实行人民币经常项目下的可兑换。

第三，深化外贸体制改革，对外贸易快速增长。一是加速转换各类企业的对外经营机制，按照现代企业制度改组国有对外经贸企业，赋予具备条件的生产和科技企业对外经营权，发展一批国际化、实业化、集团化的综合贸易公司。二是国家主要运用汇率、税收和信贷等经济手段调节对外经济活动。改革进出口管理制度，取消指令性计划，减少行政干预；对少数实行数量限制的进出口商品的管理，按照效益、公正和公开的原则，实行配额招标、拍卖或规则化分配。三是完善出口退税制度。适应增值税改革的新形势，把出口退税改为由中央财政统一退还出口产品所含增值税和消费税，对间接税实行出口退税是国际惯例。四是积极推进以质取胜和市场多元化战略，设立出口商品发展基金和风险基金，成立进出口银行，对出口贸易提供信贷支持和保险服务。发挥进出口商会协调指导、咨询服务的作用。降低关税总水平，合理调整关税结构，严格征管，打击走私。规划配额许可证管理，实行配额有偿招标、拍卖或规则化分配制度。五是加强对外贸易的法制化建设，1994 年 7 月 1 日开始实施《中华人民共和国对外贸易法》，1997 年 2 月 25 日开始实施《中华人民共和国反倾销和反补贴条例》。

在国家一系列重大对外开放政策的鼓励与引导下，这一时期我国吸收外资连年跨上新台阶，对外贸易快速增长，外贸出口增长速度远远高于全球货物贸易增长速度。

规则化开放阶段（2002—2012 年）

2001 年 12 月 10 日，中国经过长达 15 年的谈判，正式成为 WTO 第 143 个成员。由此,中国进入“规则化”对外开放的新阶段，把对接国际经贸规则作为扩大与深化对外开放的重要内容。

第一，落实“入世”承诺，以大开放促大改革。按照“入世”承诺和 WTO 的规则，中国修订了 2300 多项法律法规，清理了数十万份政府相关文件，废止了不符合 WTO 的政府文件。加入 WTO 有力地促进了我国市场化改革，有利于我国完善社会主义市场经济体制，是以开放促改革的经典案例。

第二，货物贸易与服务贸易并举，贸易大国地位确立。加入 WTO 后，一系列改革开放的重大举措，增强了我国对全球投资的吸引力，充分释放了我国参与全球竞争的巨大潜力，货物贸易与服务贸易均得到了快速发展。一是加工贸易快速增长，转型升级步伐加快。二是外贸体制改革取得重大进展，改外贸经营权审批制为备案制，有力地促进了包括一般贸易方式在内的各类贸易方式的发展，我国货物出口进入高速增长期，到 2013 年中国成为货物贸易进出口额第一大国。三是国际服务贸易快速发展，地位不断提高。加入 WTO 后，我国把发展服务贸易作为对外开放战略的新重点，制定出台了一系列促进服务贸易发展的规划与政策文件，服务贸易进入快速增长期。

第三，“引进来”与“走出去”相结合，跨境投资大国地位初步形成。加入 WTO 之后，中国对外资准入大幅开放，中国营商环境的市场化、国际化、法治化水平不断提升，加之中国经济再次进入高速增长的“黄金十年”，中国对外商投资的吸引力大幅提高，跨国公司掀起了对华投资的热潮。中国自 1993 年以来，一直是吸引外商直接投资最多的发展中国家。1998 年亚洲金融危机后，国内第一次出现了“产能过剩”。2000 年 3 月，全国人大九届三次会议上把“走出去”战略提高到国家战略层面。2001 年，对外投资等“走出去”战略的内容写入了我国“十五计划纲要”。尽管 1979 年我国企业就开始对外投资，但金额一直很少。在“走出去”战略的指导下，对外投资进入了井喷期。

第四，启动区域经济合作，提出自由贸易区战略。中国加入世贸组织前后，开始启动自由贸易区相关工作。2000 年 11 月，朱镕基在新加坡举行的第四次中国—东盟领导人会议上首次提出建立“中国—东盟自由贸易区”的构想（即“10+1”）。2002 年 11 月，朱镕基和东盟 10 国领导人签署了《中国与东盟全面经济合作框架协议》，决定到 2010 年建成中国—东盟自由贸易区。随后，我国又与新西兰、智利、澳大利亚等开展了自由贸易区谈判。截至 2012 年，我国共签署了 9 个自由贸易协定。在多边贸易谈判停滞不前的形势下，与其他经济体签署贸易投资自由化、便利化程度更高的区域贸易安排协定，是我国扩大开放的内在需要，是新一轮对外开放的重要内容，因此，2007 年党的十七大把自由贸易区建设上升为国家战略。

第五，金融市场双向开放，人民币国际化启航。一是我国在加入 WTO 时承诺在银行、证券、保险等金融服务业对外商投资者开放。二是 2005 年 7 月 21 日开始实行以市场供求为基础、参考一篮子货币进行调节、有管理的浮动汇率制度。三是循序渐进、分步推进资本项目的开放。2002 年 11 月 5 日，中国人民银行和证监会联合发布《合格境外机构投资者境内证券投资管理暂行办法》，允许合格投资者在经批准的投资额度内，可投资人民币金融工具。四是支持国内银行、证券公司和保险公司等金融机构对外投资，开展国际化经营。五是推进债券市场双向开放。六是逐步开展跨境贸易人民币计价与结算，另外人民银行与多国央行签订了本币互换协议，与中国香港特区、伦敦等金融监管当局签署协定，支持建立人民币离岸交易中心，这些举措再加上人民币汇率稳中有升，均有利于稳步推进人民币国际化。

大国开放阶段（2013 年至今）

经过 40 年改革开放，中国经济快速发展，国力迅速增强，在全球经济贸易体系中已经位于前列。2010 年，中国 GDP 超过日本跃居世界第二，中国制造业增加值超过美国，成为世界最大的制造大国。2013 年中国成为世界货物贸易进出口额第一大国，同时也成为世界前三位的外商投资东道国和来源国。2013 年以后，中国对外开放迈入了大国开放的新阶段。

第一，建立自由贸易试验区，为构建开放型经济新体制探路。自贸试验区主要开展了以下试验：一是推进以简政放权为核心的政府职能转变，改革投资管理体制；二是推进以便利化为重点的贸易监管模式创新，通关效率大大提高；三是扩大外资准入，以服务业开放作为重点，率先试行对外商投资实行准入前国民待遇和负面清单管理；四是完善政府事中、事后监管和风险防范体系；五是创新对外投资管理服务体制，扩大企业及个人对外投资，确立企业及个人对外投资的主体地位。自贸试验区成立三年来开展了上百项改革试点，及时总结向全国复制推广，充分发挥了为全面深化改革和扩大开放探索新途径、积累新经验的作用。

第二，推进“一带一路”建设。自 2013 年提出“一带一路”倡议以来，全球 100 多个国家和国际组织积极支持和参与“一带一路”建设，联合国大会、联合国安理会等重要决议也纳入“一带一路”建设内容。“一带一路”建设逐渐从理念转化为行动，从愿景转变为现实，境外经贸合作区、基础设施等早期收获项目开工建设，中欧班列开通，建设成果丰硕，进展之快超出预期。2017 年 5 月 14—15 日在中国北京举行“一带一路”国际合作高峰论坛，机制建设被提上日程，包括：两年一次的“一带一路”国际合作高峰论坛及后续联络机制，成立“一带一路”财经发展研究中心、“一带一路”建设促进中心，同多边开发银行共同设立多边开发融资合作中心，同国际货币基金组织合作建立能力建设中心，等等。

第三，推动外贸大国向外贸强国转变。针对国际国内形势新变化，2015 年 5 月，国务院印发《关于加快培育外贸竞争新优势的若干意见》(以下简称《意见》)。《意见》提出要巩固外贸传统优势、加快培育竞争新优势，推动由贸易大国向贸易强国转变。

第四，积极参与国际经济治理体系改革，一是积极参与多边贸易体系新协定谈判；二是为全球经济治理体系改革提供新方案，倡议并推动成立亚洲基础设施投资银行、金砖国家新开发银行，作为G20（二十国集团）杭州峰会主办国，中国坚定反对贸易投资保护主义，大力倡导建设开放型世界经济，继续推动贸易和投资自由化便利化；三是提升中国在国际金融体系中的投票权；四是以周边为基础加快实施自由贸易区战略，打造面向全球的高标准自由贸易区网络。

中国对外开放的经验

回顾我国近40年的发展历程，无论是从世界发展的历史透视，还是与同时期其他国家的发展成就相比较，中国经济发展创造了奇迹，中国对外开放取得的成就是构成中国经济奇迹的重要组成部分。中国是经济全球化的参与者、受益者，也是经济全球化的建设者、贡献者。

在经济全球化背景下，任何国家如果不开放，就是“死路一条”，但是从各国实践来看，对外开放也不是“一开就灵”。对外开放本身不是万灵药，必须要有合适的战略与得力的举措，才能真正实现趋利避害。

总结中国对外开放的经验，不仅有益于指导我国在未来进一步扩大开放中少走弯路，也有利于其他发展中国家借鉴，为实现全球2030年可持续发展目标贡献中国智慧。

第一，顺应经济全球化大势，坚持改革开放不动摇。中国的对外开放，是在邓小平对外开放理论的直接指导下展开的伟大实践。邓小平对外开放理论是对国际大势的判断、对历史经验教训的总结和对国际经验的借鉴。正是基于对经济全球化是大趋势的准确判断和对外开放是时代要求的深刻认识，中共十一届三中全会以来，我国把对外开放作为基本国策，作为加快社会主义现代化建设的战略措施。中共十八届五中全会，提出了“创新、协调、绿色、开放、共享”的新发展理念，开放发展成为指导未来长期发展的重大理念。

第二，紧紧围绕国家发展大局，制定对外开放战略。中国是一个后起的发展中国家，实现工业化是实现国家现代化的中心任务。中国对外开放的理论支撑，并不是直接源于自由贸易理论，而是源于发展经济学的相关理论。在发展经济学“两缺口”理论基础上，我国形成了独具特色的，以“出口创汇”为核心目标的开放战略。在这一理论指导下，中国借鉴东亚出口导向型经济体的成功经验，实行了进口替代与出口导向相结合的发展战略，在具有比较优势的劳动密集型产业，实行出口导向型战略，在不具有比较优势的资本技术密集型产业，则延续新中国成立以来一直实行的进口替代战略。用劳动密集产业出口创汇，将外汇用于进口先进的技术、设备和相关的资源、中间投入品，支持国家工业化。

实施以“出口创汇”为核心目标的对外开放战略，关键在于将中国劳动力比较优势转化为在国际市场的竞争优势。其中的一个政策重点是吸引出口型外商直接投资。外商直接投资可以带来先进的技术、管理、国际营销渠道，有利于出口创汇。另一个政策重点是大力发展加工贸易。加工贸易政策实质上是令我国既能够继续保护国内市场特别是资本技术密集产业，又能够顺利参与全球分工的一种制度安排。加工贸易累计为中国创造了上万亿美元的贸易顺差，令中国成功解决了制约工业化的“外汇缺口”，使得中国有能力自国际市场进口推进工业化所需的资源、能源、先进技术、装备和零部件，为中国顺利推进工业化奠定了基础。

第三，顺应国内外形势变化，与时俱进地调整开放重点与策略。中国经历了不断扩大、不断深化的渐进式开放历程：从早期着力发展劳动密集型产业到后期着力培育国际竞争新优势；从早期着重吸引劳动密集产业出口型外资到后期着重吸引技术先进型和服务业外商直接投资；从早期“引进来”为主到后期“引进来”与“走出去”相结合，着力打造世界级的跨国公司；从沿海开放战略起步，不断拓展到形成全方位开放格局；涉外经济体制从早期“摸着石头过河”到对标高水平国际经贸规则构建开放型经济新体制；从学习、引进、适应国际经贸规则到主动参与全球经济治理、引领国际规则制定。

第四，防范风险，维护国家经济安全。对外开放是一把双刃剑，既可以引进资金、技术、管理、信息等生产要素，通过竞争和示范促进技术进步和效率提升，促进一国加速发展，也可能冲击国内产业、市场与金融稳定，导致资金、人才外流。中国对外开放的成功，在于从一开始就注重兴开放之利、避开放之害：一是紧紧围绕国家发展战略制定开放战略，确保对外开放有利于国家战略实施；二是渐进式推进开放，不断增强抗风险能力，按照抗风险能力渐进扩大和深化开放；三是稳步推进金融开放，防范金融风险。

中国对外开放的展望

展望未来，国际环境发生深刻变化，蕴含新机遇和新挑战；国内经济发展进入新常态，对开放提出新要求；对外经济关系加速调整，参与国际竞争有了新条件。站在新的历史起点上，中国将与时俱进地调整对外开放战略。

对外开放面临新的机遇

2008 年国际金融危机爆发后，世界经济进入深度调整期。世界经济增长速度下降，市场需求不振，贸易保护主义抬头，国际贸易增长速度连续几年低于世界经济增长速度。国际经济格局深刻调整，发达经济体经济复苏步伐缓慢。受大宗商品价格大幅回落的影响，部分严重依赖大宗商品出口的新兴市场经济体面临出口下降、资金外流、汇率贬值的压力，有的甚至出现了经济负增长，金融风险上升。与此同时，全球经济治理处于变革期，中国和其他发展中国家在国际经济组织中的份额上升、话语权增强，二十国集团作为全球宏观经济政策协调新平台的作用日益凸显。区域合作加快发展，成为构建国际经贸新规则的重要平台，新的国际经贸规则呼之欲出。

国际环境新变化蕴含着新机遇与新挑战。对我国而言，机遇大于挑战，我国发展仍大有作为。第一，以信息技术为代表的新技术革命方兴未艾，不仅催生大量新兴产业，而且将深度改造、提升传统产业，打破原有产业格局，为我国实现“弯道超车”带来机遇。第二，跨国公司加速对华转移高端产业活动。中国吸收外商直接投资多年位居世界前三位，是跨国公司最重要的投资目的国之一。跨国公司对华投资结构不断升级，先进制造业与现代服务业占比逐年上升。第三，高端人才加速向我国汇聚。2004 年我国留学归国人员仅有 2 万多人，2015 年达到 40.5 万人。还有越来越多的外籍科学家、工程师和企业管理人员来中国工作。第四，我国企业在基础设施建设领域具备较强的国际竞争力。全球性基础设施建设热潮不仅为我国企业提供工程承包的市场机遇，而且将带动我国资本和技术密集型产品出口，显著提升我国出口结构。第五，世界经济低迷为我国企业提供了海外并购的机遇。我国对外投资快速增长，已成为居世界前三位的对外投资大国。我国企业开展对外投资并购，可以获取海外先进技术、研发能力、知名品牌、销售渠道和能源资源，大幅提升整合全球资源与市场的能力，有力促进我国产业结构升级和技术进步。

中国对外经济关系的新变化

中国对外经济关系的新变化具有两重含义。一个层面是结构性变化，即中国比较优势的重大变化；另一个层面是中国经济规模带来的新变化，即中国作为一个新兴大国面临新的国际经济关系。

第一，中国比较优势发生新变化。

过去 40 年，低成本的劳动力是中国参与全球分工与竞争的基础支撑因素。现在，我国出口部门工资成本与其他发展中国家比价关系发生了逆转，一些低端的劳动密集产业已经失去国际竞争力，面临对外转移的压力。由于工资、土地、能源成本的持续上升和人民币汇率持续上升，我国制造业综合低成本优势受到大幅削弱，美国波士顿咨询集团于 2015 年 8 月发布的报告《全球制造业的经济大挪移》认为，中国制造业成本仅比美国低不到 5%。

在传统比较优势持续削弱的同时，我国参与国际分工的新优势正在涌现。每年 700 多万名高校毕业生，为创新与产业结构升级提供人力质量红利；全球最多的研发人员数量和全球第二的研发投入；完善的基础设施和产业配套能力，为产业升级提供基础；中国经济发展进入新常态，消费结构与产业结构加速升级、绿色发展转型等吸引创新资源、高端产业加速汇聚。如果说过去的低成本优势有利于我国参与全球竞争的规模性扩张，未来的新优势则有利于我国提升在国际分工中的地位。

比较优势转换是发展阶段演进的必然结果。回顾第二次世界大战结束后追赶型经济发展的历程，不难发现，凡是不能实现竞争优势升级的国家，大多落入了中等收入陷阱。“十三五”时期，是我国比较优势转换的关键期，随着人均收入水平的进一步提升，我国面临国际竞争优势从劳动密集型产业向资本与技术密集型产业升级的迫切压力。只有顺利实现竞争力的升级，我国才可能跨越中等收入陷阱。

第二，新兴大国和平发展面临复杂的对外经济关系。

中国的崛起将是21世纪影响世界格局最大的历史事件。作为一个新兴大国，中国在国际分工价值链的升级，必然伴随中国在全球经济格局中影响力的迅速提升。目前，我国已经是世界第二大经济体，综合多方预测，在2030年前，我国的GDP可能超过美国。这就要求我们及时把握经贸大国参与国际分工的新优势，用全新的视角来看待中国与世界的关系。以往我们把国际经济环境作为影响中国经济发展的外生变量。今天，中国经济本身已经成为世界经济发展变化的一个重要的自变量，中国的发展将越来越多地影响世界经济，而世界经济变化也将越来越深地影响中国经济。因此，新形势下，要从中国经济与世界经济的互动中看待两者的关系。

中国经济实力显著增强带来参与全球分工合作的新优势与新要

求。第一，巨大的国内市场。“市场寻求型”投资将取代“成本寻求型”投资成为外商对华直接投资的主要动机，为抓住中国市场需求不断升级的机遇，外商投资企业将加速对华转移现代服务业、现代制造业，加强在华研发活动。国内大市场也有利于分摊研发新产品的成本，促进创新，巨大的市场还有利于我国与其他国家开展自由贸易区谈判。第二，雄厚的资金实力。我国拥有全球最多的外汇储备，对国际金融市场的影响不断上升。我国已经成为世界上位列前三的对外投资大国，对外投资合作在我国对外开放中的地位迅速上升。从宏观上看，强大的资金实力和对外投资能力成为我国发展对外经济关系的有力工具；从微观上看，我国企业可以通过对外投资整合全球资源与市场，成长为世界级的跨国公司。第三，对初级产品的巨大需求。随着我国经济规模的扩张，对农产品、资源、能源的需求迅速上升，我国对外部初级产品的依赖将日益加剧。一方面，巨大进口需求是我国与资源富集国家深化合作的有利条件；另一方面，这也迫切要求我国提高利用全球市场保障我国资源安全的能力。

中国经济实力显著增强带来的对外经济关系的新变化，有利有弊。一方面，很多国家看好中国雄厚的经济实力和发展的前景，希望利用中国的市场、技术、资金，搭上中国发展的快车，对发展对华经贸关系空前重视。我国国际影响力增大后，如果我们能够善于利用这种影响力，将可以“创造”国际机遇。另一方面，国际社会对新兴大国的态度是十分复杂的，守成大国将中国视为竞争对手，一些国家担心中国强大后会对国际规则、国际格局的产生挑战，因此采取经济上利用中国机遇、安全上防范中国的两手政策。期待、羡慕、担心、防范等各种情绪相互交织，“中国机遇论”“中国威胁论”

此起彼伏，令中国的外部环境变得异常复杂。

中国经济发展新常态对新时期对外开放的新要求

中国经济发展进入新常态，这是中国经济发展的一个重大阶段性变化。与以往相比，经济新常态的三个基本变化：一是增速换挡，从超高速转为中高速；二是结构升级，经济结构迈向中高端；三是动力转换，增长动力从主要依靠要素数量型投入转变为主要依靠创新和由此带动的结构升级。

中国经济新常态对开放战略提出了新要求。在我国工业化快速推进阶段，对外开放战略的主要目标是出口创汇。在经济新常态下，开放战略要充分利用外部资源与市场，与国内资源与市场有机整合，促进创新、结构升级与价值链提升。在供给侧，要充分利用全球的高端生产要素，包括人才、技术、管理等，促进国内企业的创新，提升我国产品的质量、技术、品牌，不断提升我国在全球价值链的分工地位。同时，要通过以开放促改革，推进体制机制创新，激发创新活力，释放发展潜力，促进资本技术密集型产业提升国际竞争力。在需求侧，要不断提升我国高附加价值产品与服务的国际市场份额，充分利用国际市场，支撑我国企业的创新，加速出口结构升级，促进国内产业结构升级。

实施新兴大国竞争力升级战略

新时期我国对外开放战略，可以概括为“新兴大国的竞争力升级战略”。其核心目标有二：一是营造互利共赢的国际环境，保障我国的和平崛起；二是推进我国产业的国际竞争力从劳动密集型产业向资本与技术密集型产业的升级，提升我国在全球生产价值链上的分工地位。

实施对外开放新战略，要打造参与国际竞争新优势，构建对外开放新体制，形成对外开放新格局。与以往相比，新时期对外开放战略的内容将更加均衡。要从以贸易为主转变为贸易与投资并重；在贸易领域要从以货物贸易为主转变为货物贸易与服务贸易并重；在投资领域要从以“引进来”为主转变为“引进来”与“走出去”并重；“引进来”要从引资为主转变为引资与引智、引技并重。对外开放的领域将从经贸领域向金融领域拓展，从实体经济领域向规则与治理领域拓展。对外开放的对象将更加全面，从以发达经济体为主转变为发达经济体和发展中经济体并重，形成双向开放新格局。对外开放的水平将大幅提升，从“大进大出”转变为“优进优出”，在全球分工价值链的地位大幅提升，对全球生产价值链的掌控力明显增强，在全球治理体系中的影响力大大增强，在全球范围内保障资源安全的能力大幅增强，战略纵深与发展空间大大拓展。促进竞争力升级与价值链升级的开放型经济新体制基本成形。

培育参与国际竞争新优势。随着经济发展水平的提高，我国劳动力成本逐步上升。必须加快培育我国国际竞争新优势，不断提高我国在全球生产价值链中的地位，加快从贸易大国走向贸易强国。在传统劳动密集型产业，应从主要依靠低成本参与国际竞争，转变为主要依靠质量、技术、品牌和服务参与国际竞争，保持和提升国际竞争力。在资本和技术密集型产业，应通过扩大开放引进新技术、新业态，促进技术创新和商业模式创新，加速形成新的国际竞争力。应高度重视增强服务业的国际竞争力，把扩大服务业开放作为新一轮对外开放的重点，借鉴国际先进经验，提高服务业能级和水平，大力发展服务贸易；充分发挥我国人力资源优势，大力发展知识密集的服务外包。加快金融业对外开放，促进金融业发展，提升金融机构的国际竞争力，打造上海国际金融中心。有序推进人民币资本项目可兑换和人民币国际化。大力开展对外投资，培育一大批中资跨国公司，增强我国企业在全球整合资源的能力，不断提高对全球价值链关键环节的掌控力。

构建开放型经济新体制。应从制度和规则层面深化改革，推进包括放宽市场准入和投资准入、加快自由贸易区建设、扩大内陆沿边开放等在内的体制机制改革，完善市场准入和监管、产权保护、信用体系等方面的法律制度，着力营造法治化、国际化营商环境。对外开放新体制要主动与国际规则对接，加快形成与国际投资、贸易通行规则相衔接的基本制度体系和监管模式。建立开放型经济新体制的突破口，一是充分发挥自由贸易试验区先行先试的探索作用，二是以扩大对外开放倒逼改革。

打造对外开放新格局。统筹协调各个区域在对外开放中的分工合作，实现优势互补。沿海地区应全面参与国际分工，打造参与国际竞争新优势，引领国际竞争力升级。内陆沿边地区应推进跨境基础设施互联互通，建设国际大通道和国际经济合作走廊，成为落实周边外交战略和丝绸之路经济带建设的战略支点。积极探索内陆开放型经济新模式，有序承接产业转移，大力发展服务外包。进一步发挥各类特殊经济区引领开放的平台作用，打造对外开放新高地。充分发挥港澳优势，深化内地与港澳合作，推动协同发展。坚持“九二共识”和一个中国原则，深化海峡两岸经济合作。不断深化与美、欧、日等发达经济体的双边合作，提高经济合作的机制化水平。

大力推进与发展中经济体的投资合作、贸易合作和金融合作，保障能源资源安全，构建以我国为主的国际产业链，打造互利共赢的利益共同体，形成陆海内外联动、东西双向开放的全面开放新格局。

积极参与全球经济治理体系，提升我国制度性话语权。积极参与国际经贸规则制定，推动国际经济秩序朝着更加公平合理的方向发展。不断增强“软实力”，提出完善全球经济治理的新理念和新倡议。坚定不移地维护多边贸易体系的主体地位，推动多哈回合谈判尽早取得成果。积极参与WTO新议题谈判,推动贸易投资自由化、便利化不断取得新进展。积极参与全球金融与货币体系改革，加强金融监管合作，增强防范金融风险的能力。积极参与二十国集团政策协商，促进提升其作为全球宏观经济政策协调平台的地位。积极参与跨境投资、网络安全、气候变化等国际经济治理新议题谈判，引领国际经贸规则走向。

以“一带一路”建设为统领，大力推进区域经济合作。要秉持和平合作、开放包容、互学互鉴、互利共赢的理念，加强与沿线国家开展战略对接和政策协调，以基础设施建设与互联互通为优先领域，以经贸合作为重点领域，以经济走廊建设为战略支撑，积极推进国际产能合作，建设一批境外产业园区，形成具有标志性意义的早期收获项目。充分发挥亚洲基础设施投资银行、丝路基金等金融机构的作用。加快实施自由贸易区战略，推进区域全面经济伙伴关系协定谈判，提出区域合作新倡议，推动亚太自由贸易区建设，致力于形成面向全球的高标准自由贸易区网络。

积极推进金融业对外开放，稳妥推进资本项目可兑换与人民币国际化。一是坚持金融服务实体经济的原则，以扩大市场准入为着力点，统筹协调金融业对内开放与对外开放，以开放促进我国金融业发展。二是着力打造上海国际金融中心。三是提升中资金融机构国际化水平，提高其国际竞争力。四是稳步推进人民币国际化。人民币国际化起步良好，未来要借助“一带一路”倡议、对外援助等，进一步推进人民币国际化。但要认识到，人民币国际化是一个水到渠成的历史过程，不应设定过高目标，更不能操之过急。五是稳妥推进人民币在资本项目下的完全可兑换。要牢固树立风险意识和底线思维，积极主动深化国内金融改革，不断增强金融监管能力，以金融改革支撑资本项目开放。要处理好利率市场化改革、汇率市场化改革与资本项目可兑换的关系，循序渐进，稳步推进资本项目可兑换。

加强国际合作，保障资源能源安全与粮食安全。由于人均资源能源储量低，我国严重依赖国际市场的供应，已经成为世界最大的资源能源进口国。随着我国经济规模的壮大，我国将进一步加大对外部资源能源的依赖。因此，新一轮对外开放战略的一个重要任务是通过加强国际合作，保障资源能源安全。由于人均耕地资源的限制，未来我国也必须利用全球资源来保障粮食安全。一是要明确利用全球资源保障我国矿产、能源和粮食安全的目标，即资源供给有保障、价格合理较稳定、运输通道多元化。二是积极参与国际资源能源治理体系，充分利用现有全球治理体系保障资源能源供给安全。三是加强与资源能源富足国家的合作，综合运用援外、投资、贸易等多种经贸手段，重点推进矿业、农业与能源合作，基础设施合作，国际产能与园区合作，建立自由贸易区等。四是加强多元化的资源能源国际大通道建设，统筹规划海上运输与陆路通道。五是增强对国际大宗商品价格的影响力，维护大宗商品合理价位上的基本稳定，避免价格大起大落的冲击。六是适当增加战略储备能力，统筹战略储备与商业储备，保障资源能源安全。

着力增强国家“软实力”，提升我国的全球影响力。一是牢固树立三种意识，即互利共赢的开放发展意识、新兴大国的国际责任意识和国际分工意识。二是防止三种情绪，即狭隘的民族主义情绪、民粹主义情绪和自满自大情绪。三是积极推进国家治理能力与治理体系的现代化。四是大力培养和有效激励国际化的人才，深入推进人事制度改革，大力选派优秀人才进入国际组织，在国际组织与国内政府之间建立高层次人才双向流动的新机制。五是建设中国特色新型高端智库，推进智库的组织形式与管理方式改革，提高综合研判能力与战略谋划能力，充分发挥智库作为国家“软实力”的作用，大力提升我国在国际规则制定中的影响力、话语权，增强我国在国际事务中运用自身能力的“巧实力”。六是围绕2030可持续发展议程，系统总结与分享中国发展经验，深入开展国际发展研究与合作。

总之，未来15年是我国竞争力升级的关键时期，也是我国跨越中等收入阶段迈入高收入国家行列的关键时期。我们必须制定对外开放新战略，必须统筹国际国内两个大局，同步推进国内改革与对外开放，同等重视增强国家“软实力”与“硬实力”，为实现中华民族伟大复兴奠定坚实基础。

“既特殊又不特殊”的中国改革开放道路

40 年的时间，无论在人类历史上还是在中华民族的历史上都是短暂的一瞬。但过去的 40 年——中国实行改革开放的 40 年——在短暂中孕育着长久。这 40 年的历程对人类发展的理论与实践，对中华民族未来的发展，乃至对世界发展与进步，必将有长久和深远的影响。

在一个人口占世界 1/5、国土面积广阔、多民族且人均财富、资源、收入水平都很低的国家实现工业化和现代化，使之融入已经高度发达的世界经济，这是前无古人、后无来者的伟业。这需要怎样的勇气与决心？需要怎样的信心？我们用何种语言来形容毛泽东、周恩来、邓小平等领导人和中国人民的勇气、决心和信心都是不为过的。只有在中国才能产生拥有如此胆略与智慧的领导人和人民。是中国共产党人和中国人民在 20 世纪的最后 20 年发起了这场伟大的改革开放运动，一场把中国带入现代化的运动，一场让中华民族再次辉煌的运动。

---

* 作者系 CF40 常务理事，中国进出口银行原董事长、行长李若谷。本文写于 2008 年，此处作者略做修改。

回看历史起点，没有在适当时期进行必要改革是问题所在

要考察中国 40 年的发展，我们必须将记忆翻回历史的起点。按世界银行以 1995 年不变汇率折算的数据，我国 1978 年的人均 GDP 只有 151 美元，在有数据记载的 128 个国家中排名最后。[①] 我想凡是承认现实、没有偏见的人都会做出相同的判断：我们不能再这样下去！

中外发展结果的对比及中国要不要改革开放在国内引发了一场大讨论，即“实践是检验真理的唯一标准”的讨论，这是一场解放思想的大讨论。“解放思想是发展中国特色社会主义的一大法宝”。[②] 这场大讨论的结论很简单，就是我们自己的实践会告诉我们哪一条发展道路是中国应该选择的。因为中国的现代化之路太崎岖、太艰辛、太困难了。太多的失败、太多的屈辱让我们明白中国必须走一条新的发展道路。从 1840 年鸦片战争开始，中国与西方进行了多次战争，基本都以失败告终。50 多年的时间，中国共赔付西方国家 13 亿两白银，相当于今天的 1500 多亿美元。[③] 更不用说被西方掠夺走的不计其数、价值连城的金银财宝、文物古董。这些财富成为西方工业化的重要资金来源。中国在发展中尝试过君主立宪制，结果是不过百日的变革导致改良派志士仁人血染京城，以失败告终。孙中山领导的辛亥革命终于推翻了清王朝的统治，却没能建立一个统

---

① World Bank. *World Development Indicators*. 2002.

② 胡锦涛 . 高举中国特色社会主义伟大旗帜为夺取全面建设小康社会新胜利而奋斗 [M]. 北京：人民出版社，2007.

③ 按 19 世纪末 1 两黄金约 37.3 克、合 10 两白银并以当前 1300 美元 / 盎司的价格估算。

一和稳定的共和国，使这位中华民族的一代伟人在抱憾离世时发出“革命尚未成功，同志仍需努力”的呼吁。代表各帝国主义势力的军阀混战，所谓代议制政府像走马灯一样更换。北伐虽然打败了北洋政府，但蒋介石政府同样得不到人民的拥护。中国人民渴望发展、期待富强的梦想始终无法实现。于是，摆脱帝国主义列强的压迫和剥削、走自主发展道路的重任就历史性地落到了毛泽东及其代表的共产党人的身上。这是历史的选择，人民的选择，时代的选择。

新中国的建立是中国真正走上自主发展道路的开始，也是探索中国现代化发展道路的开始。第二次世界大战结束后，发动战争的德意日经济几乎被摧毁，而盟方的参战国也沦为战争的废墟，除了美国和苏联，没有任何国家具备足够的经济实力对其他国家的恢复与发展提供支持和援助。由于颇为复杂的历史和现实原因，美国选择与新中国为敌。中国只能与苏联结盟以实现国际进步势力的团结。自然而然地，中国的发展道路也就开始模仿苏联模式的社会主义道路。而苏联的社会主义模式是建立在许多特殊环境和条件基础上的。同时，对社会主义制度的机械化理解，也把计划与市场的作用完全对立起来。在苏联特殊历史环境下形成的经济发展模式被当作社会主义的普遍原则加以传播推广。中国在学习苏联经验时虽然按照自己的国情做了一些调整，但还是基本保留了高度集中的计划经济体制。这种高度集中的计划体制在经济比较落后、物质极为匮乏的条件下有其必然性和适宜性，因此它造就了新中国成立初期的巨大成就。我们不仅在朝鲜战场上把武装到牙齿的美国及其盟国打到了谈判桌上，而且在一边战争、一边生产的情况下使国民经济得以迅速恢复。在苏联的支援下，我国仅用了十年左右的时间就打下了初步工业化的基础，改变了“一穷二白”的面貌。从 1949 年新中国成立到 1957 年，我国工业总产值增长了 460%，钢年产量从 15.8 万吨增加到 535 万吨，原煤年产量从 3243 万吨增加到 1.3 亿吨，发电量从 43.2 亿度增加到 193.4 亿度，农业总产值增长 85%，粮食年产量从 1.13 亿吨增加到 1.95 亿吨。工业制造业也几乎从零开始，发展到具备制造汽车、飞机、火车等产品的能力。这些成就鼓舞了党和人民建设社会主义的热情和决心，但同时也使我们被胜利冲昏了头脑，认为原本应该持续很长时间的从新民主主义到社会主义的过渡期可以大大缩短，使我们认为这种在一定条件下获得成功的高度集中的计划经济体制就是社会主义发展的基本模式。当时国际环境的变化，匈牙利事件的发生，“冷战”的加剧，使我们把阶级斗争看得更加重要，把阶级斗争的内容加到了社会主义经济发展的模式中。这不仅使经济发展带有更强的政治倾向，而且使国家、党和人民的注意力从经济发展转移到政治斗争上，使我们无法认真思考经济发展的模式问题，因为任何偏离这一方向的经济发展都被扣上了“复辟资本主义”的帽子，这样就埋下了后来经济发展不顺利的种子。问题的关键不是我们在新中国成立初期选择了高度集中计划的发展模式，而是没有在适当的时候进行必要的改革和调整。

新兴国家觉醒，寻找适合自身的发展道路是关键

进入现代社会以后，世界经济的发展是前所未有的。从英国开始的工业革命使人类社会发生了根本性的变化。所有的国家都在追求发展和繁荣，都在探索自己的发展道路。从历史上看，先进生产力的发展都要受到既有社会制度的制约，甚至是打击和扼杀。例如，英国的工业革命就受到封建制度的抵制，经过反复的较量才杀出了

一条血路。而且早期资本主义的发展靠的是对内严酷剥削和对外侵略与掠夺，以此完成资本原始积累。所以早期的资本主义工业化出现在欧洲的海上强国就不奇怪了。先是荷兰，再是西班牙、葡萄牙，最后是英国，欧洲大陆的法、德、意等国反而因为内部战争等原因没有更早地实现资本主义工业化，到了 18 世纪以后才逐渐赶上来。支撑早期工业化国家发展的另一个重要力量就是科学技术。纺织机、蒸汽机、电、火车、汽车的发明大大促进了西方国家的经济发展。因此早期工业化国家经济发展的环境比较特殊，它们靠对殖民地的统治获得了资金和劳动力，更容易从农业社会转入工业社会。而这些发展的条件与环境在第二次世界大战之后新兴国家发展时已不复存在。战后新独立和新成立的国家面临的发展问题只能用不同的办法解决，于是新兴国家进行了各种尝试。

对大多数发展中国家（主要是亚、非国家）来说，在 20 世纪 60 年代，摆脱殖民主义、帝国主义的统治，争取国家独立、民族解放是第一要务。国家独立之后，他们也急于摈弃以往的殖民地经济，希望获得经济上的独立。第二次世界大战以后，世界形成了以苏联为首的社会主义阵营，代表着人类探索社会主义发展道路的努力；并形成了以美国为首的资本主义阵营，代表着用资本主义市场经济探索发展道路的努力。当时苏联的经济社会发展获得了巨大的成功，许多新独立的发展中国家自然而然地选择了苏联的社会主义发展道路。而这一道路又被简单地归纳为高度集中、国家控制一切的模式。实际上，几乎所有新兴国家的经济都十分落后，资金、人才匮乏，制度缺失，还有相当数量的国家殖民地经济特征明显，经济单一化。在这种情况下，没有大量的外援，发展中国家无法完成原始积累，当然也就无法发展经济。遗憾的是，当时能够提供外部援助的国家与机构十分有限，大多数新兴国家的发展都遇到了资金的瓶颈，发展很不顺利。发展中国家获得了政治上的独立，但并没有获得经济上的独立，其中一些发展中国家所选择的社会主义道路没有成功。20 世纪 80 年代后期，亚洲和非洲的许多发展中国家在外力的干预下纷纷放弃社会主义，模仿西方的制度，走上了所谓“民主”道路，并按照“华盛顿共识”开始了经济与社会的改革。但经过近 20 年的实践，这种改革不仅没有使亚非国家走上良性发展的道路，反而使它们陷入内乱不断、经济停滞、人民生活大倒退的泥潭。“就如正式的民主制度并非一定会对腐败行为给予恰当的制止一样，也不是所有集权国家都缺乏抑制腐败的机制。负责任的机制和制度可以是各种形式的，并非简简单单的是正式政治制度的功能。”① 以“华盛顿共识”为标志的西方发展道路在亚洲、非洲等发展中国家的失败，表明这是一条走不通的发展道路。失败使发展中国家觉醒，纷纷寻找更适合自己的发展道路。中国改革开放取得的巨大经济成就鼓舞了广大发展中国家走自己道路的信心，这些国家也表达了希望学习中国发展经验的愿望。

拉丁美洲国家都曾是西班牙、葡萄牙、英国的殖民地，虽然比较早地推翻了殖民统治，获得独立，但经过一两百年的发展，特别是第二次世界大战后半个世纪的发展，拉美国家的工业化水平仍然不高，与发达国家相比还有很大差距。拉美国家实行自由资本主义，比较推崇市场的作用，自我积累水平低（储蓄率低），经济对外资依赖度高，债务负担比较重，发展水平长期徘徊，以“华盛顿共识”为标志的西方改革模式使该地区频频出现经济危机。

许多非洲国家至今仍未走上发展之路，还在选择适合其情况的

---

① World Bank. *Economic Growth in the 1990s*, *Learning from a Decade of Reform*, 2005, p. 14.

发展模式。亚洲的情况比较复杂，西亚、中亚、南亚的经济发展相对落后，而东亚的经济发展比较好。

东亚经济的发展道路以出口导向为代表，利用发达国家的资金、技术、管理经验以及东亚各经济体本身的储蓄率高、教育普及度高、人民勤劳刻苦、具有牺牲精神和政府主导等优势快速实现了工业化和现代化，世界银行称之为“东亚奇迹”。东亚经济的成功形成了经济发展中的“东亚模式”，但经济中的自由市场成分相对较低，这一点被许多经济学家认为是东亚经济进一步发展的障碍。因此 20 世纪 90 年代，在西方国家主导的国际机构的引导下，一些东亚经济体纷纷进行了以市场主导为标志的经济体制改革和以西方“民主”制度为标志的政治体制改革，以期获得持续发展的动力。实际情况是经过这一系列的改革之后，东亚经济的增长率普遍下降，经济的脆弱性凸显，终于在 1997 年爆发金融危机，经济出现负增长，遭受破坏最严重的泰国经济可能倒退了十年。其中的经验教训还需要进一步探讨与总结。而在东亚金融危机中没有被拖垮且对遏制危机蔓延、促进东亚经济恢复发挥重要作用的，正是发展模式不被西方认可的中国。

中国的改革开放思维：重实践、谋发展

中国的发展道路是靠摸着石头过河走出来的。我们无时无刻不在关注着其他国家的发展，认真地学习、借鉴他国的发展经验，但并没有照搬他国的模式。

中国的改革开放得益于思想的解放，在理论上形成了“实践是检验真理的唯一标准”这一共识。这是一个重大的、具有里程碑意

义的突破，因为它是思想解放的号角。由于这一共识的形成，我们挣脱了束缚我们思想的禁锢，冲破了对社会主义、马列主义、毛泽东思想的教条主义的理解和解释。这次共识是新中国成立以来最重要的一次思想解放，为我们后来的改革开放奠定了理论基础。

中国的改革开放是被“逼”出来的。以前我们物资匮乏，主要的工农业产品全部凭票供应，产品的质量远不能与国外同类产品相比，根本无法满足人民群众的物质需求。在这样的背景下，安徽的几个农民进行包产到户的农业改革。当时安徽省的领导和中央的领导有魄力，支持并推广了这一做法。这一改革使农村的生产力得到极大解放，农业生产大发展，粮食产量连创新高。1979—1984 年，中国农业生产取得了新中国成立以来最快的发展。农业总产值年均增长 7.3%，粮食产量年均增长 4.95%，1984 年粮食产量达到 40731 万吨。经过多年的实践，包产到户发展成为家庭联产承包责任制这一适合中国农村经济发展水平的制度，促进了农村生产力和农业的发展。

中国的改革开放还得益于始终坚持“发展是硬道理”的认识。邓小平曾把判断我们的政策和措施是否正确的标准形象地归纳为“三个有利于”，即“主要看是否有利于发展社会主义社会的生产力，是否有利于增强社会主义国家的综合国力，是否有利于提高人民的生活水平”。[①] 换句话说，只要不利于上述三个方面的政策、措施和制度都要改变。我们正是按这一理论去实践，才获得了巨大的发展。在一定的时期内，发展主要指经济增长，也就是说经济增长是发展的核心。对于这个时期要维持多长时间，各个国家的具体情况差异

① 邓小平 . 邓小平文选第 3 卷 [M]. 北京：人民出版社，1993（372）.

比较大，不好定下统一的时间表。从中国的情况看，从强调以经济增长为核心到重视社会、经济全面发展的分水岭出现在人均 GDP 达到 800~1000 美元之时，也就是在 2000 年左右，大约是改革开放后的 22 年。

并不是只有我们认识到了增长的重要性。世界银行在总结 20 世纪 90 年代的经济改革经验时也认识到了这个问题。该总结报告认为，“改革不仅要产生效率，更要促进增长”。[①] 如果经济不能增长，人民的生活水平不能提高，国家的实力不能提升，那么再好的政策、措施、制度又有什么用呢？它们的“好”又体现在什么地方呢？我们采取的政策措施、实行的制度不就是为了促进生产力的发展、人民生活的改善和国家实力的提高吗？

中国改革的一个重要特点，就是从农村、农业开始。这不仅因为中国曾是个以农业为主的国家，农村人口占总人口的 70%~80%，最根本的原因是中国有 13 亿人口，解决人民吃饭、穿衣等基本需求始终是中国执政者的首要问题。在许多国家，解决本国人民的吃饭、穿衣问题不难；但在中国要让 13 亿人都吃饱、穿暖就绝不是一个简单的问题。我们常说“手中有粮，心中不慌”，这是中国国情的真实写照。所以农业的稳定、粮食产量的稳定是中国社会稳定的大前提，这是中国改革从农村、农业开始的根本原因。解决了吃饭、穿衣问题，就解决了社会的基本稳定问题，也就为其他各项改革提供了良好的环境。对众多发展中国家来说，这是个可以借鉴的重要经验。

在改革由农村转入城市，从农业过渡到工业时，我们主要采取

① World Bank. *Economic Growth in the 1990s*, *Learning from a Decade of Reform*, 2005, p. 10.

了双轨制，即在允许国有企业逐步进行改革的同时，放开非国有部门的发展。先放开商业企业、服务型的企业，如理发店、餐馆、自行车修理等，然后再放开中小工业企业。价格体制采取了计划内与计划外的双轨制；金融领域也实行了外汇券制度，引入了外资银行，实际上是货币和银行的双轨制。这种双轨制的好处是可以不破坏经济的既有格局，使经济体制改革这一涉及全社会各个阶层的大变革不至于引起社会动荡。双轨制保护了既有利益，同时允许新的参与者出现，逐步扩大了非国有部门、非计划价格的产品在经济中的份额，一步一步地将市场机制引入经济的运行中。当然，双轨制的实施也引发了许多问题，但与发展经济、增强国力和改善人民生活水平的大局相比是次要的，也是可以在改革中不断予以解决的。中国经济体制改革的思路也在不断变化：开始提计划为主、市场为辅，后来又提有计划的商品经济，1992 年邓小平南方谈话之后，党的十四大确立了社会主义市场经济的定位。这些变化反映了中国改革开放的思维路径是从实践中得出的结论。

“既特殊又不特殊”的中国改革开放道路

如前所述，包括中国在内的发展中国家在发展中遇到的最大问题之一就是缺乏资金，发展经济的原始积累无法完成。中国的做法十分特殊：我们利用政府对金融的绝对控制，用银行体系的货币创造功能实现了资本的原始积累。1978 年，全国的银行储蓄只有 200 亿元人民币，当时的年财政收入只有 1132 亿元，没有外资。在这样的条件下，要想完成大规模的投资，改善基础设施是不可能的。因此，1979 年我们恢复了农业银行，1984 年将中国银行、工商银行从中国人民银行中分设出去，又把财政部的基本建设司分出来成立建设银行，1987 年恢复了交通银行，在此期间还成立了大量的非银行金融机构。利用银行体系的货币创造功能，从 1978—2017 年，我们用 40 年时间完成了固定资产投资 500 多万亿元，初步建成了与中国发展相适应的基础设施和工业体系、服务体系。当然，这种方式也产生了一些问题，主要是约数万亿元的不良资产以及几次较高的通货膨胀（但没有一次高于 25%）。不过与经济发展的成就相比，这些仍然是次要的、可以解决的问题。对发展中国家来说，如何利用好本国的金融体系发展经济是个关键课题，应该认真研究。如果能利用好本国的金融体系，发展中国家的经济发展将更加顺利；如果利用得不好，会产生巨大的破坏作用，关键是政府要保证绝大部分投资是有效的。

中国改革开放 40 年最大的体会就是不能按某一个固定的模式去发展，这样说一点也不为过。从中国共产党的十六大以来，我们就一直提倡与时俱进，提倡创新，要建设创新型国家。我理解这个创新除了包括在科学技术以及生产领域要不断创新之外，还包括在经济发展、社会发展的理念、理论上也要创新。墨守成规是不可能成功的。因此无论是西方的理论还是中国自己通过实践总结出来的理论都要随着时间、空间的变化而变化。比如，中国在改革开放初期曾大力提倡办乡镇企业，乡镇企业的发展为我国的农村、农业改革做出了巨大的贡献，有些还发展成了知名的大企业，成就了不少大企业家。但许多乡镇企业也造成了很大浪费和污染，因此 20 世纪 90 年代国家又强制性地关闭“五小”企业[①]，以治理环境污染问题。

① “五小”企业是指小炼铁、小炼焦、小化肥、小造纸、小煤窑。

当初发展乡镇企业是对的，后来关闭污染的“五小”企业也是对的。正如中国人常说的，此一时，彼一时。不能因为治理污染而否定当初发展乡镇企业，也不能因为它们为中国改革开放做出过贡献就不治理其引起的污染问题。

中国发展的成功在于不拘泥于固定的、单一的发展模式。中国的道路是有中国特色的发展道路。这就引起了争议，即中国是否特殊？我认为，中国既特殊又不特殊，西方经济理论既可以在中国实践，又必须按国情加以修正。比如，中国有 13 亿人口，人均可耕地仅 1.4 亩，各种人均资源都处于较低水平，这样的国情在世界大国中是唯一的，在发展中国家中也是唯一的，因此中国是特殊的。我们在制定经济发展政策时必须考虑这些因素。同样的问题在中国和在其他国家是完全不一样的。举例来说，法国可以容忍 3% 的失业率①，即大概 150 万失业人口，而 3% 在中国是 4000 万人口，相当于 80% 的法国人口。这么多的人失业，需要大量资金、住房去保障他们的基本生活要求，如果再加上他们的家庭，那将是一个庞大的数字。任何一个比较小的问题被 13 亿这个数字放大之后都是十分巨大、难以想象的。因此解决中国的问题要复杂、困难得多，用西方既有的理论与实践无法应对，这是我们不断创新的基本原因。但中国又不特殊，因为我们面对的是与其他国家一样的如何利用好市场机制及发挥好政府作用的问题。中国有自己的国情，这并不意味要全盘否定西方的基本理论与实践。我们承认市场在资源分配上的决定性作用，但并不等于政府不可以发挥作用，也不等于市场无论何时、何种情况都要起主导作用。改革实践告诉我们，政府与市场的作用

---

① 为了简单起见，这里用总人口而不是劳动力人口做基数。

是不断调整的，即一般的情况下应该少干预市场的运作，政府应最大限度地放权，让市场的自动调节发挥主导作用。

但在特殊的情况下，如出现重大的灾害或危机、市场的运作失灵时，政府不但要积极介入，而且还要发挥主导作用。

中国有这样的经历，其他国家也有。2008 年春天中国的南方遭遇特大冰雪灾害，如果让市场力量去发挥作用，那么南方物价可能会飞涨，因此必须动用政府的力量抑制物价上涨，保障人民的正常生活。2007 年夏天以来，美国的次贷危机导致美国多家银行濒临倒闭，如果任由市场自由运作，后果不堪设想。因此美国政府及时介入，使危机和损害得到控制。类似的例子还有许多。因此，我们发展社会主义市场经济，主张市场在经济中的基础性作用并不是“市场原教旨主义”，我们认为政府与市场在经济发展中的作用是相互补充的，是不可相互替代的。不同的情况下，应该分别由市场和政府发挥各自的作用，当然，大多数情况下应该允许市场自身进行调节。我们的研究发现，在中国改革开放 40 年的时间里，政府与市场的主导作用是交替出现的，经济比较落后，市场还没有培育成熟或遇有重大危机时政府的作用更大些，反之市场的作用更大些。政府与市场作用的边界是在不断调整的，在动态中寻找平衡。

国际政治经济环境艰难，中国需创新发展模式

中国的持续快速发展出现在 20 世纪最后 20 年，是所有大国中最晚的。因此，中国的发展面临的国际政治经济环境与其他大国完全不同。

中国今天的发展在政治上面临着来自西方国家的很大压力。中

国具有不同的文化，实行不同的制度，走的是与西方不一样的发展道路，这样的文明冲突使中国的发展必然会引起西方一些国家的疑虑，遭到它们的“遏制”。

中国发展的经济环境也很差。其他大国崛起主要是靠对内、对外的剥削与掠夺。而中国的发展既不能对内剥削，也不可能对外掠夺。英国靠炮舰贩卖鸦片就可以换回白银；美国靠廉价买黑奴来增加劳动力，靠驱逐印第安人来获得土地资源、自然资源；而中国只能靠自己的劳动力。中国用数以亿计的鞋换回一架飞机，还被称为“偷窃了美国工人的工作”，更遑论我们对外掠夺了。中国发展需要资源，用公平的交易从其他国家获得资源，被一些人称为“新殖民主义”；而西方在非洲掠夺了几百年，从来没有给予任何补偿，而且至今仍在掠夺，却鲜有西方媒体进行批评。西方的偏见由此可见一斑。

面对恶劣的发展环境和来自西方国家的巨大压力，中国没有别的选择，只能勇敢、从容地迎接挑战。中国的发展是世界之福，为世界创造了无限发展的机会。西方国家在批评中国“偷走”它们的工作机会时应该想到，中国物美价廉的商品为它们增进了多少福利。西方国家在发展初期从中国和其他发展中国家掠夺了大量资源，留下了大量欠账。今天，它们给发展中国家的所谓援助，只是对历史欠账的一点点偿还。它们在贸易上做点让步，自愿地让发展中国家，让以前被它们掠夺的国家和人民从对发达国家的公平贸易中获得一些好处，也是应该的。无论是从人类良知，还是从经济学的道理上讲，都是如此。换句话说，西方国家理应承受发展中国家更多占有其市场份额的负面影响，应该自己想办法解决因为丧失比较优势而在劳动密集型产业和其他一些产业失去的工作机会，只有这样才是公平的。发达国家所要求的那种“公平”实际上对发展中国家是不公平的，因为发达国家与发展中国家不是站在同一起跑线上。

当然，中国的发展也必须有创新的思维、创新的路径。虽然西方媒体和政客攻击中国，但中国仍需要冷静思考自己的发展模式。我们决心建设人类命运共同体，所以也要考虑怎样做出自己的贡献。我们必须在西方的政治、舆论压力下，在资源和环境的压力下思考如何既使自己发展，又为其他国家带来机会；既可以高速发展，又可以实现绿色发展。

为此我们要考虑创新工业化的道路。过去工业化的标志之一是城市人口占全部人口的比例，一般以 75% 标准。那么我们是否可以考虑不要将如此多的人口都迁移到城市，而是用发展农村的办法，即把农村变成城市，使农村的生活质量、水平都不亚于城市，使城市与农村之间的差别缩小乃至消失。这样做至少有如下好处：首先，减少了城市的就业、医疗、社保等压力；其次，加快了城市化的进程，使农村人口在农业及其相关产业就业，从而使我国工业的发展更适合本国与国际经济发展的需要，减缓产业向中国聚集的速度，从而给其他发展中国家让出更多的工作机会，也给发达国家逐步放弃这些产业留下时间过渡。中国有 13 亿人口，不可能像西方国家那样把 75% 以上的人口都集中到城市，而让 25% 的农村人口养活 75% 的人。我理解这是中央提出社会主义新农村建设和城乡统筹发展的重要原因之一。也许有 30% 甚至 40% 的人口留在农村更符合中国式的现代化和城市化。

中国不得不提前承担一些发达国家应该承担的责任，不是我们想逞强，也不是我们多管闲事。如前所述，我们的发展环境很差，如果不多承担些责任和义务，那我们的环境就会更差。中国的发展面临许多困难，我们只能自己克服这些困难，不能寄希望于他人。为此我们要做出一些牺牲，放弃一些本应属于我们的利益。我们必须帮助发展中国家发展，只有它们发展了，我们才能与它们共同发展。

世界银行报告是个值得一读的文件。这是由国际发展援助机构自己撰写的检验它们自己工作的报告。这份报告有许多地方承认以前提倡的所谓“最佳实践”其实是很不完整且与事实不符的。以同一个模式去套用所有国家的改革方式是行不通的。该报告指出，随着时空的变化，许多经济、社会条件都会变化，因此与之相适应的政策和制度也需要变化。[①] 应该承认该报告在总结实践的过程中得出了正确的结论。以往西方及其主导的国际机构之所以在发展中国家的经济改革中一再失败，原因有两个：一是西方认为自己的实践或自己制定的规则是最佳的，因此不遗余力地推行。西方太想让世界按自己的思维去发展了，太想当别人的“老师”和“保姆”了。姑且不论西方的理论与实践是否最佳，这种好为人师的思想与行为表明西方缺乏哲学思维。这一点西方的政治家和经济学家可以学一学中国的老子。老子说：“是以圣人居无为之事，行不言之教”，“弗为而已，则无不治矣”。我不敢妄言老子的“无为而治”是完全正确的，但它告诉我们如果西方国家真的认为自己的理念、发展模式是好的，那它们就应该有充分的信心，而无须刻意推广，因为能给人民带来福祉的制度一定会得到人民的拥护。二是西方国家和由其主导的国际机构总是以同一种模式去套用所有国家。这一点世界银行的报告已经讲得很清楚，我不想再赘述。用报告的一句话说明：“总

---

① World Bank. *Economic Growth in the 1990s*, *Learning from a Decade of Reform*, 2005, p. 11.

之，成功的增长经验具有多样性不足为怪。每一个成功的国家都有它们自己的道路。[1]”

展望未来、坚持走中国式发展道路

40 年的时间弹指一挥间。回顾过去 40 年所取得的成就我们感到骄傲和欣慰，展望未来我们充满希望与期待。但中国发展的道路绝不是平坦的。改革开放的成就源于解放思想，克服今后的困难仍然要靠解放思想。有了这一条我们就不怕任何艰难险阻。中国现在的政治、经济、法律等制度中还有很多不适应发展需要的东西，我们必须坚持解放思想和实践是检验真理的唯一标准，不断创新，不断改革，坚持对外开放，学习和借鉴人类的先进文明，为中国的发展不懈努力。

中国 40 年的改革开放取得了史无前例的成功，也走出了一条中国式的发展道路。但中国无意推销所谓“北京共识”，我们也不认为中国的经验和模式可以不加修改地照搬。如果中国的发展经验能对其他发展中国家和发达国家的发展实践有所借鉴，我们会感到非常欣慰。

中国改革开放 40 年取得了巨大的成功，这一点已经为世人所承认。但说起原因，却是众说纷纭，莫衷一是。我认为中国成功最根本的原因是我们所实行的制度适应了中国生产力发展的需要，从而促进了生产力的发展。世界上获得成功的国家有许多，所走的道路也不尽相同，作为一个 13 亿人口的发展中大国，我们的特殊国情不

① World Bank. *Economic Growth in the 1990s*, *Learning from a Decade of Reform*, 2005, p. 14.

允许我们去照搬别人的制度、模式，所以要找到适合自己情况的制度。我们还认识到制度不能一成不变，它必须适应不断变化的生产力发展的需要，必须体现与时俱进的科学发展观。任何阻碍先进生产力发展的制度和思想都会被历史发展的车轮碾得粉碎。

习近平总书记在党的十九大报告中指出，新时代中国特色社会主义思想就是要坚持和发展中国特色社会主义，实现社会主义现代化和中华民族伟大复兴。在全面建成小康社会的基础上，分两步走在 21 世纪中叶建成富强、民主、文明、和谐、美丽的社会主义现代化强国。历史为中国打开的大门是前所未有的，我们争取胜利的决心和信心也应是前所未有的。唯有如此，我们才能实现 150 年来中华民族的强国之梦。

从金融视角回顾中国的开放之路

今年是改革开放40周年。40年来，中国的对外开放取得的成就毋庸置疑，但积累的矛盾也不容忽视。为了实现中华民族伟大复兴的百年目标，我们有必要在充分肯定40年伟大成就的基础上，从金融视角出发，对开放历程做一个“批评性”的回顾。

我自1979年进入中国社会科学院世界经济所（现名世界经济与政治研究所）以来，一直从事西方经济学和世界经济的研究工作（其中有六年时间在英国牛津大学学习）。1994年8月从牛津大学回国之后，开始关注中国的国际收支平衡、汇率、资本管制、宏观调控和全球宏观经济稳定等问题。我希望能通过这篇纪念中国改革开放40周年的文章，同读者分享自己在过去20多年中逐渐形成的对这些问题的一些看法和研究心得。

“出口导向型创汇经济”与“双顺差”

改革开放之前，中国政府对外经济政策的指导方针是“独立自主、自力更生”。长期执行这一方针的结果是：中国进出口总额占

---

* 作者系CF40学术顾问、中国社会科学院学部委员余永定。

GDP 之比极低，一般年份略有贸易顺差，外债可以忽略不计。

20 世纪 80 年代初，对外经贸大学的王林生教授和我的同事——世界经济研究所的袁文琪研究员发表了许多文章，从马克思主义的立场出发，宣传大卫·李嘉图的比较利益说，呼吁积极参与国际分工、大力发展中国的对外贸易。1987 年国家计划委员会的王建先生发表《关于国际大循环经济发展战略的构想》一文，他提出在沿海地区进一步扩大开放、发展大进大出的加工型经济、参与国际经济大循环的构想。在此时期，政府一方面采取了一些贸易自由化措施，另一方面执行出口导向的产业政策，鼓励出口，根据比较利益调整进出口的产品和空间结构。

在大力发展对外贸易的同时，大力引入外商直接投资（FDI）是中国开放政策的另一主要构成部分，一来弥补国内储蓄不足，二来引进先进的技术与管理。关于到底是借债还是引入 FDI，本来是个有争议的问题。日本和韩国主要是借债而非引入 FDI。理论上技术可以购买，而从长期看 FDI 成本要高得多。中国改革开放初期正逢拉美债务危机，许多外国学者劝告中国尽可能引入直接投资，而不要从海外借债（我本人就参加过这类国际研讨会）。为了引进海外直接投资，中国政府制定了吸引 FDI 的各种优惠政策，地方政府则更是争相向外资提供优惠。十几年后中国成为仅次于美国的世界第二大直接投资引资国。

积极发展对外贸易和引入直接投资都是正确的政策。但是，我们的外贸政策存在严重的重商主义色彩，主要体现在中国对贸易顺差，乃至对外汇储备的过度追求。中国在推行一系列优惠政策大量引资的同时，限制进口、鼓励出口，力图保持贸易顺差（经常项目顺差）。在一定程度上，中国的增长模式可以称为“出口导向型创汇经济”。但出口导向和维持贸易顺差是不能画等号的。考虑到 20 世纪 80 年代中国的特定内、外部条件，采用“出口导向型创汇经济”模式有其必然性和合理性。然而，通过政策扭曲维持不平衡发展模式必然导致发展成本（资源、环境、人力、社会、安全）呈指数形式上升，并最终难以为继。

我在 1996 年开始关注中国国际收支不平衡问题，对追求“双顺差”的政策感到不解。在报送领导人的一份报告中（1997 年 6 月 20 日），①我写道：外汇储备增加的实质是把本来可以由自己使用的实际资源借给外国使用，中国外汇储备增加的最大受益者是美国。中国在这几年并没有从国外引入实际资源，只是把短缺的国内资源输出到国外以换取国外金融资产。如果说在特定条件下，发展中国家保持一段时间的贸易顺差是不得已而为之（要还债），那么通过资本项目的顺差来支持外汇储备的增长就大有问题了。中国目前的情况是：用 10%的利率借入外债，再用 5%的利率在国外放债。这种情况可以比喻为穷人以高利息从富人那里借钱，再用低利息把钱借给富人，这是一种非常不合理的引资格局。造成这种格局的原因是复杂的，在正常情况下大致有两种可能：其一，一国希望增加流动性，以备不时之需；其二，由于操作上的问题，借来的钱还没来得及花掉。但在中国，目前的格局很可能是在不合理的制度安排和经济政策组合下，企业和政府部门各自追求自身目标的结果。事实上，我当时听说沿海有些省份的企业需要资金，由于信贷规模限制，只好以各种方式引入外国资金，然后卖给政府换取人民币资金。报告指出，“这种行为从企业追求自身利益的角度上看是可以理解的。政府只好把

① 这份报告是当时的《世界经济调研》编辑部根据我 1996 年发表的一篇内部文章做的摘要。

这些没有人想使用的外汇拿去买美国国库券也是无可指责的，但结果却是：中国的实际资源通过收益率的差额白白被外国人吃掉了”。为了避免“双顺差”导致的资源错配和中国国民福利损失，建议增加汇率浮动范围，部分地冲销因干预外汇市场导致的货币供应量的增加和通过不同方式放松进口限制。报告呼吁，中国政府必须有一个明确的引资和外贸战略，并在此基础上制定一套首尾一贯的经济政策。改变单纯的创汇观念，以实现总体上的资源最优配置，此其时矣！①

我的观点并无新颖之处，只不过是一个受过经济学训练的经济学者对简单经济学现象的常识性见解罢了。1997 年 7 月 24 日，根据上级指示，针对我的观点，中国人民银行研究局在《人民日报》发表了署名“任正岩”的文章。这篇文章非常友好地回避了“双顺差”问题，并把话题巧妙地转移到对外汇储备是否过多的讨论上。事实上，当时央行的许多人对“双顺差”的看法与我大同小异。作为回应，同年 10 月我在《世界经济与政治》上发表了题为“外汇储备和国际收支结构”的文章，从一国不同经济发展阶段中储蓄与投资的变化出发，对中国国际收支格局的不合理性进行了讨论，重申了自己的看法。

在此后相当长的时间内，“双顺差”的讨论不再见诸报端和杂志。而紧接其后的东亚金融危机似乎也支持了中国必须增加外汇储备的观点。随着亚洲金融危机的恶化，对外经济政策辩论的焦点转到资本管制和汇率问题上。

---

① 世界经济与政治研究所 [J]. 世界经济调研，1997（24）.

亚洲金融危机与资本管制

在亚洲金融危机爆发之前，我对资本管制的关注并不多，也没有很强的倾向性。亚洲金融危机爆发后，为了搞清危机的原因与演进细节，我陪同中国社科院副院长王洛林教授到中国香港特区、泰国、马来西亚、日本等地进行了数周的实地考察，会见了众多当地中央银行（或“金管局”）、财政部、证交所、重要银行和非银行金融机构负责人，同当地学者和财经媒体记者进行了广泛交流，取得了大量第一手资料。调研过程中，我深切感到，在受到国际投机资本冲击的情况下，一国出现金融危机的重要条件是固定汇率制度、资本自由流动和国际收支逆差（或经常项目逆差）。与此同时，我还看到，在发生金融危机的发展中经济体内，几乎没有例外，资本外逃都是压倒骆驼的最后一根稻草。对亚洲金融危机的研究深刻影响了我以后在资本项目自由化问题上的立场和观点。

在东亚国家货币纷纷贬值的情况下，中国坚持人民币兑美元汇率不变，通过严厉的资本管制并以充足的外汇储备作为一种应付投机性攻击的威慑力量，为稳定东亚经济乃至全球经济做出了重大贡献，得到了全世界的一致赞誉。

亚洲金融危机时期，中国金融体系的脆弱程度与危机国家相比有过之而无不及，为什么中国能成功抗御亚洲金融危机冲击？大部分中国学者可能直到现在还都认为这是因为：其一，中国坚持人民币不贬值的政策；其二，中国当时已积累了大量外汇储备，从而使不贬值政策成为可信的政策。尽管上述两个因素功不可没，但我以为关键因素还是资本管制。虽然这种看法现在还无法直接验证，但有一点应该很清楚：在危机期间，没人知道有多少外汇储备才算是足够。1997 年，中国的外汇储备是 1400 亿美元。履行外汇储备的一般职能，这个量级是足够的。但是，如果人民币遭到国际投机资本的系统性大规模攻击，或者出现严重的资本外逃，为防止货币危机和国际收支危机的发生，这个量级的外汇储备不过是杯水车薪。2015—2016 年，为了维持人民币稳定，我国一次性用掉 1 万亿美元外汇储备。即便如此，如果没有资本管制的强化以及国内外经济、金融形势的变化，人民币是否可以稳得住也还很难说。

人民币汇率制度的演进：与美元脱钩

1994 年，中国成功进行汇改，建立了单一汇率下有管理的浮动汇率制度。金融危机爆发后，为稳定国际投资者信心，中国政府执行了事实上钉住美元的汇率政策。在亚洲金融危机期间，我是人民币钉住美元的“不贬值政策”的坚定拥护者。在 1997 年 9 月 1 日新加坡《联合早报》的采访中，我非常明确地表示“人民币不会有事”。另外，由于人民币不贬值政策，中国出口企业受到极大压力，中国经济增长速度明显下降。我当时的强烈感觉是，一旦条件允许，人民币应该尽快同美元脱钩。

2002 年，中国经济强劲回升。2003 年，中国继续保持“双顺差”，外汇储备逐月增加，人民币开始出现升值压力。这一年，时任国务院总理温家宝召集经济学家座谈①，讨论中国宏观经济形势，其间谈到汇率问题。吴敬琏老师和我主张让人民币同美元脱钩，小幅升值。

① 2003 年 6 月 24 日，国务院第四会议室。

吴敬琏老师刚刚在浙江做过调研。他强调，浙江民营企业赞成让人民币升值。由于人民币被低估，进入外贸市场的门槛很低，低效率企业进入市场也有盈利。这样，出口产品的竞争十分激烈，企业竞相杀价，使中国的贸易条件大大恶化。反对人民币升值的主要论点是，中国外贸企业的盈利水平都很低，平均利润率大致只有2%左右，如果让人民币小幅升值，大批外贸企业就会破产。这种说法显然是错误的。如果人民币小幅升值，一批低效率企业可能会破产，但高效率的企业将会因低效率企业的退出而得到加强。其结果是：尽管出口量可能会减少，贸易条件却会明显改善，中国的出口额反而可能会增加。然而，当时政府担心一旦允许人民币升值，出口增速下降，2002年开始的中国经济复苏可能夭折。因而，人民币同美元脱钩、升值问题被暂时搁置。

在东亚金融危机前，人民币一直在小幅升值，没有人认为不妥，甚至没人予以注意。危机中，人民币钉住美元，大家都同意这是不得已而为之。一旦危机过后，应该尽快恢复有管理的浮动。但为什么大家却一下子变得如此害怕升值呢？除了害怕升值对中国经济产生负面影响外，对美国施压的"同仇敌忾"和错误地理解"日本广场协议教训"也产生了重要影响。2003年9月时任美国财政部部长斯诺来华访问，呼吁中国让人民币升值。美国政府的态度却使中国产生"你让我升值，我偏不升值"的心理。此外，许多中国学者认为日本之所以会在20世纪80年代后期出现泡沫破灭之后的长期萧条，就是因为日本向美国压力低头，根据广场协议让日元大幅升值。但事实上，日本经济学界的共识是，日本之所以出现经济泡沫是因为日本银行担心日元升值对日本经济造成严重冲击，而采取了过于宽松的货币政策。我同日本经济学界有相当广泛的联系，很少遇见哪位日本学者把日本泡沫经济及其崩溃归结于广场协议后的日元升值。正如日本央行行长黑田东彦和许多日本官员所认为的，1985 年日本经济正在走出衰退，本应该是点刹车的时候，日本政府却狠踩了一脚油门。

自 2003 年以来，国内经济学界的一个流行口号是“坚决打掉人民币升值的不合理预期”。回想起来，这个口号着实可笑。当一个国家因“双顺差”，外汇储备每三年增长 1 万亿美元的时候，世界上难道还有理性人不预期人民币会升值吗？

由于当时中国政府不愿意让人民币升值，一种“严进、宽出”的主张应运而生，甚至加速资本项目自由化的呼声也再次浮出水面。“严进”自然是完全正确的，但在人民币升值预期强烈的条件下，放宽管制资本就会自行流出吗？那些放弃坐等升值的好处而一定要流出的资本又会是一些什么性质的资本呢？对这类资本的流出难道不正好要从严核查吗？维持汇率稳定的目的就是坚持“出口导向型创汇经济”，维持“双顺差”。而这种发展模式的另一面就是，从美国借钱再把钱借给美国。

2005 年 7 月 21 日，中央银行宣布实行钉住一篮子货币的汇率制度。与此同时，人民币兑美元小幅升值。中国政府为何终于同意让人民币升值？可能的原因包括美国的压力，国内经济过热，对冲政策的有效性下降使成本上升。但调整国际收支结构，改变增长模式似乎不在原因之列。

在此之前，许多人就担心人民币会与美元脱钩、小幅升值，甚至讨论这种可能性都会鼓励“非理性”升值预期，进而引起投机资本的大举流入，从而使人民币的升值失去控制。出于这种考虑，他们坚持人民币不能升值，哪怕是小幅升值。2005 年 8 月，我在文章中写道，人民币小幅升值所带来的问题是可以通过资本管制等办法加以解决的。既然政府认为人民币大幅升值的风险过大，我们就只能在不升值和小幅升值之间两害相权取其轻，让人民币小幅升值。

事实上，人民币的渐进式升值并未如有些人担心的那样对中国贸易造成巨大冲击。即便事到今天，人民币汇率已经升值 48%，中国仍然维持贸易顺差。可以看出，2003 年以来从贸易角度出发反对人民币升值的观点是完全站不住脚的。总的来说，尽管人民币与美元脱钩、升值的时间晚了一些，步伐小了一些，在维持货币政策独立性的同时，中国未能有效抑制热钱流入，但 2005 年 7 月 21 日人民币同美元脱钩毕竟是在正确方向上迈出了具有历史意义的一步。

从蒙代尔模型的角度来看，在中国，汇率政策的讨论不仅同贸易平衡、国际收支平衡问题有关，而且同宏观经济稳定，特别是货币政策的有效性有关。2003 年下半年，中国经济的过热征兆越来越明显。2003 年 10 月，中国政府开始实行适度从紧的货币政策。尽管如此，2004 年中国经济仍进一步趋热。由于资产价格的急剧上升以及人民币的升值预期，大量热钱开始涌入中国，人民币的升值压力进一步增加。2005 年下半年，在经常项目和资本项目顺差继续增加的同时，年初得到一定抑制的经济过热势头又再度升温。换言之，在资本管制存在许多漏洞的情况下，固定或准固定汇率制度将使中央银行难以维持独立的货币政策。

麦金农认为，[①] 人民币与美元脱钩后，为了使人民币每年的升值幅度被限制在 3% 左右的同时稳定升值预期，央行维持了中美之间

① Ronald I. McKinnon. *The Yuan and the Greenback*，WSJ, 2006.

3%左右的正利差，使人民币可能每年升值3%左右。该说法实际上也暗示：如果有汇率目标，中国货币政策就会受制于美联储的货币政策。由于确信人民币将以大致每年2%~3%的幅度升值，大量热钱通过形形色色的管道流入国内从事套利和套汇活动。面对热钱的大量流入，央行不得不大规模销售央票，对冲过多的流动性。但即便如此，中国的物价水平和资产价格依然迅速攀升。2008年2月，中国CPI攀升到8.2%。不难看出，由于中国政府选择了缺乏弹性的汇率制度而资本管制又存在大量漏洞，中国货币政策的独立性受到很大限制。对冲政策使中国在宏观稳定、资源配置、国民福利上付出了很高的代价。我一向认为，为维持汇率稳定付出如此高昂的代价是完全不值得的。

2003年以来的经验表明：缺乏灵活的汇率是造成中国经济增长不稳定、不平衡、不协调、不可持续最重要的原因之一。不放弃汇率维稳政策，中国经济就不可能实现稳定、平衡、协调、可持续增长，而汇率浮动本身带来的不确定性，却可以通过发展各种衍生金融工具加以锁定。

金融危机与国际货币体系改革

2007年8月，随着美国次贷危机的逐步深化，中国外汇储备的安全越来越成为值得我们严重关切的问题。由于美元的贬值和次贷危机导致的证券违约，凝结着国人血汗的外汇储备的价值可能正在迅速挥发。而通过贬值和违约，美国则可以轻松地摆脱它的外债。中国获得越来越大的贸易顺差，难道就是为了换取那些越来越不值钱的“绿纸片”吗？2008年9月15日，美国雷曼兄弟公司突然倒闭，美国金融、经济危机急剧恶化。2009 年 3 月 13 日，时任国务院总理温家宝在回答美国记者提问时指出，“我们把巨额资金借给美国，当然关心资产的安全。说句老实话，我确实有些担心。因而我想通过你再次重申要求美国保持信用，信守承诺，保证中国资产的安全”。

事实上，2002 年 2 月前后，美元出现了所谓“战略贬值”，美元指数一路下跌。2009 年初，美国经济学家克鲁格曼在《纽约时报》上撰文指出，中国得到了 2 万亿美元外汇储备，变成了财政部券（T-bills）共和国，中国领导人好像一觉醒来突然发现他们有麻烦了。虽然他们现在对财政部券的低收益似乎仍不太在乎，但他们显然担心美元贬值将给中国带来巨大资本损失，因为中国外储的 70% 是美元资产。减持美元资产势在必行，但中国持有的美元太多，如果抛售美元就必然导致美元贬值，进而造成资本损失。这种进退两难的局面，就是所谓的“中国的美元陷阱”。2008 年爆发的全球金融危机也是对美元的一场严重考验。如果美元像人们最初所担心的那样大幅贬值，中国将遭受惨重损失。

2009 年 3 月 23 日，时任中国人民银行行长周小川指出，此次金融危机的爆发并在全球范围内迅速蔓延，反映出当前国际货币体系的内在缺陷和系统性风险。他提出，将成员国以现有储备货币积累的储备集中管理，设定以 SDR 计值的基金单位，允许各投资者使用现有储备货币自由认购，需要时再赎回所需的储备货币。事实上，在 2008 年 8 月举行的国际经济学年会上，格林沃德和斯蒂格利茨也提出了改革当前国际货币体系的类似设想。周小川的设想是使中国避免美元陷阱的一个理想办法，其建议还可能会启动对国际货币体系的改革。虽然遭到美国的抵制，但周小川的建议在全球金融界仍然得到广泛支持。联合国专门成立了以斯蒂格利茨为首的国际金融体系改革委员会，讨论周小川的主张。令人遗憾的是，出于各种考虑，有观点主张，如果法国和俄罗斯要推动国际货币体系改革，中国可以在背后支持，但我们自己不出头。同时，由于几个关键国家的态度不十分积极，特别是美元并未像人们所担心的那样进一步暴跌，国际货币体系改革的倡议遂被束之高阁。

人民币国际化和资本项目自由化

可能同用 SDR 取代美元充当国际储备货币的主张受到冷遇有关，从 2009 年起，中央银行开始推动人民币国际化进程。我理解其中的逻辑是：如果我们无法用超主权货币取代美元充当国际储备货币，为什么不可以走自己的路，让人民币最终成为国际储备货币？然而，要实现这一目标就必须首先实现人民币国际化。

本币国际化对任何国家来说都是一把双刃剑。世界上很少有国家把本币国际化作为一项政策加以推进。德国始终回避马克国际化。日本一度想推进日元国际化，但很快搁置了这一政策。美国大部分学者认为美国根本不曾有过美元国际化政策。我和同事对人民币国际化一直持积极态度。在 2009 年 3 月提交 BIS 和韩国中央银行的一份会议论文中，我们对货币国际化的定义、理论，人民币国际化的目的、条件和途径都做了比较全面的阐述。按我们的理解，人民币国际化的目的包括降低中国企业汇率风险、提高中国金融机构国际竞争力、降低交易成本、收取铸币税（充当储备货币）和避免外汇储备损失。

不知为何，在国内一直有一种非常强烈的支持资本项目自由化的声音。进入 21 世纪以来，这种声音更是此起彼伏。大多数学者支持资本项目自由化的主要理由是用资本项目自由化倒逼国内改革。我的信念是，在完成国内的一系列重要改革之前，包括汇率体制改革之前，中国必须维持对跨境资本流动的管理。资本项目只能逐步开放，不能有时间表。因而，在支持人民币国际化的同时，我们十分强调人民币国际化和资本项目自由化之间的联系。尽管一种货币的国际化并不等于资本项目自由化和本币可完全自由兑换，但是资本项目自由化和本币一定程度的可自由兑换是本币国际化的前提条件。我们认为，一方面，鉴于中国政府还不能放弃资本管制，人民币大规模的国际化是不太可能的；另一方面，推进人民币国际化的渠道和手段有很多，只要路线图合理，逐步实现人民币国际化是完全可能的。虽然当时央行并没有公开宣示人民币国际化路线图，但根据相关材料，人民币国际化的第一步似乎是推动人民币贸易（主要是进口）结算，使人民币流到境外，为非居民所持有；第二步是建立人民币的回流机制。2009 年 7 月，跨境贸易人民币结算试点正式启动。此后人民币进口结算和香港人民币存款额迅速增长。学界对人民币国际化进程普遍十分乐观。一些人预测，在今后两年香港人民币存款将超过 3 万亿元人民币。

为了推动人民币国际化，使人民币成为国际储备货币，中国必须解决如何为人民币资产的潜在持有者提供人民币的问题。美国是通过维持经常项目逆差为世界提供美元的。中国是个经常项目顺差国，如果希望通过进口结算为非居民提供人民币，中国就不得不增加自己持有的美元资产。在这种情况下，美元作为国际储备货币的地位，不但不会因人民币国际化而削弱，反而会得到加强。如果人民币国际化的目的之一是削弱美元的霸权地位、减少由于持有美元资产而遭受的损失，靠进口结算为海外提供人民币显然是南辕北辙。更何况，我们在推动人民币结算的同时，并未相应推动人民币计价。在这种情况下，人民币结算量的增加，并不能真实反映人民币国际化的进展。我们当时指出，非居民之所以愿意接受人民币结算，持有人民币资产，是因为人民币处于升值通道，一旦人民币升值预期消失，非居民很可能就会抛售他们的人民币资产。人民币国际化进程的演进也证实了我们的推断。尽管香港的人民币存款一度超过 1 万亿元人民币，在 2014 年以后，由于人民币升值预期消失，香港人民币存款总额开始下跌，到目前为止也就有 6000 亿元人民币左右。

当然，人民币国际化还可以通过其他渠道推进。例如，同其他国家中央银行进行货币互换，为国际性或区域性金融机构提供人民币等。但是，人民币国际化是个长期过程，应该由市场推动。揠苗助长的人为推动，不但成本巨大，而且欲速则不达。

推动人民币国际化可持续的路线似乎应该是通过资本项目逆差向世界提供人民币流动性。例如，作为经常项目顺差国，中国可以向海外输出一笔人民币 FDI，如果海外东道国将其完全用于购买中国的出口产品，那么这笔人民币只是充当了一回流通手段。但在正常情况下，东道国会将其中的一部分资金转换为中国银行存款或短期债券等人民币资产，那么就会有部分人民币转为非居民所持有，从而真正实现了国际化。

进一步分析，可以越来越清楚地看出，人民币国际化的每一步都需要以资本账户自由化的某个特定步骤作为先决条件。例如，人民币国际化的起点是人民币进口结算，其先决条件是跨境资本一定程度的自由流动。在现有人民币国际化路线图中，对利率和汇率市场化并无任何明确规定。但人民币国际化的路线所隐含的资本项目自由化时序是，在实现利率和汇率市场化之前，部分开放短期资本跨境流动。而从资本项目自由化时序的角度来看，这肯定是错误的。因而，与其讨论人民币国际化路线图，不如先讨论资本账户自由化的路线图。

事实上，央行肯定是明白人民币国际化和资本项目自由化之间关系的。2011 年 8 月，一位广受尊重的央行前领导在一次讲话中指出，“比较理想的人民币国际化的顺序是，加大汇率形成机制改革力度，推进资本项下可兑换，使人民币成为结算货币，广泛使用后，变成国际化货币，最后再变成储备货币。但是在汇率改革问题上，各方难以形成共识，因此人民银行剑走偏锋——搞国际贸易人民币结算。原来在周边国家是有人民币结算的，主要是边贸，现在则是国际贸易都可以用人民币结算。这样可以倒逼我们必须加快资本项下可兑换进程，因为那么多货币出去以后必须有回流渠道。如果没有回来投资的渠道，没人愿意用人民币结算，就会倒逼资本项下开放”。

2009—2012 年，我们看到了两种思路。一种是为了推动人民币国际化而加速资本项目自由化，另一种是以人民币国际化为名推动资本项目自由化。两种思路最终都是要实现资本项目自由化。我们认为，不应该根据人民币国际化的需要来决定资本项目自由化的进程。相反，人民币国际进程应该受到资本项目自由进程的制约。随着中国经济的继续增长、中国金融开放程度的提高，人民币国际化的程度自然会进一步水涨船高。国际经济形势的变化也会不断为人民币国际化提供机会与空间。例如，中国方兴未艾的海外投资就为人民币国际化提供了极好的机会。企业自己是会抓住这些机会的。我们没有必要根据坐在房间里设计出来的路线图，以刻舟求剑的方式推动人民币国际化。而以人民币国际化为名推动资本项目自由化则是把政治权谋同经济政策混淆起来，其后果难以预料。

资本项目自由化之辩

进入2012年，人民币国际化进展差强人意，中国人民银行似乎对缓慢的资本项目自由化进展失去了耐心。资本项目自由化突然被摆到十分突出的位置。2012年2月和4月，中国人民银行调查统计司课题组先后发布了两份关于资本账户开放的报告，提出目前我国的资本兑换管制难以为继，而资本账户开放的条件已经成熟，应与利率汇率改革协调推进。央行的观点得到经济学界主流的支持。少数派则坚持认为，资本账户开放应该遵循国际上公认的时序，即先完成汇率制度改革，然后再谈资本账户开放（这里实际上是指全面开放），资本项目自由化并非当务之急。

中国的资本项目自由化过程始于1993—1994年。1993年11月，党的十四届三中全会提出“逐步使人民币成为可兑换的货币”。2005年10月，“十一五”规划建议指出，要“逐步实现人民币资本项目可兑换”。2011年3月，“十二五”规划明确提出要逐步实现人民币资本项目基本可兑换。事实上，中国资本账户开放一直在逐步推进之中，到2011年中国资本账户中的大部分“子项目”已经开放。我认为，在当时具有实际意义的问题并不是应否实现资本项目自由化，而是应否有一个实现资本项目自由化的时间表——如在2015年基本实现资本账户下人民币的可兑换，2020年完全实现资本账户下人民币的可兑换。我和同事对“当前中国正处于资本账户开放战略机遇期”的提法提出质疑。我们认为中国经济发展中不平衡、不协调、不可持续的问题突出，无论从国内还是国际来看，当时并不存在加速资本项目开放的“战略机遇”。

2012 年 11 月，党的十八大将“逐步实现人民币资本项目可兑换”明确为我国金融改革任务之一。此时，围绕资本账户开放是否应该“加快”以及是否应该设定路线图与时间表问题展开了新一波争论。许多官员和学者提出资本项目自由化要有时间表。我们认为，如果要有什么时间表，我们倒是应该为国内的一系列改革制定时间表。我们没有汇率和利率市场化的时间表、没有扩大国债市场的时间表、没有建立健全无风险收益率曲线的时间表……为什么偏偏要制定资本项目自由化的时间表？如果中国经济会出现什么“颠覆性错误”，那么过早完全放弃资本管制就是一种颠覆性错误。同时，我们也不相信资本项目自由化可以“倒逼”中国的经济改革。中国加入 WTO 的经验不能套用于资本项目自由化。这是一种风险极高的策略。这种“倒逼”的结果很可能是改革进程的失控。

一些官员和经济学家希望资本账户自由化实现大爆炸式的发展，以迫使亟待出现的内部变化尽快发生。我不怀疑持这种主张的人的善意和改革热情。但没人能够说清这种大爆炸式的自由化会通过什么途径、以什么方式推动中国市场化改革的论证。

事实上，当时中国金融市场存在大量直至今天仍有待化解的风险：影子银行急剧扩张导致的期限错配和收益率错配严重，企业负债率居高不下，房地产调控处于微妙阶段，地方融资平台贷款的不良债权率有可能迅速上升，非正规金融体系高利贷流行，利率结构扭曲严重，汇率自由化并未实现，可供企业选择的衍生避险工具尚待发展，CNH（离岸人民币）和 CNY（在岸人民币）双重汇率并存，与腐败相关的洗钱活动和资产转移活动盛行。在上述问题尚未解决之前，放弃资本管制，中国的金融体系将难以抵挡国际投机资本的冲击。即便没有重大冲击，跨界资本的套利、套汇活动也将给中国造成严重福利损失。当然，资本项目自由化的顺序不是一维的，许多措施可以齐头并进。但是，无论如何，资本项目自由化要以汇率形成机制改革和衍生金融工具的发展为前提。

从“8·11”汇改到结束对汇率的常态化干预

2014 年是人民币汇率走势的转折点。2014 年之前，由于中国经济的持续高速增长、经常账户和资本账户长期的“双顺差”，人民币汇率在绝大多数时间内处于巨大的升值压力之下。2014 年第三季度之后，由于国内外基本面的变化，中国出现国际收支逆差和人民币贬值压力。为了增强人民币汇率形成机制中市场供求的作用，2015 年 8 月 11 日,中国人民银行宣布对人民币中间价报价机制进行改革。做市商在每日银行间外汇市场开盘前，参考上日银行间外汇市场收盘汇率，综合考虑外汇供求情况以及国际主要货币汇率变化，向中国外汇交易中心提供中间价报价。汇改以前，人民币汇率变化很有规律，每年大约保持 2% 的升值或者贬值幅度。“8·11”汇改颠覆了这种简单的适应性预期框架。

汇改之前，多数人预期年内人民币汇率可能贬值 2% 或 3%。但出乎预料的是，汇改本身刺激了贬值预期，市场对人民币贬值预期普遍飙升至 7%~8%，个别甚至高达 10%、20%。贬值预期导致资本外流急剧增加，反过来又加大贬值压力。8 月 11 日，人民币汇率开盘后迅速贬值，很快逼近 2% 的日下限。8 月 12 日开盘再度大跌，但临近收盘时，人民币忽然大幅度升值。显然，这是央行干预的结果。此后连续出现的外汇市场干预意味着，从 8 月 11 日开始仅三天的汇改就已经名存实亡。

“8・11”汇改的大方向是完全正确的，但启动的时间没有选择好。经过 2015 年 5 月股票市场的暴跌，投资者犹如惊弓之鸟。人民币汇率下跌导致大批投资者抛弃人民币资产逃向美元资产，进而导致人民币汇率超跌的这种可能性应该是可以预料的。遗憾的是，不仅时机选择失当，央行在面对汇率大幅下调时，也没有沉住气。其实，再坚持一两个礼拜，汇率就有可能会稳定下来。根据韩国、阿根廷、巴西等国的经验，从中国当时的强大基本面来看，人民币汇率出现持续暴跌是难以想象的。

8 月 13 日以后，央行基本上执行了类似“爬行钉住”的汇率政策。通过大力干预外汇市场，力图把汇率贬值预期按回“潘多拉的盒子”。央行并不想无休止地干预外汇市场，但一旦停止或减少干预，汇率就会迅速下跌。为了扭转这种局面，2015 年 12 月央行公布了确定汇率中间价时所参考的三个货币篮子：中国外汇交易中心（CFETS）指数、BIS 和 SDR。2016 年 2 月，央行进一步明确，做市商的报价要参考前日的收盘价加上 24 小时篮子汇率的变化。“收盘价 + 篮子货币”定价机制，得到了市场的好评。人民币汇率预期相对稳定，人民币贬值压力降低，外汇储备急剧下降势头得到遏制。

但我不认为人民币在 2016 年底、2017 年初实现稳定应该归结于“收盘价 + 篮子货币”定价机制的推出。2015—2016 年，人民币贬值压力来自资本外流。而外流资本可以分为不同类型，对给定汇率制度的反应是不同的。在汇率定价规则中加入“篮子货币”成分，使处于干预之下的汇率变动变得更难预测，有助于抑制对人民币的投机活动。但是，使人民币汇率得以稳定的真正原因无疑是强化资本管制和中国经济基本面在2016年后的逐步改善。

此后，央行引入“逆周期因子”，其实质是把比较透明的汇率定价规则变回不透明，以给央行更多的自由裁量权。这似乎是多此一举，中国早就具备了实现浮动汇率制度的条件。如果不想一步到位，则可以通过降低篮子货币权重，回到“8·11汇改”的起点上。

长期以来中国患上了严重的汇率浮动恐惧症。在世界上，中国是最不应该害怕汇率浮动的国家。按照国际货币基金组织的分类，中国目前的汇率制度是“软钉住”类中的“类爬行钉住”。到2015年，实行这种汇率制度的国家，除中国外，还有牙买加、克罗地亚、伊朗、利比亚、白俄罗斯、埃塞俄比亚、乌兹别克斯坦、卢旺达、塔吉克斯坦、亚美尼亚、多米尼哥、危地马拉、安哥拉、海地、老挝、巴布亚新几内亚和突尼斯。而几乎所有OECD（经济合作与发展组织）国家和重要发展中经济体实行的都是浮动或自由浮动的汇率制度。中国经济的基本面并不支持人民币大幅贬值，即便汇率出现暂时超调，最终还是会回到由基本面决定的水平上，更何况中国还有资本管制这最后一道防线。中国的许多政策，包括资本项目自由化进程都被汇率政策“绑架”了。

进入2018年后，央行停用“逆周期因子”。事实上，在最近一年多以来，央行逐渐停止了对外汇市场的常态化干预，中国的汇率制度已经具有越来越明显的浮动汇率的特征。当然，真正的考验还未到来。希望央行在今后人民币出现大幅波动时，依然能够沉得住气：一方面不放弃对跨境资本流动的管理，另一方面对外汇市场不做直接干预。同时，中国金融管理当局应该大力促进中国衍生金融市场的发展，为企业提供防范汇率风险的保值工具。应该使企业认识到，在过去，汇率风险是由中央银行承担的；现在，这些风险轮到企业自己承担了。在今后一段时间内，人民币再次出现贬值压力应该是个大概率事件。央行似乎有必要尽快昭示世界：中国已经转向浮动汇率制度。这样做不仅在经济上而且在政治上对中国都有重要意义：今后人民币兑美元汇率无论是升还是贬，美国都将无法再给中国扣上“操纵汇率”的大帽子。

保汇率还是保外储之争

2016年12月在复旦大学的一次研讨会中，我提到：人民币汇率破不破7、什么时候破7并不重要，重要的是再也不能像过去那样大量损耗外汇储备了，应该停止持续、单向干预外汇市场。只有这样才能真正实现汇率在合理均衡水平上的基本稳定或双向波动。如果必须在汇率稳定、外汇储备、货币政策独立性和国家信用四者中“四选三”，我们只能放弃汇率稳定。让汇率自由浮动又能怎么样？发生变化的无非有四点：银行货币配置、企业外债、主权债以及通胀水平。对我国来说，这四项风险都在可控范围内。对于让人民币贬值的主张，有些人担心会一贬到底，但试问一个拥有大量经常项目顺差、巨额外储，经济高速增长、资本项目并未完全开放的国家，其货币会大幅贬值吗？我赞成官方说法，人民币不该是弱势货币。对人民币应该有信心。超调是可能的，但人民币不会长期成为弱势货币。如果人民币真是如此脆弱，通过损耗外汇储备来稳定汇率又有何意义？这种稳定又能维持多久？

正如一些学者所言，汇率仅仅是一个价格，而外汇储备是中国30年来辛辛苦苦积累的国民财富。外汇储备是要用的，但应该用对地方。我非常赞成央行加强资本管制。但与此同时，必须维护国家信用，国家信用是用 30 年时间建立起来的，是一种隐形的、强大的国家力量，绝对不能动摇。在汇率稳定、外汇储备、国家信用三者中，汇率是最不值得保的。一旦放弃干预，汇率超调是难以避免的。但经济学告诉我们，绝对好和万无一失的事情是没有的。我们团队所主张的停止干预，是建立在保留资本管制这一前提下的。在保留资本管制的情况下，让人民币汇率由市场决定，不会导致人民币汇率一泻千里的状况，但可以减轻资本管制压力，从而减少资本管制对市场价格和资源配置的扭曲。更何况，即便可能带来阵痛，在目前的情况下，人民币贬值对中国经济也是利大于弊。可能是因为这个讲话，媒体概括出一个所谓“保汇率还是保外储之争”的问题。进入 2017 年后，中国外汇储备呈现上升态势，并站稳 3 万亿美元，人民币汇率近一段时间也稳中有升。不少人认为，上述问题已经被“证伪”，但我并不敢苟同。2015 年 8 月 13 日到 2016 年底，央行采取了“且战且走”的战略，在阻滞人民币贬值的过程中，外汇储备减少了近 1 万亿美元。可以讨论的问题是：如果当初不干预，人民币汇率是否会一溃千里，以致引起一场货币危机和金融危机？如果答案是肯定的，那么花费相当数量的外汇储备或许值得，但在整个东亚危机期间，国际货币基金组织和其他机构承诺提供给泰国、韩国和印尼的所有救援资金仅为 1200 亿美元。换言之，2014—2016 年，中国用掉的外汇储备超过 8 个东亚金融危机体所用的外汇总量。

学界广为接受的“人民币汇率一旦贬值就会贬贬不休，直至导致金融危机”的观点是错误的。这种观点高估了预期的作用，而低估了经济基本面和汇率变动本身对汇率的稳定作用。我们实在没有必要对短期的、波动性的贬值过于担心。如果当年不干预，人民币会贬值，但不会持续大幅贬值。这当然是一个现在既无法证明也无法证伪的观点，但可以看看 2015 年 5 月以后的股市。“国家队”花了数万亿元人民币也没有稳住股市，停止干预了，股市跌到 2850 点最终也稳定了。现在回头去看当时，你能够想象“8·11”后人民币会持续大幅贬值，以致中国会发生什么危机吗？

学界另一个根深蒂固的观念是：“只有通过干预外汇市场稳定住汇率，才能稳定住汇率预期，进而实现汇率的稳定。”我认为，由于预期类型和外流资本性质的不同，只有满足非常严格的条件，干预才能实现汇率预期的长期稳定。在汇率贬值预期存在时，通过干预来维持汇率稳定可以打击“做空”，但对外逃资本、套息交易平仓资本和海外投资资本的流出，则不但不会起到抑制作用，反而会鼓励这些类型资本的流出。因而，除非基本面发生变化，即便市场“天复一天”地相信汇率不会贬值，汇率的贬值压力不会消除，贬值的长期预期也不会消失。这样，在基本面发生变化之前，货币当局就不得不持续消耗外汇储备。2017 年，汇率趋稳和外汇储备回升同时发生。但这并非是“保汇率”实现了“保外储”，而是资本管制、中国经济基本面改善和美元指数开始走软的结果。退一步讲，即便是以 1 万亿美元的代价换来了汇率的自主稳定，这也不是什么值得夸耀的结果。

为当年执行汇率维稳政策辩护的唯一合乎逻辑的论点是“藏汇于民”，即本来是由官方持有的外汇储备，现在变成由普通居民持有的海外资产。但中国的国际收支平衡表和海外投资头寸表并不支持这种说法。例如，从 2014 年第二季度到 2016 年末，中国累积的经常项目顺差为 0.75 万亿美元，但在外汇储备下降 1 万亿美元的同时，中国国际投资头寸表上居民对外净资产仅增加了 0.9 万亿美元。如果真是“藏汇于民”了，在此期间中国居民海外净资产应该增加 1.75 万亿美元，官方解释差额是“误差与遗漏”。误差与遗漏肯定是存在的，但 8500 亿美元未免太大了吧？

2017 年，我的团队对这几年中国国际收支状况进行了比较细致的分析，得出两个结论。第一，与其他发达国家相比，中国国际收支平衡表误差与遗漏账户中的流出不仅规模庞大，而且是持续、单向的，而非“白噪声”，因而不可能是单纯统计上的误差与遗漏。第二，国际投资头寸表上的“误差与遗漏”则说明，尽管一些跨境资本是通过正规渠道合法流出，但这些流出的资本没有形成海外资产累计。

尽管外流不等于外逃，但大规模资本外逃的现实是难以否认的。2016 年以来，中国政府采取了一系列措施抑制资本外逃，这些政策完全正确并且取得了良好的效果。但是，我们绝不能对资本外逃现象死灰复燃的可能性掉以轻心。资本外逃问题的最终解决还有赖于中国经济体制、金融体系和汇率体制改革的进一步深化。例如，如果我们不能彻底解决产权保护问题，资本外逃问题就无法得到根本解决。

中国必须加速调整对外经济模式

“出口导向型创汇经济”的主要问题是导致了一个畸形的海外资产负债结构的出现。由于长期维持“双顺差”，尽管中国拥有近 2 万亿美元的海外净资产，但因负债（主要是 FDI）回报率较高，资产（主要是以美国国债为主的外汇储备）回报率较低，中国在近十年来投资收入都为逆差。以 2008 年为例，根据世界银行驻华代表处的研究，发达跨国公司在华投资的回报率为 22%，而当年美国国库券的回报率不超过3%。使“出口导向型创汇经济”战略得以实施，并妨碍这一战略得以转型的必要条件是人民币汇率的长期低估。而汇率缺乏弹性又为投机资本的套利、套汇和资本外逃创造了便利条件。

除海外资产负债结构畸形之外，令人扼腕的是，尽管中国持续输出资本，中国的海外净资产却不见增长。在2008年全球金融危机爆发之前，中国的海外净资产接近2万亿美元，但到2016年底中国的海外净资产却大约只有1.75万亿美元。造成这种只见向海外输出资源（资本），却不见海外资产增长的主要原因是资本外逃。此外，中国的海外资产主要是美元资产，以美元计价，其安全性完全取决于美国政府的财政、货币政策以及中美之间的政治关系。

如果不能及时调整中国的海外资产负债结构，中国将继续维持投资收入逆差。由于老龄化等问题，储蓄率将会逐步下降，贸易顺差将会逐步减少，中国就有可能出现经常项目逆差。进入老龄化阶段的中国一旦陷入这种状况，中国的对外经济部门就有可能变成中国经济增长的沉重包袱而不是重要推动力。

海外资产负债结构的调整将是一个复杂的系统工程，汇率制度的改革在这个复杂工程中占有特殊地位。纲举目张，希望中国政府及早下定决心，在做好预案的前提下，尽早让人民币汇率实现双向自由浮动。

金融如何开放？——中国40年改革的经验与教训

从百废待兴的中国金融业说起

1978年12月18—22日，中国共产党第十一届中央委员会第三次全体会议在北京举行，会议决定将工作重心从阶级斗争转向经济建设，从而开始了改变国家、民族命运的改革开放政策。不过在改革开放的初期，领导人并没有一个明确的改革蓝图，只能“摸着石头过河”。当时的金融体系不但与世隔绝，而且只有一家金融机构即中国人民银行，占到全国金融资产的93%。当时实行计划经济，企业之间的资金调配都是由政府计划委员会决定，再加上老百姓也没有多少储蓄，金融中介发挥不了什么作用。

但中国的金融体系并非一直都是如此。大概在100年前，中国的金融体系不但很发达，同时也很开放。在国际金融中心上海，市面上一度有100多个国家的货币同时在流通。当时实行银本位制，跨境资本流动完全自由，当局并不直接控制货币的数量和价格。不

* 作者系CF40学术委员会主席、北京大学国家发展研究院副院长黄益平。

过在 20 世纪 30—40 年代，因为受到大萧条和连年战争的冲击，金融体系基本崩溃了。从 1952 年开始，金融机构都被国有化了。从 1956 年开始，在社会主义改造运动中，金融机构几乎都被取消了。

1978 年末的中国金融业确实是百废待兴，不过在改革初期，政府的主要精力还是放在重建国内的金融体系，包括商业银行、保险公司和资本市场。虽然日本输出入银行早在 1979 年就在中国建立了代表处，但在很长时期内对外开放并非中国金融政策的重头戏。政府第一次开始集中关注金融开放问题应该是在 20 世纪 90 年代初期，主要采取了两大举措：一是 1994 年初汇率双轨并轨并从此开始实行有管理的浮动汇率体系；二是 1993 年实施“以市场换技术”的外国直接投资政策。

当然，这两个政策也并非横空出世，它们都是有前序故事的。汇率的调整大概始于 1980 年，当时人民币兑换美元汇率为 1.5∶1，严重高估。为了鼓励出口，政府设立了内部结算价，从而开始了官方、市场两个汇率持续贬值的过程，直到 1994 年初合并到 8.7∶1。吸引外国直接投资的政策则源于 1980 年建立的深圳经济特区，只不过经济特区吸引外资来投资，主要是为出口，其目标市场还是在国外。而“以市场换技术”政策则是把国内市场让出去，同时把资金和技术引进来。单纯从吸引外资的角度看，这个政策是十分成功的，在随后的 20 年间，中国一直是全球吸引外国直接投资最多的国家之一。

东亚金融危机爆发，资本项目开放被搁置

直到此时，指导金融改革政策的基本上还是封闭性的理念，虽

然通过汇率政策支持出口、通过各种优惠吸引外资，但并不存在实质性的内外金融交流。仅仅在两三年之后，这个格局就被打破了。1996 年下半年，当时的中国人民银行行长戴相龙写信告知 IMF（国际货币基金组织），中国已经实现了人民币经常项下可兑换，并准备再用 5~10 年的时间实现资本项下可兑换。政府还明确了“先进后出、先长期后短期、先直接投资后投资组合”的开放策略。现在解读当时的政策思路，应该把欧美金融体系作为目标模式，因此，改革的方向就是实现“完全可兑换”。

可惜的是，不到一年，这个看上去很有章法的计划就被突然爆发的东亚金融危机给打乱了阵脚。1997 年 7 月 31 日泰铢被迫大幅贬值，引发亚洲货币纷纷溃败，泰国、印尼、马来西亚和韩国经济均处于危机的风暴眼处，周边经济如中国香港特区、台湾地区等也都深受其害。中国政府当机立断宣布将人民币兑换美元的汇率固定在 8.28∶1，为地区货币市场的稳定做出了重要贡献，其勇于承担的行为也受到了国际社会的高度肯定。但基于可以理解的原因，资本项目开放的计划只能静待新的时机。

但也可能正是因为中国在当时还保留着资本项目管制，才免遭灾难性打击。同时，亚洲金融危机也给中国提供了一些重要启示：第一，如果国内金融体系尚未健全，过早开放资本项目无异于玩火。第二，不灵活的汇率体系加上高估的货币，几乎就是可以大概率引发国际收支危机的药引。第三，在紧要关头，充足的外汇储备可以救命。第四，如果外债尤其是短期外债过多，一旦信心发生动摇，资金回流，很容易断送金融稳定。这些教训或多或少地影响了之后中国的政策选择。

事实上，当时中国金融体系的状况并不比印尼或者韩国好多少。

商业银行的平均不良率高达30%~40%，之所以中国没有发生金融危机，除了存在资本项目管制以外，政府兜底也发挥了关键性的作用，以至于银行的坏账率这么高却没有发生挤兑。因此，政府一方面开始致力积累大量的外汇储备以备未来的不时之需，另一方面则集中精力化解银行系统的风险，通过冲销坏账、注入新的资本金、引进国际战略投资者直至最后国际资本市场上市。这两项政策都取得了巨大的成功，外汇储备规模居全球第一,一度高达4万亿美元；今天中国的四大国有商业银行稳居全球十大银行之列。

现在回想起来还是有点后怕，如果央行在1996年快马加鞭，把资本项目开放了,那么在1997年中国也许就成了“危机国家”之一。东亚金融危机爆发之后，中国政府采取了几条应对措施，现在看来都还是比较明智的选择：一是让人民币暂时钉住美元，帮助稳住国际金融环境；二是局部收紧了跨境资本管制；三是开始加速积累外汇储备；四是尽快处置国内金融风险，商业银行的资产负债表很快有了显著的改善。

加入WTO，金融服务业开放造成内外压力

东亚金融危机虽然暂时迟缓了中国资本项目开放的计划，但并未真正改变金融开放的方向。2001年底中国加入世界贸易组织，并明确承诺向外资开放金融服务业。比如，在银行业，中国政府承诺每年向外资银行开放五个城市的人民币业务，五年之后所有的城市都向外资银行开放，让外资银行享受国民待遇。这个承诺的开放力度非常大，甚至在国内金融界引起了恐慌。这主要是因为当时国内银行业的状况非常糟糕，很多人担心“狼来了”会把羊吃掉。

不过当时我不太认同这个担心。我和《比较经济学杂志》主编博宁（Bonin）教授一起做了一项研究，我们借鉴世界各国的经验，认为外资银行进入中国市场，最值得担心的并非外资银行冲垮国内银行，而是外资银行会在国内市场举步维艰。[①] 后来的发展大致印证了我们当初的猜想，中国“入世”之后，外资银行在中国银行业总资产中的比重反而下降了。原因很简单，外资银行能去哪、可以做什么样的业务，仍然需要经过监管部门的审批，比如，外资银行一年只能去一个省办一个分行。

但无论如何，我们认为政府暂缓资本项目开放、把重点先放在金融服务业开放上的决策还是十分合理的。这是因为金融服务业开放对金融稳定的风险要小很多，当时国内也有不少人担心外资金融机构进来，可能会把国内金融体系搞乱。我和博宁认为这个看法是不准确的。外资银行进入中国市场，相当于外资在中国银行业的直接投资，只有中国金融稳定，他们的投资才能获得好的回报。更重要的是，外资银行进了中国市场，就要受中国监管部门的监管，金融体系能否保持，不取决于其所有权，而取决于其监管的能力。

不过，金融服务业开放的五年过渡期尚未结束，中国的国际收支就遭遇了新的问题。中国加入 WTO 之后，经济增长强劲，出口非常活跃，经常项目顺差不断扩大，外汇储备也迅速积累，很多人认为这些都是人民币被显著低估的重要证据。从 2003 年开始，国际社会要求人民币升值的呼声越来越大。国内公众也不满意，主要是因为看到大量的外汇储备被投资到了美国国债市场，感觉是穷人借钱给富人用，而且富人给的回报特别低，这不合理。这样，央行似

---

① Bonin, John B and Huang, Yiping. *Foreign entry into Chinese banking: Does WTO membership threaten domestic banks?*. The World Economy, 2002: 25(8).

乎落入了一个“里外不是人”的境地。

作为对这波内外压力的回应，央行采取了三方面的措施：一是鼓励中国企业“走出去”；二是重新回归有管理的浮动汇率体系；三是进一步放松对跨境资本流动的管制。中国企业走出去的政策最早是在 1992 年党的十四大上提出来的，但加速推动是在 2003 年的十六届三中全会之后。一开始主要是国有企业到海外投资原材料产业，后来才逐步变得多样化。另外，央行在 2005 年 7 月 21 日放弃了钉住美元的汇率体制，引入参照一篮子货币的有管理的浮动汇率体制。人民币从此开始了缓慢的升值之路，一直延续到 2015 年 8 月。

人民币国际化重走回头路

很快，中国与世界金融体系就遭遇了一场力度更大、持续更久、范围更广的金融危机。美国的次贷危机源于政府支持美国家庭拥有自己的住房政策，商业银行向达不到资质要求的家庭发放了次级按揭贷款，然后通过资产证券化打包出售。这样一个带有很高风险的产品经过包装被销往世界各地，加大了信息不透明的程度。但因为当时全球经济“大缓和”现象，短期内次贷并没有出现问题。2007 年初美国房地产价格回调 3%，在资产负债表恶化、被迫抛售资产和资产价格进一步下跌之间形成了恶性循环，终于酿成了一场世纪大危机。

中国政府再次及时地采取了一些应对措施：一方面加强了对跨境资本流动的管理，防范资本大进大出冲击国内金融体系的稳定，另一方面从 2008 年 7 月大幅收窄汇率的浮动区间，一直延续到

2010年10月。但其实更受关注的是另外两项政策，第一，中国政府于2008年底宣布“四万亿”刺激政策。这项政策帮助稳住了中国甚至其他一些国家的经济增长，中国的GDP增速从2009年第一季度的6.1%提高到第四季度的10.7%。当然，这个政策也留下了诸如地方政府负债过高、资金利用效率下降，甚至资产泡沫上升等后遗症。第二，从2009年开始，央行逆势推动人民币国际化。这主要是基于次贷危机发生之后，国际社会对美元作为国际储备货币的地位产生了怀疑。央行其实是顺势而为，推动人民币国际化的进程：一是积极鼓励跨境贸易与投资的人民币结算；二是在海外特别是中国香港建立人民币离岸市场，同时发行人民币计价的资产；三是向各国央行与主权财富基金开放国内金融市场，鼓励它们持有人民币资产；四是推动人民币加入IMF的SDR篮子。与此同时，跨境资本流动的自由度再次开始缓慢提升。

应该说，人民币国际化的政策一度很成功，人民币在国际支付、储备中的比重稳步上升，除中国香港特区以外，伦敦、新加坡甚至纽约都积极争取建设人民币的离岸市场。始料未及的是，人民币国际化进程的暂停居然是为了让人民币加入SDR篮子的努力所触发的。2015年上半年IMF关于人民币入篮的报告批评了人民币中间价非市场化机制，为了让定于11月底举行的IMF董事会顺利批准人民币入篮，央行在2015年8月11日启动了中间价的改革，主要是增强市场化的成分，每天早晨的中间价由三个因素决定：头一天的收盘价、隔夜的全球外汇市场变化以及其他因素。

这样一项本来应该受到市场欢呼的改革居然变成了引发人民币大幅贬值预期的导火线，这应该是大大出乎决策者预料的。但真正牵制人民币国际化进程的应该是不够灵活的人民币汇率。自从

2005年以来，我国虽然实行有管理的浮动汇率体系，央行一再表示要提高汇率的弹性，但弹性总是不够。2010年以后，经济增速持续下行，经常项目顺差也不断缩小，自2014年下半年起市场形成了人民币贬值的预期。央行在完善中间价的同时适度下调人民币汇率，这令市场以为贬值预期终于得到证实，引发了一轮波澜壮阔的资本外流浪潮。

为稳定金融体系，央行再次采取了两方面的措施：一是加强跨境资本流动的管理，"拓流入、限流出"；二是动用外汇储备进行干预。经过大概一年半的努力，到2016年底基本消除了贬值预期。加强跨境资本流动管理的结果就是人民币国际化被踩了刹车，资本流动不那么自由了，货币国际化从何谈起？为防止香港离岸市场汇率扰乱在岸市场预期，央行甚至抽干了离岸市场的流动性。一些国际金融机构响应央行号召设立的"人民币国际化业务部"以及一些支付基础设施只好暂时进入休眠状态。

客观地说，央行当时所采取的这些措施也是迫不得已，而且达到了预期的目的。但教训也很深刻，在无法承受汇率相对灵活的波动之前强势推动人民币国际化进程，起码在改革次序的选择上是有瑕疵的。这其实也是东亚金融危机给我们的教训，即要重视金融改革与开放的次序。人民币国际化不得不走回头路，只是再次印证了这一朴素的原则。

中国金融开放政策的经验教训

2017年的经济形势相对稳定，但国内的一些金融风险因素频繁爆发，特别是在影子银行、互联网金融和地方融资平台等领域。政府开始把精力集中到防范系统性金融风险，包括对监管框架的改革。2017 年 7 月召开的全国金融工作会议决定成立国务院金融稳定与发展委员会，统筹经济、金融政策。原先为了稳定汇率所采取的一些管理跨境资本流动的政策也纷纷退出了市场。10 月，国务院宣布进一步加大金融服务业的开放力度，提高外资持股比例，并且承诺在三年之后不再对外资设定持股比例的限制。

中国的改革开放政策已经施行了 40 年，推进金融开放政策也已经历时 20 多年。如果用宏观指标来考量金融开放政策的效果，成绩还是很突出的。大量的外国直接投资对出口和增长都做出了重要贡献。另外，国内金融体系相对稳定，而且国际收支一直比较健康，对投资者的信心提供了有力的支持。不过，金融开放政策的一些问题也比较明显，2017 年中国金融四十人论坛发布的“径山报告”《中国金融开放的下半场》对中国的金融开放政策总结了三大特征：一是缓慢、反复；二是决心大、推进难；三是政策协调性不够。

中国金融开放政策的经历也提供了一些重要的经验和教训，这些经验教训可以帮助中国更好地设计、执行下一个阶段的政策，对其他正在开放中的新兴市场经济或许也有借鉴意义。

第一，宣布的政策要尽可能落实。过去我们经常是“说得多、做得少”，这也许是“渐进式改革”的基本特征，但次数多了，会在市场上失去信用。我们在“入世”时承诺对外资银行开放国内市场，实际上外资银行并没有真正享受到国民待遇。过去 13 年来我们也一直说要提高汇率的灵活性，但每当市场波动，决策部门就很紧张，央行就不得不采取各种干预措施。不过好在自 2016 年底以来，央行基本上没有再采取常规性的市场干预，几乎实现了“清洁浮动”，但这个政策能坚持多久，还有待观察。

第二，改革政策的先后次序很重要。金融改革要讲次序，这是有共识的，但这个理念并不总能得到很好的执行。我国从“入世”的经历中总结出一条经验，就是“以开放促改革”。但如果把这个从实体经济中总结出来的经验机械地套用到金融领域，可能就不合适。如果国内改革没做好，打开金融大门就容易引发风险。因此，在实践中还是应该尽量把“以开放促改革”和“以改革助开放”结合起来。我国的当务之急应该是尽快完成利率市场化改革，同时大幅提高汇率的灵活性，然后才能考虑跨境资本流动的进一步开放。

第三，金融服务业开放可以先行。如果把广义的金融开放分为金融服务业开放和资本项目开放，那么前者完全可以走得快一点，因为外资金融机构的进入可以增加竞争，带来新的经营管理技术，有利于国内经济增长。金融服务业开放不涉及资本的大进大出，而且同样受到国内的监管，其实风险相对比较低。国内对外资金融机构的抵制，既有理念的因素，也有利益的因素。理念的问题可以通过讲清楚道理来说服大家，但利益的问题就比较难克服，可能需要决策者站在宏观的角度做出决断。

第四，务实地确定资本项目开放的目标。过去我们习惯性地将完全自由兑换当作资本项目开放的目标，这一点实际值得进一步讨论。东亚国家发生金融危机的一个原因就是外债过多，而次贷危机之后，国际政策界形成了新的共识，即短期资本大进大出可能会带来较大的风险。因此，IMF也开始改变政策立场，允许各国出于维护金融稳定或者货币政策独立性的动机对跨境资本流动采取局部的、临时的限制。对中国来说，在短期内可能很难完全承受资本项目完全开放的后果，基本开放也许是更加务实的目标。

第五，金融监管的加强必须与金融的开放同步推进。金融开放有好处，但也会增加不稳定性，所以构建有效的监管框架的努力必须同步进行，甚至先行一步。过去学界认为金融开放一定要选择宏观经济环境最好的时候，后来发现效果并不好，因为环境好的时候，会有大量的资本流入，进一步推动经济与金融的繁荣，但这可能埋下金融危机的种子。反之，如果选择一个经济环境不那么好的时机开放，政府反而会更加重视风险因素。可见，关键并不是什么时机最好，而是在开放的时候有没有同步构建有效的风险防范机制。

人民币加入 SDR 是里程碑也是新起点*

2015 年 11 月 30 日，IMF 执董会决定将人民币纳入 SDR 货币篮子，于 2016 年 10 月 1 日正式生效。习近平总书记在 2016 年新年贺词中曾说道：“这一年，北京获得第 24 届冬奥会举办权，人民币纳入国际货币基金组织特别提款权货币篮子，我国自主研制的 C919 大型客机总装下线……这说明，只要坚持，梦想总是可以实现的。”李克强总理也在多个场合说，人民币加入国际货币基金组织特别提款权货币篮子，是改革开放的重要实践。

从历史和宏观的角度看，人民币加入 SDR 之路，既是中国参与全球经济治理之路，也是中国经济改革开放之路。人民币加入 SDR，实际上对中国推进改革开放、以一个平和、共享、包容的姿态越来越深地参与国际经济金融治理都有重要意义。

人民币加入 SDR 之路是中国参与全球经济治理之路

IMF 于 1969 年正式创设 SDR，这是 20 世纪国际货币体系建立

* 作者系 CF40 学术顾问、中国人民银行行长易纲。本文根据作者在 2017 年 12 月 20 日的“中国金融四十人看四十年”系列讲座第 1 期暨“CF40 · 孙冶方悦读会”上的发言整理而成。

和演化的重要成果之一。

在 1929—1933 年的“大萧条”期间，金本位崩溃和各主要国家的货币竞相贬值，使全球贸易陷入混乱。此后很多智者提出，两次世界大战特别是第二次世界大战的爆发，很大程度上与国际货币和金融体制所造成的问题有关，如贸易战、战争赔款、货币不稳定，以及贸易和投资争端等问题。第二次世界大战结束前，美、英两国开始起草战后国际货币体系的重建方案。1943 年，美国提出了怀特方案，即设立国际货币稳定基金发行尤尼塔斯（Unitas），各国货币通过 Unitas 与美元挂钩；英国提出了凯恩斯方案，即由国际清算联盟发行超主权货币 Bancor。

1944 年 7 月，布雷顿森林会议召开。在此次会议的准备和召开过程中，中国参与并起到了比较重要的作用。会议召开的前一年即 1943 年，中国选派专家赴美，与美国财政部就设立基金和银行的草案进行了反复深入的探讨。1944 年在盟军基本上看到胜利曙光时，布雷顿森林会议召开，中国派出由 32 人组成的代表团参加，并担任部分委员会主席职责，深度参与会议，为会议成功召开做出贡献。根据布雷顿森林会议签订的《国际货币基金协定》，国际货币基金组织于 1945 年 12 月成立，当时中国获得的份额为 5.5 亿美元，名列第四。在同样于第二次世界大战后成立的联合国中，中国成为五个常任理事国之一。这都反映了中国在第二次世界大战中的重大贡献，也反映了中国在重建国际货币经济和金融体系、重塑国际政治治理机制中的地位。

布雷顿森林体系在创立之初促进了战后经济复苏，并在很长一段时间发挥了重要作用。但该体系也存在根本缺陷，即“特里芬两难”，也就是美国无法既通过贸易逆差向全球提供足量美元，同时又保持美元与黄金的兑换平价不变。20 世纪 60 年代初，国际美元流动性紧缺，国际社会开始研究创立新的储备资产。1969 年，修订后的《国际货币基金组织协定》生效，正式创立 SDR。

尽管受美、法等国影响，SDR 设立之初就在分配和使用上受到各种限制性规定，但彼时的主要问题已经转移到美元泛滥和美元贬值压力，在此影响下，布雷顿森林体系于 1971 年最终崩溃。于是国际社会开始探讨减少美元储备和扩大 SDR 的作用，并形成了一个高潮。但是 20 世纪 80 年代，随着各国逐步建立了浮动汇率机制，美元币值也逐渐趋稳，国际上关于扩大 SDR 作用和改革国际货币体系的讨论逐渐沉寂。

2008 年国际金融危机爆发。随着危机的迅速蔓延，中国走向了全球经济治理的中央。

2009 年 4 月 G20 伦敦峰会前夕，时任中国人民银行行长周小川发表《关于改革国际货币体系的思考》一文，提出应特别考虑充分发挥 SDR 的作用，引起国际社会的巨大反响和热烈讨论。周小川在文章中提出："SDR 具有超主权储备货币的特征和潜力……SDR 的使用范围需要拓宽，从而真正满足各国对储备货币的要求。"他建议，建立 SDR 与其他货币之间的清算关系，积极推动在国际贸易、大宗商品定价、投资和企业记账中使用 SDR 计价，积极推动创立 SDR 计值的资产，进一步完善 SDR 的定值和发行方式，SDR 定值的篮子货币范围应该扩大到世界主要经济大国。

周小川的文章掀起了新一轮 SDR 讨论的热潮。可以说，他提出改革国际货币体系的中国方案，正体现了我们的"四个自信"和中国智慧。自此，完善国际货币体系和增强 SDR 作用进入了 G20 峰会议程。

2011 年，法国作为 G20 主席国，提出国际货币体系改革议题。2015 年，IMF 执董会决定将人民币纳入 SDR 货币篮子。2016 年，中国作为 G20 主席国，召开了 G20 杭州峰会，重启国际金融架构工作组，继续推动国际货币体系改革的讨论，并成功推动了世界银行、渣打银行在中国发行 SDR 计价债券。

人民币加入 SDR 之路是中国经济改革开放之路

中国经济改革开放有“三驾马车”：一是贸易投资、金融业对外开放；二是人民币汇率形成机制改革；三是减少外汇管制，逐步、稳步推进资本项目可兑换。“三驾马车”的英文是 trinity，即三位一体，就是说这三个方面缺一不可，互为条件，协同推进。“三驾马车”相辅相成，推动了改革开放逐步深入；而改革开放的显著成果，为人民币国际化提速和人民币加入 SDR 奠定了基础。

2009—2015 年担任外汇管理局局长近七年的时间里，我从理论和实践层面比较深刻地认识了“三驾马车”之间的关系。

2009 年，我在外管局提出“五个转变”，包括从重审批到重事中、事后监管，从重有罪假设到重无罪假设等。这本质上就是简政放权、“放管服”。贸易投资的便利化，旨在提高中国企业的竞争力，提高中国老百姓在全世界进行资产配置和换汇的便利性。在这一过程中，还必须考虑减少外汇管制。虽然中国在 1996 年就已经承诺经常项目可兑换，但在资本项目下还存在很多管制，这给很多贸易和投资活动造成了限制。因此，必须考虑如何稳步推进资本项目可兑换，减少资本管制。但也要注意，减少资本管制、推动资本项目可兑换的过程不能走得太快。如果走得太快，有可能发生类似2008年全球金融危机和此前亚洲金融危机的错误，而一旦发生颠覆性错误，势必会倒退，重新进行管制，这将使整个推进过程更加缓慢和漫长。

“三驾马车”的另一方面——人民币汇率形成机制改革，也须同时推进。2005—2014年初将近十年的时间内，人民币一直存在升值压力，人民币兑美元汇率从8.28升至6.05左右。2014年初—2016年两年多的时间内，人民币又面临贬值压力。实际上，真正的人民币汇率双向浮动是从2017年开始的。2017年以来，人民币的供求关系比较平衡，汇率双向浮动，国际收支、资本的流入流出和市场预期都比较稳定。在这个时点上，我们应考虑如何使人民币汇率形成机制更加灵活、反映市场供求，使人民币汇率形成机制成为“金融稳定器”和国际收支的“调节器”。

“三驾马车”必须同时考虑，协同推进。不论在哪一个方面走得冒进，而其他两个方面不配套，都会发生问题。这是三个方面同时改革的一个要求。

从1979年外汇管理局成立至今近40年的时间里，中国经济改革开放取得了显著成效，在竞争力、中国制造、进出口等方面都取得了举世瞩目的成就，创造了经济增长的世界奇迹。与此同时，中国老百姓的财富，以及中国老百姓作为消费者在国外旅游、学习、开展商务活动等的换汇便利度都大大提升了。中国经济体量大幅增长，实体经济开放程度大幅提升，金融体系韧性和抵御风险能力稳步提高，人民币汇率趋向合理、均衡水平，外汇管制程度大幅下降，资本项目绝大多数实现可兑换，这些改革开放的成果，为国际金融危机后人民币国际化提速和人民币加入SDR提供了条件。

人民币加入 SDR 是中国金融开放的新起点

国际金融危机的爆发，客观上为人民币国际化提供了历史性机遇。2008 年以前，人民币国际化主要围绕边境贸易。危机后一些亚洲国家和地区的流动性和外汇市场都受到较大冲击，主要国际储备货币汇率大幅波动，损害了市场对贸易和投资的信心。相比之下，中国金融体系稳健，抵抗风险能力较强，人民币币值保持稳定，很自然地吸引了更多市场主体选择使用人民币。所以说，人民币国际化的过程也是一个市场驱动的过程。

人民银行作为货币当局，在当时并没有出台特殊的优惠政策，只是废除了原先不允许人民币对外支付、对贸易结算和对外投资这样歧视人民币作为支付和国际货币的措施，创造了一个使人民币和其他可兑换货币在同一平台上公平竞争的环境。金融机构作为市场主体，可以选择一种对他们来讲最方便、成本最低的货币。人民币是中国的本币，对很多企业和金融机构而言，选择人民币的交易成本是最低的。随着中国贸易和投资的不断扩大，很多企业，包括中国的贸易伙伴，都自主地选择使用人民币。截至 2017 年 8 月末，中国人民银行共与 36 个国家和地区的央行和货币当局签署了双边本币互换协议，总金额为 3.3 万亿元人民币。

2009—2014 年，人民币国际化进程加速。贸易需求和双边直接投资需求的增加，令人民币使用便利性有了较大的提升空间。中国人民银行顺应市场需求，相继出台措施，推进跨境贸易人民币结算和直接投资人民币结算。这包括在 2009 年发布《跨境贸易人民币结算试点管理办法》，在 2011 年启动对外直接投资（ODI）和 FDI 人民币结算。

贸易及直接投资带动了人民币跨境流动，增加了对人民币资产的需求。为顺应人民币投资需求,不断扩大人民币证券可投资范围，2011 年，中国人民银行启动人民币合格境外机构投资者（RQFII），允许符合要求的境外机构进入银行间债券市场投资，银行间债券市场投资范围也从现券扩展至债券回购、借贷、远期及远期利率协议等。

人民币跨境使用衍生出对清算等金融基础设施的需求。中国人民银行于 2012 年启动建设人民币跨境支付系统（CIPS）。为促进双边贸易和投资发展，满足经济主体降低汇兑成本的需要，中国人民银行不断推动人民币对更多货币的双边直接汇率形成机制。人民币跨境结算的发展扩大了境外人民币资金池，需要通过离岸市场办理相关业务，中国香港特区成为规模最大的离岸人民币中心，伦敦、新加坡、法兰克福等积极发展本地人民币离岸市场，离岸金融产品扩大。

可以说，人民币加入 SDR 是一个水到渠成的过程，背后是中国经济改革和人民币国际化的不断推进，国际社会对国际货币体系改革的需求，以及对中国改革开放成就、人民币国际地位的肯定。

人民币加入 SDR 是一个重要的里程碑，是中国改革开放 40 年综合成果的体现。这个成果不仅包括经济、金融，也包括中国在国际上的话语权和人民的预期。

人民币加入 SDR 是一个新的起点。虽然人民币在 SDR 货币篮子中的权重位居第三，但距离真正一流的储备货币还有很大的差距。作为金融从业人员，我们必须思考差距在哪。比如在全世界的储备份额、在全世界贸易和投资中的结算份额、使用的便利性、在全世界可接受的程度等。其中还有很多的基础设施建设工作有待完善，包括信用卡、第三方支付、支付清算系统、托管系统、市场的开放程度等。我们要找到这些差距，把它当作我们进步的动力。我们今后的方针就是要进一步改革和开放，不断缩小同真正的储备货币和一流金融市场之间的差距。

中国参与全球治理的金融视角

改革开放 40 年来，中国经济不断发展壮大，更加深入地融入全球经济，成为现行全球治理体系的参与者和受益者。“一带一路”扬帆起航，取得一系列积极成果；人民币加入 SDR 货币篮子，成为全球储备货币；中国日益深入 G20 日程，建设性地参与国际规则的制定和完善；中国主导的丝路基金、亚洲基础设施投资银行相继成立并运行顺利，有力地补充了现有国际体系。中国正在逐步走向全球经济治理舞台的中央，并开始在一些领域发挥国际引领作用。

我国深入参与全球经济治理，不仅是为自身发展创造良好的外部环境，也是发挥大国作用的应有之义，是重要的“软实力”。改革开放 40 年来，我国参与全球治理基本上实现了从零参与到全覆盖、从单向依赖国际组织贷款到与国际组织双向资金合作、从学习跟随到主动深入参与的三个转变，国际影响力不断提升。从金融视角回顾这几十年参与全球治理的历程，有助于我们总结经验，展望未来，更好地改革全球治理体系，并促进中国自身发展。

---

* 作者系 CF40 特邀成员、中国人民银行国际司司长朱隽。全球治理内涵丰富，涉及领域广泛，本文主要结合作者自身所做的工作和研究，从金融角度总结我国参与全球经济金融治理的一些亮点和思考。

从零参与到全覆盖的转变

新中国成立后的很长一段时期，由于各种原因，中国几乎没有参加任何经济领域的国际组织，是改革开放将中国推向了国际经济舞台。1980 年，以中国恢复在 IMF 和世界银行的合法席位为标志，中国开始参与布雷顿森林体系机构的各项事务。1985 年和 1986 年，中国分别加入非洲开发银行和亚洲开发银行（以下简称亚行），开启了与区域性多边开发银行合作的历程。2001 年，中国加入 WTO，这成为中国深度参与经济全球化的里程碑。2008 年国际金融危机后，国际组织与多边机制在应对经济复苏挑战、协调各国政策和加强金融监管方面的作用增强，中国也开始在危机救助、金融监管标准制定、国际货币体系改革等重大议题上发挥重要作用。

目前，在全球层面，中国是 G20、IMF、世界银行、WTO 等重要国际组织或协调机制的成员，全面参与国际经济金融政策协调，与各国就全球性问题共商对策。中国参加了 BIS、金融稳定理事会（FSB）、巴塞尔银行监管委员会（BCBS）等国际权威金融监管标准制定机构，与各国一道维护全球金融稳定。中国还是全球三大反洗钱组织，即金融行动特别工作组（FATF）、亚太反洗钱组织（APG）和欧亚反洗钱及反恐融资小组（EAG）的成员。

在区域层面，中国与巴西、俄罗斯、印度等国共同创建了金砖国家合作机制，创办了金砖新开发银行，建立了金砖国家应急储备安排（CRA）。中国积极参与东盟与中日韩（10+3）合作机制，东亚及太平洋地区中央银行行长会议（EMEAP）合作机制，中亚、黑海及巴尔干地区央行行长会议组织等区域组织，倡导创立清迈倡议多边化协议（CMIM）和亚洲债券基金，加强区域金融合作，提高区域影响力，促进合作共赢。

在多边开发机构层面，随着2009年和2016年先后加入泛美开发银行和欧洲复兴开发银行，中国已经实现对主要多边开发银行体系的全覆盖。作为成员，中国不断加深与非洲开发银行、亚洲开发银行、泛美开发银行、欧洲复兴开发银行、加勒比开发银行、西非开发银行和东南非贸易与开发银行等区域和次区域开发银行之间的合作，支持全球的发展和减贫事业。2015年，中国还发起并设立了亚洲基础设施投资银行，有力地补充了现有的国际体系。

总的来看，改革开放40年来，中国积极参与以G20为核心的政策协调机制，以IMF为核心的全球宏观经济监督机制，以BIS、FSB、BCBS为核心的金融标准制定及央行政策协调机制，以世界银行为代表的多边开发机构以及各层次的金融安全网，全方位、多层次、务实灵活地参与到全球经济治理和政策协调中，增进与各国的相互理解和交流，共同促进全球经济增长，维护国际金融稳定。

从单向依赖国际组织贷款到与国际组织双向资金合作的转变

改革开放之初，我国面临着经济建设和社会转型的重要任务，但资金匮乏、技术经验落后成为经济发展的巨大障碍。这一时期，世界银行和亚行的贷款和技术援助为中国经济增长提供了急需的资金和智力支持，推动了中国的基础设施建设和减贫工作。

1981年，世界银行向中国提供了第一笔2亿美元的贷款，投向了亟待发展的教育领域，支持中国高校更换落后的教学科研设备。

1987年，亚行向中国提供第一笔1亿美元的贷款，用于支持中国投资银行（CIB）向重点中小企业提供贷款，共扶持了35个项目，推动工业部门的现代化改造和技术升级，并提供40万美元的技术援助赠款帮助CIB进行能力建设。20世纪90年代，亚行对我国年均贷款审批额约为9亿美元，我国年均利用世界银行贷款的规模超过30亿美元，世界银行贷款成为我国引进外资的主要渠道之一。世界银行和亚行的资金弥补了我国建设资金的不足，支持了一大批交通、能源、城建、环保、农业、教育、卫生等关乎国计民生行业的重点项目，并且推动了农村能源开发、乡镇企业发展、水务、金融等行业的发展。

两家银行的贷款项目不仅为我国提供了资金和技术，还带来了先进的管理理念和规范的运作机制。1984年，我国与世界银行合作的第一个水电项目——云南鲁布格水电项目首次将国际竞争性招标制度引入我国，被称为“鲁布格模式”。1987年我国第一条利用世界银行贷款建设的高速公路——京津塘高速公路项目首次采用工程监理制度，为我国公路建设管理体制改革提供了有益借鉴。20世纪90年代，亚行为南浦大桥项目提供了技术援助赠款，帮助建设中国第一个收费管理站。亚行还为浙江省提供技术援助贷款，引入国际上防止过度捕捞导致生态恶化的禁渔期经验，为在全国范围推行禁渔期制度树立了典范。世界银行还参与了西南扶贫、秦巴山区扶贫等大型项目，帮助我国脱贫减赤，并通过技术援助、经济调研、能力建设等方式，在宏观经济、农村发展、财政金融等领域为我国深化改革提出大量有价值的建议。

中国经济发展壮大后，开始发挥大国责任，用发展的果实回馈世界。2013年，习近平总书记提出“一带一路”倡议，成为近年来中国发起的最重要的国际合作倡议之一。资金畅通是“一带一路”建设的重要支撑，2014 年，我国出资设立了服务于“一带一路”倡议的中长期开发基金——丝路基金，推进与“一带一路”相关国家在基础设施、资源开发、产业合作和金融合作等项目上的合作。丝路基金成立以来，以股权贷款为主，灵活开展联合融资以发挥杠杆撬动作用，在服务国家战略，市场化、专业化、国际化运作方面显现出一些优势，如决策机制高效，可根据地区、行业或项目类型灵活分设子基金，并可与已开展的债权融资相互配合，充分发挥各自优势，形成互补。截至 2018 年 6 月底，丝路基金已签约项目 21 个，承诺投资金额约 79 亿美元。投资覆盖俄罗斯、中亚、南亚、西亚北非、中东欧等“一带一路”主要区域，并向欧洲、北美、非洲、拉美等延伸地区布局，涉及基础设施、能源资源、交通运输、产能合作等广泛行业。

我国还开创性地与多边开发银行开展联合融资，跟投当地项目，支持当地建设。2013 年，我国出资 30 亿美元与国际金融公司（IFC）设立联合融资安排，支持新兴市场经济体私营部门发展。随后，我国又陆续出资 20 亿美元、20 亿美元和 2.5 亿欧元，与泛美开发银行、非洲开发银行和欧洲复兴开发银行设立联合融资安排，主要参与对主要新兴市场经济体和发展中国家的贷款和股权投资。多边开发银行对所在地区十分了解，拥有丰富的项目管理经验，还享有优先债权人地位，在债务违约发生时能享受优先偿还。开展联合融资既可以满足所在地区的资金需求，支持当地的就业、教育、就医、供水供电和基础设施建设，又可大幅降低我方投资的项目筛选成本，提高了我国对外投资的安全性和收益性，实现了中国与世界的互利双赢。

除上述方式外，我国还通过多种方式，支持亚洲、非洲和拉美地区的减贫和发展。我国与非洲开发银行、加勒比开发银行及西非开发银行分别建立双边技术合作基金，用于技术援助和人员培训，将中国的先进技术和经验介绍到非洲和加勒比地区。我国还积极回馈世界银行和亚行，向亚洲发展基金和国际开发协会（IDA）提供资金，支持亚洲基础设施建设和全球最贫困国家的减贫工作，并于2005年在亚行设立中国扶贫与区域合作基金，成为第一个在国际机构设立此类基金的发展中国家。2009年，我国加入泛美开发银行集团，建立了“提高劳动生产率和促进包容性经济增长基金”“中国—泛美投资公司中小企业股权投资基金”和“开发、创造、传播知识机构能力建设基金”三支基金，对促进拉美及加勒比地区的减贫和社会发展发挥了积极作用。2011年，我国向欧洲复兴开发银行管理的切尔诺贝利基金提供专项援助，帮助乌克兰建设切尔诺贝利核电站泄漏的相关防护设施并保护周边环境。

与此同时，我国还利用多边开发银行平台进行智力输出，介绍和宣传我国在普惠金融、经济特区建设和国际产能合作等领域的经验。由于中国的发展经验与许多发展中国家探索经济转型和工业化发展的背景相契合，我国的改革开放成果和发展经验对这些国家有较强的参考意义。2008年我国与非洲开发银行在非洲举办“中非在发展农村金融领域的经验”研讨会，探讨推动农村金融发展、提高农村金融服务水平的有效措施，介绍中国在农村金融领域的发展经验，为非洲国家制定农村金融发展规划提供了借鉴。2017年，为顺应“一带一路”倡议的实施，利用“一带一路”国际合作高峰论坛主场外交平台，我国与IMF合作建立了联合能力建设中心，为包括中国在内的“一带一路”沿线国家提供各类培训课程，推动各国能力建设。2018年联合能力建设中心启动后，我国与IMF联合举办了主题为“加强宏观经济金融政策框架，进一步推进‘一带一路’建设”的研讨会，来自15个沿线国家的领导人、财政部部长和央行行长、国际组织、国内机构及学界人士围绕“一带一路”倡议带来的机遇、宏观经济金融政策、加强财政框架以及撬动私人部门投资等进行了深入交流，为“一带一路”的建设献计献策。

从学习跟随到主动深入参与，再到创新引领的转变

改革开放之初，我国参与全球治理、加入国际组织，存在一个学习和了解国际规则的过程，在参与上往往以学习跟随为主，针对其他国家的倡议提出反馈意见。例如，在20世纪90年代我国刚刚加入BIS时，BIS内部正在讨论对巴塞尔资本协定（Basel I）进行大幅修改，修订对金融行业的风险监管规定。当时，很多金融监管的概念和理念对我国来说都是全新的，我国在此过程中主要是以学习为主，了解国际上如何完善对金融机构资本充足率的监管规定，以及如何加强银行自身内部管理和外部市场约束等。

进入21世纪以来，我国更加具有建设性地参与国际规则制定，就国际规则中一些不完善的方面积极献言献策，并开始在扩大SDR的使用、绿色金融、打造区域安全网等领域发挥引领作用。在此过程中，不乏我国深入参与全球治理，进而引领创新的案例。

推动国际货币体系改革

国际货币体系改革一直是中国人民银行大力推动的一项议题。早在20世纪90年代，中国人民银行就开始关注该问题，认为以主

权货币作为国际储备货币体系存在重大缺陷，储备货币发行国的国内货币政策目标与各国对储备货币的要求经常产生矛盾，储备货币发行国无法在为世界提供流动性的同时确保币值的稳定。当时，我们把重点放在推动健全国际金融组织的治理方面，在 IMF 和世界银行份额改革等方面做了大量工作。

2008 年国际金融危机爆发后，各方对危机产生的根源展开辩论。当时发达国家有观点认为，全球失衡和高储蓄导致了危机，有意将危机的责任引向中国等新兴市场国家。2009 年，在 G20 伦敦峰会前夕，时任中国人民银行行长周小川连续刊发《关于改革国际货币体系的思考》等系列文章，指出国际金融危机表明，以主权货币作为国际储备货币体系的内在缺陷不仅一直未得到解决，反而越发严重，凸显了完善全球金融架构的必要性。只有推动国际储备货币向着币值稳定、供应有序、总量可调的方向完善，才能从根本上维护全球经济金融的稳定。周行长的文章引发了国际社会对改革国际货币体系的热烈讨论，相关议题开始纳入 G20 峰会议程。

法国也十分重视国际货币体系改革。20 世纪 60 年代，时任法国财政部部长的德斯坦就曾批评美元独大，拥有“超级特权”，多次提出应改革国际货币体系。2010 年 8 月，受法国时任总统萨科齐委托，IMF 前总裁康德苏召集德国前总统科勒（也是 IMF 前总裁）、美联储前主席沃尔克等 17 名前政要和著名学者组成了“国际货币体系改革”名人小组，并向 G20 提交了“皇宫倡议”，建议加强对成员经济和金融政策的监督、维护汇率稳定和均衡、加强对全球流动性的监测和管理、提升 SDR 的作用、改革全球货币治理结构等。中国人民银行参加了名人小组的讨论，就改革 SDR 提出全面设想，创造性地提出了完善现行 SDR 分配机制并以 SDR 为基础发行国际货币单位（ICU）的建议，有力地引导了讨论方向。2011 年，法国担任 G20 主席国后，将国际货币体系改革作为主推议题，并设立后来被称为国际金融架构工作组的工作机制。这一年，各方就建立更加稳定和有韧性的国际货币体系展开了深入的讨论。同年 3 月，中国与法国在南京联合举办了“G20 国际货币体系高级别研讨会”，萨科齐总统亲自出席。然而可惜的是，由于欧债危机爆发，国际社会的注意力后来转向应对危机，关于国际金融架构的讨论被冲淡，G20 国际金融架构工作组也在 2014 年中断。

2016 年，我国担任 G20 主席国后，再次将国际金融架构列为重要议题，并在各国的支持下重启了国际金融架构工作组，邀请同样重视国际货币体系改革的法国和韩国担任工作组主席。当年 3 月，中国与法国在巴黎联合举办了“从南京到巴黎：国际金融架构高级别研讨会”，与会各方进行了热烈和富有成效的讨论。各国就增强 SDR 的作用、完善全球金融安全网、推动 IMF 改革、应对资本流动波动、完善主权债务重组展开了深入的讨论。2016 年 G20 杭州峰会审议通过了一系列具体成果，特别是 G20 各国支持研究扩大 SDR 的作用，同意更多地使用 SDR 作为报告货币并发展 SDR 债券市场；支持完善以 IMF 为核心的全球金融安全网，加强 IMF 与区域金融安全网之间的有效合作；支持巴黎俱乐部作为全球官方债权人主要协调机制发挥重要作用，并持续吸纳更多新兴债权国，对保护我国作为国际债权人的利益具有积极意义。

推动 IMF 完善监督职责

进入 21 世纪以来，全球经济失衡不断扩大。关于全球失衡产生的原因、存在的风险、如何进行调整、谁来承担责任等问题在国际社会引起了热议。当时有观点认为，人民币存在严重低估、中国的经常账户顺差不断增大，是造成全球失衡的重要原因。以美国为首的发达国家不断通过双边和多边渠道向我国施压，力促我国以更快速度、更大规模实现人民币升值。

IMF 成立之初的使命在于维护固定汇率制的布雷顿森林体系，因而其章程一直强调汇率监督的职能。在以美国为首的发达国家的压力下，2006 年 IMF 召集美、中、日、欧和沙特五大经济体开展多边磋商，希望就汇率和全球失衡问题提出解决方案。我国积极参与了有关讨论，最终多边磋商结论较为客观，如实反映了中方促进经济再平衡的措施和进展。但美方并不满意多边磋商的结果，力推 IMF 采取更多加强汇率监督的措施。

2007 年，IMF 推出了《2007 年决定》，通过建立以评估“外部稳定”为核心的监督框架体系，加强 IMF 对成员汇率政策监督，提出了判断成员汇率政策合理性的标准，如经常账户余额、汇率失衡等指标，引入了“汇率根本性失衡”等概念，即“贴标签”的做法。这主要是针对当时包括中国在内的所谓汇率缺乏灵活性且被低估的新兴市场国家。我国认为，《2007 年决定》将导致 IMF 监督重点偏离，不利于其实现促进全球金融稳定和经济繁荣的目的，并从多方面开展工作，寻求理解和支持。由于我国在 IMF 的发言权有限，IMF 最终投票通过了这一决定。可以说，这一时期我国与 IMF 的工作以矛盾和斗争为主线。

随着 2008 年全球金融危机和欧洲主权债务危机的爆发，国际社会纷纷指责 IMF 的监督存在失误，未能及时就发达国家金融部门的脆弱性提出预警和采取措施，要求加强对发达国家财政、货币和金融部门政策监督的呼声不断增加。IMF 内部也对《2007 年决定》进行了反思。我国抓住这一机会，指出 IMF 监督重点偏离是其未能及时提出危机预警的重要原因，督促 IMF 吸取危机教训，调整监督重点，加强对发达国家的监督以及对金融部门、跨境资本流动等系统性风险的监测。我国观点迅速得到各方广泛认同，促使 IMF 于 2009 年 6 月开始对《2007 年决定》的操作指引做出修订，搁置了给成员“贴标签”的做法，即不再对汇率是否“根本性失衡”并导致外部不稳定做出明确判断。

随后，我国抓住 2011 年 IMF 对监督职能进行三年期例行审查的契机，加大了工作力度，积极引导 G20 各成员就 IMF 监督问题展开讨论，并在 2011 年 G20 戛纳峰会上就改革 IMF 监督的方向达成共识。2012 年 7 月，IMF 推出了新的《双边和多边监督决定》，替代了《2007 年决定》。新的《双边和多边监督决定》将 IMF 的监督关注点从单一的汇率监督转向对包括货币财政和金融部门等各项宏观政策的全面监督，健全了 IMF 的监督职能，也有效减轻了我国在汇率问题上面临的压力。至此，共识和合作成为我国参与 IMF 监督改革的主要特点，并为后续改革奠定了良好的基础。

人民币加入 SDR 货币篮子，开创性地发行 SDR 债券

2008 年金融危机后，中国经济率先复苏并成为世界经济增长的引擎，国际上对使用人民币的需求明显增加，中国顺应市场需求，推动人民币在跨境贸易和投资中的使用，并不断扩大金融市场双向开放。经过多年改革和开放，人民币在跨境贸易和投资中使用的深度和广度不断拓展，人民币国际化程度快速提升，为人民币加入 SDR 奠定了基础。

2015年适逢IMF对SDR货币篮子进行五年一次的审查，国际上关于人民币加入SDR的呼声也日益增大。在对人民币加入SDR的可能性和利弊进行理论研究和政治思考的基础上，党中央及时做出了推动人民币加入SDR的重要部署，人民币加入SDR的工作全面展开。2015年，人民银行与IMF通力合作，进行了九轮密集磋商，并实施了一系列改革措施，解决了人民币“入篮”的各项政策性和技术性障碍，最终推动IMF在2015年10月宣布将人民币纳入SDR货币篮子。

2016年10月1日，人民币正式加入SDR，国际储备货币地位获得确认，成为人民币国际化的里程碑，也是中国参与全球治理的里程碑。人民币纳入SDR篮子对中国经济产生了一系列直接正面的影响，包括人民币资产自动配置需求和吸引力持续上升，许多国家宣布将人民币纳入外汇储备，人民币成为IMF官方交易货币等，这些都增强了人民币的国际使用率。

随着人民币“入篮”提高SDR的代表性和吸引力，2016年，中国利用担任G20主席国的机会，积极引导各方讨论扩大SDR的使用，强调虽然扩大SDR的作用不能一蹴而就，但应从现在做起。通过不断的讨论沟通、分析论证，中国与各国之间逐步达成共识。在中国的引导和推动下，IMF也于2016年完成了关于扩大SDR作用的专题研究报告，从IMF分配的官方SDR、SDR作为计价单位、SDR计价的金融市场产品三方面系统分析了扩大SDR使用的可行路径。在引导各方对增强SDR作用进行讨论的同时，中国也带头付诸实施。2016年4月初，中国人民银行会同国家外汇管理局同时以美元和SDR发布了外汇储备数据，又于当年6月末发布了以美元和SDR作为报告货币的国际收支和国际投资头寸数据。同时，人民银行还积极培育SDR市场的发展，2016年8月和10月，世界银行和渣打银行分别在中国银行间债券市场成功发行了 SDR 债券。这些工作取得了很好的效果，受到了国际社会的普遍欢迎。这也是 G20 第一次对增强 SDR 的作用进行如此系统而深入的讨论，并付诸实际行动。中国在整个过程中发挥了至关重要的领导作用，激发了全球范围内对于 SDR 问题的关注，为推动完善国际货币体系做出了重要贡献。

引领区域金融合作，打造区域金融安全网

金融安全网包括全球、区域、双边及各国自身储备等多个层次。20 世纪末亚洲金融危机爆发，亚洲国家深感切肤之痛，深刻认识到积累外汇储备和健全金融安全网的重要性。当时，很多亚洲国家认为 IMF 在危机救助时行动过慢且条件较为苛刻，难解燃眉之急。为此，亚洲国家开始探讨建立自己的区域安全网。2000 年 5 月，中、日、韩和东盟 10 国在泰国清迈“10+3”财政部部长会上通过了清迈倡议，鼓励各国根据自愿原则建立双边货币互换网络，以防范短期流动性不足引发的国际收支问题。自 2001 年起，“10+3”各方共签署了 18 份双边货币互换协议，总金额达到 1200 亿美元。

考虑到清迈倡议双边安排提供的资金不足以应对亚洲未来可能发生的金融危机，2003 年 10 月，中方在“10+3”峰会上正式提出 CMIM 的倡议，建议共同建立区域性外汇储备库，各国按比例出资，在成员出现危机时提供救助资金，得到了各国的普遍支持。然而，CMIM 的建设并非一帆风顺，各国在资金来源、投票权分配、出资比例、脱钩比例等方面进行了反复讨论。经过多次协调，最终各方同意中国与日本出资额各占 32%，韩国占 16%，东盟占 20%。在此

过程中，经我国做工作，还将中国香港特区纳入 CMIM 成员，增强了中国香港特区的抗风险能力。经过多年的努力，2010 年 3 月，CMIM 生效，总规模为 1200 亿美元，并在 2012 年扩展到 2400 亿美元。

此外，为保证各国资金的使用安全，CMIM 的资金在使用时 70% 要与 IMF 的贷款挂钩，也就是说只有在 IMF 同意向该国发放贷款时才能使用。近年来，部分成员建议将脱钩比例从 30% 提高到 40%。我国作为最大的出资国之一，强调 IMF 的宏观经济监督专长以及相应的贷款要求对于被救助国完善政策框架、有效应对危机十分重要，也有助于保障各方资金安全，得到了不少国家的支持。在长达十几年的 CMIM 建立和发展过程中，中国牢牢把握主动权，既加强了与亚洲国家的合作，又切实保证了中国自身的利益和资金的安全。

2008 年金融危机后，随着美联储、欧央行、日本央行等主要发达经济体推出、随后又逐步退出宽松货币政策，全球金融市场波动加剧，给新兴市场国家的汇率和资本流动带来较大压力。在此背景下，我国与巴西、俄罗斯、印度、南非等金砖国家商讨建立金砖国家自己的金融安全网。我国详细介绍了发展 CMIM 的经验和教训，并引领了金砖国家的讨论，推动各方最终达成共识。2015 年，金砖国家正式建立了 CRA，初始总规模 1000 亿美元，为金砖国家共同抵御风险提供了新的工具。2017 年，我国担任金砖主席国，引导金砖国家借鉴我国在 EMEAP 合作机制下发展亚洲债券基金的成功经验，经过多次讨论，各国最终同意参照建立金砖国家本币债券基金（BBF）。目前，筹备工作正在积极推进中。

各层次安全网之间的协调和资源整合一直是个薄弱环节。中国是 IMF 第三大成员，又是 CMIM 的最大出资国之一，在推动 IMF 和区域金融安排之间的协调合作方面发挥着独特的作用。2016 年，中国利用担任东盟与中日韩合作机制（10+3）主席国和 G20 主席国的双重身份，成功促成 IMF 与 CMIM 开展联合救助演练，考察两者在危机救助中的协调问题。之前的演练都是以与 IMF 脱钩部分的 CMIM 救助工具为对象，而 2016 年的演练是首次对 CMIM 与 IMF 挂钩部分进行了演练，对 CMIM 进行了全面测试，发现了 CMIM 和 IMF 进行联合救助时可能出现的一些问题，为如何进一步完善 CMIM 以及加强与 IMF 的协调配合提供了重要的参考。联合演练的成功举行获得国际社会的积极欢迎，G20 呼吁其他区域金融安排与 IMF 开展类似合作，提高全球金融安全网的有效性。

2018 年，在金砖合作机制下，中国支持南非开展 CRA 与 IMF 的脱钩部分演练。演练将全面测试应急储备安排的有效性，有助于提高金砖国家共同抵御金融市场波动的能力。目前，演练正在有序进行，将成为 2018 年金砖金融合作的重要成果。

将绿色金融引入全球议程

中国一直十分重视绿色发展，在“十三五”规划中提出了创新、协调、绿色、开放、共享的发展理念。2015 年，我国成立中国金融学会绿色金融专业委员会，致力于绿色金融的研究和推广。2016 年，我国将绿色金融第一次引入 G20 议程。当年，中国人民银行了解到英格兰银行和联合国环境规划署（UNEP）对绿色金融具有浓厚兴趣，随即邀请英格兰银行共同担任 G20 绿色金融研究小组的联合主席，并请 UNEP 作为秘书处，提供智力支持。不过，对于绿色金融议题，有个别国家心存顾虑，担忧发展绿色金融可能使清洁能源加速替代石油，不太赞成 G20 讨论该议题。鉴于此，我国多层次、全方位地做了大量工作，解释我国意图，最终与各方达成共识。通过近一年的努力，形成了 G20 历史上第一份绿色金融综合研究报告，提出了发展绿色金融的一系列政策建议。

2016 年中国卸任 G20 主席国之后，国际上对绿色金融的关注并没有停止，中国也继续在其中发挥着重要的作用。在中国的积极推动下，许多国家已经积极行动起来。2017 年全球绿色债券市场融资额已超过 1200 亿美元，其中中国绿色债券发行量为 371 亿美元，占全球的 22%，成为全球第二大绿色债券发行国。

中国参与全球治理面临的挑战及展望

我国参与全球治理的进程是一部既有斗争又有合作的历史。当前，在去全球化和民粹主义兴起的背景下，国际上对我国的负面舆论有所增加，我国面临的国际环境日益严峻，未来我国参与全球治理仍将是斗争和合作并存。

去全球化和民粹主义兴起。过去 40 年来，全球化极大地推动了全球经济增长。各国通过挖掘自身比较优势，在全球价值链中寻找定位，劳动生产率和经济增长率得到大幅提高。然而，在全球化进程中，加上技术变革的影响，各经济体和社会阶层受益分配不均，有些甚至被全球化浪潮所淘汰，收入差距拉大。据 IMF 统计，1991—2014 年，全球前 50 大经济体中有 29 个劳动收入占 GDP 的比例下降。收入不平等增大、经济复苏迟缓等因素导致全球范围内民粹主义抬头，去全球化潮流兴起。继 20 世纪特别是 80 年代以来拉丁美洲国家民粹主义兴起后，发达国家也出现了明显的民粹主义浪潮：在美国，特朗普政府推行内顾和保护主义政策；在欧洲，英国退出欧盟，加泰罗尼亚宣布从西班牙独立，法国、意大利、奥地利等国的民粹主义政党支持率显著提高。民粹主义的兴起对全球化进程形成了严峻的挑战。

中国的崛起引发西方国家的戒备心理，国际上打压中国壮大的态势不容小觑。随着中国不断发展壮大，在全球舞台上日益发挥着重要作用，“中国威胁论”在一些西方国家再次兴起，强调中国与西方存在经济发展模式、意识形态领域的不同，担心中国经济的成功会对西方倡导的全球体系造成威胁。经济领域，特朗普政府在首份《国家安全战略报告》中将中国定位为“战略竞争对手”，美国贸易代表办公室表示让中国加入 WTO 是个错误。2018 年以来，美国通过“301 调查”结果，在贸易、投资等领域提出对中国的惩罚性措施。欧盟在 2017 年底发布的首份《市场扭曲报告》中点名指责中国市场扭曲，并在知识产权保护、国有企业补贴、产能过剩、市场经济等方面对我国有诸多非议。未来，我国经济发展的国际环境不容乐观，发达国家联手围堵我国的局面已现雏形。

我国在完善宏观政策框架、转变发展理念、提高政策透明度以及人才储备等方面仍有不足。虽然我国在参与全球治理方面取得了很多成绩，但平心而论，我国在宏观经济政策制定的框架、理念和透明度等方面仍与世界先进水平存在较大差距。从经济发展来看，中国过去的经济发展是重速度而轻质量，重增长而轻环保，重制造而轻服务，这些发展理念都正在得到逐步纠正。从财政政策框架来看，财政预算硬约束依然不足，税收的效率和公平性有待改善，公共服务的质量有待提高，社会保障体系建设不足，地方财政面临结构性失衡。从货币和金融政策框架来看，货币政策框架还未完成从数量型调控到价格型调控的转变，货币政策传导机制和利率机制有待完善，金融部门的监管体系仍需健全。此外，参与国际规则制定，最终落实要靠人。但目前熟悉国际规则、善于对外沟通，同时又了解我国实际情况、对我国参与全球治理有真知灼见的人才仍然十分缺乏。这些都是我们亟待加强的方面。

下一步，我国参与全球治理的挑战性和复杂性将不断增加。总体来看，打破现有全球规则、另起炉灶的代价太大，维护并完善现有体系符合我国利益。我们应继续坚定不移地参与全球治理，坚持斗而不破、以我为主，继续以建设者、合作者的角色参与全球治理，推动全球规则向着对我国有利的方向发展。

高举全球化大旗，维护以规则为基础的多边体系。我国是全球贸易大国，也是制造业大国，在全球制造业价值链上处于枢纽地位，维护和完善现有国际秩序和国际体系、维护开放型世界经济体制符合我国利益。同时，我们要利用好现有多边平台和国际组织，助力我国参与全球治理。从全球层面的政策协调平台来看，G20 涵盖主要发达和新兴市场经济体，我国在该机制的影响力也不断增强，其仍将是最适合我国的多边机制，我们应继续维护 G20 作为全球核心政策协调平台的地位。从国际组织来看，IMF 专业性强、成员覆盖面广，影响力大。经过我国及其他新兴市场国家多年来做工作，IMF 的立场更加客观中立。近年来，IMF 为我国经济金融改革提出了很多有益的建议，支持“一带一路”倡议，在全球贸易摩擦中积极发声，批评保护主义，支持多边主义。继续用好 IMF 等多边平台，支持其在全球发挥积极作用，也符合我国利益。

坚持中国的发展中国家定位，同时认识到中国已成为经济大国，要勇于承担力所能及的责任，发挥大国作用。我们必须认识到，我国仍处于并将长期处于社会主义初级阶段的基本国情没有变，我国是世界上最大的发展中国家的国际地位没有变。与此同时，随着中国经济实力的增长，我国在国际事务中的参与度也不断加深，在诸多经济金融议题方面发挥了一定的引领作用，得到了国际各方的普遍赞赏。应该意识到，参与国际合作，我们在获取的同时，也面临着付出和义务。下一步，我们要在充分考虑国情的基础上，继续建设性地发挥大国作用，量力而行，承担大国责任，树立我国负责任大国形象。

作为大国，我国在制定国内政策时要适当考虑国际政策协调问题。随着我国经济体量的不断增大和对外经贸联系的不断加深，我国政策正在对其他国家产生越来越广泛的溢出效应。“一带一路”倡议对沿线国家的经济社会发展影响深远，中资机构“走出去”并加大对外投资对当地经济环境的影响不容小觑。因此，未来在制定政策时，应该在充分考虑我国国情的基础上，适当关注溢出效应和国际政策协调问题，预留出国际协调的空间，以免引人诟病。

要勇于和善于参与国际合作和规则制定，以此更好地维护我方利益。在新的国际规则制定中，一些规则可能初看起来并不完全符合我方利益，在此可能有两个选项：一是将相关的规则和组织彻底拒之门外；二是参与进去，改造和影响规则。第一种做法看似简单，却把机会也一并抹杀了，而且，很有可能在将来还不得不面临被迫接受国际规则的局面。第二种做法才能真正保障我方权益。参与并不意味着屈从，参与后可能面临着更加艰巨的斗争，但只有勇于并善于参与，才能真正影响和引导国际规则向着对我国有利的方向发展，为我国经济发展创造良好的国际环境。

例如，近年来中国出口信贷增长较快，国际上对我国的做法存在一些质疑的声音，认为中国没有遵守 OECD 出口信贷的君子协定。实际上，君子协定本质上是发达国家之间对前殖民地发放出口信贷过程中约束相互竞争关系的规则，主要代表了前宗主国对前殖民地的关系。而我国的出口信贷性质与之完全不同，代表的是新兴市场与发展中国家之间的“南南合作”，强调互利、互补，合作共赢，因此，“君子协定”不能适用于我国的出口信贷。然而，出口信贷问题处理不好，将会影响我国的对外投资和贸易。因此，2012 年，我国同意和几大新兴经济体一起与主要发达经济体建立了出口信贷国际工作组，共同协商制定各方都能接受的新的出口信贷国际规则。几年来，在谈判过程中，我国始终强调应充分考虑发展中国家的发展需求，灵活制定出口信贷中有关贷款优惠度、期限、货币的使用等规则，取得了一些积极进展。

实际上，在建设性参与全球治理方面，美国的例子也具有一定的借鉴性。2015 年，我国倡导建立了亚投行，美国由于担心亚投行扩大中国影响力，并不支持，也未加入。目前，亚投行已经拥有 86 个成员，美国却由于游离在外，无法对亚投行施加影响，难以影响亚投行的治理结构和发展方向，无法帮助美国企业更好地参与亚投行的项目，也不能在其中实施美国的亚洲发展战略。美国国内一直有声音批评美国错失了加入亚投行的良机，认为美国应该加入亚投行。

完善宏观经济政策框架，加强国内人才培养和储备。中国原有的经济增长模式已经达到极限，在经济转型过程中，只有重视宏观经济政策框架自身的改进，才能真正为未来高质量的经济增长发挥指引作用。为此，我们需要充分借鉴和学习国际先进经验，完善我国的宏观经济政策框架。财政领域，要继续深化财税体制改革，推进中央与地方财政权的划分，完善转移支付制度，健全地方税体系，加强地方财政硬约束，减少政府的隐性担保。金融领域，要继续完善货币政策框架，深化利率汇率市场化改革，完善多层次资本市场，改革金融监管体制。此外，还需要提高数据质量和透明度，完善经济领域的法制建设，提高宏观经济政策的透明度，改善市场的有效性，加强知识产权保护，为经济发展营造公平、透明、可期的市场环境。

与此同时，人才的培养和储备也是一项急需推进却又需要时间积累的工作，需要下大力气做好这方面的工作，加强现有各部门人员的培训，增加人才与资金投入，建立灵活的人才培养机制，通过多种渠道提高现有人员的协调能力和谈判水平。同时，积极引入外部人才，打通公共部门与国际组织、私人部门和学术机构之间的人才旋转门，保证人才的流通，增加对高水平、有经验人才的吸引力。

回顾改革开放 40 年的历程，中国参与全球治理与中国经济的发展相辅相成。对外开放为中国参与全球治理赋予新的意义，提出了更高的要求；参与全球治理则为中国改革开放提供了新的机遇，增添了新的动力。展望未来，我国面临的国际环境将更加复杂和严峻，更需要我们勇于和善于参与全球治理，不断提高国际合作的软实力，引导和完善国际规则制定，维护外部环境的相对稳定，为国内经济发展创造良好的国际环境。

复盘香港个人人民币业务出笼

人民币纳入 SDR 篮子货币，意味着人民币正式成为国际认可的可自由使用货币，这是人民币国际化的里程碑事件。说起人民币国际化，人们往往会将 2009 年底的人民币跨境贸易结算试点作为起点，但其实还可以追溯到 2003 年底国务院批准中国人民银行（以下简称人民银行）为香港银行试行办理个人人民币业务提供清算服务的安排（以下简称香港个人人民币业务）。这一安排，使人民币跨境流通和使用由暗变明，由民间自发纳入官方许可渠道。该项业务当时饱受质疑，但其平稳起步为扩大跨境人民币业务试点范围、推进人民币国际化进程奠定了良好的基础。我当时参与了相关方案设计，其中许多技术细节，构思精巧，对下一步扩大金融开放仍有重要的借鉴和启示。

香港个人人民币业务之前的人民币跨境流通使用

新中国成立很长时间，人民币都没有走出国门。随着改革开放的不断深入，人民币国际化才逐渐被提上议事日程，但在较长时期

* 作者系 CF40 高级研究员管涛。

内一直低调地被称为人民币的跨境流通和使用或者跨境人民币业务，直到 2014 年底中央经济工作会议才首次提出稳步推进人民币国际化。

计划经济时期人民币只是完全意义上的国内货币

当时，我国照搬苏联模式，实行高度集中的计划经济，外汇统收统支。1951 年，明确禁止携带人民币现钞出入境，这是高度集中的外汇管理体制的组成部分。此后限制有所放松，1957 年和 1987 年两次发文，分别允许携带 5 元和 200 元人民币现钞出入境。

为解决因西方国家货币贬值给我国出口收汇带来的损失问题，1968 年我国曾在对香港贸易中实行人民币计价结算试点，1970 年初起按照“积极推行、商人自愿、便利贸易”的原则在全国推行。这是人民币在较小范围内用于国际计价结算的雏形。但这并不是要推行人民币国际化，用于国际结算的人民币只是记账符号，并不涉及人民币的跨境调拨和划转，在境外办理的仍是外币交割，只是在境内以人民币收付。此类人民币本质上是外汇的替代品，是不涉及实际外汇收支的记账单位。

计划经济时期，人民币是完全不可兑换的纸币，对内贬值、对外高估，市场对人民币的需求很小。人民币用于国际贸易和投资计价结算的条件并不具备。改革开放以后，这种计划经济时期采取的措施被沿用下来。但这一时期人民币汇率不断调低，使人民币计价结算对国内贸易公司不利，计价结算规模逐步萎缩。

改革开放后渐进放宽人民币出入境限制

改革开放之初，人民币依然维持着货币非国际化的状态。直到20世纪90年代初，人民币才进入了货币区域化阶段。人民币国际化的萌芽是从携带现钞出入境和边境贸易开始的。所谓“萌芽”，不仅是强调这些领域相对于贸易投资等大宗用汇项目和企业、银行等大型用汇主体而言体量较小；更为重要的是，政府的政策初衷与人民币国际化并无太大关系，往往是在市场需求托底下，人民币跨境顺势而为。

20世纪90年代初，我国对外人员交往已达到相当高的水平，其中包括出入境旅游、探亲的个人，还包括大量往返港澳台与内地的外商。同时，海外有数千万华人、华侨，改革开放密切了境内外的联系。这个时期，外商直接投资取代外债成为我国利用外资的主要形式，这些外资企业大部分来自港澳台地区。这些外商在珠三角投资建厂，习惯用人民币支付工资、采购设备，对人民币需求量较大。

为满足市场使用现钞量上升的需要，解决低限额管理越来越不能适应形势发展的问题，政府适应性地调整了人民币跨境的政策。1993年2月，人民银行发文，规定中国公民出入境和外国人出入境，每人每次携带的人民币限额为6000元；在开放边民互市和小额贸易的地点，允许当地人民银行会同海关，根据实际情况确定限额，报中国人民银行和海关总署批准后实施。

改革开放以来，我国与周边国家的边境贸易快速发展。从结算方式看，我国的边贸结算先后经历了易货贸易为主到美元现钞结算为主的阶段。20 世纪 90 年代初，随着人民币的影响力不断增强，人民币结算的边境贸易有较大增加，甚至在有些国家或地区成为“硬通货”，被称为“小美元”或者“二美元”。其主要原因有两个：一是美元不适合边境小额贸易的需要。边境贸易以小额贸易为主，用美元这种高价值货币计价结算并不方便。此外，中国及周边国家普遍缺乏美元或政策上限制使用美元。二是人民币获得广泛认可。相较于周边国家本币而言，1994 年汇率并轨以后，人民币汇率坚挺，带有“硬通货”的性质，人民币作为边境贸易计价货币的市场需求增加，采用人民币进行边贸计价结算是较为合适的选择。

2003 年 3 月和 9 月，国家外汇管理局（以下简称外汇局）先后发文，允许基于商业自愿原则，在边境贸易中以本币计价结算，鼓励边境地区银行与毗邻国家边境地区商业银行建立代理行关系，开通银行直接结算渠道，并在银行柜台直接挂牌。但是，周边国家普遍实行较为严格的外汇管制，当地货币也大都是不可兑换货币，银行结算缺乏正常的汇款和兑换渠道，边贸本币结算是地摊银行主导，且以现金交易为主。

推出香港个人人民币业务的始末缘由

人民币在香港的兑换由来已久。1993 年初人民银行颁布有关人民币出入境条例后，3 月 8 日，中银集团成员宝生银行即率先开办人民币与港币的兑换业务。1995 年 12 月，香港金融管理局（以下简称香港金管局）颁布了《1995 年货币兑换商（修订附表）公告》，将人民币列入该规定的适用范围。当时，人民币在境外求大于供，原因是港澳前往内地的人数远大于内地前往港澳的人数。

1997年香港特区回归后，内地与香港之间的经贸日趋紧密，人民币在香港的流通规模日趋扩大。由此带来的问题也比较突出：一是市场对发展人民币跨境业务的需求很强，特别是汇款、兑换和信用卡等零售业务在香港等地已自发开展起来。二是人民币兑换业务脱离银行体系监管，给洗钱、走私等提供了便利。由于没有汇款路径，人民币在港澳地区流通以现钞形式为主。在香港人民币业务正式推出前，银行和找换店办理人民币兑换在香港都属合法交易，找换店人民币兑换业务量占当地业务总量的97%，甚至有的银行本身还要通过找换店平盘。找换店还通过在两地分设的港币和人民币账户，办理两地间地下汇款业务。人民币的境外流通事实上处于非正式的区域化或地下状态。① 三是香港逐渐成为人民币业务中心。货币具有规模经济的特点，金融中心在货币国际化中具有天然优势。由于港澳地区没有资本管制，人民币的兑换具有公开性和合法性。随着内地与香港之间的经贸、人员往来日益频繁，香港迅速在人民币区域使用中独占鳌头。

2001年3月，贵州省副省长郭树清调任中国人民银行副行长、外汇局局长。作为1994年外汇体制改革方案设计的主要参与者，作为既有扎实理论基础又有丰富实践经验的学者型官员，他到外汇局以后，大兴调查研究之风。业务司主要负责与具体业务有关的改革规划（如资本项目管理司负责境外投资外汇管理的改革规划研究），综合司则主要负责战略前沿问题的研究。

当时，我在综合司政研处任副处长，参与了郭局长亲自牵头的

---

① 2002年，有关部门进行了一项调查，香港有100多家找换店、610个网点开办了人民币兑换业务；中越边境的地摊银行约有600多家，每家周转人民币现金均在100万元以上，在边贸结算和人民币汇率形成中发挥着举足轻重的作用。

一个重大课题——关于人民币与港币实际可兑换程度及其影响的评估。该课题的结论是：虽然内地没有明确允许人民币境外流通使用，但人民币已可以直接用于在香港购物消费，或在香港兑换后用于投资及进一步向外转移，从而形成实际可兑换。相对现钞流动而言，不涉及跨境交割的地下钱庄和货币互换形式是人民币与港币兑换的主要渠道。这是市场发展的选择，也是其他外力共同推动的结果。这种兑换关系有利于降低经济运行成本，提高资源配置效率，促进两地经济、金融发展和融合，但也使内地金融外汇管理出现“渗漏”。

郭局长明确表示，香港市场事实上已经形成了人民币金融业务的雏形，但大都脱离银行中介，是市场自发行为。这些交易主要是出于经济活动自身的需要，并将随两地经济交往扩大而扩大，严格禁止是不现实的。但如果继续放任自流，无序发展，不利于两地经济、金融稳定。因此，由两地金融管理部门及时做出适当安排，引导香港银行开办正常化、规范化的人民币业务非常必要。

上述想法得到了香港金管局的积极响应。2001 年 11 月，时任香港金管局总裁任志刚带领香港银行业工会代表团与国家外汇管理局会谈，提出有关香港人民币业务的议题。他建议，让香港的银行经营人民币业务，利用银行妥善保存记录，提供有关这些人民币资金流向的整体资料，有助内地进行政策研究。

此后，人民银行、外汇局赴香港和广东进行专题调研，并与香港金管局多次磋商，召开了与金融机构的座谈会，形成了规范和引导香港银行办理个人人民币业务的方案，于 2002 年上报了请示。但当时领导认为，国内银行监管尚待加强，香港实行“一国两制”，监管不易，关键是人民币不能自由兑换，此口一开，后果难料，需要慎重。

2002年底到2003年初，中国政府换届。2003年6月底，内地与香港签署《内地与香港关于建立更紧密经贸关系的安排》（CEPA），明确提出内地在金融改革、重组和发展中支持充分利用和发挥香港金融中介机构的作用。在此背景下，为香港个人人民币业务提供清算安排又被提了出来。这被认为有利于降低交易成本，便利香港与内地经贸和人员往来，促进两地建立更紧密的经贸关系，实现两地共同繁荣；有利于方便内地居民赴香港旅游和消费，对于振兴香港的服务业、缓解香港面临的经济困难具有重要意义；有利于扩大香港银行业的利润来源，加强香港的国际金融中心地位；有利于改变人民币境外流通的无序状态，变暗为明，规范外汇管理，维护人民币形象。

2003年底，经国务院批准，人民银行发布《公告》，宣布将为在香港办理个人人民币存款、兑换、银行卡和汇款业务的银行提供清算安排。鉴于金融是香港的重要支柱产业，时任人民银行研究局局长的谢平评价该安排是中央政府在CEPA中送给香港的一份大礼。

关于香港个人人民币业务安排的具体设计思路

支持香港个人人民币业务对内地的金融监管能力和水平是重大挑战。香港实行“一国两制”，内地不能干预香港金融事务。理论上讲，香港银行能不能做人民币业务无须内地批准。但是，在缺乏内地清算支持的情况下，由于香港没有向内地平补外汇头寸和划转资金的渠道，香港无法开展人民币存款业务，且大都是人民币现钞交易，两地人民币资金往来流量大、存量小，快进快出。选择由内地提供人民币清算渠道，就成为将香港人民币业务纳入监管和监测的突破口。同时，遵循 CEPA 提出的“先易后难、逐步推进”的基本原则，内地选择了将个人人民币业务作为第一步。

根据 2003 年 11 月 19 日人民银行发布的《公告》，香港个人人民币业务具体包括：

● 在存款方面，参加业务的香港持牌银行可为香港居民开设自由提存的人民币存款账户，存款期限及利率由银行自行厘定。

● 在兑换方面，参加银行可为存户办理人民币与港币的兑换，每人每天可兑换不超过等值 2 万元人民币。非存户现钞兑换每人每次不超过等值 6000 元人民币。参加银行也可为提供购物、餐饮、住宿等个人消费服务的商户，就其在这些服务中所收取的人民币现钞提供兑换港币的服务。

● 在汇款方面，参加银行可为存户把人民币由香港汇入内地同名银行账户，每人每天汇款不超过 5 万元人民币。

● 在人民币信用卡方面，内地居民可以持内地银行发行的人民币扣账卡和信用卡在香港消费。参加银行或其附属机构也可为香港居民发行人民币扣账卡和信用卡，方便他们在内地消费。

《公告》还宣布，人民银行将与香港金融管理局商定选择一家香港持牌银行，授权其作为香港有关银行办理人民币业务的清算行，包括：

● 人民银行深圳市中心支行为清算行开立清算账户，接受清算行的存款，并支付利息。

● 清算行可作为中国外汇交易中心的会员，办理人民币与港币兑换业务的平盘。

● 内地居民可使用内地银行发行的个人人民币银行卡在香港用

于购物、餐饮、住宿等旅游消费支付，以及在香港自动取款机上提取小额港币现钞。

● 具有个人人民币业务经营资格的内地银行可以接受经由清算行汇入的香港居民个人人民币汇款，内地银行按有关规定办理汇款的解付。

人民银行新闻发言人答记者问时明确表示："支持香港银行办理兑换业务，主要是满足个人旅游消费需求。目前，暂不支持香港银行办理大额经常项下的交易，也不涉及资本项目交易。"时任香港金管局总裁任志刚评论说："香港银行办理人民币业务，开启了内地与香港之间人民币资金通过银行体系流动的新渠道，香港银行界在满足市场和大众需求的同时，还拓展了新的业务，巩固了香港银行业的优势并增强了它的竞争力。"

香港个人人民币业务是在不完全可兑换情况下，推动人民币走向国际的大胆尝试。其要害是，如何将内地的监管要求，在遵循自由金融市场的原则下，在香港地区付诸实施。《公告》宣布，存汇兑卡四项业务将于2004年1月1日起正式推出。时间紧、任务重。为此，郭树清局长亲自挂帅，外汇局成立了工作小组，包括胡晓炼（时任储备管理司司长）、邓先宏（时任综合司司长）、两个业务司主要负责人，还有我。当时，我们五人都办理了一年多次往返香港的签证，以方便赴港调研考察，与当地监管部门和金融业界进行充分交流和沟通。同时，我们在内地也走访了许多机构，虚心求教。最终，幸不辱命，如期拟定了切实可行、风险可控的实施方案。

首先，关于人民币业务清算行的遴选。清算行是在人民银行开立了清算账户，集中办理香港人民币头寸的存取、人民币现钞运送，为与其签订人民币清算协议的其他香港持牌银行提供人民币存款的转存、兑换和平盘，人民币银行卡的清算和人民币汇款的转汇服务的香港银行。这是将香港人民币业务纳入可监控渠道的关键一环。无疑，如果能够选择一家中资银行作为清算行，将有助于监管政策的沟通与传导。但我们被告知，在香港不能直接指定清算行，而只能采取市场遴选的方式。于是，经商香港金管局，确定了清算行的三条标准：一是银行要具有丰富的清算业务经验；二是在内地和香港拥有完备的系统网络；三是熟悉两地金融管理政策法律和能够提供优质的清算服务。其后有六家银行提交申请建议书，人民银行经过评审后，决定委任中国银行（香港）有限公司（以下简称中银香港）作为清算行。2003 年 12 月 24 日，香港金管局向市场宣布了这一遴选结果。

其次，关于个人人民币业务的具体操作安排。对于香港银行为个人办理的存款、兑换和汇款业务，内地有一系列监管要求，如每日限额、业务对象等。但是，一方面，内地没有域外管辖，不能直接管到香港的银行；另一方面，香港金管局也不可能违背自由金融市场原则，单独就当地人民币业务提出管理要求。在这种情况下，我们经过与香港金管局和当地市场机构协商，确定以市场化方式来传递内地的监管要求。起先，是香港人民币业务清算行（即中银香港）与人民银行签订清算主协议，规范双方权利义务，其中就包括了内地对于香港银行办理个人人民币业务的一系列监管要求。接着，清算行拿着这份主协议与香港人民币业务参加行签订协议，规范双方权利义务，其中也包括了参加行必须遵守前述内地的监管要求。当然，当地银行可以选择不签署这份协议，那么它们原来怎么做的就继续怎么做，清算行不为其提供清算服务；一旦签署这份协议，参加行则必须放弃以前的做法，只能按照协议规范的内容操作。然后，香港金管局遵照与人民银行签订的监管合作备忘录，监督香港人民币业务参加行履行相关义务，否则，金管局可以经营不审慎为由对参加行违反协议的行为进行惩戒。因为这是基于商业自愿原则签署的协议，参加行如果不履行义务，就有理由被认为经营不审慎。如此，便形成了香港个人人民币业务监管的闭环。

最后，关于银行卡业务的管理。经走访市场机构，我们确定将监管重点放在了内地收发银行和卡组织机构（即中国银联），而没有对香港的机构提出过多的要求。银联按照内地的监管要求，通过设定银联卡的特约商户代码和商品代码（剔除了股票、债券、不动产等资本项下的金融交易），将内地银联卡控制在旅游、购物等小额境外消费项下（香港居民持银联卡在内地消费也是类似的技术控制手段）。为便于中国内地居民个人赴港旅游消费，明确个人信用卡可以用人民币透支，回国后由银联统一购汇偿还。而且，由于这些消费支出都属于经常项目交易，所以，从一开始就没有额度限制（现在演变成不占用每人每年 5 万美元的购汇额度）。

香港个人人民币业务的发展演变

从 2004 年初正式推出香港个人人民币业务后，各项业务从无到有，进展顺利。2004 年底，人民币存款达到 121 亿元，经营人民币业务的香港参加行有 38 家；2008 年底，人民币存款 560 亿元，参加行为 39 家。

由于香港个人人民币业务起步平稳，试点不断扩大。2004 年 8 月，比照香港人民币业务，人民银行正式为澳门银行开办个人人民币业务提供清算安排。2005 年 11 月，经国务院批准，人民银行决定扩大香港人民币业务，提高了个人兑换、汇款的限额，允许香港居民个人用人民币支票在一定限额内支付在广东省的消费性支出。2007年，国务院批准内地金融机构在香港发行人民币债券（即点心债）。2009年底，香港被纳入首批跨境人民币贸易结算试点的境外地区，香港人民币业务从对私扩大到了对公业务范围，香港成为日益重要的人民币离岸市场。截至2017年底，香港银行人民币存款5591亿元，人民币业务参加行为137家。

同时，从香港个人人民币业务开始，银联卡正式走出国门，并迅速发展壮大。2014年，银联卡发卡量接近5000万张，占全球发卡量的52%；而维萨卡的发卡量还不到3000万张，全球占比30%。据美国市场调研机构发布的报告显示：2014年全球银行卡消费总额为17.26万亿美元，其中银联卡交易金额为5.92万亿美元，占比34.3%；市场份额排在银联之后的分别是维萨卡（27.6%）、万事达（19%）、维萨欧洲（11.2%）和美国运通（5.9%）。

主要结论及启示

第一，扩大金融开放需要胆大心细。金融开放是充满争议的。在有争议的开放问题上，如果改革进展顺利，则有利于凝聚共识、继续推进；如果遭遇波折，则可能会助长反对意见、出现政策反复。正是因为香港个人人民币业务在风险可控的前提下平稳起步，才有了后来跨境人民币业务范围的不断扩大，从对私业务扩大到了对公业务，从经常项目扩大到了资本项目。为此，扩大金融开放，必须大胆设想、小心求证，减少失误特别是不能犯颠覆性的错误。

第二，资本流动管理也是一门艺术。人民币国际化与许多主要货币国际化的路径不同，是在货币不完全可兑换的情况下启动的，甚至 15 年前人民币可兑换的程度还要远低于现在。但是，正是通过遴选清算行、签订清算协议等市场化的方式，将内地监管要求有效传导到香港这样一个自由市场，开启了官方支持的人民币国际化的先河。党的十九大提出要坚持开放发展理念，推动形成全面开放新格局，发展更高层次的开放型经济，建设开放型世界经济。下一步，我国将步入扩大金融对外开放的深水区。这时，不能够从上到下一般粗，人人都在讲战略，而必须有人负责战术，在技术细节上设计、把关。稳步扩大金融开放，既要有胆略，又要有智慧，做到风险可控，少走弯路和回头路。

第三，资本流动管理可以是市场友好型。如前所述，遴选清算行的一个重要条件是，要求该行在内地和香港拥有完备的系统网络。有人开玩笑说，这基本就是为有的银行量身定制的。但玩笑归玩笑，其实这种安排也不无道理。2012 年，大陆和台湾地区也搞了一个关于新台币清算的安排，台湾选择台湾银行上海分行作为大陆地区提供两岸新台币清算服务的银行。这显然是受到了香港人民币业务清算行模式的启发。但由于台湾银行在大陆网点稀少，它基本不能起到归口两岸间新台币往来的通道作用。由此可见，当时确定的香港人民币业务清算行标准，不仅有政策的逻辑，也有市场的逻辑。

第四，加强本外币跨境业务监管协调。除携带人民币现钞出入境外，以前的外汇人民币账户、外汇兑换券、边贸人民币结算等，都是由外汇局进行规范和管理。甚至第一波香港个人人民币业务的具体业务方案设计也是外汇局负责，只是后期由人民银行与香港金管局作为对等的主体（央行）签订合作备忘录，发布《公告》。再往后，才进一步转移到由人民银行负责牵头此事，外汇局配合。随着 2009 年底人民币跨境贸易结算试点的推出，更是基本形成了人民银行管跨境人民币流动、外汇局管跨境外币流动的格局。其好处是促进了监管竞争，便利了企业的贸易投资活动；但问题是，以结算币种区分监管主体和监管政策，造成了监管漏洞和监管脱节。其实，只要是居民与非居民的交易就是国际收支行为，不管它是用人民币还是外币计价结算。即便用人民币结算，也不过是购汇或者结汇在离岸市场完成，相关外汇需求或供给要么通过银行购售渠道向境内直接平补，要么通过套取境内外汇差的跨市场套利行为向境内间接平盘。前些年境内外汇差扩大，以致最终被迫加强了对跨境人民币流出的管理，就说明了这一点。

第三章

艰辛的探索：构建现代货币与财政政策框架

货币政策框架的前世今生

从历史演进和全球视野来看，主要经济体的货币政策框架都曾经历一个较为复杂的演变过程。尤其是在2008年国际金融危机爆发之前的20年里，全球货币政策逐渐向单一目标、单一工具的方向发展，通过调控政策利率在中期内将价格（主要是CPI或核心CPI）稳定在目标水平成为诸多中央银行的主流选择。普遍的看法是，这样的调控框架更有利于增强货币政策的独立性和透明度、克服动态不一致问题可能带来的影响。20世纪90年代后全球一度出现的高增长、低通胀局面（即所谓“大缓和”时代），进一步巩固了上述共识。从中国的情况来看，尽管与主流货币政策框架相去甚远，尤其是人民银行直到1984年才被正式赋予中央银行的职能，但随着经济体制和发展战略的变化，同时期中国货币政策框架的演进也基本瞄着这个方向在努力。不过，在2008年美国次贷危机迅速演变为国际金融危机、对全球经济金融造成严重冲击之后，关于现有宏观政策尤其是金融管理制度可能存在问题的质疑声一直络绎不绝。这些反思和争论，已然对今天和未来的货币政策调控产生了重要而深远的影响；中国同样不可能置身事外。

---

* 作者系CF40学术顾问、中国人民银行原行长助理张晓慧。

货币政策框架的历史沿革和中国多目标的货币政策选择

货币政策框架是有关货币政策目标、手段和传导机制的总和，也可以理解为货币当局运用政策工具、借助传导机制以最终实现调控目标的一整套制度安排。在贵金属货币本位时代，各国缺乏自由运用货币政策来影响和调控经济运行的基础和手段。只有在信用货币时代，货币当局才有可能通过改变货币供给总量的方式来调节经济运行，从而产生了真正意义上的货币政策。1929—1933 年的经济大萧条加快了主要经济体摆脱金本位、通过调控信用货币来刺激经济增长的步伐，凯恩斯理论的诞生则为货币政策成为主要需求管理工具奠定了理论基础。以此作为起点，世界范围内的货币政策框架大致经历了两个重要的发展阶段。

第一个阶段是 20 世纪 80 年代之前，货币政策更多被赋予追求多元化目标的职责，相应地也强调运用多元化的手段来实现这些目标。例如，20 世纪 70 年代美国联邦储备银行就具有广泛的政策目标，包括“抑制通货膨胀和通货紧缩，创造有利的条件，保持可持续的高就业、价格稳定、经济增长和消费水平的不断提高”；从 1946 年到 20 世纪 80 年代初，英格兰银行的货币政策目标也包括低失业率、高增长率、低通货膨胀率和汇率稳定等，要求货币政策实现上述目标或在其中进行权衡取舍；而对于欠发达国家来讲，货币政策需要兼顾的目标就更多。此外，由于这一时期金融发展程度较低，金融产品相对较少，因此统计货币供应总量的准确性较高，中央银行在运用利率工具实施调控的同时，更加重视货币信贷等数量型指标，注意发挥数量型工具的调控作用。

第二个阶段是20世纪80年代之后，货币政策逐步向单一目标（CPI稳定）和单一工具（短期利率）的方向发展。这是由于20世纪70年代主要经济体出现了较为严重的“滞胀”问题，一方面是持续的高通货膨胀，另一方面则是经济的缓慢增长。菲利普斯曲线中经济增长与通胀之间的交替关系不再出现，不少经济体试图长期依赖刺激性货币政策实现高增长的想法也未能实现。这一现象引发了各方面对传统多目标货币政策的反思，一些基本理念也因此转变。首先，货币政策应将稳定物价作为主要目标的理念得到强化。人们开始认识到，只有货币政策专注于单一目标，保持好价格水平的稳定，才能最大限度地为经济平稳持续发展创造适宜的环境，而且多目标政策在实际操作中也确实存在矛盾、难以协调。其次，货币政策的规则性和透明度问题日益受到重视。由于货币对一国经济稳定运行具有十分重要的意义和相当深远的影响，货币政策一旦失误就可能给国民经济造成很大冲击，因此对货币政策应有必要的约束，不应过多强调相机抉择和灵活变化，而应实行有规则的政策调控，以使经济主体建立起对宏观政策的稳定预期。正是基于上述政策理念和全球高通胀的现实背景，从20世纪80年代开始，越来越多的中央银行开始呼吁并追求低通胀这个单一和明确的目标。被视为一种“有约束的相机抉择”的通货膨胀目标制就此应运而生。1989年，新西兰央行确定了通货膨胀指数及其目标区间，成为第一个实行通货膨胀目标制的国家。之后，加拿大、英国、瑞典、澳大利亚、挪威、瑞士、以色列、冰岛、韩国、匈牙利、秘鲁、菲律宾、泰国、巴西、墨西哥等国相继采用通货膨胀目标制。

在几十年的演进过程中，全球货币政策框架的基本趋势是逐步从起初的多目标向维护价格水平稳定的单一目标发展。这种演变背后的理论逻辑在于，在中央银行垄断货币发行的情况下，市场力量不可能自动决定最优的货币水平，需要中央银行将货币供给调控在适度的水平上；同样，在市场失灵的现实背景下，也需要货币政策发挥一定的调节作用，以保持经济的平稳和可持续发展。只不过迫于政府追求高增长的压力，货币当局往往倾向于实施刺激性的货币政策，从而可能导致通货膨胀和系统性的金融风险。相形之下，如何避免为弥补市场失灵可能产生的问题而导致更大的福利损失则变得更为关键。鉴于此，人们逐步认识到需要加强对中央银行货币政策的约束，其中较为有效的办法就是政策目标的透明化、单一化和具体化。与单一化目标相一致，货币政策工具也就逐步集中到对政策利率的调控上。

毋庸讳言，由多目标演进到维持价格稳定的单一目标制的确是货币政策框架的一大进步，因其简洁、易沟通、好计量。然而，它与中国的现实状况并不那么匹配。从 1984 年中国人民银行承担中央银行职能起，中国政府赋予中国人民银行的年度目标就是维护价格稳定、促进经济增长、促进就业和保持国际收支大体平衡。而作为转轨经济体共有的早期问题——价格严重僵化，税收体系扭曲，非货币化实物分配，资源配置效率低下，银行不是真正的商业银行，缺少银行法、会计准则、审计、贷款分类、财务报告等方面的健全制度——所衍生的损失通常又都集中反映于银行体系，如果不能构建起健康的金融机构体系，不仅金融稳定难以实现，价格稳定和货币政策的有效性更是无从谈起。因此，转轨经济体的特点决定了人民银行在这一历史阶段还必须承担起推动改革开放和发展金融市场的重任。也就是说，在转轨阶段，对中国央行而言，金融改革和实现金融系统健康化和高稳定的重要性甚至要高于控制通胀等传统货币政策目标。这也是几十年来中国央行为什么未能完全跟随全球货币政策框架的变化趋势却坚持选择多目标货币政策的原因：它与中国仍处于经济转轨中的国情是分不开的。2016 年，时任人民银行行长周小川在华盛顿出席国际货币基金组织中央银行政策研讨会时，对如何理解中国央行的货币政策目标选择，也从转型的中国经济视角做过深入的解读。他认为，对于兼具转轨经济体和新兴市场经济体特征于一身的中国经济，在宏观调控的市场基础尚不存在的初期，尤其是财务缺口大、财政能力又很有限的情况下，如果央行不去推动金融改革和市场发展，就不会有健康的金融机构和市场机制，也就谈不上货币政策的正常传导。更何况，转轨经济体与新兴市场经济体一样，都有把“失去的几十年”尽快追回来的强烈愿望，较多关注经济增长也是十分正常的事情。

2008 年金融危机后对传统货币政策框架的反思

大的历史事件往往是激发人们反思历史、创新思想的契机。2008 年国际金融危机爆发之后，各国在采取大力度刺激措施抵御危机冲击的同时，也开始探寻金融危机的生成机理，反思其中的经验教训。虽然在主要经济体货币政策是否为造成金融危机的主要原因等问题上还有不少争议，但现有货币政策框架可能存在的缺陷和问题已然引起各方面的重视。

最近几十年来全球经济金融变化纷繁，但从宏观视角看，有三个重要现象非常值得关注：一是经济全球化发展明显加快；二是金融自由化步伐加快；三是各国中央银行普遍将 CPI 通胀作为货币政策钉住的主要或唯一目标。这三大因素之间的交互影响、相互作用，导致危机爆发前那些年的全球经济形成了一个重要而有趣的格局：一方面，CPI 通胀总体较为稳定，经济高增长的同时似乎总伴随着较低的通货膨胀；另一方面，初级产品、资产价格和金融市场波动则显著加大，系统性风险上升。换言之，经济不稳定的信号最初不是由 CPI 通胀而是由信贷和资产价格的变化表现出来的。全球 CPI 的显著上涨直到 2007 年次贷危机爆发之后才开始浮现，且主要表现为以石油、粮食价格大幅上涨带动的结构性通胀，剔除这些因素的核心 CPI 则始终处于相对较低的水平。之所以在经济增长趋缓的同时初级产品价格却加速上涨，既与次贷危机后全球更为宽松的货币条件密切相关，也与房市股市泡沫破裂后大量资金涌入初级商品市场的金融投机有关。而在观察到 CPI 加速上涨之后，各经济体普遍采取了加息等紧缩性的货币政策措施，一定程度上加速了泡沫破裂。鉴于此，可能形成三点结论：一是"结构性"价格上涨已经并很可能在未来成为通胀的重要表现形式，CPI 在衡量整体价格水平上的准确性下降；二是由金融投机引发的初级产品价格暴涨成为导致 CPI、PPI（生产价格指数）大涨的重要原因；三是 CPI、PPI 明显上涨时，往往已处在经济金融泡沫破裂的前夜，因此在衡量周期变化上，CPI 特别是核心 CPI 已成为相对滞后的指标。

上述分析表明，近些年在以 CPI 通胀为目标的传统货币政策和以个体机构稳健为核心的微观审慎监管之间出现了管理和防范系统性风险方面的空白，这是导致 2008 年国际金融危机的重要因素。一方面，以 CPI 通胀为主要或唯一目标的货币政策框架，虽有助于增强货币政策的规则性和透明度，一定程度上可以克服动态不一致的问题，但如果 CPI 这一指标出现偏差或问题，则有可能造成系统性的潜在风险。这些年来经济全球化的发展大大增强了工业生产和供给能力，抑制了一般性商品价格上涨，同时供给有限的初级产品和资产价格波动明显加大，对金融稳定及经济运行的影响显著增加。但由于相对稳定的 CPI 甚至核心 CPI 在国际上长期被视为主要的通胀“锚”，相应的政策选择则在一定程度上纵容了全球的资产和金融泡沫，累积了巨大的金融风险。另一方面，传统金融监管的核心是微观审慎监管，其主要目标是维护微观个体机构的稳健，对微观监管的宏观影响往往有所忽略，这种建立在个体稳健基础上的微观审慎监管体系极有可能强化银行行为的顺周期性，同时也难以有效应对跨机构跨市场的系统性风险，因此很有可能加剧经济波动。

综上可见，在现有货币政策框架和微观审慎监管之间存在一块政策管理上的空白，充斥着可能导致系统性金融风险的各种因素，随着全球金融的加快发展和金融市场的快速膨胀，这块空白领域也越来越大，对经济金融稳定的影响也日益扩大，急需通过完善货币政策框架和监管改革来应对这些问题。因此，危机后对中央银行角色和货币政策框架的反思主要集中在两个方面：一是如何认识加强宏观审慎管理与完善货币政策框架的关系；二是如何看待货币政策与资产价格的关系，货币政策是否应对资产价格变化做出反应。显而易见，对这些问题的探讨及其进展，同样构成了中国央行今天和未来进一步完善货币政策和金融宏观调控体系的核心内容，对完善中国的货币政策调控框架大有裨益。

中国货币政策框架的演进和完善

研究国际货币政策框架的演进逻辑、反思国际金融危机的经验教训，旨在对完善我国的货币政策调控提供借鉴。基于上面的分析，国际货币政策理念的演变或许可以分为三个阶段。第一个阶段大致在大萧条之后至20世纪70年代末。这一时期的主流思潮是强调发挥政府宏观调控的功能，强调通过相机抉择的货币政策来保持经济稳定增长、弥补市场失灵。第二个阶段大致从20世纪80年代开始至2008年国际金融危机爆发之前。这一时期人们开始反思过度运用货币政策可能严重干扰经济运行、引发持续通胀等不利后果，强调提高货币政策的规则性和透明度，其中最为重要的做法就是明确宣示CPI目标区间，以此约束央行行为、稳定市场预期。第三个阶段则可能从2008年国际金融危机之后开始，主要表现在各方面开始反思单一目标货币政策框架和微观审慎监管存在的问题，强调货币政策需要更多考虑更长期的金融稳定和宏观总量风险，更多关注诸如资产价格、各类信用扩张等可能显著影响价格和金融体系稳定的变化因素，加强宏观审慎管理，进一步完善货币政策调控框架。

货币政策框架演进的过程，实际上也是人类社会对货币政策调控的认识不断深化的过程。在这个过程中，其实很难简单地完全肯定或完全否定某一种框架或者理论。更为科学的做法是，努力探寻每一种理论的科学与合理之处，尽可能将其融合在一起，统筹兼顾，扬长避短，以更好地发挥货币政策应有的功能。

回顾30多年来中国货币政策走过的历程，总体看遵循着统筹兼顾、综合平衡的大原则，使金融宏观调控在探索和创新中不断得到改进和加强。自1984年中国人民银行专门行使中央银行职能后，国家即开始运用货币政策调节总量平衡。此后中国的货币政策框架演变大体经历了两个阶段：一是1984—1997年的信贷规模管理框架，基本特点是主要依靠对信贷及现金规模的直接控制来管理、调节经济运行，防止通货膨胀，促进经济增长，这与当时国家作为投资主体的计划经济体制和还处在萌芽状态的市场化程度是相匹配的。当然，随着经济体制和发展战略的变化，这一时期的货币政策框架也进行了相应调整。与放权让利的改革思路相适应，金融机构的信贷管理自主权不断扩大，市场化程度不断提高。与资源配置的机制变化相适应，金融市场稳步发展，银行间同业拆借市场、银行间债券市场、外汇调剂市场、股票市场等逐步建立，市场配置金融资源的作用日益增强，这为放弃信贷规模管理、从直接调控向间接调控的货币政策调控机制转变奠定了基础。二是 1998 年取消信贷限额管理后实行间接调控货币信贷总量的框架。随着市场经济体制的逐步建立和微观主体地位的逐步增强，货币政策开始从直接调控向间接调控转型。在调控方式上，初步形成了以公开市场操作、存款准备金率、利率以及再贴现、再贷款等手段构成的货币政策工具组合。这一阶段，利率市场化改革稳步推进，汇率形成机制改革取得突破，金融市场快速发展，以间接手段为主的货币政策调控模式得以逐步形成。应当说，上述两个阶段货币政策框架的调整适应了企业自主权不断扩大、市场在资源配置中作用不断增强的要求。我国的经济体制改革是从微观经营机制改革入手的，逐步增强微观主体自主决策和配置资源的能力，使市场在配置资源中发挥越来越重要的作用。而微观经营机制和资源配置方式的变化也必然要求宏观政策进行调整。这构成了我国渐进式改革推进的内在基本逻辑，反映在货币政策方面就是对间接调控机制和价格型调控手段运用的逐步加强。

从调控实践看，1984 年以来我国共经历了六轮较大的宏观调控，包括四次反通货膨胀（1985 年前后、1988—1989 年、1993—1995 年和 2003—2008 年）和两次反通货紧缩（1998—2002 年和 2008 年国际金融危机时期）。第一轮宏观调控，由于当时计划经济体制的影响较大而偏重于以行政的、直接调控的手段为主。第二轮宏观调控时虽然行政手段还比较明显，但经济手段的作用已越来越重要，并注重使用提高存贷款利率等工具对经济进行间接调控。从第三轮宏观调控开始，尤其是进入21世纪以来，则主要强调运用经济手段，努力在对传统货币工具进行创新性使用的基础上进一步完善我国的货币政策框架。可以说，这段时期也是我国货币政策框架转型的重点阶段。

先看2003—2008年。这一时期中国货币政策的主要任务和挑战，是应对由于经济快速增长以及国际产业分工链条重组带来的国际收支双顺差格局下的银行体系流动性过剩，抑制货币信贷过度膨胀和随之而来的通胀压力。但此前常用的公开市场操作由于受到央行持有债券规模的约束无法很好地应对持续和严重的流动性过剩局面，因而货币政策操作部门积极开展公开市场操作工具创新，自2003年4月开始发行中央银行票据，年发行量很快就从当年的7200亿元增长到了2010年的4万亿元左右，其间为了缓解滚动到期的压力，又不断完善央行票据的期限品种和发行方式，在3个月、6个月、1年期三个品种基础上增加了3年期品种，且在保持市场化发行力度的同时也多次对贷款增长较快、资金相对充裕的商业银行定向发行央票，既有效提高了流动性冻结深度，也对促进信贷合理增长发挥了积极作用。2003—2008年，共计发行央票17万亿元，开展正回购操作7.9万亿元，对防止银行体系流动性过快增长发挥了关键作用。实践证明，在外汇占款刚性增长的情况下，央行票据这一工具的推出为货币调控赢得了一定的主动权。现在看来，央行票据的发行对促进中国货币市场、债券市场的发展以及利率市场化改革也同样具有重要意义。央票的无风险、期限短、流动性强等特点，弥补了我国债市短期工具不足的缺陷，为金融机构提供了较好的流动性管理工具和投资、交易工具。更为重要的是，定期发行央行票据有助于形成连续的无风险收益率曲线，不仅为货币市场和债券市场提供了定价基准，也为央行推进利率市场化改革创造了条件。

这段时期的另一个货币政策工具创新性使用当属存款准备金。存款准备金制度的建立与人民银行承担央行职能在同一时点。建立这一制度的初衷不是为了满足金融机构支付清算的需要，而是为了央行“集中资金、配置资金”，将专业银行缴存的准备金通过再贷款的方式，用来支持农副产品收购和重点产业、重点项目的资金需要。最初人民银行按照存款种类来确定存款准备金率，企业存款为 20%，储蓄存款为 40%，农村存款为 25%。1985 年统一调整为 10%，并开始支付利息。经过 1987 年和 1988 年两次上调后达到 13%。由于存款准备金不能用于支付和清算，金融机构为满足资金营运的需要只能在中央银行再开设一个存款账户即备付金存款账户，专门用于办理资金收付。自此，金融机构的存款准备金就包括法定存款准备金和备付金两部分。1989 年，针对当时国有商业银行备付金率普遍偏低、出现支付困难的现象，央行要求备付金率必须保持在 5%~7%，也就是说，当时的存款准备金率实际也达到了 20% 左右。随着以货币供应量为主要中介目标的货币政策框架的逐步形成，央行内部就是否继续保留贷款规模指标举行了一场少有的大辩论，最终决定于 1998 年取消贷款规模控制。

为更好地发挥准备金制度在货币信贷调控中的作用，1998 年 3 月，央行对金融机构的存款准备金制度进行了重大改革：将法定存款准备金和备付金两个账户合并为“准备金存款”账户，并将法定存款准备金率由13%下调至8%，准备金存款账户超额部分及分布由金融机构自定，准备金考核按法人统一开展。这次改革对完善和发展中国金融制度可谓意义重大。第一，账户的合并健全了存款准备金的支付清算功能，有利于发挥准备金工具作为货币政策手段的作用。第二，降低存款准备金率，不仅增加了金融机构的可用资金，多余部分尚可归还央行再贷款，有利于厘清央行和商业银行的资金关系。第三，准备金按法人存放和考核，有利于加强金融机构系统内资金调度和管理，促进其按法人自主经营、自负盈亏、自担风险和自我发展，加快建立现代金融体系。

1999年，为增加金融机构可用资金，支持实体经济走出通缩阴影，央行又将法定存款准备金率由8%下调至6%。客观地说，如此低的准备金水平为2003年以后，针对国民经济运行中出现的贸易顺差过大、投资增长过快和信贷投放过多问题，特别是央行在使用公开市场操作对冲流动性遭遇掣肘时，创造性地开始运用存款准备金工具，来深度冻结银行体系过剩流动性提供了可能。不过实话实说，当时对准备金能否作为一种数量型工具运用于货币政策调控也存在不少争议。

传统货币政策理论认为，存款准备金率是货币政策工具中作用最强、影响范围最广、使用频率相对较低的一剂“猛药”。但实际上这种说法主要是针对流动性偏紧的状态而言。在流动性偏紧的状态下，商业银行的超额备付总是保持在最低水平，一旦提高准备金率，短期内商业银行就只能依靠收缩信贷、债券等资产来满足新的准备金比例要求，结果市场利率显著上升，市场预期随之发生重大变化。正因为提高存款准备金率威力如此之大，央行通常不将其作为常规性的货币调控工具。然而2003年之后中国货币政策面临的环境却是国际收支持续顺差、基础货币供应过剩，也就是说银行体系存在不断持续积累的流动性过剩。在此背景下有必要把准备金发展成为常规的、与公开市场操作相互搭配的流动性管理工具。央行通过提高存款准备金率，缩减银行体系超额存款准备金，锁定部分基础货币并降低货币乘数，影响金融机构信贷资金供应能力，最终可以实现对货币信贷总量的调控。很显然，鉴于存款准备金工具主动性较强的优势，较之其他工具收缩流动性更为快捷和及时，且能长期、深度冻结流动性，因此更适合应对中长期和严重的流动性过剩局面。所以，将教科书上称为"猛药"的存款准备金变成对冲流动性和货币信贷调控的常规性手段可谓是中国人民银行货币调控在21世纪的一大创新。

再来看看2008年国际金融危机爆发后的情况。在面临危机来势凶猛、冲击强度难以预估的情况下，中国货币当局采用了"贝叶斯决策"的方法（时任中国人民银行行长周小川曾在中国经济50人论坛的发言中非常清晰地阐述了这样做的必要性），果断出台力度充分的应对措施，5次下调存贷款基准利率，4次下调存款准备金率，保持银行体系流动性充分供应，促进银行信贷合理平稳增长，加大金融支持经济发展的力度，努力把金融危机对中国经济的冲击降到最低。

尤为重要的是，考虑到中国经济易热不易冷的体质特征，宽松货币条件可能产生一定的副作用。政策制定者清醒地意识到必须根据形势的变化适时调整货币政策的取向和力度，也就是说，在看到中国经济逐步企稳、走出全球金融危机影响的阴影之后，货币当局自2009年中即着手根据形势发展变化及时对宽松政策动态微调、逐步退出，着力提升政策的灵活性，努力平衡好速度、结构和物价之间的关系，引导货币信贷回归常态。

2009 年的夏天酷暑难耐，周小川自巴塞尔出席国际清算银行会议一回到北京，立即召集会议研究部署如何引导货币条件回归常态。由于当时来自市场的压力很大，而利率、准备金等工具的信号作用又比较强，且价格工具的运用还受到流动性约束和较大幅度调整利率难以被接受、部分市场主体对利率敏感性不够、汇率市场化进程仍需推进等多种因素掣肘。于是我们在总结国际经验教训的基础上，特别是借鉴了时任瑞典央行行长，也是金融稳定论坛主席所提出的央行有必要在执行货币政策时采取宏观审慎管理的视角，立即着手研究构建和完善宏观审慎政策措施，希望通过引导商业银行更稳健经营来抑制其过度扩张。

从本质上说，宏观审慎管理特别是逆周期调控正是宏观调控的有机组成部分。虽然形式上宏观审慎管理也会涉及对银行准备、资本等传统意义上微观审慎监管指标的弹性要求，但其关键是能在客观准确判断宏观形势基础上进行适时、灵活的逆风向调控，以抑制信贷等顺周期波动，防范源于总量的系统性风险，促进经济平稳运行。因此，作为传统货币政策工具的延伸和补充，宏观审慎管理可以发挥利率等总量手段难以起到的作用。换言之，加强宏观审慎管理有助于进一步完善货币政策框架。

但由于某些原因，直到 2011 年，中国人民银行才得以正式引入差别准备金动态调整机制（该机制在 2016 年升级为宏观审慎评估，即 MPA），将信贷投放与宏观审慎要求的资本水平相联系，同时考虑各金融机构的系统重要性、稳健状况以及经济景气状况。差别准备金动态调整机制的核心是金融机构适当的信贷增速取决于自身资本水平以及经济增长的合理需要。央行可以根据经济金融形势发展变化，以及金融机构稳健性状况和信贷政策执行情况，适时适度调整该机制的有关政策参数，发挥其逆周期调节和结构引导的作用。可以说，正是在这个机制与其他货币政策工具的配合下，货币信贷增速才得以逐步由应对全球金融危机期间的偏高水平回归常态并保持平稳增长。

今天看来，刺激政策的及时退出对避免经济过热和防止物价过快上涨发挥了不可或缺的作用，对之后中国经济的长期平稳健康发展也至关重要。它充分彰显了货币当局对退出时机的抉择和实施上的智慧和勇气、清醒和定力、担当和责任。

随着中国经济恢复较快增长和通胀压力的上升，自 2011 年起货币政策取向由“适度宽松”明确调整为“稳健”，到 2016 年，稳健的货币政策已实施六年。其中 2012 年，面对欧债危机加剧带来的国际金融市场的新一轮动荡，货币当局依靠一系列措施的预调微调有效对冲了全球经济复苏的不稳定性和不确定性对中国经济的冲击。2013 年，受美联储释放退出量化宽松货币政策信号等外部因素的影响，加上财政税收因素、市场传言炒作发酵等时点性、情绪性因素的叠加影响，我国货币市场一度出现了后来被媒体渲染为“钱荒”的短期波动，其实这完全是一次微观主体与宏观调控部门对宏观调控思路和方式的博弈。最终央行通过创新调控方式、保持定力，坚持了稳健的货币政策取向，有效抑制了金融机构的过度加杠杆和信用扩张，也为抑制全社会债务水平和杠杆率过快上升发挥了积极作用。2014 年，在外汇占款渠道投放基础货币出现阶段性放缓的情况下，央行通过丰富和完善工具组合，增强主动提供基础货币的能力，确保了银行体系流动性合理适度。进入 2015 年，经济下行压力一度加大，股市也出现较大波动，货币政策适度加大了逆周期调节的力度，五次普降法定存款准备金率以弥补外汇占款减少等形成的流动性缺口，五次下调人民币存贷款基准利率以便充分运用价格杠杆稳定市场预期，引导融资成本下行。总体上说，由于多种原因影响，2012—2016 年部分时段的货币政策在实施上是稳健略偏宽松的。考虑到当前我国经济结构性矛盾仍很突出，过度扩张总需求可能会进一步固化结构扭曲和失衡，且开放格局下还面临着汇率的“硬约束”和资产价格的“强对比”，2016 年底闭幕的中央经济工作会议在深入分析了内外部形势和主要矛盾的基础上，果断提出 2017 年货币政策要保持稳健中性。增加“中性”两个字，强调的是货币政策要向真正的稳健回归，意味着不仅数量上要保持货币信贷增速的稳健，质量上更要着力于提升金融服务实体经济的水平，以促进经济科学发展、可持续发展。鉴于此，2017 年，央行主动适应经济发展新常态，坚持稳中求进的总基调，一方面做好货币政策调控，从量价两方面为结构调整和转型升级营造中性适度的货币金融环境，另一方面坚定推动金融市场化改革，进一步完善货币政策调控框架，疏通传导渠道，有效应对来自宏观格局变化和金融创新的挑战，取得了积极成果。

改进金融调控依赖于货币政策框架的发展与完善。30 多年来，尤其是进入 21 世纪以来的金融调控和改革工作的实践表明，我国货币政策调控框架的演进主要有以下特点：一是货币政策操作偏重数量型调控模式，但价格工具在金融调控与经济运行中的作用是在不断增强的；二是货币政策传导从以计划分配等行政手段为主的直接调控，逐步向以经济手段为主的间接调控转变；三是货币政策仍然面临多目标之间有效协调的问题，但价格稳定在金融调控目标体系中的地位愈加突出。这些特点决定了未来我们有必要继续循序渐进地推进货币政策调控框架的转型。

如前所述，目前中国的货币政策调控框架正处在从数量型为主向价格型为主的转变过程中，兼具“量”“价”两方面的特征。由于预算“软约束”等问题的存在，利率传导机制尚未完全理顺，还不能完全放弃数量型调控，数量型工具在货币政策调控中仍发挥着必要的作用。但近年来随着金融创新和市场深化的进一步加快，影响货币总量的因素更加复杂，M2（广义货币）的可测性、可控性以及与实体经济的相关性开始下降，指标意义开始减弱，随着利率传导机制的不断健全，需要研究逐步淡化货币政策的数量中介目标，更多地关注价格型操作目标。同时，考虑到全球金融危机以来金融宏观调控的理论和实践主要集中在对传统“单一目标，单一工具”框架的改进和完善上，因此我们在充分发挥数量型和价格型货币政策工具各自作用的基础上，也要更多关注更广泛意义上的整体价格水平，更好地把货币稳定和金融稳定结合起来，并据此完善相应的政策手段和组织架构。这就需要进一步完善宏观审慎政策框架，与现有的货币政策调控框架形成相互补充。

从中国国情看，目前数量型调控、价格型调控以及宏观审慎政策相结合的调控模式日臻成熟。党的十九大报告已明确提出要“健全货币政策和宏观审慎政策双支柱调控框架”，这不仅是符合中国国情的选择，也与危机以来国际上对传统政策框架进行反思后的主流共识是完全一致的。从价格型操作目标看，在公开市场操作利率到货币市场利率乃至债券市场利率的传导机制已逐步健全的基础上，逐步将公开市场操作目标转变为引导货币市场短期利率为主的条件已基本成熟。下一步可以考虑将公开市场短期回购操作利率作为央行政策利率的组成部分并择机定期对外公布，同时探索选择适当的指标性利率作为央行公开市场操作目标。建立和完善以SLF（常备供货便利）利率为上限、以超额准备金或其他存款便利类工具利率为下限、通过公开市场操作调控市场基准利率的“利率走廊”，并在央行货币政策工具组合中，更多地注重各项工具的价格维度，进一步理顺央行操作利率向金融市场及实体经济的传导机制，不断提高金融机构自主定价能力，最终实现货币政策调控框架从数量型向价格型的转变。

尽管货币政策框架的演进取得了阶段性成果，但中国货币政策框架的转型仍然还在路上，不仅过去的一些固有的矛盾尚未得到根本性解决，新形势下还面临着许多新挑战、新要求，尤其是当前民粹主义、保护主义势力在欧美多个经济体广泛兴起，贸易摩擦和全球化正处于对抗时期，加上发达经济体已步入货币政策正常化轨道，我国面临着比任何时候都要更加错综复杂的全球政治经济形势。

从货币政策理论的角度看，至少有以下方面仍值得我们认真关注和深入思考：一是由于现实经济环境不同于新古典理论所描述的理想状态，存在价格刚性、外部性甚至非理性的“动物精神”，因此很有必要发挥货币政策的功能来弥补市场失灵，保持经济的平稳和可持续发展；二是货币政策调控的关键在于把握好“度”，既要发挥其功效，又要避免过度使用政策调控工具，对经济造成不必要的扰动，避免为解决一个问题而导致更加严重的新问题；三是相机抉择的货币政策有利于提高政策灵活性，但也有可能加剧货币当局的机会主义行为，并因市场主体的非理性预期而失去政策效果，因此需要增强货币政策的规则性和透明度，特别是要有较为明确的政策目标，以约束和规范中央银行行为，并起到引导和稳定市场预期的作用；四是由于实际经济运行高度复杂多变，货币政策完全钉住任何一个单一指标都可能存在问题，且事实上一旦开始钉住某一个目标，这个目标本身也就可能异化，进而导致政策的系统性偏差，因此货币政策也需要在提升规则性的同时强调对形势变化的敏感反应，强调不断完善货币政策的目标和工具体系。

概括起来，一个“好”的货币政策需要根据经济发展水平和形势变化的要求，权衡和把握各方面的利弊得失，在各种“两难选择”中寻找最佳的中间状态，争取实现最好的政策效果。如此看来，中央银行在货币政策框架转型之路上依然任重道远。因此还需要：

第一，必须基于中国国情进一步优化货币政策目标体系。受经济转型和发展阶段的影响，中国的货币政策目标有其特殊之处。经济快速转型期中结构性矛盾较为突出，且不同阶段经济运行的矛盾焦点也不同，价格稳定、经济增长、充分就业、国际收支平衡以及金融稳定、金融改革等都可能成为特定时期货币政策的优先考虑。从总体来看，在目前我国国民收入水平较低、尚处于经济起飞和转型阶段的大背景下，货币政策仍需为高质量发展、深水区改革提供配合与支持，统筹协调好物价、国际收支平衡以及就业、增长等目标之间的关系。但与此同时，针对我国经济“新兴加转轨”阶段“易热不易冷”的特征，防通胀仍是中央银行最主要的任务和使命。也就是说，从更长时间维度考虑，我们不仅需要更加突出价格稳定目标，更加关注更广泛意义上的整体价格水平稳定，也要更多考虑更长期的货币、金融稳定和宏观总量风险问题，更多关注诸如资产价格、金融体系各类信用扩张等可能显著影响价格和金融体系稳定的变化因素，不断增强货币政策的科学性、预见性和有效性。

第二，要主动适应经济规律和市场发展变化，正确处理政府和市场的关系，注重运用更加市场化的间接手段进行调控，发挥市场在金融资源配置中的决定性作用。反映在金融调控方面就是要进一步加强间接调控机制和价格型调控手段的运用，健全和完善数量型、价格型的货币政策调控框架，并注重与宏观审慎政策相结合，不断完善金融市场资源配置机制，增强金融调控的有效性。

第三，增强制定货币政策的前瞻性，提高金融调控的自主性。货币政策存在时滞，从货币当局采取行动开始到对货币政策目标产生影响需要一个过程。这就要求货币政策必须具有前瞻性，通过有效发出政策导向信号，合理引导预期，影响经济主体的决策行为，进而影响实体经济。当然，实施前瞻性的货币政策操作，也会对央行提出更多挑战，要求央行必须拥有准确把握经济趋势的能力和有效的政策工具。与此同时，作为一个开放的发展中大国，也要求央行必须牢牢把握对国内经济的调控能力。而提高金融调控的自主性，首要的就是增强汇率的弹性，只有坚持按照主动性、可控性、渐进性原则持续推进人民币汇率形成机制改革，才能提高调控货币信贷总量以及运用利率调节经济的能力。

第四，要完善宏观审慎政策框架，加强货币政策与宏观审慎政策的配合。货币政策目标的拓展需要创新相应的工具和手段。宏观审慎政策本质上采用的是宏观、逆周期、防传染的视角，以防范系统性风险为主要目标，着力减缓金融体系的顺周期波动和跨机构、跨市场风险传染对宏观经济和金融稳定造成的冲击。比较而言，货币政策主要以物价稳定和促进经济增长为目标，而宏观审慎政策则主要以维护金融稳定为目标；货币政策主要用于调节总需求，而宏观审慎政策则更多针对加杠杆行为；货币政策以利率等作为工具，而宏观审慎政策则主要依靠调整资本要求、杠杆水平、首付比等。尽管两大政策各有侧重，但货币政策与宏观审慎管理之间有相当紧密的联系，甚至是你中有我，我中有你，需要相互融合。也就是说，宏观经济运行的复杂性决定了必须发挥好货币政策和宏观审慎政策双支柱调控框架的作用。

第五，始终坚持全球化和动态的视角。随着经济全球化不断推进、经济体之间相互影响和溢出效应越来越明显，央行需要从全球视角观察和分析问题，正确把握开放条件下的宏观经济运行和货币政策传导规律，据此制定和实施金融调控政策，防范其他国家的宏观政策对我国的负面溢出效应，同时积极主动参与国际协调与合作，提升在国际组织中的话语权，进一步协调好本外币政策，努力实现保持本国经济平稳发展以及与外部政策之间的相互配合。

中国货币调控方式转型历史及评价

改革开放后的很长一段时期，我国并未建立现代意义的市场化宏观调控框架，尽管尝试通过“拨改贷”提高资金使用效率，但这期间我国金融资源价格及其配置主要通过计划方式进行。1984年专门行使中央银行职能后，中国人民银行主要通过现金发行和信贷规模管理直接控制方式进行货币信贷调控。随着社会主义市场经济体制的确立和经济金融体系的发展，1998年，以取消信贷规模管理并重启人民币公开市场业务为标志，我国货币政策正式实现由直接控制向数量为主的间接调控模式转型。我国符合现代意义的货币政策实践仅有20多年的时间，随着金融市场发展和利率市场化的进程，也开始越来越多地使用价格调控。20多年来，我国先后经受住了亚洲金融危机和全球金融危机两次巨大外部冲击的考验，根据不同阶段经济金融发展的实际，灵活开展货币调控，成功应对了通货紧缩、持续双顺差和流动性过剩及经济进入发展新常态后金融调控环境变化等严峻挑战。货币政策调控为我国经济实现平稳较快增长，保持物价基本稳定，发挥了重要、积极的作用。全面总结中国货币政策调控历程，深入分析当前货币调控方式转型

---

* 作者系CF40成员、中国人民银行研究局局长徐忠。

的现实约束进而明确改革方向，对深化利率市场化改革、更好地通过利率价格杠杆优化金融资源配置、实现经济高质量发展，具有非常重要的意义。

中国货币调控方式转型历史

我国符合现代意义的货币政策实践仅有 20 多年的时间，其间经历了四个阶段。

由计划直接管理转向数量为主的间接货币政策调控

改革开放后我国开始尝试通过利率价格杠杆引导信贷资源配置，通过“拨改贷”提高资金使用效率，但这一期间我国金融资源价格及其配置主要通过计划方式进行，在“大一统”管理模式下，即使重新组建的专业银行也都相当于中国人民银行的分支机构。1984 年专门行使中央银行职能后，中国人民银行主要通过现金发行和信贷规模管理直接控制方式进行货币信贷调控。随着社会主义市场经济体制的确立和经济金融体系的发展，1994 年中国人民银行开始缩小信贷规模管理范围，公布不同层次的货币供应量，1996 年正式将货币供应量作为中间目标并将现金发行转为监测指标。同时，我国还将各地分散的拆借市场统一为全国银行间拆借市场，大力发展银行间债券市场并将其作为公开市场操作的重要场所。由于银行间市场属于同业批发市场，风险相对较低，因此我国率先放开了同业拆借和债券市场利率。1998 年，以取消信贷规模管理并重启人民币公开市场业务为标志，我国货币政策正式实现由直接控制向数量为主的间接调控模式转型。

通货紧缩和流动性过剩时期的货币政策调控

1998 年取消信贷规模控制后，公开市场操作成为中国人民银行最主要的常态化货币调控手段。在当时通货紧缩的背景下，主要通过逆回购投放基础货币；2000 年针对成立资产管理公司、剥离银行不良贷款而大量增加的基础货币以及外汇占款迅速增长，引入正回购业务吸收市场流动性；2001 年下半年根据当时的通货紧缩形势，在进行逆回购的同时大量开展现券买断业务，增加基础货币投放。

2001 年底加入 WTO 之后不久，中国经济逐步走出了亚洲金融危机冲击和通货紧缩的影响，进入新一轮上升周期。除全球金融危机的短暂冲击外，我国面临长达近十年的国际收支持续双顺差和流动性过剩局面。由于正回购和现券卖断业务受到中央银行持有债券资产规模的约束，2003 年 4 月，中国人民银行正式发行中央银行票据并将其作为对冲流动性的最主要手段。随着国际收支持续顺差和流动性过剩失衡加剧，我国开始频繁上调存款准备金率，充分发挥其深度冻结流动性的作用，将存款准备金率打造为常规的、与央行票据发行相互搭配的流动性管理工具，迅速锁定了长期流动性，有效地降低了货币乘数和货币信贷扩张。同时，中国人民银行还通过再贷款（再贴现）、窗口指导等方式优化信贷投放结构和节奏，结合存贷款基准利率上调和人民币稳步渐进升值，有效应对长期双顺差带来的挑战和问题，较好地实现了产出物价等货币政策最终目标。

经济新常态和流动性格局变化下的货币政策调控

在成功应对全球金融危机冲击后不久，随着要素禀赋和国际经济环境的变化，中国经济逐步转向新常态，长期困扰我国的外汇占款和流动性过剩格局明显改观。从 2011 年开始，经常账户顺差占 GDP 比重首次回落并始终处于国际认可的 4% 以下合理区间。跨境资本呈现双向流动态势，2012 年资本和金融账户（不含储备资产）首次出现自 1999 年以来的小幅逆差，2014 年第二季度末外汇储备达到近 4 万亿美元的阶段性高点后，直至 2016 年第四季度资本和金融账户始终保持逆差。汇率呈现双向波动态势并在基本均衡水平上保持稳定。中国人民银行逐步减少并一度基本退出常态化外汇市场干预。为此，2012 年中国人民银行停止央行票据发行并重启逆回购操作，2013 年以来开展了包括 SLO（短期流动性调节工具）、SLF、MLF（中期借贷便利）、PSL（抵押补充贷款工具）等在内的短期流动性管理工具创新和中长期基础货币投放机制完善工作，改进存贷款比和准备金考核，调整再贷款分类体系，完善央行抵押品框架，将公开市场操作由每周两次扩展至每日操作，确保了市场流动性基本稳定，增强了市场利率引导能力，为经济金融平稳较快发展、价格水平基本稳定和经济结构转型升级营造了适宜的货币环境。

利率市场化、金融创新与货币价格调控方式转型的迫切性和必要性

在货币政策转向间接调控的同时，中国人民银行积极发展金融市场，放松利率管制，在 2000 年左右基本实现了金融市场利率市场

化，2004 年实现了存款利率上限和贷款利率下限的利差管理模式，通过具有帕累托改进特征的渐进双轨制方式稳步推进利率市场化改革。不过，尽管我国通过央行票据发行有效促进了货币市场发展和期限完整的无风险收益率曲线的完善，为推进利率市场化和利率调控创造了良好条件，2007 年正式引入货币市场基准利率体系 Shibor（上海银行间同业拆放利率），2008 年 10 月还扩大了按揭贷款利率下浮空间，但在应对流动性过剩和全球金融危机冲击的繁重调控压力下，2004 年以来我国利率市场化改革进程相对缓慢。

在以数量调控为主的同时，中国货币政策十分重视利率价格机制的作用，非常注意“量”与“价”的平衡。随着经济发展进入新常态，我国流动性和外汇占款作为基础货币投放主要渠道发生了根本性变化，这极大增强了中央银行调控流动性的主动性，为加快推进利率市场化和货币价格调控方式转型提供了必要的宏观条件。中国人民银行开始加快推进利率市场化。2012 年 6 月，我国首次允许存款利率上浮，2013 年 7 月基本取消贷款利率管制，于 2015 年 10 月最终放开了存款利率浮动限制。

随着利率市场化改革的加速推进和基本完成，我国金融市场创新和脱媒迅猛发展，不同金融产品之间和不同层次货币之间的界限日益模糊，货币需求越来越不稳定，M2 与产出物价关系的稳定性越来越差，货币数量的可测性、可控性及与实体经济的相关性明显下降，传统以数量为主的货币调控已难以适应当前货币政策的需要。事实上，我国很早就意识到 M2 中间目标的问题，2011 年开始引入社会融资规模流量指标，2015 年公布存量社会融资规模数据并在 2016 年明确将其作为政策目标。虽然社会融资规模统计范围更广，能够提供更多信息，但非信贷融资更容易受经济波动和预期影响，金融创新和衍生融资方式更难以及时准确掌握，中央银行无法有效控制直接融资行为，作为金融机构资产端的存量社会融资规模理论上应与负债端的 M2 趋同，因此社会融资规模也不宜替代 M2 作为新的数量型货币政策中间目标。正是在这样的背景下，2018 年我国不再公布任何具体的货币数量目标，向货币价格调控方式转型的迫切性日益上升。

中国货币价格调控方式转型的实践困境与挑战

从 20 多年货币政策的实践来看，我国经济金融仍存在很多深层次矛盾和问题，制约着金融市场功能的有效发挥和利率传导机制的畅通有效，货币价格调控方式转型也不可能一蹴而就。

政府过度关注经济增长，经济中仍存在大量预算“软约束”部门，央行货币政策始终易松难紧

1998 年之前信贷规模计划管理时期，中国人民银行的货币信贷调控一直饱受地方政府投资冲动的倒逼压力。1984 年中国人民银行专门行使中央银行职能时就实行了国际通行的准备金制度。不过，在信贷规模管理模式下，准备金制度的着眼点是让中国人民银行掌握相当数量的信贷资金并进行结构调整，信贷规模主要按地区和项目信贷计划的方式进行管理。但是，信贷规模管理制度设想需要一个前提，即充裕的资金只能以超额准备金的方式流向中央银行，中央银行在地区间进行信贷规模调剂，这比较符合 20 世纪 80 年代金融市场尚不发达的实际情况。随着各地区拆借市场的发展和金融工

具的多样化，中央银行越来越难以有效地分配信贷资金：主要是地方政府投资冲动的倒逼压力，存款充裕地区（主要在地方政府压力下）要求增加再贷款和信贷规模；存款少的地区由于其仍然拥有贷款额度，贷款计划往往与实际存款不匹配，中央银行不得不为其追加再贷款以确保其正常运行；较高的法定准备金要求也加大了专业银行的再贷款倒逼压力。而且，当时信贷政策的透明度较差，人民银行分支机构受地方政府干扰较多。因此，信贷规模管理实际上无法有效抑制信贷冲动，信贷计划经常被突破并留下了经济过热隐患。在此背景下，20 世纪 90 年代初，随着社会主义市场经济体制的确立，中国人民银行开始由信贷直接管理逐步转向间接调控，1993 年将各地分支机构再贷款发放权集中统一至中国人民银行总行，1994 年停止对财政透支和专项贷款，1997 年决定人民银行跨行政区域设立分支机构以避免地方政府干扰，最终于 1998 年完全取消信贷规模管理，转向以货币供应量为中间目标的数量为主间接货币调控。

改革开放以来，为调动地方发展经济的积极性，我国形成了 GDP 导向的“锦标赛”增长模式。地方政府主要通过基础设施建设、发展重化工业等方式促进经济增长。同时，2004 年土地全面“招拍挂”后，土地收益完全归地方政府所有，城镇化和房地产投资成为推动地方经济和增加财政收入的重要途径。基建和重化工业投资主要依赖地方政府平台和国有企业，而房地产又有着“大而不倒”的“软约束”特征。因此，在政府过度关注经济增长的导向下，我国存在着地方融资平台、国有企业和房地产企业等大量预算“软约束”部门，有着强烈的债务扩张刺激经济的内在动力。20 世纪 90 年代中期的经济过热和信贷规模管理失效，很大程度上就与地方过度投资倒逼再贷款密切相关。

2002 年下半年以来，我国国际收支持续大规模双顺差，为确保经济平稳发展应适度压缩国内投资。但是，“锦标赛”模式下各地投资冲动无法得到有效抑制，进一步加剧了流动性过剩期间的经济过热和信贷扩张，货币政策更加易松难紧。事实上，我国很早就认识到传统增长模式的弊端，2006 年底中央就提出经济要“又好又快”发展。中国人民银行在经济刚刚走出通缩和“非典”冲击阴影后，明确提示信贷过快增长风险，加强房地产信贷管理。在通过公开市场操作、准备金等进行适度从紧稳健货币调控的同时，还积极探索宏观审慎政策手段。2004 年对不同资产质量和风险状况机构实行差别存款准备金制度；2005 年适度提高了不同类型房屋首付比例；2007 年开展具有激励相容性质的央行票据定向发行工作。

但是，2008 年爆发了全球金融危机，为应对危机的巨大冲击，我国出台了大规模刺激政策，货币政策也转向适度宽松。应当说，危机后必要的刺激政策在稳定金融市场促进经济复苏方面发挥了重要作用，但在经济增长导向和传统增长模式下，刺激政策手段粗放调整过度，难以有效退出，加剧了流动性过剩和经济过热。为此，中国人民银行早在 2009 年就注意到经济过度刺激苗头，通过公开市场操作“动态微调”，2010 年连续上调准备金和基准利率，逐步退出适度宽松政策。但是,在 GDP 增长目标导向和软预算部门压力下，信贷需求仍非常强烈。特别是，尽管 2011 年以来经济逐步进入新常态，但市场仍存在着强烈的新一轮刺激预期。为有效打破各方政策放松预期，2013 年第二季度中国人民银行重新发行央行票据并对部分到期的 3 年期央行票据进行续做，积极与市场沟通，通过公开市场操作和创新性政策工具成功化解了货币市场波动。

尽管经济进入新常态后我国潜在产出增速趋势性下降，但为配合地方政府债务置换和促进国民经济薄弱环节发展等政策需要，2014 年中国人民银行创设了 PSL，通过两次定向降准和一次降息引导降低金融市场利率和贷款利率。由于地方政府融资平台等国有企业效益和房地产市场明显下滑，2014 年以来我国一度出现对通货紧缩的担忧，各方政策放松预期强烈。而且，虽然 2014 开始我国加强地方政府性债务管理,但地方政府利用 PPP（政府和社会资本合作）、产业基金、政府购买等方式进行大量隐性负债。2015 年我国发生股灾，市场波动进一步加剧了各方对经济的担心。为此，中国人民银行不得不于 2015 年至 2016 年第一季度分别进行了五次定向降准和五次普遍降准，为顺利推进利率市场化改革，结合扩大存款利率浮动区间而连续五次下调存贷款基准利率。

应当看到，经济结构优化调整和高质量发展要求货币政策应保持稳健中性，避免大水漫灌依赖货币信贷投入的传统增长方式。但利率政策属于反映资金价格的宏观总量货币手段，无法有效调节结构性问题，并不完全适应经济结构转型升级需要。特别是由于地方政府隐性负债迅速上升，根据 IMF 2017 年的测算，2016 年考虑地方政府隐性债务的中国广义口径政府部门杠杆率为 62.2%，已超过欧盟警戒线标准，“僵尸企业”和低效投资项目大量挤占金融资源，被总量问题所掩盖的结构性矛盾更为突出。货币政策空间非常有限，而准备金率是货币政策的“利器”，资产负债表效应和信号意义较强。在潜在增速趋势性下行与经济周期性下滑交织的背景下，大幅降低准备金要求将释放强烈宽松政策信号，与稳健中性的货币政策基调明显不符。因此，中国人民银行主要通过逆回购业务、SLF 和 MLF 等方式弥补市场流动性数量缺口，始终将法定存款准备金率保持在相对较高水平。特别是随着 2015 年底以来供给侧结构性改革的深入开展，中国人民银行坚持守住货币供给总闸门，不进行普遍降准和定向降准，仅是结合普惠金融发展，于 2018 年 1 月进行一次定向降准。

改革开放以来始终未处理好监管与央行的关系，监管与行业发展职能没有分离，由此引发的道德风险倒逼央行政策放松

1997 年之前，虽然我国一直有金融业的主管部门，但并不存在现代意义的金融监管。中央银行的分支机构在负责金融管理的同时，明显受到地方政府的倒逼和掣肘，无法真正关注金融风险。金融业处于事实上的混业经营状态，银行可直接向股市参与者发放贷款，导致股票市场投机盛行波动剧烈。同时，国有企业三角债严重干扰了正常的金融秩序，银行为消化“拨改贷”等政策性负担开展大量高收益投机业务，各地“乱集资、乱设金融机构、乱办金融业务”迅速蔓延，严重干扰了正常的经济金融秩序。为此，1993 年 7 月我国开始对过热的经济进行宏观调控和治理整顿。1993 年底，党的十四届三中全会正式提出建立政策性银行，将专业银行办成真正的商业银行，实行资产负债比例管理，现代意义的金融监管逐渐形成并不断加强。特别是 1995 年通过的《中国人民银行法》和《商业银行法》以法律形式明确中央银行不得为财政透支，商业银行实行比例管理；1996 年我国正式加入国际清算银行并承诺遵守《巴塞尔协议》，1997 年亚洲金融危机更使各方高度重视金融风险。在此期间，我国相继成立了专门的证券、保险监管机构，中国人民银行不再负责对这些行业的监管。同时，针对 1996 年由于大量银行资金违规入市引发的股票市场行情异常过热，中央明确要求银行将资金全部撤

出交易所市场。最终，1997 年底首次召开的全国金融工作会议，正式确立了金融分业经营、分业监管的现代金融监管体系，这为化解再贷款冲动，转向数量为主的间接货币调控方式，提供了必要的制度保障。

1998—2002 年的通货紧缩时期，中国人民银行发放了大量再贷款，国家还发行特种国债补充国有银行资本金，成立资产管理公司剥离不良贷款。但是，由于长期积累的大量问题、前期过快放贷和风险意识淡薄等原因，我国银行体系不良资产规模非常庞大，资本充足率严重不足，甚至有海外机构指出，国有银行已处于技术性破产的边缘。银行惜贷现象异常严重，金融信用媒介功能几乎完全丧失，这进一步加剧了通缩局面。直至 2001 年底加入 WTO 全面融入全球分工体系，中国才于 2002 年下半年逐步走出通缩阴影，经济进入强劲上升轨道。

2003 年我国将银行监管职能从中央银行分离出来，从而形成了“一行三会”的金融管理格局。但是，金融监管与行业发展的关系始终没有得到理顺，监管政策始终倾向于本行业的发展。2003 年中国人民银行着力对金融体系进行“在线修复”，通过外汇储备注资方式开展了以公司治理为核心的国有商业银行改革，以激励相容方式进行中央银行票据置换推动农村信用社改革。不过，随着金融机构历史包袱的逐步消化和改革后经营绩效的明显好转，监管部门逐渐偏离机构审慎监管，更加关注本行业的发展。特别是 2008 年全球金融危机后，监管部门更加强调金融促进经济复苏，未能有效调控银行信贷投放，2010 年货币信贷增速大幅突破年初目标。为此，中国人民银行于 2011 年初引入差别准备金动态调整机制，开展社会融资规模监测，力图控制银行表内信贷过快增长。不过，出于行业发展和部门利益的考虑，监管部门仍积极鼓励金融创新以规避准备金和信贷规模约束。证券保险监管部门也竞相放松监管要求。由此，针对信贷规模管制的金融创新和影子银行迅猛发展。根据金融稳定理事会的数据，中国影子银行资产占GDP的比重由2011年的20%迅速上升至2013年的31.2%，远快于同期货币信贷增速。

而且，2014年以来我国影子银行发展呈现出结构化、复杂化趋势。在行业发展理念下，监管部门并不重视整体系统性风险，甚至为了本行业发展而降低监管标准，从而引发“监管竞次”，监管套利和监管空白并存，影子银行结构更加复杂，风险集聚问题更加严峻。2015年由于对场外配资等违规行为监管不力，资本市场波动剧烈，中国人民银行不得不通过再贷款方式维护资本市场稳定，降准降息稳定经济发展。随着经济下行和不良资产逐渐暴露，银行不得不提高风险资本占用和贷款损失准备。不良贷款“双降”曾是监管部门的重要目标，为此监管部门进一步鼓励创新，各微观监管部门纷纷降低监管标准并形成大量监管真空，影子银行监管严重不足。特别是随着利率市场化的基本完成，2014年以来银行负债竞争日益激烈，金融脱媒明显上升。在资金来源方面，银行与非银机构通过同业业务、理财等各种嵌套，使负债端变得极为复杂，加剧了流动性风险。在资产运用方面，资管、同业等表外业务监管标准和风险权重相对较低，银行实际资本和贷款损失拨备严重不足。2014—2016年，结构化影子银行信贷规模迅速上升，规避监管和监管套利成为重要的驱动因素。

由于多层嵌套使金融交易更加复杂，市场产品价格无法真正反映真实信用风险溢价，利率传导和利率调控效果大打折扣。在缺乏必要的监管职能和良好的监管协调情况下，为控制影子银行信贷扩张和金融风险，中国人民银行进一步强化宏观审慎政策，于 2016 年初将存款准备金动态管理升级为 MPA，针对广义信贷规模进行逆周期调控，形成了“货币政策 + 宏观审慎”双支柱金融调控政策框架。2017 年初和 2018 年初，分别将银行表外理财和资产规模 5000 亿元以上银行发行的同业存单纳入 MPA 考核，进一步完善了宏观审慎政策体系。货币政策与宏观审慎政策的有机结合，既为供给侧结构性改革营造了中性适度的货币金融环境，又较好地防范了系统性金融风险，有效地维护了金融体系稳定。

金融市场创新和市场发展仍存在很多不合理的管制，金融市场深度相对有限，严重制约金融机构产品定价和风险管理能力，影响利率政策传导效率

20 世纪 90 年代之前，我国并没有一个全国的、完整统一的金融市场，金融市场是随着银行体系的恢复发展而在不同地区逐渐发展起来的。20 世纪 80 年代中期以来，我国各地陆续组建了用于调剂银行资金盈余的同业拆借市场，这对丰富交易品种、提高银行效益发挥了重要作用。随着经济金融的发展，各地拆借市场联系越来越紧密，资金交易越来越活跃，但不同地区情况差异很大，管理程度也不尽一致，分散各地的拆借市场成为 20 世纪 90 年代初金融“三乱”和借短放长的重要途径。为此，中国人民银行于 1996 年初将各地资金市场整合为全国统一的同业拆借市场，有效地促进了市场的规范发展，为 1996 年 7 月放开银行同业拆借利率管制、开启利率市场化改革，奠定了良好的市场基础。在宣布以货币供应量作为中间目标的同时，中国人民银行还在 1996 年开始尝试在交易所债券市场进行公开市场操作。但是，由于为做大市场交易而放松监管和风控严重滞后，1995 年 2 月爆发了“327 国债期货”事件，交易所债券市场发展几乎停滞，银行在交易所的大量资金违规流入股市，致使当时股票市场异常过热。由于交易所市场债券品种和数量的限制，在 1996 年尝试了几笔总量仅 20 多亿元的交易后，央行不得不停止了公开市场操作。为此，1997 年中国人民银行借鉴国际债券市场发展经验，建立了场外交易模式的银行间债券市场，为公开市场操作提供了必要的操作平台和坚实的市场基础。针对当时中央银行国债现券数量规模的限制，我国在 1998 年重启公开市场操作时，将业务扩展至政策性金融债等高等级政府支持性债券，在促进这类债券市场发展的同时，实现了债券市场发行和交易利率的市场化。

随着 2002 年下半年以来我国面临流动性过剩，特别是 2005 年汇率形成机制改革以来国际收支双顺差压力进一步加大，中央银行需要足够的债券资产进行流动性对冲操作。不过，由于财政部门国债发行仅考虑自身融资需求，国债期限过长、数量偏少且国债发行并不规律，国债市场的广度、深度无法满足央行和金融机构交易需求，中央银行不得不通过发行央票的方式进行流动性对冲。针对发改委和证监会对企业信用债管制过严导致市场发展受限的问题，中国人民银行分别在 2005 年和 2008 年引入短期融资券和中期票据市场。同时，为了更好地发挥市场的作用，2007 年成立了银行间市场交易商协会，通过市场自律方式促进债券市场规范发展，实行企业债务融资工具发行注册制。全球金融危机后，为了借鉴国际经验，我国于 2009 年成立了以中央对手为主的集中清算的上海清算所，进一步规范了债券市场发展。银行间市场的发展有效推动了有关部门放松过严的市场管制，中国债券市场规模在很短的时间就上升至全球第三位。银行间债券市场迅速发展并成为我国债券市场的主体，为推进利率市场化、畅通利率传导机制，发挥了重要的作用，但我国金融市场仍存在市场分割、深度不够等问题，影响了市场利率的有效形成及货币政策的顺畅传导。

汇率形成机制改革仍需深化，外汇市场的广度、深度依然有限，影响了利率调控的政策自主性

改革开放后，与金融外贸体制改革相配套，我国实行了外汇留成制度并建立了外汇调剂市场，实行官方汇率与外汇调剂市场汇率并存的汇率双轨制。1994 年和 1996 年我国先后完成汇率并轨和经常账户开放，以市场为基础的有管理的浮动汇率制度和资本账户开放也是当时既定的改革目标。但是，1997 年亚洲金融危机和 2008 年全球金融危机延缓了金融对外开放的步伐。不过，2005 年 7 月开启人民币汇率形成机制改革以来，除 2008 年全球金融危机后短暂收窄波动浮动外，我国始终坚持推进汇率形成机制改革。2010 年 6 月我国再次扩大人民币汇率浮动空间，人民币中间价浮动空间由 0.3% 逐步扩大至目前的 2%。2015 年 8 月我国进行了“收盘汇率 + 一篮子货币汇率”的中间价形成机制改革。由于股票市场剧烈波动等原因，2015 年第二季度以来我国基础货币增长过快，再加上美国加息政策预期，我国存在较大贬值和资本外流压力。为此，2015 年底我国开始将跨境资金流动纳入宏观审慎政策范畴；2017 年 5 月在中间价报价模型中引入“逆周期因子”，以反映宏观基本面情况。随着汇率和跨境资本流动形势明显好转，目前相关逆周期调节政策逐步回归中性；2017 年 9 月将外汇风险准备金征收比例降为零；2018 年

1 月将中间价的“逆周期因子”调至中性。

我国外汇市场的广度、深度相对有限，一定程度上也影响了合理均衡汇率的形成和清洁浮动。2005 年汇率形成机制改革以来，中国人民银行在扩大外汇市场参与主体和市场品种、发展外汇衍生品市场等方面进行了大量工作，陆续推出了远期、掉期、货币掉期、期权等基础的人民币外汇衍生产品。但是，根据金融为实体经济服务的要求，我国一直强调人民币外汇衍生品交易的实需原则，所有外汇交易必须有真实、合规的贸易或者投融资背景。在资本跨境流动仍存在较多限制、经常账户持续顺差的情况下，企业外汇需求净头寸方向变化不大。在实需原则下，银行只是根据企业外汇交易头寸进行外汇衍生品交易，银行又都是风险厌恶者，根据企业外汇需求的外汇市场交易方向基本一致，这不利于外汇价格的发现。正是由于实需原则的限制，目前国内外汇市场的广度、深度仍然有限。

结论

从 1984 年中国人民银行正式行使中央银行职责以来，经过不懈的努力和探索，我国逐步实现了货币政策调控框架的第一次重大转型，由信贷直接控制转向数量为主的间接货币调控，金融宏观调控的市场化程度逐步提高，市场在金融资源配置中的作用不断提升。经过近 20 年的努力，金融要素价格逐步放开并以存款利率上限管制的取消为标志，最终基本完成了利率市场化。随着金融创新迅猛发展和金融市场日益复杂，当前货币政策调控框架正面临由数量为主到价格为主的第二次重大转型。经济由高速增长转向高质量发展阶段，也是我国资源配置方式转型升级的过程，由以数量方式人为补足经济的短板转向通过价格机制市场化方式提升经济的质量和效益。2018 年，我国不再设定 M2 和社会融资规模具体的数量目标，而是将其作为重要的货币监测目标，这也体现了高质量发展要求的新变化。不过，由于各种因素的制约，在利率管制基本放开后，我国尚不具备立刻转向货币价格调控的条件。利率“形得成、调得了”的关键，根本上还是在于深化发展金融市场体系。只有一个具有足够广度、深度的金融市场，才能够形成合理的利率水平，畅通利率传导机制。应当看到，虽然加强治理整顿和机构改革非常必要且任务艰巨，但对我国来说，如何发展一个微观基础坚实、市场规则统一、功能健全有效的金融市场，真正让市场通过价格机制在金融资源配置中发挥决定性作用，利用价格杠杆的市场化方式更好地发挥政府作用，才是我国改革的重点和难点。如何深化市场发展并以市场化方式调控市场运行，这一命题始终贯穿于改革开放 40 年来经济发展和宏观调控的各个历史时期，也是经济高质量发展阶段必须正视和应对的挑战。否则，我们就永远无法跳出“一放就乱、一收就死”、市场和政府非此即彼的怪圈。

中国利率市场化改革历程

利率市场化是整个市场导向改革的重要方面，是发挥市场在资源配置中起决定性作用的重要基础。回顾过去，以 2015 年 10 月取消存贷款利率浮动限制为标志，狭义的利率市场化已基本实现。展望未来，尽管还存在一些不确定性和风险，但加快利率并轨、确立新的央行政策利率及调控框架的条件已基本具备，在打好防范化解重大风险攻坚战的同时，市场化利率形成和调控机制有望基本确立。

利率市场化改革进程的简要回顾

改革开放 40 年来，中国经济取得成功的一个重要经验，就是通过渐进方式，逐渐让市场在经济资源配置中发挥决定性作用。价格机制是市场经济的核心，社会资源不再根据人为指令性计划，而是通过市场供求形成的价格进行配置。

从整个价格改革过程看，大体沿着先实物产品后服务价格、先消费品价格后生产资料、先一般商品后要素价格的顺序展开，同时不同领域价格改革均不同程度地采取了双轨并存到最终并轨的过程。

---

* 作者系 CF40 特邀成员、中国人民银行研究局副局长纪敏。

1992 年党的十四大正式确立社会主义市场经济之后，我国基本实现了一般商品和服务的价格市场化，改革的重点也由商品价格的市场化转向要素价格的市场化。金融是现代经济的核心。作为金融要素的价格，利率由市场供求关系决定并在金融资源配置中发挥决定性作用，是利率市场化改革的精髓所在。只有利率的完全市场化，才标志着作为现代经济核心的金融市场化改革的最终完成。利率市场化也是全面深化金融改革和构建完善的社会主义市场经济的重要内容。价格双轨制在商品市场价格改革中取得的成功经验，为金融市场化改革提供了一条可行道路，以利率市场化为目标的利率双轨制成为金融改革的重要内容。

正式提出利率市场化改革目标前的探索

虽然我国在 1993 年党的十四届三中全会《关于建立社会主义市场经济体制若干问题的决定》和国务院《关于金融体制改革的决定》中，首次正式明确提出了利率市场化的目标，指出“中央银行按照资金供求状况及时调整基准利率，并允许商业银行存贷款利率在规定幅度内自由浮动……进一步理顺存款利率、贷款利率和有价证券利率之间的关系，逐步形成以中央银行利率为基础的市场利率体系”。但从实践来看，早在改革开放不久，我国就已注意到发挥利率价格杠杆在资源配置中的作用。1979 年开启的“拨改贷”改革，就是意图加强资金周转观念、利息观念和投入产出观念，改善投资结构和效益。1981 年，国务院批转的《关于调整银行存款、贷款利率的报告》规定，中国人民银行可以在国务院批准的利率幅度内，确定不同的利率档次，由此确立了我国利率管理的原则，并在利率决定中引入了市场因素。1982 年，中国人民银行发布《关于贯彻〈国务院批转人民银行关于调整银行存款、贷款利率的报告的通知〉的几项具体规定》，允许信托投资公司吸收的资金、贷款和投资利率在 20% 范围内浮动；1983 年，国务院在批转中国人民银行关于国有企业流动资金改由人民银行统一管理的报告的通知中，允许人民银行在基准贷款利率基础上，进行上下各 20% 的利率浮动。自此，银行贷款利率管制开始松动。1986 年开始，中国人民银行允许农村信用社存款利率在一定范围内浮动，1987 年和 1988 年，中国人民银行进一步扩大了贷款利率浮动范围和浮动区间，在物价较高时期还采取有奖储蓄的方式上浮存款利率。不过，由于改革初期宏观经济波动和人们认识上的局限，相关改革主要采取渐进试点的方式进行，存贷款利率的放开经常反复。

1993 年正式提出改革目标后的改革

鉴于 20 世纪 80 年代利率浮动放开的经验，1993 年正式提出利率市场化改革的目标，并根据我国金融体系以银行间接融资为主的现状和各类业务影响的不同，确立了利率市场化改革的总体思路：先放开货币市场利率和债券市场利率，再逐步推进存、贷款利率的市场化。存贷款利率市场化按照“先外币、后本币；先贷款、后存款；先长期、大额，后短期、小额”的顺序进行。[①] 由于资金的自由流动特性，不同层次金融市场的金融资源配置作用和对宏观经济的影响不同，资金要素价格的放开，主要是通过不同层次金融市场价

① 货币政策分析小组 . 稳步推进利率市场化改革报告 [J]. 货币政策执行报告（增刊），2005.

格的逐步开放来实现，利率市场化同样具有明显的渐进和双轨特征。按照上述思路确定的顺序，以 2015 年 10 月放开存款利率为利率市场化基本完成为标志，大体可分为金融市场利率市场化、稳步放开存贷款利率上下限管制并实行利差管理、实质化加快推进三个阶段。

一是金融市场化利率的完全放开。1996 年我国正式放开银行间同业拆借市场利率管制，标志着正式开启利率市场化改革。在此之后，我国先后放开了银行间债券回购利率和现券利率管制，完全实现政策性金融债和国债的市场化利率发行，最终在 2000 年左右基本实现了包括货币市场和债券市场在内的金融市场利率市场化。

二是稳步放开存贷款利率上下限管制并实行利差管理。20 世纪 90 年代后期我国先后放开了大额协议存款和大额外币存贷款利率，逐步扩大金融机构贷款利率浮动权，简化贷款利率种类，并最终在 2004 年 10 月基本放开了人民币存款利率下限和贷款利率上限管制，实行利差管理为主的利率管制模式。在金融市场利率放开但存贷款利率仍然实行较为严格管制的条件下，我国实际上采取了市场利率和存贷款利率双轨制模式。由于存贷款利率仍存在浮动限制，已放开的金融市场利率被压抑在一个较低的水平，利率价格信号被人为扭曲。

三是加快推进并基本完成利率市场化改革。2004 年 10 月取消贷款利率上限和存款利率下限管制并实行利差管理之后，我国多次调整个人住房贷款利率浮动下限，但对存款利率上限始终进行严格管制，直至 2012 年 6 月才首次允许存款利率上浮 10%，这期间中国实质性的存贷款利率市场化措施相对较少。随着 2011 年以来银行理财和互联网金融的迅猛发展，经济主体对资金收益率的需求和市场供给的自发调整，实际上突破了大额和小额资金利率市场化的藩篱，既定的“先大额、后小额”的改革顺序已被打破。为此，2012年以存款利率浮动为标志，我国开始加快推进利率市场化改革，2013年党的十八届三中全会进一步明确了加快推进利率市场化的改革要求。在存款利率上浮10%一年后，2013年7月我国取消了贷款利率管制，2014年11月进一步将存款利率上浮区间扩大至基准利率的1.2倍，简化了存贷款基准利率的期限档次，扩大了利率市场化定价的空间。2015年以来，中国人民银行在下调存贷款基准利率的同时，将存款利率上限进一步扩大至基准利率的1.5倍，并于当年10月取消了对金融机构存款利率上限管制，基本完成了利率市场化改革。

以市场化利率形成和调控机制为核心的深化改革新阶段

存贷款利率浮动限制的取消，标志着我国利率市场化改革的基本完成，在利率市场化和整个金融改革历史上，具有里程碑意义。综观采取渐进式利率市场化改革的国家和地区，通常人们都将存款利率放开管制作为利率市场化改革的最后一步，我国在放开存贷款利率管制过程中，很大程度上也秉持这样的观点。[①] 不过，在理论上，利率作为货币资金的价格，在以中央银行为核心的现代信用货币体系下，中央银行可以直接决定利率水平；在实践中，无论是利率管制国家还是利率市场化国家，中央银行对利率形成机制和水平都具有重要甚至是决定性的影响。从这个意义上而言，利率市场化更完整的表述，应该是利率由货币政策当局和金融市场共同决定的，

① 例如，胡晓炼在2013年《财经》年会上明确阐述了未来利率市场改革分三步走的策略，指出“放开存款利率限制是利率市场化最终的一步”。

利率市场化改革实际上包含着利率形成方式的市场化和利率调控方式的市场化两个不同维度。也就是说，取消对利率浮动的行政限制，并不意味着金融机构可以放任进行利率定价，更不意味着央行不再对利率进行管理，而是将原先对利率的直接管理方式，变成更加倚重金融市场工具和机制传导的市场化调控方式。因此，除了逐步放开并最终取消存贷款利率管制外，利率市场化还包括培育基准利率体系、形成市场化利率调控和传导机制等内容。2012 年《金融业发展和改革“十二五”规划》也明确提出，将“放得开、形得成、调得了”作为我国利率市场化的改革原则。事实上，当前不仅存贷款基准利率仍然存在，而且一定程度上仍是贷款利率定价的重要参考，市场化的利率形成和传导机制仍在逐渐完善之中。正因如此，在放开存款利率后，中国人民银行明确指出，在利率市场化改革基本完成后，我国利率市场化已进入以市场化利率形成和调控机制为核心的深化改革新阶段，党的十九大也再次明确了深化利率市场化的改革要求。

市场化利率形成机制的培育

应当说，利率市场化的实质，是市场取代货币当局成为利率定价主体的过程，金融机构自身定价能力和风险管理水平，即金融市场主体能否根据市场资金供求形成合理利率水平，直接决定了利率市场化改革的进程和成败。从国际经验看，很多国家在利率市场化改革的同时或不久，都出现了不同程度的金融危机和经济动荡，其原因很大程度上就是放开利率管制后，金融机构为吸引资金而引发恶性竞争，致使市场利率大幅攀升，最终对金融体系稳定和宏观经济造成严重负面冲击。我国在 20 世纪 90 年代正式开启利率市场化之前，扩大利率浮动空间和范围、松动利率管制的政策尝试，很大程度上也由于金融机构违规经营，高息揽储，最终导致政策的不断反复。正是鉴于国内外利率市场化的教训，在放开存贷款利率管制过程中，金融机构定价机制建设等市场化利率的培育过程，也一直在同时进行。

金融机构定价机制建设。早在 1998 年扩大银行贷款利率浮动权的同时，就在北京、上海、浙江、福建等地组织商业银行、信用社和企业进行大量专题调研，并先期将具有代表性的全国性银行（中国建设银行）和区域性银行（上海银行）的贷款利率浮动管理经验，推广至全国银行进行参考，并由各银行以此编制相关模型和测算软件，建立利率定价授权制度。2003 年，配合农村信用社改革，结合农信社起点低和差异性大的特点，专门制定了四种贷款利率浮动定价模式，推广至各地农信社并建立符合自身情况的定价机制。

加快推进利率市场化改革以来，在放开贷款利率浮动限制后不久，我国就在 2013 年 9 月建立了市场利率定价自律机制，由金融机构组成市场定价自律和协调机制，旨在符合国家有关利率管理规定的前提下，对金融机构自主确定的货币市场、信贷市场等金融市场利率进行自律管理，维护市场正当竞争秩序，促进市场规范健康发展。同时，依托市场利率定价自律组织，2013 年 10 月建立了贷款基础利率（LPR）集中报价和发布机制，2013 年 12 月引入了同业存单业务。我国的贷款基础利率报价和发布机制，是在借鉴美、日、中国香港特区等国家和地区的最优惠贷款利率（Prime Rate）经验的基础上，由商业银行对其最优质客户执行的贷款利率，其他贷款利率可在此基础上加减点生成，是金融机构对其资金成本、信用风险成本、管理费用、最低资本回报等因素进行综合衡量后，确定的贷款利率水平，可以真实地反映信贷市场的资金价格，主要是为金融机构信贷产品定价提供参考，是为适应贷款利率全面放开、促进商业银行市场化利率形成和完全实现市场化的重要技术性准备。同时，在金融机构负债端定价方面，借鉴国际经验，立足近年来我国同业融资市场发展迅速的情况，又从在银行间市场上发行同业存单入手，逐步扩大负债产品的市场化定价范围，进一步丰富金融机构市场化负债产品。同时加强对同业业务的规范，防范金融风险，为稳妥有序推进存款利率市场化创造条件。

金融市场定价基准收益率曲线建设。成立市场利率定价自律组织并开展贷款基础利率报价工作，很大程度上也是借鉴了货币市场基准利率体系 Shibor 的经验。2000 年左右我国基本实现金融市场利率市场化后，打造一条健全完善的金融市场基准利率体系，对金融市场利率的合理定价和利率市场化具有非常重要的意义。只有一个公认权威的市场基准利率体系，来替代中央银行设定的存贷款利率，商业银行才能根据基准利率和风险溢价开展存贷款定价并进行有效的风险管理，中央银行才可能逐渐淡出对存贷款利率的管制，通过设定短期（隔夜）政策目标利率，影响市场中长期利率和存贷款利率，从而顺利实现价格、产出等货币政策最终目标。一条完整的基准收益率曲线是由货币市场基准利率和中长期基准利率共同组成的，而一年期以下的货币市场基准利率更为重要。长期以来，由于我国短期债券品种相对较少，期限品种不健全，货币市场基准利率体系发展缓慢，在一定程度上制约了利率市场化等改革的推进。为此，在借鉴国外经验基础上，作为金融市场重要的基础设施和推进利率市场化的必要举措，我国于 2007 年 1 月正式推出报价为主的货币市场基准利率体系 Shibor。LPR 集中报价和发布机制作为市场利率定价自律机制的重要组成部分，实际上是 Shibor 机制在信贷市场的进一步拓展和扩充。

中央银行利率调控机制的实践

金融机构市场化利率定价机制以及金融市场基准收益率曲线建设，不仅要着眼于市场利率水平的形成，更关乎中央银行能否通过利率手段进行货币政策调控。从国际经验来看，各国在利率市场化改革期间或完成改革后不久，货币政策均实现了由货币数量目标制为主的数量调控方式，向以利率主的价格调控方式的转型。长期以来，由于金融市场广度深度不够和利率传导机制不畅等客观因素制约，以及计划经济思维的影响，我国采取了数量为主的间接货币调控方式。中央银行主要以货币供应数量作为中间目标，通过准备金和公开市场操作等手段，调节市场流动性和基础货币数量，实现产出、物价等货币政策最终目标。不过，我国货币政策当局早就意识到，货币的数量调控与价格调控是一个相互作用的过程，货币数量是否合理，将直接影响价格传导的效率，而价格严重偏离均衡水平将不可避免地引发数量扭曲。因此，在以数量调控为主的同时，中国的货币政策也十分重视利率引导的作用，非常注意“量”与“价”的平衡。特别是随着利率市场化的加快推进和基本完成，我国金融市场创新和脱媒迅猛发展，M2 的可测性、可控性及与实体经济的相关性明显下降，传统数量为主的货币调控，已难以适应当前货币政策需要。

正是在上述背景下，中国人民银行针对价格型货币调控模式和利率传导机制等问题，进行了大量深入研究。从各国中央银行利率操作模式看，公开市场操作和利率走廊都是中央银行利率引导的重要安排，主要分别通过流动性调节和预期管理，在中央银行利率操作方面发挥重要作用。1998 年我国重新开启人民币公开市场操作以来，虽然主要针对基础货币和市场流动性数量目标进行操作，但公开市场操作能够有效引导市场利率水平，公开市场操作利率具有良好的中央银行短期基准利率作用。而且，从中央银行利率体系上讲，我国一定程度上已具备了利率走廊功能，利率操作模式与国际主流做法差异不大。不过，有研究表明，对存款准备金进行利息补偿、采取滞后的准备金平均考核方式、公开市场操作频率越高、采用利率走廊模式并实行较窄的利率走廊区间等制度安排，更有利于货币政策当局的利率引导。因而，2013 年以来，中国人民银行针对建立健全中央银行利率调控框架，加强预期引导，强化价格型调控机制等方面,进行了大量制度性创新和技术性准备工作。例如，引入 SLO，将原每周两次的公开市场操作原则上扩展为每日操作，并最终在 2016 年 2 月实现公开市场操作的常态化操作；引入 SLF 等创新性流动性和市场化利率管理工具，并在 2015 年 10 月放开存款利率上限管制后不久，明确将 SLF 利率作为利率走廊上限的政策意图；取消存贷比考核，逐步实现准备金平均考核；等等。这些政策措施极大增强了中央银行短期流动性管理和市场利率引导的能力。

深化利率市场化改革的制约因素

尽管存贷款利率名义上已经放开，市场化利率形成和调控机制获得长足发展，但出于以下多方面的制约，目前仍保留了存贷款基准利率这一政策工具，也尚未明确宣布新的短端政策目标利率，央行存贷款基准利率特别是存款利率，在银行利率定价中仍具有重要地位，我国仍存在事实上的利率双轨制。之所以在放开存贷款利率后仍在一定程度上保留其基准功能，主要存在以下制约因素。

一是货币政策需要平衡稳增长、调结构、去杠杆、防风险等多重目标，一定程度上制约了深化利率市场化等改革进程。2004 年我国放开贷款利率上限和存款利率下限，实行利差管理模式后，距离完全取消存贷款利率管制仅一步之遥。但是，在应对流动性过剩和全球金融危机冲击繁重调控压力下，2004 年以来利率市场化改革进程相对缓慢。随着经济发展进入新常态和流动性格局的根本改观，我国才于 2012 年开始加快利率市场化的步伐。不过，随着我国经济进入新常态和潜在产出增速的趋势性下降，中国经济增速自 2012 年以来持续下滑。随着经济增速的下滑，2014 年以来一度出现对通货紧缩的担心，中国人民银行在 2014 年创设了用于引导降低市场中长期利率水平的 MLF 和 PSL，通过两次定向降准和一次降息引导降低金融市场利率和贷款利率。同时，为了配合地方政府债务置换和稳定经济增长，2015—2016 年第一季度，分别进行了五次定向降准政策和五次普遍降准。为了减少改革阻力，结合扩大存款利率浮动区间，连续五次下调存贷款基准利率，市场利率基准降至历史最低水平。

2016 年第三季度以来，随着 PPI 逐渐走出通缩，以及外汇占款显著下降、需要通过公开市场操作补充流动性，央行抓住这一有利时机，显著加强了市场操作利率的运用，先后数次调整公开市场操作和流动性便利工具的利率，引导金融市场收益率逐渐上行。相反，自 2016 年第一季度调整存贷款基准利率以来，至今已有两年半时间没有再进行调整，这是该利率被“冻结”的最长时间。尽管存贷款基准利率未做调整，但到2018年第一季度，央行货币政策执行报告公布非金融企业及其他部门贷款加权平均利率为5.96%，较之4.35%的贷款基准利率高出37%，相当于加息6次（每次25个基点）。同时，尽管存款利率本身受到更为严格的自律机制约束，但刚性兑付理财的迅猛发展，无疑也使实际存款收益大大高于名义基准水平。

尽管2016年第三季度以来，市场化利率定价机制的作用再次显著提升，但同时也要看到，在中国经济潜在增长率下行、需要迈向高质量发展的转型阶段，过去一个较长时期利率偏低等导致的高杠杆以及资产泡沫风险也变得突出，货币政策需要在稳增长、调结构和防风险之间进行更为复杂的多重平衡，利率市场化面临的形势仍较为复杂。比如，存款准备金不付息或支付远低于市场利率的利息，相当于对金融机构征税，一定程度上降低了银行调整资产负债的能力，利率传导机制效率也会因此下降。但如果普遍下调存款准备金率，不仅会释放强烈的宽松政策信号，加剧杠杆和资产泡沫风险，而且也会使被总量问题掩盖的结构矛盾更为突出，显然又不利于经济转型。对此，随着2015年底以来供给侧结构性改革的开展，央行对准备金率的调整主要采取定向方式，普惠金融、绿色金融、小微企业信贷、债转股等领域先后成为定向目标。政策意图上，就是既根据短期形势变化，逐步下调准备金率疏通利率传导机制，促进利率市场化改革和货币政策转向价格型调控，又要避免释放强烈宽松信号加剧风险积聚，并促进补短板和结构调整。再比如，如果只考虑利率市场化一个目标，直接取消存贷款基准利率或将央行操作利率与存贷款利率调整直接挂钩，显然效果更为理想，但央行近几年的实际做法，是以操作利率调整逐步取代存贷款利率调整，一定程度上保留了双轨利率，这样做固然不如直接并轨的效果直接，但客观上起到了兼顾去杠杆防风险和相对稳定实体经济融资成本的作用，即一方面金融体系内部杠杆得益于央行操作利率上调而下降较快，表现为近年来对央行操作利率更为敏感的同业融资、资产管理融资明显受到抑制，另一方面由于没有取消存贷款基准利率等因素，贷款利率上涨速度和程度都较金融市场利率缓和，实体经济融资成本受到的冲击相对较小。这一结果，客观上对去杠杆防风险和稳增长也是一种平衡。

二是预算“软约束”部门挤占了大量金融资源，推高了市场利率水平，降低了利率调控的有效性。市场主体预算硬约束是利率市场化的微观基础。回顾历史，改革开放后不久，就搞了“拨改贷”，政策初衷就是硬化企业预算约束，当时虽然利率被高度管制，更谈不上市场化的概念，但从微观基础看，“拨改贷”不失为利率市场化的第一步。自此开始，微观主体预算“软约束”问题，一方面被逐渐打破，另一方面至今仍在一定程度上制约利率市场化优化资源配置功能的发挥。比如，20 世纪 80—90 年代，正是长期受到传统体制的影响，“拨改贷”并未从根本上使企业树立债务约束意识，最终其巨额债务由政策性债转股买单。同时银行为了消化政策性负担，大量从事投机性的高收益投资。“乱集资、乱设金融机构、乱办金融业务”（“金融三乱”）迅速蔓延，严重干扰了经济金融秩序，加剧了经济过热，最终不得不通开展持续数年的金融治理整顿。银行体系也由此积累了大量不良资产，一定程度上引发通缩并制约了利率放开的进程。

再比如，20 世纪 90 年代以来，在财政分权和以经济增长为导向的锦标赛模式下，地方政府在中国经济增长中的作用逐渐增强。

地方政府兴办的国有企业大量进入基建、重化工业和房地产等竞争性领域。由于政府部门对预算“软约束”企业进行大量显性或隐性担保，人为降低了这类企业的信用风险溢价，金融机构定价行为被扭曲并更倾向于向这类企业放贷。一些有效率的民营企业不得不依赖利率更高的非正规融资渠道，金融体系呈现明显的双轨制特征。由于存在着预算“软约束”和金融双轨制，单纯放开利率管制反而会全面推高利率水平。尤其是2008年地方融资平台规模的急剧膨胀，更是加剧了预算“软约束”对利率定价的扭曲，这种利率双轨制背后的信用双轨制，不仅无法通过利率市场化解决，相反，简单放开利率会加剧事实上的利率双轨制，造成资源配置更大程度的扭曲。近年来，无论是杠杆率在国企、民企上的显著差异，还是现金流明显不足，投资回报低下的融资平台债券受到市场热捧，以及现今违约风险暴露明显的结构化特征，都包含着信用扭曲带来的利率扭曲。如果在信用扭曲下完全依赖价格机制的作用，正规融资利率必须上升至足以弥补企业风险溢价的水平，不可避免地进一步推高非正规融资成本，一些有效率的民营企业将面临更严重的融资约束，更不利于经济的平稳增长和资源的优化配置。

三是金融市场深度发展相对有限，监管套利为主的影子银行扭曲了市场利率水平。规范发展金融市场是推进利率市场化改革的重要经验。1996年初将各地分散的资金市场整合为全国统一的同业拆借市场，有效促进了市场的规范发展，为1996年7月放开银行同业拆借利率管制、开启利率市场化改革，奠定了良好的市场基础。1997年中国人民银行借鉴国际债券市场发展经验，建立了场外交易模式的银行间债券市场，极大地促进了债券市场发展，为公开市场操作提供了必要的操作平台和坚实的市场基础。尤其是2005年引入短期融资券以来，银行间债券市场的功能逐渐从服务银行向服务企业直接融资深化，无论是当时推动的短期融资券，还是之后陆续推出的中期票据、中小企业集合债、资产支持证券，都成了企业融资的重要手段，加之发行体制上从审批制改为交易商协会注册制，从利率市场化角度看，极大地促进各类企业信用债的发行和交易，中国债券市场规模在很短时间就上升至全球第三位，不仅有力地开拓了企业的直接融资渠道，而且也极大地丰富了利率收益率曲线，为推进利率市场化、畅通利率传导机制发挥了重要作用。

同时也要看到，当前我国金融市场无论是广度、深度还是质量，都还存在不足。尤其是全球金融危机之后，在稳增长压力增大和加快推进利率市场化背景下，监管部门都积极鼓励金融创新开展跨行业资产配置。同时，由于能力的限制，监管部门实际上是以机构准入替代产品的市场发展，大量所谓的市场创新，更多是监管竞次和监管俘获的产物，而非出于产品定价和风险管理需要的真正创新。由此，资金在金融体系内部循环链条越来越长，金融产品结构和资金嵌套层级越来越复杂，金融风险大量聚集的同时，金融市场利率水平更多地叠加了不合理的监管套利成本而非正常的风险溢价，货币政策利率传导效率和政策效果因而也打了折扣。

四是市场化汇率形成机制改革相对滞后，实际上的汇率目标制约了利率政策空间。利率和汇率分别是货币的对内价格和对外价格，汇率的灵活调整能够有效缓冲外部冲击，是经济“安全阀”和“稳定器”，有利于国内产出物价等最终目标的顺利实现，也是利率市场化和自主货币政策的重要条件。但是，1997 年的亚洲金融危机和 2008 年的全球金融危机，在很大程度上延缓了金融对外开放的步伐。2005 年 7 月开启人民币汇率形成机制改革以来，除 2008 年全球金融危机后短暂收窄波动浮动外，即期人民币兑美元汇率中间价浮动空间由 0.3% 逐步扩大至目前的 2%。2015 年 8 月，为进一步提高人民币中间价的市场化程度，加大市场供求对汇率形成的决定性作用，顺应市场预期并促使汇率向合理均衡水平回归，我国进行了“收盘汇率 + 一篮子货币汇率变化”的汇率形成机制改革，2017 年 5 月在中间价报价模型中引入“逆周期因子”，以反映宏观基本面情况。2018 年 1 月，又根据汇率和跨境资本流动形势的变化，将逆周期调节政策回归中性。

应当看到，我国采取资本项目有限开放、汇率有管理浮动和货币一定程度自主性的中间解安排，总体上保证了经济平稳发展，也是我国稳健货币政策实践的重要经验之一。但是，随着金融市场（特别是衍生品市场）深化发展，中间解安排将越来越不稳定，作为规则的角点解将成为唯一的稳定安排。虽然目前人民币汇率浮动区间很少限制市场化汇率水平，但扩大汇率浮动区间仍是加快深化汇率市场化改革的信号。作为一个大国，中国的货币政策主要应着眼于产出和物价等内部均衡，而非国际收支外部均衡，货币的外部目标也应服从内部目标。从长远看，人民币汇率完全由市场供求决定和清洁浮动，始终是我国金融改革的目标。

深化利率市场化改革的下一步

虽然存在以上种种制约，但我们更应看到，随着市场导向的金融改革的深入推进，我国微观经济主体利率敏感性显著增强，金融机构利率定价和风险管理能力明显提高，金融市场利率与存贷款利率关系更加紧密，利率传导渠道日益畅通有效。特别是 2017

年以来，在结构性去杠杆思路下，我国将地方政府和国有企业作为去杠杆的重中之重，以穿透式原则加强金融监管，监管套利等利率扭曲将得到显著校正，以功能统一原则发展金融市场，存款保险等市场化退出机制也逐步建立。所有这些，都有助于利率传导机制的有效疏通。尽管前进道路上还有诸多不确定性和风险，但深化利率市场化改革的方向已不可逆转，在打好防范化解重大风险攻坚战的同时，最终实现利率并轨的条件已渐行渐近。具体而言，下一步的利率市场化改革深化，主要包括以下方面：

一是要尽快明确新的短端货币政策利率和目标水平，稳定其与存贷款基准利率的利差关系，探索不同类型银行与新的基准政策利率挂钩的存贷款定价模式，以及统一的内部利率管理模式，在条件成熟时，逐步取消存贷款基准利率。二是要以短端政策利率目标为中枢，探索适宜宽度的利率走廊区间，形成具有公开、透明、可信，能够真正稳定预期的利率走廊操作框架。三是要进一步优化创新政策工具和公开市场操作业务品种，避免长期流动性对短端政策目标利率的干扰，完善公开市场操作一级交易商制度，在一定标准下扩大公开市场操作以及 SLF 交易对象范围，完善操作流程，减少市场资金套利机会，降低市场结构因素导致的流动性冲击放大效应，有效开展利率引导。四是要在均衡水平政策利率基础上，探索完善合格抵押品机制，结合宏观审慎政策，进行贷款便利操作，以确保中央银行资金安全，有效抑制金融机构道德风险。五是要加强对潜在产出、均衡实际利率水平的估算，探索符合转型进程经济结构不断变化、符合中国实际的稳健利率政策规则，逐步明确新的基准政策利率调整模式，更好地推进价格型货币调控方式转型、有效开展利率调控，促进经济金融的长远健康发展。

最后要指出的，仍是利率市场化之外的加快改革。微观基础上，唯有彻底打破信用双轨制，才能真正消除利率双轨制；中观层面上，唯有真正消除部门地区分割，放开准入，实行负面清单，才能使利率杠杆真正促进资源优化配置；宏观调控上，唯有真正落实新发展理念，放弃唯GDP论，才能使利率水平正确反映潜在增长率和全要素生产率变化，推动经济迈向高质量发展。

财政改革 40 年：基于公共风险变化的多维观察

财政是国家治理的基础与重要支柱，既是改革的对象，也是改革的保障，国家治理的任何“破”与“立”都与财政改革息息相关。40 年改革开放风雨征程中留下了一幅幅精彩的财政改革历史画卷。

“九曲黄河终入海”，回头审视中国的财政改革，目标只有一个，就是促进中华民族伟大复兴“中国梦”的实现。推动中国财政改革的动力也可以归结为一点，即公共风险的变化。财政改革往往不是在先见之明的制度设计基础上进行的，而是在公共风险暴露与加剧时，不得不做出的选择。而公共风险暴露的威胁性与变化的紧迫性在时空上的差异，使财政改革在各领域的推进也并不是整齐划一的。因此，“渐进”是我国改革的重要特点之一。与先有制度设计再有改革落实的制度主义道路不同，我国的财政改革带有行为主义路线的色彩。改革开放之所以取得巨大成功，就在于我们找到了一条适合中国国情的独特发展道路，而财政改革之所以在国家改革开放与发展中发挥了基础性和突破性的作用，就在于比较准确地把握了公

---

* 作者系 CF40 成员、中国财政科学研究院院长刘尚希；中国财政科学研究院外国财政研究中心副主任李成威。

共风险的变化，推动了国家的改革开放与发展。

脉络：公共风险的变化推动财政改革

公共风险的变化是财政改革的原动力。公共风险的变化往往现实地反映为社会主要矛盾的变化，社会主要矛盾的变化推动制度创新，其突破口通常是在财政方面，无论是经济改革，还是全面深化改革，从我国历史上的历次变法也不难看出这一点。改革开放以来，我国财政改革实质上都是遵循公共风险变化的逻辑而推进的。改革开放以来，我国的主要公共风险变化脉络是从“短缺”的风险到“治理”的风险再到全球公共风险，这也是我国主要公共风险的昨天、今天和明天。

“短缺”的风险与中国的市场化改革

在改革开放初期，短缺是最大的公共风险，8 亿人吃不饱饭、经济低效、发展缓慢。在这种背景下，财政的使命就是调动一切积极因素搞经济建设，这时期的财政是以经济建设为中心的“建设财政”，更多地体现了“效率优先”的目标。

第一，改革开放初期中国面临的巨大公共风险：短缺。

我们通常把改革看作一场自我革命，可见改革难度之大。改革虽然没有革命时期的血雨腥风，却会触动观念、权力与利益，并与之相冲突。只有在公共风险的压力之下，才会迸发出改革的巨大动力。20 世纪 70 年代末期，我国经济凋敝、科技落后、人民贫困。我国经济不仅被发达国家进一步拉大差距，而且还被一些发展中国家和地区远远甩在了后面。邓小平就强调，不改革开放，总有一天会被开除“球籍”。[①] 可以说，贫困与落后，生存危机与开除“球籍”的危险，是推动中国改革开放最大的动力。

第二，财政改革率先打破高度集中计划经济体制的缺口。

1978 年 12 月，党的十一届三中全会做出了把党的工作重点转到社会主义现代化建设上来的重大战略决策。鉴于国民经济的重大比例失调问题，随后又提出，必须在前两年经济恢复工作取得重大成就的基础上，集中三年左右的时间搞好整个国民经济的调整工作，并要求财政先行一步，以财政改革促进国民经济调整。一方面，通过增加对农业、轻工业、能源与交通运输建设的投资，缩短基本建设战线，保持物价稳定，缓解国民经济比例失调问题；另一方面，按照分级包干制明确划分中央与地方财政收支范围，对国有企业实行企业基金制度，调动地方政府和国有企业的积极性。这一时期，通过财政改革先行，扩大了地方政府和国有企业财权，形成了初步适用于引进外资的税收制度，实行了基本建设投资领域的“拨改贷”，在行政事业单位试行“预算包干”，在高度集中的计划经济体制下打开了一个缺口，为经济领域各项改革的推进奠定了良好的基础。

第三，财政改革为市场化改革奠基铺路。

解决短缺问题的根本途径是提高生产力，提升经济运行效率，市场化无疑是唯一出路。

党的十二届三中全会提出，我国实行的是有计划的商品经济，改革是为了建立充满生机的社会主义经济体制，增强企业活力是经

① 余玮．邓小平和特区的故事 [J]. 党史纵横，2008（4）.

济体制改革的中心环节。这一时期，财政改革也是围绕“增强企业活力”展开的，而“利改税”则是增强企业活力、确立企业市场主体地位的关键一步。“利改税”，即把国有企业向国家上交的利润改为缴纳税金，税后利润全部留归企业。从1979年开始，国家就先后在几百家国有企业中进行了“利改税”试点，并进行了两步“利改税”改革。1986年，又在“利改税”的基础上推行了企业承包经营责任制改革，明确了企业经济责任，进一步调动了企业的积极性。

1992年10月召开的党的十四大，总结了改革开放以来建设有中国特色社会主义理论的主要内容，明确提出，我国经济体制改革的目标是建立社会主义市场经济体制，强调要使市场在社会主义国家宏观调控下对资源配置起基础性作用。与此同时，财政改革试图为市场化改革奠定制度基础。一是通过分税制改革，形成了相对稳定和规范的中央与地方财政分配关系；二是按照统一税法、公平税负、简化税制和合理分权的原则，建立了以增值税为主体的税收制度，开征了消费税，对内资企业实行统一的所得税，简并统一个人所得税，改革农业税，开征了土地增值税，等等，初步形成了符合社会主义市场经济体制的多税种、多环节、多层次调节的中国特色税收制度；三是按照“产权清晰、权责明确、政企分开、管理科学”的目标，推进国有企业现代企业制度改革，初步理顺了企业产权关系；四是颁布实施了《中华人民共和国预算法》，把政府预算纳入了法制化的管理轨道。

中国市场化改革重塑了计划经济体制下风险与收益的分配，让居民、企业和地方政府都成为真正的利益主体，资源配置改善、经济效率提高，经济蛋糕做大，这从整体上降低了经济社会的风险。

市场化的分权改革，同时也分散了责任和风险。

“治理”的风险与治理体系和治理能力现代化

当前，人类社会进入了风险社会，经济风险、社会风险、环境风险和政治风险等公共风险相互交织、叠加放大，若处理不好会引发严重的危机。对中国来说，“短缺”的风险暂时解决了，但治理体系和治理能力的问题还存在，“治理”的问题非常突出。财政作为国家治理的基础和重要方面，其改革要服务于完善国家治理体系和提升国家治理能力。

第一，打破“所有制”和“静态社会”。

随着中国工业化和城镇化的快速推进，以农民工进城为主体的人口大规模流动加速了传统“所有制”和“静态社会”基础的瓦解。在这一背景下，“经济”维度的财政改革承担了从农村和土地上“解放”农村劳动力的角色，为劳动力要素配置提供了基础，如“千年皇粮国税”农业税的取消实际上就有这种功能。同时，“社会”维度的财政改革要进一步考虑城乡人口流动之后人与人之间的公共服务均等化问题，20世纪末的财政支出改革实际上是围绕这一目标展开的。与此同时，财政出台了一系列优化支出的改革措施，如“部门预算改革”“政府收支分类改革”“收支两条线改革”等，实际上是通过“法治”维度的财政改革使“社会”维度的财政改革成果能够确定下来。

第二，“民惟邦本”，消解社会风险。

随着改革的深入和社会转型的加速，我国面临的社会风险也日益增多。贫富差距拉大、社会保障滞后、腐败特别是司法腐败问题严重、环境污染问题突出等，对中国社会的稳定构成了巨大的潜在风险。在这种背景下，坚持以人民为主体和以人为本，大力实施精准扶贫、加强社会保障体系建设、实施铁腕反腐、增强司法透明，社会风险得到了极大化解。在财政方面，财政改革和发展始终围绕“不断满足人民日益增长的美好生活需要”来展开。

第三，“法治”维度的财政改革促进国家治理现代化。

促进国家治理现代化是党的十八届三中全会提出的全面深化改革的重要目标。“国家治理现代化”是中华民族伟大复兴的必然要求。国家治理现代化的内涵非常丰富，既要求有强大的经济基础，也对建立一个以国家形式存在的社会共同体新结构——包容开放的、共建共享的“社会”提出了要求。因此，“经济”维度的财政改革和“社会”维度的财政改革都是必需的。但国家治理现代化的最重要保障必然是“法治”，即依法治国。十八届三中全会以来，我们提出要建立以“法治财政、民生财政、稳固财政、阳光财政、效率财政”为特征的现代财政制度。法字当头，意味着在财政改革的整个过程和各个方面、环节，都要运用法治的思维和理念。“法治”维度的财政改革是未来消除不确定性、稳定预期、降低交易成本的最佳手段。以“法治”维度的财政改革为抓手，建立现代财政制度是全面深化改革的关键环节，对完善中国特色社会主义制度、全面建成小康社会和实现中华民族伟大复兴的中国梦具有重大而深远的意义。

公共风险全球化背景下的大国财政

全球化在有助于转移转化内部公共风险的同时，也使我们直面全球公共风险。在全球化的发展中，财政也会发挥越来越大的作用。

第一，公共风险全球化。

全球化将整个世界卷入统一进程之中，随着生产要素的流动，特别是金融全球化，全球发展的不确定性和不可预测性增强，出现了风险全球化，全球风险社会逐步形成。当前，全球风险呈现不断加剧的趋势，这主要表现在：全球风险日趋复杂、全球风险的范围在扩大、全球风险的负面影响在上升等。全球风险不仅相互关联增强，并且其系统性影响也在增强。由于风险全球化及全球风险社会的逐步形成，世界各国变成了休戚与共、相互依存的“风险共同体”。为了更为有效地防范和化解全球风险，需要世界各国携起手来，相互合作，增强国际协调和应对风险的能力。

第二，全球公共风险要求我国财政要成为大国财政。

全球格局变化已导致全球风险加剧，利益分配随全球格局不断演变。中国的经济综合实力虽仍不及美国，但近年来在全球地位中已呈现明显提升趋势，以大国财政参与全球风险治理的局势已然刻不容缓。适应全球公共变化，财政改革基本方向是建立大国财政制度，即建立在大国实力基础上，通过参与全球资源配置，承担全球风险治理责任，实现全球利益分配，进而化解全球公共风险，引领人类文明进程。大国财政的本质是以大国为主体的全球利益和风险分配关系，在全球资源配置、全球利益分配、全球风险治理和化解全球公共风险中发挥重要作用。

透视：财政改革与各个维度的公共风险治理

国家治理的本质是公共风险的治理。财政不仅是收和支，更是贯穿国家治理的主线，国家治理离不开财政。财政就像一束白光，把它投射到多棱镜下，就会发出赤橙黄绿青蓝紫的多彩光芒，反映着国家治理的方方面面。经济改革与财政改革紧密相关，社会发展也离不开财政改革，而财政权力的约束与财政行为的规范是依法治国的重要组成部分，参与全球治理更离不开财政的作用。

经济维度的公共风险治理：提高生产效率

生产效率低下是贫困落后的根本原因。我国资源、要素很丰富，为什么在改革开放初期会处在贫困落后的状态？根本原因在于技术落后、效率低下。因此，改革开放要从打破阻碍技术进步与效率提升的制度安排、引进先进技术和管理方式入手。

第一，放权让利：财政改革引领经济改革。

改革开放初期，农村最常见的一条标语是“交足国家的，留够集体的，剩下的都是自己的”。简单的一句话，却概括了实行家庭联产承包责任制后，国家、集体与农民个人利益再安排所激发的农业生产活力。这一改革模式推广到城市，就是实行国有企业承包经营制。1986 年 12 月，国务院颁发了《关于深化企业改革增强企业活力的若干规定》，提出全民所有制小型企业可积极试行租赁、承包经营；全民所有制大中型企业要实行多种形式的经营责任制；各地可以选择少数有条件的全民所有制大中型企业进行股份制试点。通过向居民、企业放权让利，调动市场主体追求个人利益的积极性，在市场主体追求个人利益化解个体风险的同时，增强了国家应对公共风险的能力。

第二，分权激励：财政改革为市场经济铺路。

放权让利重构了政府与农民、企业的关系，而以分权为特征的中央与地方关系的重构，则通过探索与中国国情相适应的财政分权模式，调动中央和地方两个积极性，为推动市场化改革奠定基础。1980 年 2 月，国务院颁发了《关于实行“划分收支、分级包干”财政管理体制的暂行规定》，开始实行“分灶吃饭”的财政体制，以分权调动地方政府当家理财和发展经济的积极性，增加了地方各级政府的自主财力，对推动我国经济体制改革全面铺开发挥了重要作用。从 1985 年起，又实行了“划分税种、核定收支、分级包干”的财政管理体制。1988 年 7 月，国务院发布《关于地方实行财政包干办法的决定》，进一步完善了“分灶吃饭”的财政体制。1993 年 12 月，国务院发布《关于实行分税制财政管理体制的决定》，从 1994 年 1 月 1 日起实施新的财政体制。分税制财政体制改革的实施，相对稳定和规范了中央与地方的财政分配关系，增强了中央政府的宏观调控能力，是新中国成立以来政府间财政关系方面涉及范围最广、调整力度最强、影响最为深远的重大制度创新，初步建立了符合社会主义市场经济要求的财政管理体制框架。

第三，以财政的现代化推动经济的现代化。

2004 年 9 月，党的十六届四中全会提出，坚持以人为本、全面协调可持续发展的科学发展观，推动经济社会统筹发展。科学发展观是在我国经济快速发展，区域、城乡和群体间发展差距不断扩大，由此带来的社会矛盾日趋凸显的背景下提出的。市场经济条件下，具有要素禀赋优势的区域、具备一定能力的个体势必会先行抓住机会先富起来。但解决发展差距的问题，靠市场自发调节是无效的，政府必须履行好再分配的功能，而财政则是政府进行再分配的主要手段。2005 年 10 月，党的十六届五中全会在通过的《中共中央关于制定国民经济和社会发展第十一个五年规划的建议》中，首次提出了“公共服务均等化”的原则，党的十七大则把“围绕推进基本公共服务均等化和主体功能区建设，完善公共财政体系”确定为深化财政体制改革的一个基本方针。这一时期，基于基本公共服务均等化的目标，通过调整财政支出结构，推进各领域改革，我国初步建成了覆盖城乡的社会保障制度，教育、科技支出大幅提高，民生支出占财政支出的比重显著提升。

党的十八届三中全会开启了我国全面深化改革的新篇章，把完善和发展中国特色社会主义制度，推进国家治理体系和治理能力现代化明确为新时期改革的总目标，强调要使市场在资源配置中起决定性作用。与前期的改革相比，全面深化改革强调要在建设中国特色社会主义制度的基础上，进一步“完善”和“发展”中国特色社会主义制度，并把中国特色社会主义制度的探索延伸至“国家治理”层面，体现了兼顾“经济基础”与“上层建筑”的辩证思维。

党的十九大做出了我国社会主要矛盾发生变化的重大判断，提出建设现代化经济体系是跨越关口的迫切要求和我国发展的战略目标。现代化经济体系需要现代财政制度与之相适应，为此，十九大提出了加快建立现代财政制度的要求。

社会维度的公共风险治理：促进公平正义

在生存是主要风险的情况下，首先要解决生存问题。改革从解放生产力开始，通过生产力的发展，达到一定条件后，再消除两极分化，最终目标是实现共同富裕。因此，我们改革开放初期的政策是：让一部分人、一部分地区先富起来，以带动和帮助落后的地区；改革先在经济领域展开，目的在于“做大蛋糕”，蛋糕大到一定程度，分好蛋糕也越来越重要。温饱问题解决了，随之而来新的问题出现了；个体需要得到基本满足了，公共需要更多了；居民与企业成为市场主体后，能力与禀赋差距开始影响个体的生存与发展了；收入与财富差距问题、能力不足的保障问题、发展机会问题等成为新的公共风险。

第一，分配政策的变化。

1987年党的十三大提出了“在促进效率的前提下体现公平”的收入分配指导原则；党的十四大则提出要“兼顾效率与公平”；随后的十四届三中全会通过的《中共中央关于建立社会主义市场经济体制若干问题的决定》中，首次明确了“效率优先、兼顾公平”的原则；党的十五大报告巩固并发展了十四届三中全会的说法；党的十六大报告中则在坚持效率优先、兼顾公平的同时，强调“初次分配注重效率，再分配注重公平”；在党的十七大上，进一步强调“初次分配和再分配都要处理好效率和公平的关系，再分配更加注重公平”；党的十八大报告中提出“初次分配和再分配都要兼顾效率和公平，再分配更加注重公平”；党的十八届三中全会通过的《中共中央关于全面深化改革若干重大问题的决定》中，不再提效率和公平的关系问题，而是强调要“形成合理有序的收入分配格局”；党的十九大报告则进一步完善了这一改革方向，强调“促进收入分配更合理、更有序”，“履行好政府再分配调节职能，加快推进基本公共服务均等化，缩小收入分配差距”。

从“效率优先、兼顾公平”到“更加注重公平”，再到“缩小收入分配差距”，收入分配政策的变化体现了公共风险的变化。由于效率低下是主要风险，“都吃不饱的公平”是无意义的；在效率大大提高后，社会公平问题日益突出，“缩小收入分配差距”就成为收入分配政策的核心原则。

第二，保障和改善民生。

经济领域的改革使我国经济总量迅猛增长，人民群众在生活水平不断改善的基础上，对物质文化提出了新的、更高的需求，与此形成鲜明对比的是社会发展的相对滞后，城乡之间、区域之间、产业之间以及居民之间的各种利益关系日益复杂，社会发展水平与经济发展阶段不适应、不协调，这些已成为影响我国向小康社会迈进的突出问题。教育公平、医疗卫生均等化、社会保障建设、收入分配体系、城乡差距、生态环境、住房价格等民生问题越来越凸显。另外，与经济持续快速发展同步，我国财政收入规模不断迈上新台阶，各级政府所能使用的财政资金规模不断提升，为政府保障和改善民生提供了资金支撑。进入 21 世纪以来，各级财政用于与民生事业直接相关的支出规模不断加大、比重不断提高，保障民生的内容不断丰富、力度不断加强、范围不断扩大、水平不断提高，民生事业得到较快发展。

第三，走向共享共富。

党的十八大以来，习近平总书记高度重视国家发展中的利益“共同性”问题，在坚定不移地走共同富裕道路的基础上，又进一步提出和深刻阐释了“让全体人民共享改革和发展成果”的新理念。为此，各级政府持续增加社会领域投入，完善相关支出政策和机制，促进人民生活不断改善。一是大力支持脱贫攻坚，二是加强基本民生保障，三是支持困难地区做好基本民生兜底工作。

法治维度的公共风险治理：约束权力运行

中国的改革是在压缩了的时空中的改革，不可能遵循制度主义的路线，先制定好制度再一一落实，只能“摸着石头过河”，在发展中探索，在探索中发展。财政权力的放与分，很多都是因时因势而定，财政行为也就没有固定的模式，主要是因利因果而行。

第一，财税立法：为财政权力打造“笼子”。

“财政不规范行为”的教训与市场经济发展的要求，需要给财政权力立法，为财政权力打造更加合适的“笼子”。1979 年五届全国人大二次会议后，随着县级以上地方各级人大常委会的设立，地方人大预算审批监督工作有所加强，但由于我国在预算管理方面一直没有以法律形式作出规定，在预算的编制、审批、执行、调整、决算以及监督方面都存在不少问题。为改变这种状况，许多地方人大从健全法制入手，根据宪法和地方组织法的原则规定，结合本地实际，在探索的基础上，制定了本地的预算审批监督方面的地方性法规。在地方立法实践的基础上，国家也加强了预算管理立法。1991 年 10 月国务院发布了《国家预算管理条例》；1994 年 3 月 22 日，八届全国人大二次会议通过了《中华人民共和国预算法》，在我国预算法制建设方面迈出了历史性一步；1995 年 11 月 22 日，国务院制定并实施了《预算法实施条例》，各地也先后出台了大量贯彻落实《预算法》的地方性法规、规章和其他规范性文件。以《预算法》为核心的预算法规体系的初步形成，使国家预算管理的各个环节基本上做到了有法可依。2014 年 8 月 31 日，十二届人大十次会议通过了《全国人大常委会关于修改〈预算法〉

的决定》，把20年来预算管理与改革的实践经验和创新上升到法律层面，比较好地回应了各级人大代表的要求和社会各界的关切，在立法宗旨和调整范围、预决算原则方面取得了重大突破，在全口径预决算、地方政府债务、转移支付、预算公开方面进行了诸多创新，在预决算编制、审查和批准、执行和调整、监督和法律责任方面也有许多完善。

改革开放以来，我国的税收法律基本是人大授权政府制定的。党的十八届三中全会将“落实税收法定”作为财税体制改革的目标之一。2015年3月15日，十二届人大三次会议通过了《关于修改〈中华人民共和国立法法〉的决定》，第八条规定：税种的设立、税率的确定和税收征收管理等税收基本制度，只能制定法律。落实税收法定原则，意味着把政府征税的权力关进法律的笼子，意味着更深刻的利益调整。

第二，人大监督：约束财政行为。

要把“财政权力”关进法律的“笼子”里，就要对“财政行为”依法进行约束，而人大监督则是对财政行为最高层面的约束。1999年，财政部向国务院提交了《关于落实全国人大常委会关于改进和规范预算管理工作的指示》的报告，根据国务院的批示，财政部制定了《关于改进2000年中央部口预算编制的意见》并提交给国务院，至此我国开始正式施行部门预算制度。部门预算制度的实行，标志着每年的部门预算必须经过人民代表大会批准通过才能执行，进一步稳固了人大的财政监督职权，于是在1999年12月25日第九届全国人民代表大会常务委员会第十三次会议上，通过了《全国人民代表大会常务委员会关于加强中央预算审查监督的决定》，对于人大的财政预算监督职权进行再次强调与加强，并将逐步建立预算审查监督体系，这个决定对于我国人大预算监督体系的建立健全，有着划时代的意义。2006 年 8 月 27 日，十届全国人大常委会第二十三次会议通过了《中华人民共和国各级人民代表大会常务委员会监督法》，规定了人大及其常委会对于审批、审议财政预算的权力和范围，同时对各级人大常委会对于同级政府财政预算监督的具体内容进行了明确规定。

第三，绩效预算：关注财政支出的“结果”。

党的十六届三中全会首次明确提出建立预算绩效评价体系的改革方向；十一届全国人大四次会议关于预算审查结果报告提出，“建立健全预算绩效管理制度”；十一届全国人大五次会议强调，“加快建立健全预算绩效管理制度”，“扩大预算支出绩效评价试点范围，原则上所有中央部门和省、市、县都要开展预算支出绩效评价试点”；十二届全国人大一次会议进一步提出，“积极推行预算绩效管理制度，逐步建立全过程预算绩效管理机制”，“推进预算绩效管理，加强重大民生支出项目绩效评价，提高财政资金使用效益”；十二届全国人大二次会议则要求，“着力推进重点领域、重点项目特别是专项资金和项目的绩效管理，将绩效目标管理和评价试点范围扩大到各层级预算单位”。按照中央的政策要求，财政部加快了预算绩效管理的制度建设，一批制度规范的陆续出台，为预算绩效管理试点工作在全国的开展与推广打下了良好的基础。

第四，预算公开：让财政权力在阳光下行使。

1999 年之前，我国各级政府的财政年度预决算草案、款项收支的年度执行情况以及历年财政明细统计资料等属于国家秘密不得向社会公开。1999 年，全国人大颁布了《关于加强中央预算审查监督的决定》；2000 年，国务院批准了《财政部关于改进 2000 年中央预算编制的意见》，决定推行以部门预算为核心的预算编制改革，部分部门预算开始向人大代表公开；2008 年，我国正式实施《政府信息公开条例》，财政部发布《关于进一步做好预算公开工作的指导意见》，开启了财政预算向社会公开的大幕；2010 年，中央财政预算工作在制度上进行了新的改革，为了让信息公开得以更快更好地实施，3 月财政部颁发了《关于进一步做好预算信息公开工作的指导意见》，并且内容细化到了各个省市区应当实现的目标；2011 年，《国务院办公厅关于进一步做好部门预算公开工作的通知》明确要求，报送全国人大审查部门预算的国务院部门和单位，2011 年要主动公开经全国人大审查批准的部门收支预算总表和财政拨款支出预算表，同时要积极创造条件增加公开表格的数量，细化公开的内容；2012 年，要力争公开全部预算表格并细化至款级科目。

全球维度的公共风险治理：构建人类命运共同体

提“大国财政”是近几年的事情，但如果说财政在开放中的作用，则可以追溯到改革开放之初。

第一，创办“经济特区”与财政改革。

1979 年 7 月 15 日，中共中央、国务院批转广东省委、福建省委关于对外经济活动实行特殊政策和灵活措施的两个报告，决定在深圳、珠海、汕头和厦门试办特区。“三资企业”是外商来华投资的主要形式。三资企业不仅弥补了建设资金的不足，也引进了先进技术和管理经验。改革开放初期，“三资企业”成为我国发展最快的一种经济形式，这与国家给予其的优惠政策紧密相关。除中央层面依据《中华人民共和国外商投资企业和外国企业所得税法》等给予“三资企业”相关税收优惠外，各地方也通过减免营业税等形式积极吸引外资。

第二，加入 WTO：财税政策与国际接轨。

2001 年 11 月 10 日，在多哈举行的世贸组织第四次部长级会议上审议并批准了中国加入 WTO，我国随即递交了全国人大常委会批准中国加入世贸组织议定书的通知书。按照世贸组织的规则，一个月后，中国于 2001 年 12 月 11 日正式成为 WTO 成员。根据 WTO 协议，我国工业产品的关税将逐步削减并取消配额，降低农产品关税税率并增加进口配额，加速开放服务业。加入 WTO17 年来，中国经济获得了巨大成功，目前中国已成为全球第二大经济体，世界第一大贸易国，世界第一大吸引外资国和世界第二大对外投资国。

第三，构建开放型经济新体制。

党的十八届三中全会提出了“构建开放型经济新体制”的改革目标，提出要“推动对内对外开放相互促进、引进来和走出去更好结合，促进国际国内要素有序自由流动、资源高效配置、市场深度融合，加快培育参与和引领国际经济合作竞争新优势，以开放促改革”。2013 年 9 月和 10 月，习近平总书记分别提出建设“丝绸之路经济带”和“21 世纪海上丝绸之路”的倡议，充分依靠中国与有关国家既有的双多边机制，借助既有的、行之有效的区域合作平台，共同打造政治互信、经济融合、文化包容的利益共同体、命运共同体和责任共同体。

第四，全球风险共同体与大国财政。

全球化使全球发展的不确定性和不可预测性增强，出现了风险全球化，全球风险社会逐步形成。由于风险全球化及全球风险社会的逐步形成，世界各国变成了休戚与共、相互依存的“风险共同体”。习近平总书记在谈到中国特色的外交时，强调要有“中国特色、中国风格、中国气派”。实际上，推动“大国财政”维度的财政改革，是彰显中国的大国气派的重要基础。推动“大国财政”维度的财政改革，一方面要立足全球视野维护国家利益，通过建立强大的财政基础和科学、稳固的现代财政制度，确保在全球利益分配中维护公平正义，保障民族国家利益不受损，避免外来危机冲击；另一方面要体现全球治理大国的责任担当，凭借正在扩大的经济实力，以大国财政作为基础和支撑，在国际舞台上更多地表达中国声音；通过大国财政的制度安排，更多地在处理国际事务中争取主动，在发展道路和发展模式选择上体现更多道路自信。

经验：以化解公共风险为导向

在风险社会，经济风险、社会风险、债务风险和金融风险等公共风险相互交织、叠加放大，若处理不好会引发严重的危机。中国的财政改革之所以取得成功和丰硕成果，主要在于注重既化解各种内生的公共风险，又防止在改革过程中出现的各种公共风险。

化解公共风险也需要坚持统一领导与群众路线

我国改革开放 40 年，最重要的成功经验是党的统一领导和走群众路线相结合。两者的有机结合，是我国改革开放的独特逻辑。只有在党的统一领导之下，改革开放才能有序推进；只有发动群众，激发群众智慧，走群众路线，才能不断深化改革扩大开放。

在中国这样一个幅员辽阔、区域差异较大的国家进行社会主义建设与改革，面临各种公共风险。在化解这些公共风险的过程中，必须有一个坚强的领导核心。党在领导进行财政改革的同时，每一次重大会议都会对财政改革进行系统总结，同时对下一步的财政改革进行部署，并根据形势的变化与改革的总体要求，优化调整财政改革的目标与方向。

财政改革实际上是政府改革，政府的任何一项改革几乎都涉及财政，财政改革也涉及政府的各部门、各层级。改革与风险相伴，我国的财政改革之所以取得成功，一个重要的原因是本着以人民为中心、走群众路线的改革模式，坚持改革为了人民、改革依靠人民。

以风险导向统领问题导向与目标导向

改革需要有总体目标，但也应该从问题出发。人类认识世界、改造世界的过程，既是实现人类发展目标的过程，也是发现问题、解决问题的过程。中国改革的一条重要经验，就是把所有问题都当作更上一层楼的机遇。问题在实践中产生,也要在实践中解决。实践、认识、再实践、再认识，是认识事物的客观规律，是解决问题的根本法则。

问题导向与目标导向相结合统一为风险导向。世界的本质是不确定性，而财政改革的目的就是应对各种不确定性，化解公共风险。党的十九大在准确判断社会主要矛盾变化的同时，更加强调“风险”，指出要有效抵御重大风险；更加自觉地防范各种风险；坚决打好防范化解重大风险的攻坚战；要求各级政府和党员干部要增强驾驭风险的本领，是基于风险导向基础上对进一步推动改革的根本要求。

关键在于注入确定性

企业是感受市场冷暖最敏感的末梢神经。能否释放企业的活力和潜能，关乎经济发展的速度和质量，也是衡量改革成功与否的基本标志。40 年来，我国始终坚持和完善基本经济制度，完善市场环境、激发企业活力和消费潜能，在制度上政策上营造宽松的市场经营和投资环境，营造商品自由流动、平等交换的市场环境。同时，坚持推动改革，在制度完善方面下功夫。围绕微观要活的目标，深化改革，转变政府职能，做好政府相关的行政执法工作，让微观活力比较好地、高水平地、充分地释放出来。

在注重微观搞活的同时，在宏观上坚持底线思维，注重在宏观上防范、化解和管住公共风险，使公共风险管理能力不断提高。良好的社会预期能够转化为有序的经济行为，在一个可预期的市场和社会环境中，人们就会有动力、有耐心去从事创造和创新活动。在推动改革和政策制定过程中，我国注重发挥改革和政策的预期管理功能，不断增强社会资本投入政策预期的确定性。对社会和经济主体来说，最大的确定性是发展道路、发展目标和发展思路。党的十九大强调坚持走中国特色社会主义道路，以及分两步走在 21 世纪中叶建成富强民主文明和谐美丽的社会主义现代化强国的目标，极大鼓舞了政心、民心。

化解风险既要有国际视野，更要结合自身国情

中国特色社会主义建设事业之所以取得成功，就在于既深刻认识到自身的问题，又不盲目照抄照搬他国经验，而是坚持“摸着石头过河”，走出一条符合国情、符合时势的路子。财政改革也是如此，正是在道路自信与理论自信之下，坚持走自己的路，在取得巨大成功的同时，也积累了独特的经验。当然，“摸着石头过河”，走自己的路，并不代表闭关锁国，两耳不闻窗外事。事实上，在中国特色社会主义道路的探索中，我们一直注重借鉴国外先进经验。“改革开放”四个字在强调“改革”的同时，也赋予“开放”同等重要的地位。我国的财政改革也把借鉴国外先进经验摆到重要的地位，甚至一定程度上走在其他领域改革的前列。在中央与地方财政事权划分、财政转移支付制度设计、税制设计等方面，改革不仅考虑了自身的实际，也考虑了与国际接轨的问题。

财政改革展望：以公共风险治理现代化为新起点

党的十九大在准确判断我国社会主要矛盾变化的同时，也更加强调“风险”，指出要有效抵御重大风险，更加自觉地防范各种风险，坚决打好防范、化解重大风险的攻坚战，要求各级政府和党员干部要增强驾驭风险的本领。服务于国家治理目标的财政改革，应当根据国家治理体系与治理能力现代化的要求做出优化调整。

从危机管理转向风险管理

危机管理是一种事后管理，即危机发生后去应对；风险管理是一种全过程的管理，即事前识别并预测风险、事中跟踪监控风险、事后化解和应对风险。现代经济、社会危机的代价越来越大，重大危机已成为国家治理不可承受之重，危机管理方式对国家治理的冲击需要付出越来越大的资源来化解与应对。因此，应当以财政事权与支出责任的合理划分，明确各级政府、各个部门的风险责任，避免风险主体责任缺位；通过赋予地方政府更大的自主权限，打破中央政府兜底所有风险的预期，使各级政府成为现代经济体系和共享共治社会治理格局中真正的公共风险责任主体；逐步强化地方政府的风险意识，实现中央政府与地方政府在风险管理方面的激励相容。

社会福利最大化的目标，是为防范风险而设计的，但过度的社会福利却又带来了新的风险。社会福利是防范公共风险的手段，而不应是政府治理或财政改革的目标。作为手段的社会福利是与公共风险最小化目标一致的，而作为目标的社会福利则容易忽视公共风险因素，最后形成了"防范风险的风险"和"应对危机的危机"。一些国家就因过度追求社会福利而陷入"中等收入陷阱"，或爆发财政、金融危机。公共风险最小化是既兼容社会福利，又避免社会福利最大化目标缺陷，更加符合国家治理现代化的目标。财政改革应当避免各地区、各群体间的福利攀比，合理引导社会预期，重在"兜底线"。

实现公共风险的综合治理

财政的“财”字代表收支，“政”字则代表政策，财政管理实际上是政府收支政策的管理。传统的财政管理重收支、轻政策，收支管理规范、细化，政策管理偏弱，导致财政的综合平衡能力没有充分发挥，难以有效应对重大结构性失衡问题，在一定程度上也影响了财政收支的平衡。政府的所有活动都与财政收支相关，所有的财政收支都体现为公共政策，财政不能把收支管理作为主线，尤其是在财政定位为国家治理基础与重要支柱的新形势下，应把财政收支管理融入整体的国家治理之中，以国家治理的要求设计财政政策，发挥财政的综合平衡功能。这不仅不是对财政收支管理职能的弱化，反而有助于更加高效、更加协同、更高层次地履行财政收支管理职能。在推进国家治理能力与治理体系现代化的改革目标下，财政管理应当更加突出综合平衡，不仅更加有效地协调各级政府部门的财政收支，也应更加重视各地区、各部门间的政策、制度与管理的协调，重视政府、市场与社会之间的协调与平衡。

注重化解结构失衡和利益冲突风险

2017 年，我国国内生产总值已超过 80 万亿元。在庞大的基数之下，经济增长速度的减缓在所难免，受各种内外部因素影响的经济总量的波动也属正常，可控范围内的增速减缓与总量波动已经不是公共风险的主要来源。发展的不平衡和不充分、发展的质量和效益不高、生态环境问题、民生领域的短板、社会利益格局的固化等已成为新时期公共风险的主要来源。新的社会矛盾的解决要靠经济总量的增长，更要靠经济结构的优化、利益分配的均衡。财政作为国家治理的基础和重要支柱，财政政策作为国家治理的工具，就应在调节经济总量的同时，更加关注结构与利益的调节。另外，我国经济总量越来越大，总量调节需要的财政支出扩张度越来越大，而地方政府债务水平高企、财政风险积聚，财政支出扩张的空间却越来越有限。靠财政扩张刺激经济总量增长的道路越来越行不通，但发展不平衡不充分的矛盾又需要积极的财政政策来应对。这需要积极的财政政策转型，在控制财政支出扩张的前提下，通过减税降费、盘活存量财政资金、优化财政支出结构、提高财政支出效益等方式，调节重大结构性失衡问题，调解重大社会利益冲突问题。化解结构失衡和利益冲突风险，经济总量的持续增长才会有更为坚实的基础。

中国金融四十人论坛
CHINA FINANCE 40 FORUM

第四章

从追随者到领头羊：金融科技与绿色金融

理解金融科技发展的三个视角

近年来，国内外关于金融科技（Fintech）的讨论非常热烈，无论是发达国家还是发展中国家，无论是金融界还是科技界，都对这一议题很关注，几乎言必谈金融科技。这其中形成了一些基本共识，但同时也听到了一些噪声、杂音。比如，刻意割裂金融与科技的融合关系，忽视金融本质属性和技术发展规律，过度炒作尚在发展初期的新兴技术。在当前这样一股全社会关注金融科技的热潮中，金融从业者应该客观、冷静、多角度地观察分析金融科技，把握住方位感和方向感。只有这样，才能更好地发挥金融科技服务金融改革发展和服务实体经济的作用。

历史视角下的金融科技发展

历史是阶段性和连续性的辩证统一。金融和科技的融合发展也是由来已久，并不是现在才出现的。整个人类金融发展史，也是一部伴随着科技进步的历史。比如，冶炼、造纸和印刷技术的发展，使货币流通从最初的实物货币向金属货币、信用货币转变，提高了

---

* 作者系 CF40 常务理事、中国互联网金融协会会长李东荣。

货币流通的速度、规模和便利性。电报、电话等通信技术的发展，解决了信息交互的速度和成本问题，使金融能够更有效地实现跨期、跨地域的资源配置。随着现代网络信息技术的发展，中国的金融业已先后经历金融电子化和金融信息化的阶段，目前正向移动化、数字化和智能化的更高阶段发展。现在一些互联网企业也进入了金融领域，与金融业相互融合。比如，工、农、中、建四大国有商业银行分别与京东、百度、腾讯、阿里开展战略或业务合作，交行和苏宁、民生和小米也宣布开展战略合作。相信传统金融机构和互联网企业这样的跨界“结对子”对于促进金融科技发展将会是十分有利的。回顾上述历史，有助于我们找准历史方位，获取历史经验和启示。

第一，科技在金融业的创新和应用，推动了中国金融业的可持续发展。长期以来，金融业在科技创新应用方面既是积极推动者，也是直接受益者。中国银行业的改革发展就是典型案例。改革开放初期，银行业务是手工操作，靠的是一把算盘一支笔、一本账簿一双手。20 世纪 80—90 年代，银行业开始使用 286、386 型计算机，但只能单机使用，无法联网。进入 21 世纪，随着全国银行业数据集中工程的推进，计算机的使用由柜面储蓄业务和会计核算业务，扩展到信贷台账、资金调拨、客户管理等业务，最终实现了业务全国联网和自动化处理。此后，银行业积极发展自助银行、电子银行和手机银行等业务，逐步实现了银行服务的实时化、随身化和移动化。除此之外，证券业、保险业、基金业、信托业等各行各业都在积极推动科技创新应用。当前，各类金融机构应该继续以开放包容的态度拥抱金融科技，积极探索和运用新技术，巩固传统优势，解决自身短板，培育发展新动能。

第二，以服务实体经济为导向的金融科技创新才有生命力。从本质上讲，经济是金融的基础，金融是顺应经济需要而产生的，金融创新必须坚持服务实体经济的本质要求。但回顾历史可以发现，金融与实体经济关系失衡、金融资源体内循环、金融创新脱实向虚等现象，始终消而不绝，总会以不同的方式周而复始地出现，不论在发达国家，还是在发展中国家，都屡见不鲜，只是程度上有所差异。导致这些现象的原因，既有规制不健全、竞争不充分、非市场行为干扰等体制机制因素，也有部分从业者自身对金融与实体经济的关系理解不深刻、不到位的内在因素。实际上，它也是整个社会发展阶段的客观必然反映。因此，我们强调金融科技的重要性，始终不能脱离金融与经济的基本关系。金融科技从业者必须坚守金融创新服务实体经济的要求，坚持按经济金融规律办事，紧紧围绕经济转型升级与结构调整产生的有效金融需求，特别是普惠金融需求，提高金融供给对实体经济需求变化的适应性和灵活性，绝对不能搞自娱自乐式的、脱离实体经济空转的伪创新。

第三，要把握好金融科技创新与风险监管的适度平衡。纵观世界金融发展史，由于金融内生的脆弱性和外部规制的滞后性等原因，每一轮重大金融创新在诞生之初往往伴随着风险的快速积累甚至引致金融危机的过程。比如，纸币取代了金属货币，扩大了通货膨胀的幅度和范围；股票交易的出现，催生了资产泡沫的形成；特别是21世纪初，欧美资产证券化领域的过度创新和风险管理的滞后，引发了国际金融危机。从金融业“抑制、创新、风险、规制”的动态循环演进可以看出，金融创新和风险监管并不矛盾，两者之间必须形成适度平衡。在金融科技发展过程中，一方面，要考虑借鉴监管沙箱、监管科技等新理念，建立具有包容性的创新管理机制，在风险可控的前提下探索开展应用试点、产品测验，让所有金融科技创新“走得动、行得通、做得正”。另一方面，要通过审慎监管和行为监管的并行互补，行政监管和自律管理的有机结合，建立金融科技风险全覆盖的长效监管机制，让监管部门对金融科技创新“看得到、穿得透、管得住”。

宏观视角下的金融科技发展

系统论告诉我们，小到具体的个人，大到经济社会，都是相互联系、相互作用的许多元素的综合体。金融科技作为技术驱动的金融创新，是现代经济进入信息化时代，在金融领域所表现出的新特征、新业态和新模式，不仅会影响居民消费、投资、支付等方式和习惯，还会对金融机构、金融市场、金融生态等产生影响。站在宏观金融运行系统的角度看，这些影响必然会给我们长期倚重的货币政策工具、金融稳定框架等带来一系列变化与挑战。从目前看，与金融总量规模相比，涉及金融科技的相关业务规模还比较小，短期内很难对现行金融运行方式产生重大的结构性改变。在缺乏足够数据基础的情况下，要准确量化金融科技的宏观影响还比较困难，但中国作为全球金融科技应用发展速度比较快、规模比较大的国家，做一些前瞻性、开放性的研究储备还是非常必要的。

第一，金融科技对金融稳定存在正负两个方面的潜在影响。从正向影响看，通过多元化金融科技主体的有效竞争，有助于形成稳定的商业模式，增强金融系统的稳健性；金融科技能够提高金融服务的可获得性，将更多小微经济主体纳入经济金融活动，有助于降低风险集中度；大数据、人工智能等新技术的运用，能够降低信息不对称程度，提高风险定价和风险管理能力。从负向影响看，金融科技在提供跨市场、跨机构、跨地域的金融服务时，会使金融风险的传染性更强、波及面更广、传播速度更快；金融科技推动了金融服务和基础设施的线上化、开放化，使技术依赖风险和网络安全风险进一步积聚；金融科技服务的众多长尾客户，风险识别和承受能力弱，更容易产生“羊群效应”，放大金融顺周期性；金融科技主体依托网络效应和规模效应，更容易实现跨界混业经营，就有可能产生不正当竞争和系统性风险等问题。

可以看到，金融科技影响金融稳定的正负机制都比较复杂，是一个值得深入研究的议题。2017 年 6 月，金融稳定理事会公布了一份名为《金融科技对金融稳定的影响》的研究成果。报告的总体结论是，目前暂时没有确凿的证据表明金融科技创新已经影响了金融稳定，但监管部门仍需要重点关注一些问题，比如，应对技术外包商的操作风险、防范网络风险和宏观风险、加强国际监管沟通、加强监管能力建设等。

第二，金融科技对货币政策具有多种影响渠道。在货币政策工具方面，网络借贷、互联网基金销售等金融科技业务降低了各类金融资产之间的转换成本和时间成本，使金融市场对利率更加敏感，有助于提高价格型货币政策工具的有效性。同时，部分金融科技业务具有一定的货币创造功能，使传统货币层次的边界变得模糊，钉住广义货币供应量的数量型货币政策工具效果会降低。在货币政策传导机制方面，金融科技增加了金融市场流动性需求的不确定性，可能导致市场波动性加大，增加央行通过公开市场操作的难度和成本。在货币政策中介目标方面，互联网支付等电子化货币规模的快速扩张，将减少流通中的现金数量，使货币乘数、流通速度及需求函数的估算面临更多的不确定性，降低传统货币政策中介目标的有效性。

全球视角下的金融科技发展

金融科技已经是一个全球性的议题。世界各国包括国际组织对于金融科技从最初的审慎观察变得更加积极包容，对金融科技的理解也在不断融合趋同。比如，美国比较早地使用了金融科技的概念；英国最初使用了替代性金融（Alternative Finance）的概念；中国则是在推进“互联网+”的政策背景下使用了互联网金融（Internet Finance）这个具有中国特色和时代特征的概念；世界银行等国际组织在一些技术文件中主要使用数字金融（Digital Finance）的概念。其实，从金融功能和业务本质上去理解，这些概念并没有实质性差别，所涉及的业态、模式和技术也大同小异。如果简单套用升级论、版本论来解释这些本就没有实质性差异的概念，似乎有些本末倒置了。从业机构还是应该聚焦于业务和技术本身，不能被名称和概念牵着鼻子走。具体来看，通过全球视角，能够观察到以下几个方面的趋势。

第一，国际社会对于金融科技发展和监管框架已有基本共识。当前，很多国家和国际组织出台了促进金融科技发展的政策措施。比如，英国、新加坡、澳大利亚实施了“监管沙箱”，为金融科技创新提供“缩小版”的真实市场和“宽松版”的监管环境，建立更具包容性和创新性的监管体系。美国在奥巴马总统卸任前发布了《金融科技框架》白皮书，注重实施功能性监管，把金融科技相关业务按功能纳入现有监管体系。国际货币基金组织、金融稳定理事会、国际标准化组织等国际组织纷纷成立了金融科技研究小组或者工作组，探索建立针对金融科技的国际政策框架。从总体上看，各方关于金融科技逐渐形成了一些共识性原则。比如，以科技创新为驱动，以消费者保护为前提，以发展普惠金融为重点，以风险防范为核心，以标准规范为基础，鼓励多元化主体良性竞合，等等。可以参考这些共识，进一步完善中国的金融科技发展与监管框架。

第二，要客观认识到各国金融科技发展的制度环境和目标诉求有所不同。从制度环境看，英国、新加坡等国家，传统金融体系十分发达，法制监管体系比较完善，违法违规金融活动成本很高。这些国家试图通过"监管沙箱"这样的监管创新，适当缓解金融危机之后由于监管趋严导致的创新抑制。在中国，情况则有所不同，互联网金融在发展初期面临的监管环境是比较包容的。从目标诉求看，英国、新加坡等发达国家希望在新一轮金融科技竞争中取得优势地位，维持国际性或区域性金融中心地位；而印度、泰国等发展中国家则希望通过金融科技发展实现弯道超车，促进普惠金融和包容性增长。因此，中国发展金融科技，要考虑到制度环境、发展阶段、现实基础等因素，要保持定力，明确目标诉求，坚持中国立场，不能人云亦云，随波逐流。

第三，中国在金融科技发展速度和应用规模上处于国际前列，但也要正视短板和不足。近年来，中国的金融科技得到了快速发展，催生了互联网支付、网络借贷等一些新业态，涌现了一批金融科技创新企业，新兴技术在金融领域的应用也在不断探索深化。为了促进这一业务的健康发展，中国还建立了以《关于促进互联网金融健康发展的指导意见》为基础的监管规则体系，以及行政监管与行业自律相结合的行业管理体系。从全球范围看，中国金融科技的发展成果，特别是在以移动支付为代表的数字普惠金融领域取得的进展，得到了国际社会的充分认可。G20 杭州峰会之后，世界银行牵头撰写了《数字普惠金融的新兴政策方法》，总结了各国共 17 项具有示范性的政策方法，中国有 5 项入选。当然，我们也不能盲目自信。客观上讲，中国在原创业务模式开发、核心技术特别是底层技术研发、主导国际标准制定等方面，还存在一些短板和不足，需要尽快补齐。

总之，金融从业者应该清楚地认识金融科技在历史上处于什么位置、在宏观经济金融中处于什么位置、在全球范围内处于什么位置，才能做到稳中求进，更好地发挥金融科技在服务实体经济、发展普惠金融等方面的功能作用。

数字货币的缘起、发展与未来

数字货币技术是在密码学不断演进的基础上蓬勃发展起来的。巧合的是，从 1978 年到现在，不仅是我国改革开放的 40 年，也是数字货币技术快速发展的 40 年。

几年前，当我们开始做数字货币研究的时候，这一领域既冷门，又边缘,不少人都质疑此项研究的必要性。数字货币研究所筹建之初，一直跟我做研究的几位骨干人员，竟然没有一个愿意来。在我国，这项工作的展开不能不归功于周小川博士的敏锐洞察力和学术前瞻性。这两年，随着比特币价格的暴涨暴跌，人们开始纷纷关注这一新兴事物。作为一个研究者,尽管我认为比特币还只是一种准私人数字货币,但我对其代表的数字货币技术的未来满怀憧憬!

现代密码学的演进之路

应该说，有很多人是因为比特币而知道数字货币的。实际上，早在比特币之前，数字货币就是密码学的一个研究分支。一直以来，密码学界有一个梦想，我们手里拿的实物现金能不能在数字化以后，

---

* 作者系 SFI 学术委员、中国人民银行数字货币研究所所长姚前。本文发表于《比较》总第 98 辑（2018 年第 5 期），仅代表个人学术观点，不代表所在机构意见。

通过数字加密技术，像发邮件一样，直接从某一个数字身份人转移到另一个数字身份人的名下？就这么一个既简单又复杂的问题，引起了众多学者的兴趣。

这首先需要一套既开放又安全的方法。开放性源于货币属性的基本要求，只有足够开放，数字货币才能成为真正意义上被大众广泛接受的数字通货。安全性则是指数字货币在流通过程中要有足够的安全强度，信息不能被窃取或篡改。这就对数字加密技术提出了比较高的要求，然而在 1976 年之前，开放性和安全性尚无法同时满足。因为彼时还处于对称密码阶段，加 / 解密共用一把钥匙。在开放系统中，如何大规模地分发密钥且保持足够的安全性，是对称密码体系难以解决的一个问题。

1976 年，Diffie（迪菲）和 Hellman（赫尔曼）发表名为《密码学的新方向》的论文，提出了一种完全不同于对称密码体系的新思路。他们构造了这样一种密码方案：原来对称密码体系下的一把钥匙一分为二，一个是加密密钥，被用来加密信息；另一个是解密密钥，被用来从密文中恢复明文。加密密钥可以公开，是为公钥；解密密钥则由个人维持其机密性，是为私钥。从私钥可以推导出公钥，但从公钥很难逆推出私钥。这一对（加 / 解密）密钥还具有以下功能：私钥持有者可以通过私钥来给自己发出的信息签名，任何获得公钥的人均可经由公钥对其进行验签。因为加密与解密的密钥不同，所以该思想被称为非对称密码体系，亦称为公钥密码体系。

1978 年，美国麻省理工学院（MIT）的 Rivest（李维斯特）、Shamir（萨莫尔）和 Adleman（阿德曼）发表名为《获得数字签名和公钥密码系统的方法》的论文，构造了基于因子分解困难性的签名机制和公钥加密机制，这就是著名的 RSA（非对称密码算法）。1985 年，T. ElGamal（厄格玛尔）基于有限域上的离散对数问题，提出了 ElGamal 公钥密码体制。同年，Koblitz（科布利茨）和 Miller（米勒）基于椭圆曲线上的离散对数问题，提出椭圆曲线密码体制（Elliptic Curve Cryptography，ECC）。此外还出现了其他公钥密码体制，这些密码体制同样基于计算复杂性问题。目前应用较多的主要包括 RSA、DSA（数字签名密码算法）、DH（迪菲和赫尔曼密码算法）、ECC 等。

非对称密码体制解决了开放系统中密钥大规模分发的问题，不仅可以加密信息，还可以对信息发送者验明正身，这是密码学的一次重大革命。密码学的应用因此从军事领域扩展至民用领域。鉴于密码学的重要性，美国政府一度限制密码技术的出口，因为密码技术曾被认为是一种武器。现在这种限制已被废除。

如果说签名技术解决了数字货币发行人、持有人的身份问题，加 / 解密技术则部分解决了数字货币流通的问题，因为数字货币尚有双花问题需要面对。货币数字化之后，防伪变得更为麻烦，在计算机里代表数字货币的信息很容易被复制，而要防止此类复制却极为棘手。解决双花问题的基本思路是赋予数字货币一个唯一的序列号，相当于冠字号码，随机数、哈希函数的作用因此凸显。从某种意义上看，比特币区块链上每一笔交易、每一个区块的哈希值，都可以视作其所代表的一定数量比特币的序列号。

中心化和去中心化的数字货币试验

1982 年，David Chaum（大卫·乔姆）在顶级密码学术会议——美密会议上发表了一篇论文《用于不可追踪的支付系统的盲签名》。

论文中提出了一种基于 RSA 算法的新密码协议——盲签名。利用盲签名构建一个具备匿名性、不可追踪性的电子现金系统，这是最早的数字货币理论，也是最早能够落地的试验系统，得到了学术界的高度认可。1994 年，Bruce Schneier（布鲁斯·施奈尔）的经典教材 *Applied Cryptography：Protocols，Algorithms，and Source Code in C*《应用密码学：协议、算法与 C 源程序》，就专设一节，探讨 David Chaum 的电子现金协议。

David Chaum 提出的电子现金系统有两项关键技术：随机配序和盲化签名。随机配序产生的唯一序列号保证数字现金的唯一性；盲化签名确保银行对该匿名数字现金的信用背书。Chaum 的理论及其研发的 E-Cash（电子现金）激发了研究者对数字货币的兴趣。经过近 40 年的发展，数字货币已经在 Chaum 的基础上融合了包括群盲签名、公平交易、离线交易、货币的可分割性等在内的新概念。

但 Chaum 当时建立的模型还是传统的“银行、个人、商家”三方模式。每个使用过的 E-Cash 序列号都会被存储在银行数据库中，且每次交易系统都要验证 E-Cash 序列号的唯一性，因此系统会维持一个已交易序列号的数据库。随着交易量的上升，该数据库就会变得越来越庞大，验证过程也会越来越困难。

2008 年，一位名为 Satoshi Nakamoto（中本聪）的神秘人发表经典论文《比特币：一种点对点的电子现金系统》，提出了一种全新的电子化支付思路——建立完全通过点对点技术实现的电子现金系统，将 Chaum 的三方交易模式转变为去中心化的点对点交易模式。技术思路是：把通常意义上的集中式簿记分拆为约每十分钟一次的分布式簿记，簿记的权利由全网竞争选取，簿记数据按时间顺序连接起来并广播全网。任何节点均可同步到网络上的全部簿记记录，均可投入计算资源参与簿记权的争夺。攻击者如果不掌握全网 50% 以上的计算资源，就无法攻击这套簿记（链接）系统。通过这样的设计，以前人们隔着万水千山做不到的点对点交易，现在不依赖银行等中介机构而仅靠分布式账本就可以实现。

比特币是一个互相验证的公开记账系统，具有总量固定、交易流水全部公开、去中心化、交易者身份信息匿名等特点。其"未花费过的交易输出"（Unspent Transaction Output，UTO）的绝佳设计，解决了 E-Cash 数据库无限膨胀的问题，使数字货币技术出现新的飞跃，人们将这一前沿技术称为区块链技术。

比特币出现之后，数字货币的发烧友狂喜地发现，去中心化的数字货币梦想竟也可以大规模试验了。于是，基于不同区块链技术创新的各种数字货币不断出现。截至 2018 年 7 月，共有近 2000 多种数字货币。其中一些加密货币利用各种加密技术，对比特币进行了扩展与变形，如以太币扩展了比特币的可编程脚本技术，致力于发展一个无法停止、抗屏蔽和自我维持的去中心化智能合约平台；达世币设置了双层奖励制网络，提供即时支付以及以混币技术为基础的匿名支付等增强服务；门罗币采用环签名技术隐藏交易双方地址，并吸收比特币社区发展出的机密交易技术隐藏交易金额，提供了更完善的匿名性；瑞波币允许不同的网关发行各自的 IOU（I Owe You，相当于在线债券的借据），并实现不同 IOU 之间的自动转换；零币首次将零知识证明算法 zk-SNARK 用于保证交易发送者、接收者和交易数额的隐私性，具有较强的学术创新。

这就是我们目前看到的席卷全球的去中心化数字货币试验。客观而言，这个试验极具争议，有人对比特币背后的技术啧啧称叹，有人攻击它说它是诈骗工具，有人认为其堪比黄金，亦有人认为其一文不值。一些知名人士，比如许多诺贝尔经济学奖获得者，也发表了自己的观点。“天下熙熙，皆为利来；天下攘攘，皆为利往”，众说纷纭间，与传统意义上的商品、资产、支付工具、货币等均有所不同的比特币以其丰厚的回报，吸引了全球投资者的眼球。

数字货币是电子货币与实物现金的一体化

想要评价数字货币，我们必须回到中本聪的经典论文《比特币：一种点对点的电子现金系统》。其中有两个关键词：“点对点”和“电子现金系统”。“点对点”的特性，使我们想起了实物货币，因为它就具有“点对点”这一优越的支付特性，只是其支付功能逐步被电子支付工具所蚕食。时至今日，“无现金社会”甚嚣尘上，实物现金似乎已无容身之地。果真如此？事实上主要经济体的实物现金投放和使用是在增加而不是在减少。所以实物现金的未来究竟如何，现在恐怕还不能妄下结论。

也许从哲学角度分析有助于理解这个问题。按照马克思主义辩证法，一样事物从自然产生到消亡，并不是简单的消失，而是有一个推陈出新的过程，此乃“否定之否定”。货币亦是如此，假使实物现金在长期的历史进程中要消亡的话（当然这一点还有很大争议），这个“否定之否定”应该是什么？个人以为，那就是“点对点 + 电子支付系统”。也就是说，从实物现金的角度看，需要“+ 电子支付系统”；而从银行存款转账、第三方支付等电子支付工具的角度看，则需要“+ 点对点”。按目前电子支付系统的发展势头，无论“无现金社会”实现与否，电子支付将实物现金的特性融合进来，都是显而易见的趋势。

所以个人以为，所谓的数字货币应该是电子货币和实物现金的一体化。这个一体化如果动态地去理解可能会更好，现在数字货币的定义还是存在争议的，我认为不要把这个事情看成一个静止的状态。数字货币一定与货币的数字化进程紧密相关，在这个进程中，货币的数字化实际上是一个非常动态的、不断演进的东西，有些属性可能我们看得很清楚，还有一些属性很可能现在看不清，还需要完全展开，需要观察和研究。这个观察和研究，如何与法定数字货币的设计相结合，就是我们现在工作的重点。

很显然，实物货币向数字货币演进的意义在于，实物货币的支付功能优化了，可以在多种交易介质和渠道上完成支付，具有良好的普适性和泛在性。电子支付工具向数字货币演进的意义则在于，它能吸收实物货币“点对点”支付和匿名性的特性，将支付权利真正地赋加在用户自身。在一定程度上，第三方支付的出现破除了用户对银行账户的依赖以及被施加的约束（如需要到银行物理网点和自动取款机办理业务、一层层烦琐的业务程序等），有效释放了用户的支付主动性和能动性，降低了支付交易成本。但这还远远不够，货币、账户的所属权归谁？其中信息可向哪些人透明？透明到什么程度？可否被追踪？这些理应都由用户自主掌控。

央行信用不可或缺

或许有人会说，既然数字货币是实物货币和电子支付工具的发展方向，那么是否就意味着比特币终将胜出，笑到最后？也许一些持“货币非国家化”观念的自由主义者会这么认为。但是，许多国际组织和政府部门却倾向于将比特币定位成虚拟货币。为什么叫虚拟货币？因为它背后没有资产支撑，许多人（包括多位诺贝尔经济学奖获得者）认为它是没有前景的，尽管它的暴涨掀起了一股巨大的浪潮。“比特币也许会失败，问题是这里头有钱可赚”，这句话道尽了很多人对“比特币”们的真实心态。比特币价格涨到什么程度才算合理？其暴涨究竟有多少泡沫？这是仁者见仁，智者见智的问题，作为研究者而不是投机客，追问“比特币”们的真正价值所在才是问题的关键。

回顾加密货币的研究历程，如果说 David Chaum 模式的数字货币是基于“银行—个人—商家”三方模式来设计的，那么比特币模式的数字货币则由原来的三方模式，变成了点对点的两方交易模式。这当然是一个范式的飞跃，但这两个模式都没有考虑中央银行的角色。David Chaum 只是探讨了匿名化现金的实现机制，根本没有涉及中央银行；比特币所谓的挖矿发行，煞有介事，实质上是把记账权、铸币权和发行权混为一谈，央行的角色因此消解。实际上，他们更多的是在研究数字化技术本身，但货币作为一般等价物，显然不只是（数字）铸币技术的问题，其背后的价值支撑才是关键。

各种货币形态均有价值锚定。商品货币、金属货币的价值锚定来源于物品本身的内在价值。金本位制度下，各国法定货币以黄金为价值锚定。布雷顿森林体系崩溃以后，各国法定货币虽不再与黄金挂钩，但是仍以主权信用为价值担保。全球那么多的货币，根本区别在于背后的价值支撑而不是铸币技术。相信现有的数千种加密货币，在追求极客技术的同时，也会逐步认识到这一点：当前的经济社会是一个高度发达的信用经济社会，货币发行和管理功能有缺陷的“比特币”实难担当大任，核心问题在于这类“可转让数字资产”很难构建自身的价值支撑体系。

所以，必须把目前虚拟货币缺乏价值支撑这一根本性的缺陷矫正过来。技术固然可以向典型的虚拟货币、加密货币取经，但人类社会长期形成的货币的本质内涵，理应是数字货币发行的基石。从这个意义上说，虚拟货币的未来得有一个“去虚拟”的过程，一个可能的变化是在前述所言的“点对点 + 电子支付系统”的基础上，再加上强有力的“央行信用”，也就是“点对点 + 电子支付系统 + 央行信用”。

因为价值支撑的缺失，各国政府对于虚拟货币活动，如 ICO（Initial Coin Offerings，初始代币发行）、虚拟货币交易等，一直持审慎的态度，对其中隐含的金融风险和投资者保护问题高度警惕，但对代币或者是虚拟货币背后的技术却是积极态度。数字货币可谓数字经济发展的基石，把实物货币转为数字货币的梦想已在民间率先发力和试验，中央银行必须奋起直追。

私人部门与公共部门创新

以太坊的创始人 Vitalik Buterin（维塔利克·布特林）认为数字货币这样的创新由政府部门来主导是不可能实现的。这是一个很有趣的观点，私人数字货币伴随着财富效应，投资人趋之若鹜；法定数字货币一定程度上则是对原有知识结构和投资收益的挑战，阻力难免。两者的难易程度一望即知，问题是在推动创新方面，政府的作用怎么可能缺位呢？早在 20 世纪 20 年代，凯恩斯就写下了这样的话：

宣称私人利益和社会利益必定会相互一致，这是没有根据的，上天并非如此来统治世界的。说两者在实际上是一致的，这也是不真实的，在现实生活中并非如此来管理社会的。断言开明的自利必定会促进公共利益，也不是根据经济学原理得出的正确推论。而所谓自利一般是开明的，同样也是不符合实际情况的。

ICO、IFO（Initial Fork Offerings，初始分叉发行）仿佛就是这段话最好的注解，有人因此感慨："人性是比特币生态链上最大的弱点！"所以我以为，对于 Vitalik 的论断，最好是看看情况再下结论。无论是官方还是民间，数字货币研发进程的大幕都才刚刚拉开。两者也未必就是绝对的泾渭分明，公权与私权，宛若一枚硬币的两面，既对立又统一。任何新生事物都需要时间来检验。

实际上，老百姓对货币的基本要求也就两个：一个是不能假了，另一个是不能毛了。无论是对私人数字货币，还是对法定数字货币，这两个要求都概莫能外。就全局最优的角度而言，我们相信，央行数字货币理应更能满足大众对货币的需求。

"实物现金＋电子支付系统""数字货币＋央行信用""电子支付工具＋点对点"甚至"＋央行信用""＋可控匿名""＋智能便捷"……各类演变看似各异，实则脉络清晰。不仅朝着"你中有我，我中有你"的方向演进，而且"草蛇灰线""伏脉千里"之外的则是那若隐若现的法定数字货币。

但这里还必须加一句：这样说并不意味着央行数字货币可以不经考验即顺利推出。大浪淘沙，法定数字货币也不可能例外！官督商办，自古有之。私人数字货币就一定不能转正吗？

我国法定数字货币探索

中国人民银行是最早对数字货币进行研究和试验的中央银行，早在去中心化数字货币尚未成为风潮的时候，就已探究过这一领域。

事实上，促使中国央行研究法定数字货币的直接动因并非比特币，而是焦里币（Giori Digital Money，GDM）。这是一种由私人机构倡导的法定数字货币，其发明者是瑞士的 Giori 公司。作为一家传统的印钞造币公司，Giori 公司大胆创新，提出将传统实物货币以及借记卡和电子网络先进技术的功能融为一体，依托 GSMT（Global Standard of Money Technology，全球货币技术标准）架构管理全球的数字金融交易，建立一个基于现有纸币系统模式的电子网络，从而推出由中央银行设立和发行的法定数字货币 GDM。Giori 公司不仅推出了产品，还去了一些国家的中央银行（包括中国央行）布道。让人惊讶的是，早在 2012 年该公司就在中国和美国申请了专利。

显然，GDM 遵循的是传统的以中心化为特征的数字货币模式。作为法定数字货币的典型案例，其编码的理念深刻影响了中国央行数字货币研究团队。

事实上，包括我在内的很多早期接触过密码货币的人，一提数字货币就都不约而同地想起了 David Chaum 的 E-Cash。十多年前，我在中国科学院研究生院计算与通信工程学院任兼职教授，其间承担《金融信息化》的授课任务，其中一章“电子货币”就专设一节讲授 E-Cash 系统。因此，在参与我国央行法定数字货币的研究之后，GDM 之外，我就是从 E-Cash 入手，到 Mondex（英国西敏寺银行开发的电子钱包）、M-Pesa（肯尼亚的移动支付）、Bitcoin（比特币）、游戏虚拟币，再到第三方支付……依次爬梳各类典型系统。研究小组曾特别邀请密码学家王小云老师前来授课，彼时小云老师还没有当选为中科院院士。当她亮出了授课内容 E-Cash 时，我会心一笑。是的，我们的关注点都不是只盯着比特币。后来小云院士建议研究安全电子交易（Secure Electronic Transaction，SET）协议，2017 年则建议我们研究 Zcash（零币）。

迄今为止，中国央行依然旗帜鲜明地倡导央行数字货币应不同于各种代币的去中心化发行模式，并大声疾呼区块链只是法定数字货币的一项可选技术。那当然是坚强领导的结果。而此时回忆过往，亦深感这些理念渊源有自。事实上，我们一直主张的“可控匿名”，也与加密货币的思路一脉相通。

早在与小云老师交流的时候，我们就希望可以联合顶尖密码专家为央行数字货币设计专用的密码算法和相关协议，并申请国家标准乃至国际标准。可惜专家们大都事务繁忙，兹事体大，至今尚在意向之中。

2018 年 7 月，Diffie 来北京，在金融街欢迎 Diffie 的座谈会上，我领头致辞，之后聆听他对密码学和区块链的高见。半个月后，在纽约的国际电信联盟数字法币焦点组大会上，我又有幸与 Chaum 同台发言，私下我们还就数字法币的匿名性问题做了探讨。短短一个月内，连续与教科书上的人物面对面交流，不亦乐乎！

当听到 Diffie 论述从主机系统到个人电脑、互联网、区块链的发展趋势时，我深感此老的与时俱进。从历史上看，技术创新从来就是以螺旋式上升的方式向前推进的。基于区块链或不基于区块链，基于账户或不基于账户，分布式还是中心化，两边极点孰优孰劣，形而上的争论很容易面红耳赤，实际上还是得根据具体约束条件来选择把握，中庸之道当然是在两个极点之间寻求最优点。所以在试验阶段，在保障中央银行货币发行权的基础上，应不拘泥于某一预设路径，要尽可能尝试各种方案、模式和思路，多方比较，灵活开放，以积累经验教训，探寻不同场景下的各种解决方案和最佳实践。

总体来说，我国法定数字货币的探索工作是在扎实有序地推进。2014 年，中国人民银行正式启动法定数字货币研究，论证其可行性；2015 年，持续充实力量展开 9 大专题的研究；2016 年，组建中国人民银行数字货币研究所，专门承担法定数字货币研发工作。取得的成果主要有：

一是理论研究。在论述可行性的基础上，对法定数字货币发行和业务运行框架、关键技术、发行流通环境、法律问题、经济金融影响、国际经验、与私人发行数字货币的关系等进行了充分探讨，形成了系列研究报告。2016 年初，召开数字货币研讨会，系统地展示了人民银行关于数字货币的研究成果，并择要发表于《中国金融》数字货币专刊。

二是研发实验。基于我国“中央银行 – 商业银行”二元体系，开发出准生产级的法定数字货币原型系统。在此基础上，设计实现了基于区块链技术的数字票据交易平台，开展法定数字货币的沙箱试验。

三是专利申请。在原型开发的基础上，打造具有自主知识产权的区块链底层平台，并搭建数字货币专利体系。累计完成 80 余件专利申请工作，初步形成一批关键性的数字货币专利集合。

2017 年，研发工作进入新的阶段。经国务院批准，中国人民银行组织相关市场机构开展名为 DC/EP（Digital Currency/Electronic

Payment）的法定数字货币分布式研发工作。中央银行组织市场共同研发的意义在于，在保障央行货币发行权的前提下，群策群力，充分发挥市场机构的业务优势和创新能力，探索最佳实践。

未来展望之一：基于账户与基于价值

目前，大家喜欢将法定数字货币分为基于账户和不基于账户两种。这实质上是将法定数字货币的定义进行了“泛化”，将电子货币也纳入了数字货币范畴。若基于这样的界定，只要在现有的“电子货币”基础上再加上“央行信用”，所谓的法定数字货币就可以“呼之欲出”。在电子货币体系已经很成熟发达的我国，这是显而易见的前景。我国已经形成了央行准备金账户、商业银行账户、第三方支付账户的多层账户体系，覆盖了机构端、客户端、对公对私、线上线下、跨境支付等各种场景，市场成熟，产业完备。

2017 年初，以支付宝、微信支付为代表的第三方支付机构，喊出了“无现金社会”的口号。尽管它们将自己当作了实物现金的替代者，但目前第三方支付的虚拟账户中的资金，还只是支付工具，达不到现金的层次。很显然，这是第三方支付对自己提出的更高要求。假如第三方支付的虚拟账户中的资金变成了真正的数字现金，那无疑是整个支付行业的重大变革。有人因此认为，第三方支付机构 100% 准备金存缴之后，它们虚拟账户中的资金就是法定数字货币了。这是一个有趣的观点。

另一个值得关注的现象是，纵览全球，各国开展的法定数字货币试验，大多是不基于账户或者说是基于价值形式的法定数字货币试验。比如，加拿大的 Jasper 项目，试验基于分布式账本技术（Distributed Ledger Technology，DLT）和数字存托凭证（Digital Depository Receipt，DDR）的大额支付系统；新加坡的 Ubin 项目，评估在 DLT 上以数字新元的代币形式进行支付结算的效果；欧洲和日本央行的 Stella 项目，旨在研究 DLT 在金融市场基础设施中的应用，评估现有支付体系的特定功能是否能够在 DLT 环境下安全高效地运转。目前来看，学术界的热点也大多是基于价值的法定数字货币，亦即央行加密货币的研究。

如前述所言，数字货币的真正本质是电子货币与实物现金的一体化。若不吸收实物货币“点对点”支付、匿名性等特性，仅是“电子货币 + 央行信用”，那是法定电子货币，而非法定数字货币。当然，若在定义本身就已将电子货币纳入数字货币范畴，这一矛盾就没有那么突出了。

有句话叫“最好的未必就是最合适的”，如果不在学术的辨析上较真，现实的选择似乎还是以合适为宜。

应该说，以比特币为代表的去中心化数字货币试验为我们的研究提供了一个有益的技术参照。一方面，不要硬性把央行数字货币和分布式账本技术捆绑起来，这不是一个必需的选项，央行数字货币并不必然采用区块链技术。另一方面，也不要将金融行业熟悉的账户概念与加密代币、区块链技术对立起来。从演化路径来看，央行发行法定数字货币其实是从账户向央行代币延伸的过程；而加密代币从公有链到联盟链，到私有链，则可看作从代币往账户方向的推进。这里账户与（代）币其实是一个不断融合的关系。因此，央行发行法定数字货币，个人以为 CBDA（Central Bank Digital Account，央行数字账户）、CBDC（Central Bank Digital Currency，央行数字货币）、CBCC（Central Bank Crypto-Currencie，央行加密货币）混合的思路比较稳妥。

比较私人（准）数字货币和法定数字货币，前者是已经出生的孩子，能不能上户口还是个问题，大家对它的认识一直有争议；后者还没有生出来，还只是停留在蓝图阶段，大家却都觉得根正苗红。但说老实话，这两个“孩子”将来谁真有出息，恐怕有人（如Vitalik）会有不同的看法。所以，无论前者是好孩子还是坏孩子，摒弃成见，拒绝炒作，多研究里面的技术、学理的东西，可能会更好。

未来展望之二：自顶向下与自底向上

谈到央行信用，还须厘清“真正的央行信用”与“央行信用‘加持’”两者之间的本质区别。即便是100%准备金存缴，私人部门发行的电子货币（如商业银行存款货币以及第三方支付账户资金）只能算是央行信用“加持”，而非真正的央行信用。当然上文也说了，若将央行数字货币的概念泛化，这一差别似可忽略。

就其本质而言，既然央行数字货币是中央银行的信用，那么无论在技术上央行数字货币体系设计了多少层，但在逻辑上都只有一层。技术风险当然可以（也必须）分散，中央银行亦可以不掺和底层客户的每一笔交易，但中央银行对央行数字货币的管控应有手段穿透到底，以切实保障央行数字货币的法理属性。

目前，技术上的设计思路比较习惯采用“自顶向下”，按照中央银行和运营机构系统进行分层设计。这种双层架构的设计本身没有大问题，但“自顶向下”的思路，将中央银行作为源头来设计整个业务流程，使得中央银行成为下层所依赖的中心，很容易忽略系统面对的海量服务人群，顾头难以顾尾。运营机构有可能依赖中央银行进行互联互通，技术上无法有效解决中央银行中心节点的压力。

显然，需要从终端用户角度考虑系统的重心，兼顾“自底向上”的设计思路。技术上依然可以采用双层架构，但优先考虑用户服务的便利化，央行数字货币说到底是需要老百姓用起来的。这样“自顶向下”的底层就变成了前台，由多个运营机构响应用户的请求，功能侧重于交易处理；“自顶向下”的上层就变成了后台，由中央银行进行管控，功能偏向于穿透式监管。前后台划分的目标应是以用户为中心，既为数字货币钱包的创新提供广阔的施展空间，也与传统系统充分解耦，尽可能减轻中央银行压力。从业务实质上讲，“自底向上”的双层架构就是“总 / 分双层账本结构”，交易明细账本由运营机构实时记录，中央银行只定期维护运营机构总账本。

基于“总 / 分双层账本结构”，如何保证中央银行有效实现穿透式监管，并实现全局一致性？从技术角度有不同的设计方案。比较直接的方式，可以考虑通过建立中央银行和运营机构共同参与的统一分布式系统，中央银行作为主中心，拥有全局账本，运营机构作为分中心，实现多副本明细记账，相互备份、多点多活。这样运营机构就不用担心被旁路，在分担中央银行压力和风险的基础上，可以开展全新的业务。中央银行亦无须担心中心枢纽的压力，在相对轻松地维护全局账本的基础上，可以从容考虑包括中央银行数字货币在内的全新货币政策。这种设计将分层业务逻辑通过前后台系统划分来实现：中央银行不参与前台业务，其中心化管控通过后台统一分布式系统来实现；运营机构承担前台的处理，用户可获得便利化的服务；中央银行既能够管控全局，又可避免中心化依赖。

从长期技术演进的发展角度来看，央行数字货币本身不局限于特定技术；从竞争择优的角度来看，也需要多种技术路线在优化演进过程中进行充分比较。因而，技术上央行数字货币体系应该是一种包容性的架构，既能够体现成熟技术的稳定性，又能够保持一定的技术先进性。

因此，可以在上述传统分布式数据库技术基础上，引入最新的分布式账本技术，形成中央银行数字货币“双分布式账本”技术路线。一是交易账本：采用传统的分布式数据库技术，利用现有金融核心系统成熟经验，满足当前交易性能要求。二是结果账本：用于记录最终交易结果，可采用最新的分布式账本技术，中央银行和各运营机构共同参与，各节点维护相同的账本数据，通过共识机制，保证各节点账本数据的全局一致性，并且难以篡改。通过异步方式提交结果账本，从而不影响交易账本的处理时效。结果账本数据一经写入，便具有高可靠、高安全、高可信等特点，并可为社会提供基于可信数据的确权服务，从而充分发挥分布式账本技术的优势。这种开创性的双账本包容性设计，既延续了传统技术的成熟稳定性，又为新的分布式账本技术留有空间，使得两种分布式技术相互兼容、并行不悖、优势互补，并在演进过程中，竞争择优。

2016 年，中国央行的数字货币原型系统就采用了“双分布式账本”技术路线，这是一种可进可退的方案。随着分布式账本技术的不断优化，性能不断提升，交易账本向结果账本异步写入交易结果，其延时会逐渐缩短。有理由相信：同步写入之日，就是分布式账本技术可以取代传统分布式数据库之时。

未来展望之三：量子货币

展望未来，央行数字货币还需要研究量子货币。

量子货币本质上是一种基于密码学的数字货币，其优于经典数字货币的核心是利用了量子叠加态和量子计算实现的量子防伪技术。这项技术综合运用了物理学、计算机科学和密码学等多个学科领域的前沿知识，最终可以在不引入记账机制的前提下解决经典数字货币最头痛的双花问题。理想的量子货币可以同时实现易于识别、难于伪造、无法复制、方便使用等数字货币特性，相当于同时结合了传统货币（纸币）和经典数字货币的优点，并避免了它们各自在本质上难以克服的缺点。这也是探索量子货币的意义所在。

目前来看，除了双花问题，量子货币技术还需要解决一些核心问题。一是如何编码生成一系列的量子态代表量子货币，并且生成的量子货币必须支持验钞操作。二是如何应对损耗。量子世界中测量是唯一能建立量子态和经典世界联系的桥梁，因此验钞过程一定会涉及测量量子态，这样验钞过程是否会给量子态带来损耗？如果允许有一定的可控范围的损耗，是否能设计出相应的验钞机制？这种机制是否能支持多次验钞？损耗是否会导致一定概率出错？出错的话如何解决问题？三是如何应对噪声。由于量子不可克隆定理，经典的纠错码方法在量子世界中不能适用，那么如何应对过程中自发产生的不可控因素？

量子密码是近年来国际学术界的一个前沿研究热点。面对未来具有超级计算能力的量子计算机，现行基于解自然对数及因子分解困难度的加密体系、数字签名及密码协议都将变得不够安全，而量子密码则可达到经典密码学所无法达到的两个最终目的：一是合法的通信双方可察觉潜在的窃听者并采取相应的措施；二是窃听者难以破解量子密码，即便企图破解者拥有强大的计算能力。可以说，量子密码是保障未来网络通信安全的一种重要技术。

考虑到量子计算和通信技术还处于探索阶段，理想中的量子货币尚需时日。当前，可部分应用量子技术为数字货币的设计和实现提供服务。例如，基于量子随机数生成数字货币字符串，可以保证数字货币在防伪方面初步具有量子安全性。这种具有量子随机性的数字货币，一定程度上代表了新型的不依赖于账户的数字货币形态，可进一步为数字货币点对点支付打开新的空间。

随着对量子密码体制研究的进一步深入，越来越多的方案将会被提出。因此，必须对这一领域保持持续关注。

绿色金融的中国发展之路及国际影响力

绿色金融是指支持环境改善、应对气候变化和提升资源利用效率的金融活动。尽管各国对“绿色”的定义有所差异，但绿色投资通常包括环保、节能、清洁能源、清洁交通、清洁建筑等具有环境效益的项目。所谓绿色金融体系，是指通过贷款、私募投资、发行债券和股票、保险、碳金融等金融服务，将社会资金引导到绿色产业发展中的一系列政策和制度安排。在中国，建立绿色金融体系的主要目的是提高绿色项目的投资回报率和融资的可获得性，同时抑制对污染性项目的投资。

近年来，越来越多的国际专家认为，中国金融业在互联网金融和绿色金融方面是国际领先的。在中国的大城市，纸币交易频次降低，手机支付日益盛行，这成为中国互联网金融发展最显著的特征之一，已经领先于美国和欧洲。中国在绿色金融领域发展迅速，领导力和话语权不断提升，产生了广泛的国际影响力，已经成为全球绿色金融发展的旗手。我在2014年初离开德意志银行后，加入中国人民银行工作了三年半，在此期间我做的一件非常有意义的事情就是主持起草了我国绿色金融指导意见，以及推动在G20框架下形成

---

* 作者系CF40成员、央行货币政策委员会委员、清华大学五道口金融与发展研究中心主任、中国金融学会绿色金融专业委员会主任马骏。

发展绿色金融的国际共识。

那么，在当前的全球经济条件下，为什么要发展绿色金融？中国为什么在绿色金融领域可以取得国际领先优势？中国在绿色金融方面取得了什么进展？如何构建全世界绿色金融的框架体系？中国如何发出大国倡议，推进绿色金融国际化？绿色金融可能面临何种挑战以及如何应对？

发展绿色金融的必要性

根据 NASA（美国国家航空航天局）的卫星数据显示，从全球范围来看，污染最严重的区域分布在中国、印度、北非。

图 4–1 是 2013 年全球十几个大城市的 PM2.5 污染指数排序。如图所示，污染程度最高的是印度新德里，PM2.5 指数为 155μg/m³。其次是距离北京 100 多千米的河北省省会石家庄市，PM2.5 指数接近 150μg/m³。

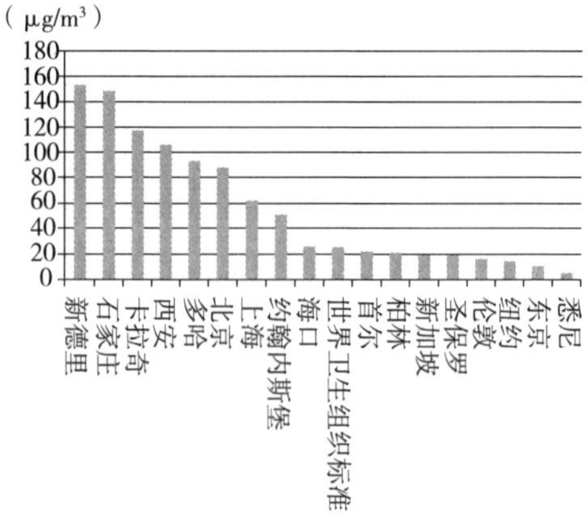

图 4–1　2013 年全球各个城市的 PM2.5 污染指数

2013 年，北京市年均 PM2.5 指数为 90μg/m³，上海市是 60μg/m³，香港是 30μg/m³。中国只有少数几个地方达到了 WHO（世界卫生组织）所规定的空气质量第二阶段标准 25μg/m³。世界卫生组织关于空气质量的第一阶段标准是 10μg/m³。世界卫生组织认为，人类最终应该享受 PM2.5 低于 10μg/m³ 的空气质量。

北京大学、清华大学的教授用计量经济学方法进行的课题研究结果显示，中国北方地区因为燃煤导致的空气污染可能使人均寿命下降 5.5 年。世界卫生组织的研究报告则显示，空气污染每年导致约 400 万人过早死亡。

空气污染只是环境污染的一种，中国还有非常严重的水污染和土壤污染问题。中国环保部门的公开数据显示：中国 75% 的水源污染超标，20% 的耕地污染超标。另外，碳排放所导致的全球气候变暖，也是中国和全世界共同面临的重要问题。

最近 100 年来碳排放大幅度上升。人类的能源消耗量增加了 20 倍，燃烧了包括煤炭、石油等大量化石燃料，产生了大量二氧化碳等温室气体，使全球气候快速变暖，世界上许多地方的气温上升了 0.5℃ ~4℃。

全球气候变暖可能导致严重干旱。如果不改变目前包括污染型能源消费结构在内的经济发展方式，2060 年以后，会有大面积严重干旱的土地。科学家预测，严重干旱可能会导致地球 1/3 的物种灭绝。

全球变暖可能会导致冰川融化、海平面上升，从而淹没部分岛国和沿海国家的沿海城市。包括全球几乎所有的金融中心，如中国香港特区、新加坡、上海、纽约、伦敦。如果我们不采取措施应对气候变暖，中国香港特区这个金融中心在未来可能因为海平面上升而消失。这是正在逐步逼近人类和地球的最大的“灰犀牛”。

化石燃料使用、温室气体排放、全球气候变暖，不仅是一个技术性问题，也是一个经济问题。人类排放大量的污染物，导致了严重的空气污染、水污染、土壤污染，也排放了大量二氧化碳等温室气体导致气候变暖。对发展中国家来说，例如中国，这些排放活动与目前经济发展中存在的污染型经济结构、污染型能源结构、污染型交通运输结构有关。

污染型经济结构是指，重工业在经济结构中比重较高。目前，中国的重工业占经济的比重几乎是全球大国当中最高的。而给定同样的 GDP 目标，重工业产生的空气污染是服务业的九倍。污染型能源结构是指，化石燃料在能源结构中比重较高。在中国的能源消费结构中，煤炭占 65%，清洁能源只占百分之十几。污染型交通结构是指，公路交通占交通运输总量的比重较高。我国城市出行方式中公路出行占比约 90%，地铁出行的比例只有 10%。如果用轨道交通例如地铁替代公路交通，可以减少 10 倍的污染物排放。因此，减少污染排放，必须要改变这三个污染型经济结构。要减少对污染型产业的投资，增加清洁产业的投资；要减少对污染型能源，包括煤炭、石油的投资，增加对清洁能源的投资；要减少对污染型交通尤其是公路的投资，增加清洁交通，包括铁路、高速铁路和地铁的投资。只有将投资结构变为绿色、清洁的，我们的产业、能源和运输结构才会变得绿色和清洁。

和中国一样，全球许多国家都需要大规模的绿色投资，以应对环境挑战和气候挑战。关于绿色或可持续投资的需求，国际上很多机构包括世界银行、OECD、UNCTAC（联合国贸易和发展会议）等，都做了不同测算。虽然口径和角度不尽相同，但是基本共识已经达成，即全球每年需要几万亿美元的绿色投资。仅就中国来说，多项研究估计，为实现中国环境部门预计的环境改善的目标，绿色产业在“十三五”期间每年至少需要3万亿~4万亿元的投资。事实上，目前实际发生的绿色投资远远不能满足绿色投资的需求。

从这个意义上来讲，绿色金融有巨大的发展潜力。

中国绿色金融发展的三大优势

第一，中央政府高度重视绿色金融的发展。2016年8月底，习近平总书记亲自主持中央深改组会议，批准了中国人民银行等七部委《关于构建绿色金融体系的指导意见》，发出了中央领导高度重视绿色金融这一非常重要的信号。很多绿色金融相关文件的起草、发布，政策的推进等，都得到了党中央、国务院、中国人民银行和各部委领导的高度重视。我记得过去三年几乎每年我们都在美国华盛顿的世界银行和货币基金组织年会期间举办一场面向国际社会的以“绿色金融”为主题的论坛，时任中国人民银行行长周小川、副行长易纲多次参加并做主旨发言。在我的印象中，从最早主管绿色金融业务的潘功胜副行长，到后来的陈雨露副行长、殷勇副行长等几乎所有人民银行副行长都参加过在国内外举办的多场公开论坛，发言支持绿色金融。

中共中央财经工作领导小组办公室（简称中财办）在绿色金融的政策协调方面也发挥了非常关键的作用。2015年9月，中财办主持了《生态文明体制改革总体方案》的起草工作，将“绿色金融体系”一词和“建立绿色金融体系”这样的表述写进方案。中国成为全球第一个将“绿色金融体系”写入最高级别战略性文件的国家，意味着构建绿色金融体系已经上升为中国的国家战略。中财办还在协调部委出台支持绿色金融政策方面做了大量的努力。

第二，人民群众对美丽环境、美好生活的强烈向往和诉求。中国目前有 200 多个城市每个小时公布一次 PM2.5 指数，已经成为全世界雾霾数据最全的国家之一。令我印象深刻的是，2014 年启动绿色金融体系研究时，几乎每次开会都提到雾霾指数。雾霾指数在某种意义上动员了全国老百姓参与和推动绿色金融的发展。高透明度可以让普通群众高度关注身边的环境问题，同时也会关注和支持包括绿色金融在内的任何能够改善环境的事情。我们在各地进行绿色金融巡展时，不仅专业人士、地方领导会参加、支持，普通群众也会参加并支持，他们认为这是改善生活环境、创造美好生活的一件好事。

第三，金融机构和专业人士的积极推动。2014 年在贵阳生态文明论坛举行的大约有 20 多位专家参与的小型讨论会，慢慢变成了绿色金融工作小组，后来又演化成中国金融学会绿色金融专业委员会（简称“绿金委”）。截至目前，“绿金委”拥有包括中国所有的大型银行、很多大型的保险公司、券商、基金、绿色企业和第三方研究机构在内的 200 多个成员单位。成员单位中的金融机构持有的金融资产占到中国全部金融资产的 70% 左右。在金融机构和专业人士的积极推动下，我们仅用了不到三年的时间，从一个只有 20 位专家参与的小型讨论会，迅速成长为拥有大量会员单位的“绿金委”，共同推进了中国和全球的绿色金融发展。

中国绿色金融的进展

中国在绿色金融政策体系、绿色金融产品、绿色金融国际合作等具体领域占得先机，逐步掌握了话语权。

2014 年，绿色金融工作小组提出包含 14 条具体措施的“构建中国绿色金融体系的建议”。2015 年，这些建议绝大部分都被决策层所接受，并写入中共中央和国务院发布的《生态文明体制改革总体方案》，此后又交由中国人民银行牵头，制定绿色金融政策。2016 年，中国人民银行等七部委出台了《关于构建绿色金融体系的指导意见》，包括环境信息披露要求、政策激励、法制建设、产品创新、推动地方绿色金融发展、对外投资绿色化等 35 条具体措施，涉及绿色信贷、绿色债券、绿色保险、绿色基金、碳金融等各种金融产品。另外，还提出了解决绿色产业回报率不足的一些办法。这个框架几乎把一个国家所有的部委能够拿出来的政策措施全都汇总在一个文件当中，非常全面，成为当时全球最完整的系统性推动绿色金融发展的政策框架。

那么，这个政策框架到底发挥了什么作用，中国取得了哪些初步的进展呢？我举几个例子。

第一，2015 年 12 月，中国启动了绿色债券市场，一年之内就成为全球最大的绿色债券市场。全球绿色债券市场启动的时间是 2006 年，中国是一个迟来者，但是我们仅用两年时间，就占了全球市场的 40%。所以一些欧洲的投资者惊呼：China grew from zero to hero within one year（中国从零开始，在一年内成了主角）！在绿色债券这个领域，中国确实创造了很多令国际人士刮目相看的经验，包括我们在短短两年多的时间内，就拿出了绿色债券的定义和标准，培育了一批绿色债券第三方认证机构，制定了绿色债券认证的规则，推出了绿色债券发行人披露的标准以及披露环境效益要求，开发了包括各类绿色发展基金、绿色 ABS（绿色资产支持证券）、绿色债券评级、绿色企业评级方法、绿色项目环境效益计算方法等许多创新产品。现在中国的绿色债券生态体系已经成为全球的标杆。在过去两年，中国发行了 200 多支绿色债券。

第二，中国已经建立了至少 250 个绿色投资基金，大部分是最近两三年推出的，这在很大程度上反映了《指导意见》的推动作用。其中 50 个左右是地方政府发起的，还有 200 多个是私营部门发起的。

第三，中国推出了一批绿色指数，包括绿色股票和绿色债券指数。资本市场上有很多被动投资者，按照指数的构成比例去配置它的资产。目前，市场上绝大部分指数是棕色的指数，其中有一些污染型的企业。由于指数是棕色的，所以投资者的资金也就会变成污染型的投资。因此，我们必须要创造很多只有绿色企业、没有污染企业的指数。中国已经开发了约 20 个绿色股票指数，其中一些正在变成产品，引导实际的资金流投向绿色企业。另外，中国还开发了 7 个绿色债券指数。

第四，中国在出台绿色金融激励机制方面也做了不少事。包括中国人民银行推出的绿色再贷款和将绿色金融纳入 MPA 考核框架，这是一个宏观审慎监管的机制。什么叫绿色再贷款？就是央行允许那些持有绿色信贷和绿色债券的银行，拿这些绿色信贷和债券作为抵押品，到央行去借比市场更便宜的钱，从而鼓励这些绿色表现好的银行用低成本的流动性去发放更多的绿色贷款。曾经有欧洲专家提出，在用货币政策刺激经济的过程当中，可以针对某些有战略意义的行业采取激励措施，例如央行适当购买绿色债券促进绿色产业发展。但仅停留在讨论阶段，最终并没有具体实施。被欧洲人称作类似绿色 QE（量化宽松）的政策——绿色再贷款，在中国已经被作为激励措施写入了指导意见。这个激励机制，可以降低绿色信贷的融资成本。

绿色 MPA 也是最近推出的。央行要在 MPA 中评估很多银行宏观审慎的表现，最近加入一项评估内容就是绿色的表现。作为银行，绿色信贷的比重比较高，就可以加分，发行过绿色债券也可以加分。分数比较高的银行就可能获得央行给的财务激励，会体现在央行给商业银行的存款准备金的利率上。这些都是中国在绿色金融领域的创新和发明。许多国家，包括欧洲国家，都在研究中国人民银行的这些做法。

第五，2017 年国务院批准在五个省（区）开展绿色金融试点。这些地方政府拿出了很多新办法，有些地方拿出了财政资源对绿色项目进行贴息和担保。比如浙江湖州和广州的花都区，分别每年拿出 10 亿元来支持绿色项目、进行补贴和担保。还有一些地方建立了绿色基金或其他专业化绿色金融机构，有的推出了绿色保险、碳汇、绿色项目库等新产品和方法。

第六，中国启动了上市公司强制性环境信息披露的工作。为什么要上市公司披露环境信息？资本市场必须要知道哪一家上市公司是绿色的，哪一家不是绿色的。这样才可能向绿色产业、绿色企业配置投资。很多国家搞自愿披露，但效果不好，比如我国过去搞的自愿披露制度，只有 20% 的上市公司披露，而且缺少实质性的内容。《指导意见》针对强制性信息披露机制，推出“三步走”的时间表和路线图。第一步，2017 年，对重点排放企业制定强制性披露要求。第二步，2018 年底，要实行半强制披露：如果企业不披露环境信息，则需要做出解释。第三步，到 2020 年，要求所有的上市公司必须披露。世界范围内，中国是第一个强制性要求重点的环境高风险企业进行信息披露的大国。虽然现在还没有完全落地，但相关文件正在由环保部和银保监会起草。如果中国到 2020 年实现了这一点，中国就是大国中唯一实现了上市公司强制性环境信息披露的经济体。

第七，在环境高风险领域将实行强制性的环境责任保险制度。过去，每年我们都有很多的环境事故，肇事单位中的中小企业，一旦发生事故后就倒闭了或者老板跑路了，没有人来支付这些环境修复的成本。这些企业也不愿主动购买环境责任保险。所以《指导意见》提出建立强制性环境责任保险制度。最近，银保监会和环保部正在抓紧制定这些政策。我认为，未来在一些环境高风险领域中，包括采矿、化工、危险品运输等行业，将会有强制性的环责险要求。

第八，中国推动了金融机构开展环境风险分析。2015 年，工商银行开始研究对污染型行业的贷款在未来的不良率会不会上升的问题。在一定的假设条件下，针对火电、钢铁、水泥、化工等行业的研究发现，这些领域的不良贷款率可能会上升。这样的结论会引导银行等金融机构减少对环境高风险领域的贷款，从而释放更多的资金和资源对绿色产业贷款和投资。这种做法的结果相当于政府在零财政支出的基础上，实施财政税收惩罚了污染产业，补贴了绿色产业，这是中国绿色金融的创新。西方国家以前所做的环境压力测试主要是针对保险公司，因为保险公司提供很多巨灾保险，受气候变化等因素的影响比较大。目前，中国还是发展中国家，金融体系以银行为主，所以必须要深入研究银行业面临的环境风险。2016年，“绿金委”请中国工商银行启动对银行业的环境压力测试，这在全球尚属首例。历经短短一年，中国工商银行发布了国际领先的压力测试方法。我当时在场，发布结束后就有英国银行业的高管对我讲，中国工商银行做的环境压力测试的工作比他们的更加领先，他们要向中国工商银行学习。2017年，中国工商银行的压力测试方法开始成为全球比较关注的一种推动绿色金融发展的创新方法。

最近几年，很多国家为发展自己的绿色债券市场到中国来取经。因为目前来说，中国绿债的整个生态体系是全球最完整的，绿债标准是全球最详细、最具有可操作性的。所谓生态体系包括几个内容：一是有详细的标准。全球范围内现存的绿色债券标准有两个，分别由国际资本市场协会（ICMA）和气候债券倡议组织（CBI）提出，都是宽泛的原则性标准。中国考虑到绿色债券需要第三方认证机构介入、激励机制、投资后的信息披露等具体要求，因此制定了更具体化、操作性强的绿色债券标准《绿色债券项目支持目录》（以下简称《目录》）。《目录》共有六大类、三十一小类，许多小类还有经济体的数量指标要求。许多国家和地区，包括欧盟、印尼、印度，都在研究和借鉴中国的“绿债”标准。二是要具有认证要素。现阶段中国发行的包括由中国人民银行市场司批准的绿色金融债、交易商协会（NAFMII）注册的绿色债券融资工具、交易所批准的绿债在内，绝大部分都通过第三方认证（这里主要指发行流程前端的尽职调查）。为数不多的发改委批准的绿色债券，虽然没有要求第三方认证，但经过了发改委三个部门的内部评估和认证。从这个意义上来讲，中国几乎所有的绿债都有认证，而国际平均认证率只有60%左右。三是有信息披露的要求。在我国的绿债政策文件中，包括中国人民银行关于发行绿色金融债券有关事宜的公告（中国人民银行公告〔2015〕第39号）、交易所的要求等绿色金融文件，都对发行人有比较明确的信息披露要求。即规定我国发行绿债的机构在特定时间进行信息披露，而在国外没有这样的要求。此外，除了前面提到的“前端认证”，即发行前第三方认证公司做的尽职调查，判定该债券是否属于绿色债券外，现在越来越多的第三方评估认证公司已经开始做发行后的追踪研究，分析募集资金到底是不是用到了绿色方面，以及产生的环境效益，等等。最近，中国人民银行和证监会发布了第三方认证评估的规范意见，这是国际上第一个政府主导规范绿色金融市场的规则。不仅仅是绿色债券的发行数量，中国在“软实力”和制度建设的层面也做出了引领性的贡献。总体来讲，在这几个方面中国都处于领先地位。

绿色金融的国际合作

中国是2016年G20峰会的主席国，将绿色金融列入了财金渠道议题，发起了G20绿色金融研究小组，由中国人民银行和英格兰银行共同主持，联合国环境署担任秘书处，我有幸代表中国和英格兰银行的Michael Sheren（迈克尔·谢伦）担任这个小组的共同主席，2018年已经是第三年了。

研究小组的参加者共80余人，包括G20所有成员委派的代表、若干特邀国家代表和六个国际组织的代表。在主持小组工作的过程中，中国起到了设置议题、引导议题、引导讨论走向的作用，集中体现了中国在绿色金融领域的国际话语权。第一年比较困难，因为很多国家不了解绿色金融，我们做了大量沟通协调工作，2016年成功推出了七项在全球共同推动绿色金融的倡议并且全部写进《G20领导人杭州峰会宣言》，成为全球共识，成功地推动了绿色金融的主流化。如果是四年前，你去问很多国家的财经领导人，他们可能并不知道什么叫绿色金融；但是 2016 年经过 4 次 G20“部长和副手级”会议，到最后的领导人峰会，整个过程使很多原来不太关心、不太参与的国家决策者参与进了绿色金融的讨论之中。最近一年多，许多国家和地区在 G20、中国以及多个国际组织的影响下，开始起草或发布本国的绿色金融政策和路线图，启动了本国的绿色债券市场。现在你去问 G20 成员的任何一个财政部部长和央行行长，绿色金融都是他们耳熟能详的话题，这就是 G20 绿色金融研究小组所推动的绿色金融主流化的一个重要印证。

2017 年，德国担任 G20 主席国，延续绿色金融议题，G20 绿色金融研究小组继续开展工作。提出了两项新的倡议，其中一项就是鼓励金融机构开展环境风险分析，包括环境压力测试，另外一个是关于改善环境信息的可获得性。这两项新的倡议被写进了 2017 年领导人峰会成果文件——《G20 汉堡行动计划》，在推动绿色金融主流化方面迈出了新的一步。

2017 年初，中欧展开合作，推动绿色债券标准的一致化研究。绿色债券目前面临的一个问题是，各国绿色债券标准不统一，这使跨境绿债投资需要双重甚至多重认证，成本上升，也可能会由于双方不认可彼此的标准而导致跨境绿色投资受阻。未来如何推动全球绿色债券标准的趋同，减少绿色跨境投资交易成本，是一个重要的国际话题。因为中国占全球绿债份额的 40%，欧洲占 35%，双方共同占全球绿债份额的 75%，最有国际话语权。于是，在人民银行的支持下，由“绿金委”和欧洲投资银行（EIB）共同组建了中欧绿色债券标准研究小组。2017 年 11 月，中欧绿色债券标准研究小组第一次发布了白皮书，对各类标准进行了比较，研究绿色债券标准的国际共同语言，为未来进一步推动国际绿色标准一致化提供了技术层面的基础。

2018 年，阿根廷担任 G20 主席国。虽然由于美国退出《巴黎协定》等情况的变化使环境更加复杂，但阿根廷经过努力，决定延续对绿色金融的讨论，但是将小组名称改为“G20 可持续金融研究小组”，宗旨不变，仍然是讨论如何动员全球私人部门资金支持环境和其他领域的可持续发展。中国继续担任共同主席。考虑研究的三个前沿课题分别是，可持续资产证券化、可持续 PE（私募股权投资）和 VC（风险投资）、可持续金融领域如何运用 Fintech。

除了 G20 绿色金融研究小组作为我国推动的国际合作亮点外，中国还发起许多双边绿色金融合作并取得积极进展，包括中英、中法的绿色金融合作，以及中欧关于绿色金融标准一致化的研究，等等。在这些双边合作中，中国都是组织者、推动者。比如，作为中英财金对话成果的一部分，我们在一年多以前成立了“中英绿色金融工作组”，推动了绿色金融发展。2018 年，中英绿色金融工作组继续组织两国金融机构共同推动环境信息披露的试点工作，中国有六家金融机构自愿参加，包括中国工商银行、兴业银行、湖州银行、江苏银行、易方达基金管理公司、华夏基金管理公司。英国有包括汇丰银行在内的四家机构入选。现阶段，全球没有一家金融机构进行过完整的环境信息披露。未来的披露内容和方法，我认为，这十家金融机构很有可能成为全球金融机构环境信息披露的领导者，掌握环境信息披露的话语权。它们提出的方法很可能在未来不光是中国或者英国的模板，也可能成为全球的模板。

关于环境信息披露试点工作，中方是由中国工商银行城市金融研究所副所长殷红牵头，2018 年 1 月召开了第一次会议，3 月在英国伦敦召开第二次会议，继续研讨该领域的进展，目前已有一个初步的三年工作时间表和路线图。

推动“一带一路”绿色化。最近，我在达沃斯参加了一些会议。会上，我强调说，“一带一路”国家人口占全球的 60%，人口比中国多，人均收入却比中国低。如果这些国家还是走传统的、粗放型发展道路的话，20 年后这些国家的碳排放量可能会比中国高几倍，全球碳排放量将远超地球承载力，《巴黎协定》设定的目标也会成为一句空话。因此，如何推动“一带一路”的绿色化，是摆在中国和全球投资者面前的共同任务。中国是“一带一路”的主要投资者之一，未来“一带一路”的建设需要获得包括来自欧洲、英国、美国等全球各个地方资本在内的共同参与。2017 年，我们以“绿金委”的名义联合六个国内行业协会共同发布了《关于中国对外投资环境风险管理倡议》。这个倡议有 12 条具体的内容，要求中国对外投资，尤其是在“一带一路”投资的金融机构和企业要遵守环境风险管理的一些准则，要推动这些地方的绿色化。目前，我们正在跟英国、欧洲大陆和其他地方共同探讨将这类准则变成全球准则。英方对此很感兴趣，也在 2018 年 3 月的英国伦敦研讨会上专门讨论，探讨能否在中国已经发起的十二条倡议的基础上，起草一组中英双方都能够接受的“一带一路”的绿色化标准，此后其他国家投资者也可以加入。最近，我与联合国环境署执行主任埃里克·索尔海姆（Erik Solheim）讨论，如果联合国环境署发起的联合国责任投资倡议组织（UNPRI，该组织包括 1600 个全球最大的机构投资者）也能参与“一带一路”绿色化的自愿原则，那么，由中国最早提出的“一带一路”绿色化就可能逐步演化为全球性的倡议。

全球绿色金融面临的挑战

绿色金融有巨大的发展潜力和成长空间。但是，目前绿色金融（包括绿色信贷、绿色债券、其他绿色投资）占全球金融活动的比重还非常低。例如，根据一些国家对绿色信贷的本地定义，只有5%~10%的贷款余额是绿色贷款；全球只有不到1%的债券是贴标的绿色债券。但是为什么绿色金融没有发展得更快？它面临的挑战到底是什么？识别挑战和提出应对措施，对进一步推动全球绿色金融的发展，具有重要意义。

第一大挑战是绿色项目外部性的内生化问题。这种外部性可以是绿色项目带来环境改善的正外部性，也可以是污染项目带来环境损害的负外部性。举个例子，一个清洁能源项目的效果是降低空气污染，因此周边300千米之内的居民都能够受益。但这些受益的居民没有给这个项目付钱，所以这个项目的正外部性就没有被完全内生化，导致这个项目的收益率不高，很可能低于私营部门所要求的收益率。因此，私营部门不太愿意参与这种正外部性没有被内生化的绿色项目。

过去几十年，各个国家用了很多办法来应对外部性的问题。比如直接给项目补贴等财政手段，或使用监管手段限制污染项目，倒逼金融机构把更多资源投入绿色产业。但最近十几年，我们发现金融领域也有很多可利用的手段来帮助将绿色投资的外部性内生化。比如，可以对绿色项目进行贴息来降低其融资成本，从而提高其收益率；为绿色项目提供担保，降低其风险溢价，从而降低其融资成本、提高收益率；或者通过 PPP 的方式，把周边地区收益率较高项目与收益率不高的绿色项目捆绑运作，提高投资者的整体回报率。以上这些都是过去十几年世界各国在绿色金融领域中发展出的一些做法。

第二大挑战是绿色项目的期限错配。绿色行业中很多是中长期项目，如污水、固废、新能源、地铁、铁路等，很多项目的还款期都是 10 年甚至 20 年。很多国家依赖银行体系为绿色项目提供融资，但银行系统会受到期限错配的制约。比如，中国的银行系统平均负债期限只有六个月，所以能够提供中长期贷款的能力非常有限，这就制约了中长期绿色项目融资能力，或者说使中长期绿色项目容易产生融资难、融资贵的问题。

怎么办呢？国际上也慢慢发展出很多办法，比如绿色债券市场。它就是一个可以解决期限错配的非常重要的办法，既可以让中长期项目直接发行三年、五年、十年的债券，也可以让银行发行中长期的绿色债券来支持中长期的绿色贷款。还有一个方法就是绿色基础设施投资收益信托（YieldCo），它在美国比较流行，类似房地产的 REITs（房地产信托投资基金），是把未来绿色资产产生的大部分收益以股息的形式定期支付给股东的一种股权类的工具，也可以为绿色项目获得中长期融资。还有一种做法是把未来绿色项目的收益，包括能效合同收入、碳收益、排放权和排污权等，作为抵押和质押向银行取得贷款或者发行债券。

第三个挑战是缺乏绿色定义。如果缺乏对绿色金融活动和产品的清晰定义，投资者、企业和银行就难以识别绿色投资的机会或标的。此外，缺少绿色定义还可能阻碍环境风险管理、企业沟通和政策设计。因此，对绿色金融和产品的适当定义是发展绿色金融的前提条件之一。由于各国的国情和政策重点不同，目前难以达成对绿色金融活动统一的定义。但是，若定义太多，比如每家金融机构推出一个自己的定义，交易对手之间没有“共同语言”，也会大大增加绿色投资的交易成本。

中国、孟加拉国和巴西已经在国家层面推出了对绿色信贷的定义和指标；国际资本市场协会和中国金融学会绿色金融专业委员会也分别推出了对绿色债券的“国际定义”和“中国定义”。但是不少国家并没有采纳任何一种对绿色金融或对主要绿色资产类别的定义。

第四个挑战是信息不对称。有些投资者想找到有明显环境效益的绿色企业进行投资，但问题在于缺少对相关企业和项目绿色程度的判断依据，因为这些企业往往不披露如二氧化碳、二氧化硫、污水等排放和能耗信息。如果有了量化数据，资本市场就有能力识别哪些项目或者企业是深绿色、哪些是浅绿色、哪些是棕色、哪些是黑色的了。另外，只有企业披露了这些数据，资本市场才能用各种方法对这些企业的环境效益或绿色表现进行评估、排序。在一些国家，由于不同政府部门的数据管理较为分散，也加剧了信息不对称性。所以，必须通过强化环境信息披露来应对信息不对称的挑战。到目前为止，全球已经有 20 多个证券交易所发布了关于上市公司环境信息披露的指引，但实行强制性披露的证交所还不多。

此外，还有一类重要的信息不对称，如投资者不能完全掌握绿色科技是否在商业上可行的信息，以及绿色投资政策的不确定性。这类问题导致投资者在可再生能源、新能源汽车和节能科技等领域存在强烈的避险意识。

第五是环境风险分析能力的缺失。比如，一些金融机构过低的估计了对污染性行业的投资可能对自身带来的风险。比如对钢铁、水泥、化工、玻璃等行业的投资，由于没有估计到未来几年其不良率可能超出预期，从而导致一些金融机构为污染行业过度地提供贷款。另外，由于没有估计到巴黎协议所要求的全球“碳减排”目标将导致石油公司拥有的石油储备价值大幅下降，一些机构投资者可能过度投资于石油公司等碳强度很高的企业。再比如，一些机构投资者和银行没有充分估计到投资在绿色行业可能带来的长远好处，反而高估了这些绿色项目面临的风险，因此对绿色项目有过度的风险厌恶，不愿意投资。面对这些问题，我们有必要加强环境风险分析方法的研究和推广。在这方面，英格兰银行、中国工商银行和德国的一些保险公司都已经做了开创性的工作。

发展绿色金融的可选措施

我们相信，如果能够有效克服上述五大障碍，就能在全球范围内推动绿色金融的较快发展。我们认识到，许多发展绿色金融的选项，包括发展绿色金融产品、风险分析工具和管理方法，将主要依靠金融机构的创新。不过，各国政府以及国际组织也可以在强化知识共享和能力建设、提供更强的政策信号和完善绿色金融相关定义等方面起到积极的作用。在总结各国经验和市场实践的基础上，G20 绿色金融研究小组提出了如下主要可选措施，为动员私人资本开展绿色投资创造有利环境：

一是提供战略性政策信号。什么是政策信号？政府高级别的政策法规、指导意见就是政策信号。例如，中共中央国务院印发的《生态文明体制改革总体方案》，其中明确提出要建立我国的绿色金融体系，这就是一个政策信号。这样的信号使金融界和绿色企业界都很兴奋，知道今后的政策将有利于绿色投资。

目前，国际上支持绿色投资的最大的两个政策信号是 SDG（可持续发展目标）和巴黎协议。它们是对可持续发展和应对气候变化的各国原则性承诺。但是，这些原则性承诺未来应该转化为各国的具体行动方案。如果主要国家能公布 5 年、10 年甚至 15 年的《巴黎协议》实施行动方案的话，就会明显提振绿色投资者的信心。

二是推广绿色金融自愿原则。各国政府、国际组织与私人部门可共同制定、完善和实施可持续银行业、负责任投资和其他绿色金融领域的自愿原则，并评估执行这些原则的进展。

三是发展本币的绿色债券市场。国际上已经有一个在 OECD 国家和一些发展中国家间基本打通的开放的绿色债券市场，这个市场上的多数参与者遵循绿色债券原则。这些国家资本项目基本上是开放的，比较容易在同一个市场上进行融资。但是也有不少新兴市场国家，资本项目没有完全开放，也有些国家的环境政策重点可能跟 OECD 国家不太一样，需要对绿色债券进行本土化的定义。这些国家有必要发展自己本币的绿色债券市场。也像中国一样，现在印度、印度尼西亚、若干拉丁美洲等国家地区开始规划发展自己本币的绿色债券市场。

四是强化能力建设。很多绿色金融领域中的工作要求金融机构有比较强的环境风险分析和管理能力，以及开发相关新产品的能力。一些国家在这些方面比较强，而还有很多国家起步则较晚，因此，国际经验共享和强化能力建设会对全球绿色金融发展起到重要的推动作用。

五是开展国际合作，推动跨境绿色债券投资。政府和市场主体可推动绿色债券跨境投资，包括在不同市场间开展双边合作。在合作中，市场参与方可研究设计共同认可的绿色债券投资协议。

六是推动环境与金融风险问题的交流。国际组织和绿色金融研究组织可通过支持交流对话，推动私人部门和研究机构探讨环境风险问题，包括金融领域如何开展环境风险分析及管理的方法论等。

七是完善对绿色金融活动及其影响的测度。基于中国和其他国家的经验，各国政府可推动研究绿色金融指标体系及相关定义，并分析绿色金融对经济和其他领域的影响。

中国绿色金融在某些领域已取得了令人瞩目的成绩。但是，不论中国还是其他国家，绿色金融实际上都是刚刚起步，都面临着一些挑战，要绿化整个金融体系，还需要十年、甚至几十年的持续努力。我国在不少领域，如机构投资者绿色化、绿色 ETF、中小金融机构参与等方面还落后于欧美的一些发达市场。这些都是我们需要继续努力和赶超的地方。

我国绿色金融跨越式发展的历史沿革

我国现代意义上的绿色金融发展不过十几年，却在短时间内由小变大，从国际追随者变成全球领头羊，成为我国金融领域突出的亮点。兴业银行作为国内绿色金融的先行者，完整地经历了这一历程，积累了丰富的实践经验和体会，为观察我国绿色金融的演进提供了一个很好的视角。

始于改革，缘起开放

兴业银行原偏居东南一隅，而且仅是一家中型银行，何以能在绿色金融领域引领潮流、成为一极？这是很多人的疑问。故事要从21世纪初我国银行业的重大变革说起。

改革开放之初，邓小平同志提出，“要把银行真正办成银行”。此后我国银行业在现代化道路上不断摸索前进，但产权不清、行政干预较强、经营管理能力不足等问题长期没有得到良好解决，以致在21世纪初走到了被西方一些人认为是“技术性破产”的境地。面对困局，我国开启深层次改革开放，以良好的公司治理为突破口，

---

* 作者系CF40常务理事、兴业银行行长陶以平。

积极推动商业银行股份制改造、引进战略投资者、重组上市，为此后银行业快速健康发展创造了基础条件。当时，兴业银行仍是一家区域性银行，地方国有股份占比过高，行政色彩较浓，业务类型单一，同样有深化改革的强烈需要。2002 年，兴业银行决定引进境外战略投资者、改进公司治理并推进公开上市。2003 年，正式与恒生银行、国际金融公司、新加坡政府投资公司签订入股合作协议，增发后外资股份达 24.98%，接近中资金融机构引进外资比例 25% 的最高限，成为当时我国商业银行一次引进外资股东家数最多、入股比例最高的案例。同其他银行一样，兴业银行引进境外战略投资者，不仅是为了增资扩股，更希望借此学习国际先进同业的经营管理经验，提高公司治理水平。事后来看，我们很好地实现了预期目标，从那时起，兴业银行进入了发展快车道，当然，境外投资者也分享了兴业银行与中国快速发展的红利。

绿色金融的故事也由此展开。国际金融公司是世界银行集团的成员，宗旨是促进发展中国家和地区私营部门发展，帮助改善企业治理和环境绩效，推动当地社会经济可持续发展。入股兴业银行后，国际金融公司即为兴业银行量身打造《完善公司治理方案》，委派具有丰富经验和强烈责任感的董事，推动兴业银行为银行财产及全体董事、监事、经营层、员工、客户等利益相关者全面投保。在此过程中，兴业银行积极学习国际银行治理理念，不断深化对可持续发展的研究与实践，为与国际金融公司在业务层面的合作奠定了良好基础。

2004 年，为推动节能减排事业发展，我国财政部要求国际金融公司针对民营企业的洁净能源、可再生能源及提高能源效率的项目开发新的融资服务模式。国际金融公司于是成立了中国能效融资项目（CHUEE），初步计划在六年时间内完成至少12亿元的能效项目融资，帮助减排400万~800万吨二氧化碳，推动我国能效相关产业发展。国际金融公司希望尽可能以市场化方式完成使命，努力寻找能够分担风险的商业银行和合适项目，于是兴业银行成为其首选合作伙伴。当时，国内称得上绿色金融的主要是贴标的传统信贷，适合项目特点的、具备专门的风险管控技术的绿色金融业务缺乏先例，但由于兴业银行长期在夹缝中求生存和发展，形成了敢为人先、善于创新的文化，迫切希望尝试新业务、新模式，因此积极响应国际金融公司的合作建议。2006年5月，兴业银行与国际金融公司签署《损失分担协议（一期）》，联合在国内首创推出能效项目融资业务。根据协议，兴业银行参照国际金融公司认可的环保技术标准，向符合条件的节能技改型企业和项目发放贷款，国际金融公司负责认定项目的合格性，为贷款项目提供本金损失分担和技术援助。2006年10月，国家外汇管理局批准该协议，随后兴业银行与石家庄新奥燃气集团开展合作，对清洁能源项目和能源效率项目进行融资支持。在政府部门的推动、国际机构的引导及兴业银行和客户的积极尝试下，我国现代意义上的绿色金融开始破荒。

"损失分担"是针对我国能效企业面临的融资困难而进行的一项创新安排。2007年12月，在广州举办的能效融资项目圆桌会议上，时任世界银行行长佐利克询问："银行为什么不能依据企业的成长性和现金流来发放贷款？"兴业银行和有关企业指出，这在中国是普遍问题，因为能效企业总体来说规模较小、信用评级总体较低、发展不确定性较大，商业银行在第一还款来源外，更加注重抵质押担保等第二还款来源，这又与能效企业的特点产生了矛盾。很好地解决了上述问题，并被实践验证。兴业银行在《损失分担协议

（一期）》框架下即为 50 个能效项目提供了 8.9 亿元融资，约为原协议约定的 4.6 亿元的两倍，经济和生态效益都非常可观。受此鼓舞，兴业银行与国际金融公司在 2008 年、2012 年又签署了《损失分担协议（二期）》《损失分担协议（三期）》，将项目领域扩展至新能源、CDM（清洁发展机制）等领域，更加注重对欠发达地区和中小企业的融资支持。兴业银行的实践产生了较好的示范效应，此后国际金融公司与国内其他七家银行也开展过合作，帮助这些银行增强了绿色金融能力。迄今为止，通过风险分担机制，已动员了 22.9 亿美元资金投放，帮助每年减少 2200 多万吨温室气体排放，大大超过原定目标。

能效融资业务的顺利开展使兴业银行受到国际关注。2007 年 6 月，英国《金融时报》授予兴业银行“年度全球可持续交易银奖”。2007 年 10 月，兴业银行代表受邀参加联合国环境规划署举办的全球圆桌会议。在多次对外交流过程中，兴业银行接触了“赤道原则”，并认识到它对提升兴业银行环境和社会风险管理能力、通过商业活动可持续地履行企业社会责任的重要意义。经过认真研究，兴业银行在 2008 年 10 月正式对外宣布采纳“赤道原则”，成为全球第 63 家、中国首家“赤道银行”。所谓“赤道原则”，是 2003 年世界主要金融机构根据国际金融公司的政策和指南建立的一套自愿性金融行业基准，旨在判断、评估和管理项目融资中的环境与社会风险，它要求金融机构对于项目融资中的环境和社会问题尽到审慎性审核调查义务，只能向对环境和社会负责的项目提供融资。主动采纳“赤道原则”不是一件容易的事。一方面，当时国内对其了解非常有限，在 2016 年底举办的首届全国性股份制商业银行年会上，时任银监会主席尚福林还回忆说，“当时很多人看到这家银行的广告——中国首家‘赤道银行’——还很纳闷，好像没听说我国有银行在赤道上啊”。另一方面，兴业银行有人担心采纳“赤道原则”会限制客户范围、增加管理流程，从而影响业务发展。如何做好内外宣传沟通，成为当时的重要工作。幸运的是，实践证明兴业银行当初做了正确决策，采纳“赤道原则”对于从理念、文化和机制上确保绿色金融发展、提升业绩和形象产生了重要影响。近年来，国内金融同业对“赤道原则”的接受程度逐渐提高，我国台湾地区的国泰世华银行、台北富邦银行及江苏银行先后宣布采纳“赤道原则”。这几家银行都与兴业银行有密切的沟通交流，尽管我们不敢妄自估量对其采纳“赤道原则”产生了何种影响，但总有“德不孤，必有邻”的欣慰之情。

回顾历史，必须承认，兴业银行之所以能够在国内率先开展绿色金融，除了自身主动作为以外，很大程度上得益于国际力量的启发和推动。这反映了当时国内外在可持续发展方面的显著落差。正如关于环境库兹涅茨曲线的大量研究证明的，环境质量与经济发展水平有密切关系。20 世纪 70 年代后，西方国家经济发展达到了一定阶段，开始对生态环境问题给予强烈关注，可持续发展逐渐成为立法、制定政策及企业和居民各类行为普遍遵循的原则。在此背景下，绿色金融自然而生。早在 1974 年，西德就成立了全球第一家环境银行，专门为环境保护与污染治理项目提供融资。更重要的是，已有的金融机构在政策引导和需求扩大的激励下，积极开展绿色金融，绿色信贷、绿色证券、绿色资产管理、绿色保险等业务快速发展，渐成体系。立足于这些实践，一些国际性机构推动建立相关规则，将绿色金融推向更广地区和更多金融机构，在国际金融公司发布“赤道原则”。十年前的 1992 年，联合国环境规划署就联合有关知名银行发布了《银行业关于环境和可持续发展的声明》。与此同时，国内对可持续发展逐渐了解和重视，并反映到相关金融政策上，1995 年中国人民银行发布了《关于贯彻信贷政策与加强环境保护工作有关问题的通知》，要求各级金融部门“把支持生态资源的保护和污染的防治作为银行贷款的考虑的因素之一，以促进经济建设和环境保护事业的协调发展”。但这一阶段经济高速增长仍是实践中的第一要务，绿色金融发展相关的政策支持、产业基础、配套设施都很不健全，绿色金融基本处于萌芽状态。不过，此后短短十年，情况就发生了“河东河西”之变。

成由创新，盛因时势

师傅领进门，修行靠自身。以能效融资业务为基础，兴业银行不断总结经验，根据市场需求持续创新，将绿色金融从一项试验性活动发展成一项战略性安排。截至 2017 年末，兴业银行已累计为 14396 家企业提供绿色融资 14562 亿元，绿色金融融资余额达 6806 亿元。绿色金融支持的项目每年节约标准煤 2912 万吨，减排二氧化碳 8378 万吨、化学需氧量（COD）385.43 万吨、二氧化硫 78.91 万吨，年综合利用固体废弃物 4479.48 万吨、节水 4.09 亿吨，相当于关闭 192 座 100 兆瓦火力发电站，10 万辆出租车停驶 40 年。由于在环境效益和社会责任方面的突出贡献，兴业银行受到社会各界的诸多肯定。例如，2013 年获得国家发改委、环保部等授予的“十一五”期间“全国减排先进集体”称号；在金融机构中是唯一一家，至今连续七年蝉联中国银行业协会颁发的“年度最具社会责任金融机构奖”；2017 年还被《亚洲货币》评为“最佳公司社会责任银行”“年度最佳绿色金融银行”“最佳绿色金融创新银行”。

兴业银行的例子是我国绿色金融快速发展的一个缩影。中国人民银行副行长陈雨露在2018年初接受《人民日报》采访时不无自豪地说，“我国绿色金融呈现全面提速的良好发展态势，走在了国际前沿”。这有大量数据支撑。截至2017年末，国内21家主要银行的绿色信贷余额达8.53万亿元；全年境内外发行绿色债券合计2512亿元，占全球绿色债券总规模的32.16%，为全球最大的绿色债券发行国；全年A股市场绿色环保产业上市公司通过IPO、增发、配股、优先股、可转债与可交换债共融资约2200亿元，占全市场融资的12.8%；全年新成立的政府参与绿色发展基金超过50个，正式登记备案的私募股权、创业投资基金管理人投资于高新技术企业、节能环保企业的案例近2万个，账面价值近9000亿元；全国统一的碳交易市场呼之欲出，全年试点市场碳交易成交额超过48亿元，位居全球第二。在2017中国绿色金融年会暨中国绿色金融峰会上，时任中国人民银行研究局首席经济学家马骏称我国绿色债券短时间内“经历了从Zero（零）到Hero（主角）的过程”，这个表述用于我国绿色金融的整体发展情况也非常合适。

过去十年究竟发生了什么，使我国绿色金融快速崛起？

作为绿色金融的直接提供者，金融机构毋庸置疑做了很多探索和创新。以兴业银行为例，在内部的组织架构、人员配备、资源配置、审查审批、考核评价等诸多方面都给予绿色金融专门支持，不断提升服务客户的力度、专业性和效率。其中，兴业银行在2009年成立了可持续金融中心；2012年又将其升格为一级部门，更名为环境金融部，这在同业中是创举；2017年，在兴业银行新一轮组织机构改革时，将环境金融部更名为绿色金融部，以与新时代合拍、与市场协调。十年之内，三易其名，这个细节也反映了我国绿色金融变化的迅速以及认识和语言的渐趋一致。与此同时，兴业银行针对客户需求不断创新，率先推出排污权抵押贷款、碳资产质押贷款、绿色信贷 ABS、绿色按揭、绿色消费贷等诸多产品，形成了涵盖绿色信贷、绿色租赁、绿色信托、绿色基金、绿色理财、绿色债券、绿色指数、信息咨询等门类齐全的服务体系。绿色金融不仅有效拓展了兴业银行业务空间，也使兴业银行获得切实商业回报，逐渐从“舶来品”成为必需品。越来越多的金融机构逐渐意识到绿色金融的价值，积极开展相关业务，形成你追我赶的局面。2015 年末，兴业银行绿色融资余额为 3942 亿元，尽管仍位居行业前列，但与同业中其他做得较好的相比，优势已经缩小。因此，董事会要求兴业银行必须高高举起绿色金融这面“大旗”，力争成为全球一流的绿色金融综合服务商，并在制定 2016—2020 年业务发展目标中明确：实现“两个不低于”“两个一万”，即绿色金融业务的增长速度不低于全行平均增长速度，增长量不低于上年增长量；到 2020 年，绿色融资余额突破一万亿元，客户（项目）突破一万户。

不过，透过金融机构的作为，我们更应该看到外部形势的变化，这是我国绿色金融跨越式发展更具决定性的力量。

首先，绿色发展获得空前重视，取得全方位成就。改革开放后，我国在经济高速发展的同时，也累积了突出的生态环境问题。2000 年后的沱江污染、松花江污染、太湖蓝藻等一系列重大环境问题引发广泛关注，这些表明全民的环境意识不断增强，良好的生态环境开始成为广大民众的共同需求。党和国家积极响应人民心声，对于生态环境问题的重视程度不断提高。特别是十八大之后，我国经济发展模式发生深层次变革，生态环境保护上升到前所未有的高度。

党的十八大把生态文明建设纳入中国特色社会主义事业五位一体总体布局中，十八届五中全会又将绿色发展作为指导未来我国经济与社会发展的五大理念之一，十九大进一步指出建设生态文明是中华民族永续发展的千年大计，要求坚决打赢污染防治攻坚战。这一系列战略部署，深深打着习近平总书记的思想烙印。早在1988年，在福建宁德工作的习近平同志就指出，“抓山也能致富，把山管住，坚持10年、15年、20年，我们的山上就是‘银行’了”，与后来著名的“绿水青山就是金山银山”的科学论断源出一脉；2000年，时任福建省省长的习近平提出建设生态省的战略构想，并推动福建成为全国首批生态省试点省份，体现了超前思维和强烈的责任担当。在党中央的正确决策和坚强领导下，我国坚定实施供给侧结构性改革，不断去除落后产能、淘汰僵尸企业，推动传统产业“绿色化”改造，大力发展节能环保、新能源、新材料、新能源汽车等新兴战略产业，实施大气、水、土壤污染防治三大行动计划，加快推进环境基础设施建设，使这一时期成为我国生态文明建设力度最大、举措最实、推进最快、成效最好的时期。绿色金融由此获得发展的肥沃土壤。

与此同时，绿色金融的政策体系日益完善，支持力度不断加大。在党的十八大以前，绿色金融相关政策陆续出台，如《节能减排授信工作指导意见》《绿色信贷指引》《关于环境污染责任保险工作的指导意见》《关于加强上市公司环保监管工作的指导意见》等，尽管这些政策制度产生了良好效果，但还没有形成相互关联的体系，也缺乏详尽的配套措施，与绿色金融发展的需求不相适应。在党的十八大后，情况大为改观。2013年“两会”期间，全国政协委员、兴业银行董事长高建平就建议，加快绿色经济、低碳经济发展立法，完善绿色金融政策环境，并提出了发行绿色金融债、设立绿色发展基金、出台绿色金融项目认证规则等系列具体措施，受到会议和媒体的广泛关注。反映到政策层面：一是顶层设计开始出台。2016年，中国人民银行、财政部等七部委发布了《关于构建绿色金融体系的指导意见》；2018年，《“十三五”现代金融体系规划》正式发布，我国绿色金融体系的基本框架和发展愿景基本确立。二是配套措施不断完善。在顶层设计之下，绿色金融相关数据统计、信息披露等细化措施不断得到优化健全，鼓励金融机构发展绿色金融的金融政策、产业政策、财政政策持续完善，浙江、江西、广东、贵州、新疆等首批绿色金融改革创新试验区开始设立。由此，我国成为全球首个建立较完整绿色金融政策体系的经济体，并推动绿色金融首次进入2016年G20峰会议程，开始引领全球绿色金融发展。

我国绿色金融发展呈现更多的是自上而下的推动色彩，但这些部署、政策有着坚实的微观基础。以绿色信贷政策为例，监管机构在制定过程中，充分运用市场参与者的经验和力量，兴业银行就全面参与了绿色信贷统计、绿色信贷评价实施方案、能效贷款指引、绿色金融债等多项制度的起草工作。此外，监管机构还通过各种会议、论坛听取市场各方的意见建议。全国首批绿色金融改革创新试验区建设也是上下结合的典范，兴业银行受邀与所有试验区建立了战略合作伙伴关系，参与了规划方案、体制机制改革、项目实施的全过程。此外，兴业银行还应福建、内蒙古、甘肃等地政府要求，协助制定了多项绿色金融政策文件。这些工作需要兴业银行投入很多人力、物力资源，且这些献计献策活动基本都是无偿的。我们始终认为，兴业银行的绿色金融经验来自伟大时代，不能秘不示人，也不能待价而沽，在共同推动绿色金融更好发展的过程中，我们自然会有更大收获。

梦在心中，路在脚下

在 2018 年 5 月召开的全国生态环境保护大会上，习近平总书记指出，“总体上看，我国生态环境质量持续好转，出现了稳中向好趋势，但成效并不稳固。生态文明建设正处于压力叠加、负重前行的关键期，已进入提供更多优质生态产品以满足人民日益增长的优美生态环境需要的攻坚期，也到了有条件有能力解决生态环境突出问题的窗口期”。在此背景下，绿色金融必须进一步发挥作用，推动我国经济高质量发展，助力美丽中国建设。为此，根据形势的需要、当前存在的短板及历史昭示的经验，总结出绿色金融要做好以下“三个结合”：

第一，坚持“引进来”与“走出去”相结合。

国外实践对我国绿色金融起到很大的启蒙作用，尽管当前我国绿色金融在一些产品和制度建设方面走到了国际前列，但仍应清醒地看到，我们整体上仍然处于起步阶段，依然可以从“老师傅”身上取经获宝。在制度层面，应继续学习国际上先进的绿色金融规则，密切跟踪最新变化，根据国情进行本土化改造，完善我们的制度体系。其中，尤其要注重学习与第三方监督相关的有效机制，既要动员更多社会力量参与，又要防止其行为激化、异化，对社会稳定造成危害。目前，这一领域仍是我国绿色金融体系中比较明显的薄弱环节。在业务层面，利用国际上对我国生态环境问题的关切，以及外资金融机构分享我国绿色发展机遇的愿望，将绿色金融作为我国金融业进一步扩大对外开放的重点领域，鼓励更多机构和资金进入，为绿色发展引资融智。

与此同时，积极以绿色金融推动人类命运共同体建设，对全球绿色发展做出贡献。在国家层面，应充分利用 G20、新开发银行、亚投行、南南气候合作基金等全球性战略平台和机制的作用，进一步宣贯我国绿色金融的成就和主张，帮助外界正确认识“中国模式”的新内涵，凝聚绿色发展的全球共识。在企业层面，应建立符合责任投资原则的机制安排，在对外贸易和投资中有效管控环境风险，促进合作项目绿色化，防止因生态环境问题引起争端，这在贸易保护主义明显抬头的当下尤为重要。在金融机构层面，应积极推广绿色金融领域的实践经验，促进国际绿色金融体系的健全完善。

以兴业银行的体会，“引进来”和“走出去”是一个相互融合、促进的过程，采纳“赤道原则”为后来兴业银行参与国际性规则的制定或完善打下了基础，在赴越南、泰国、印尼等新兴市场国家分享绿色金融发展经验的过程中，兴业银行也学到了很多新模式，获得很多新启示。

第二，坚持自下而上的探索与自上而下的引领相结合。

鼓励试错先行，强化顶层设计，是我国绿色金融发展的重要经验。在新的历史时期，应继续着力做好上下衔接，构建更加完整的绿色金融发展体系。

金融机构应持续创新，将绿色金融从传统领域延伸到薄弱环节，推动绿色金融充分平衡发展。客户方面，更加重视对中小微企业、边远地区项目的支持，进一步加大对民众个人绿色金融需求的服务，推动绿色生产方式和绿色生活方式并进。业务方面，不断丰富信贷产品，积极开展债券承销、资产证券化、股权投资等直接融资业务，积极提供绿色供应链管理、财务顾问、研究咨询等全面的中间服务。各绿色金融创新试验区也应根据改革要求和自身特点，积极构建绿色金融组织体系、创新绿色金融产品和服务方式、拓宽绿色产业融资渠道、发展绿色保险、夯实绿色金融基础设施、构建绿色产业改造升级的金融服务机制和绿色金融风险防范化解机制。这些微观层面的探索创新应及时总结提炼，通过合理方式反映到政策层面，为绿色发展提供可复制、可推广的经验借鉴。金融创新基本上都是先行者探路、市场跟进、政策规范、社会受益的过程，绿色金融应成为金融创新的典范。

与此同时，应充分认识绿色金融的准公共物品性质，更好地发挥政府的引领作用，促进正外部性内部化，提高金融机构开展绿色金融的积极性。一是促进绿色经济加快发展。进一步宣贯绿色发展理念，强化环保督查执法，大幅度提高环境违法成本，同时改革资源价格体系，使各市场主体为享受更好的生态环境支付必要且合理的价格，以此促进绿色经济蓬勃发展，为绿色金融创造更加厚实的根基。二是完善绿色金融基础设施。加快构建完善的绿色金融标准体系，鼓励建立第三方认证机制，清晰界定绿色金融的市场边界，确保金融服务真正投向产生绿色效益的领域，防范“漂绿”风险。完善环境效益测算方法，推进绿色信息在政府部门、市场主体之间的共享，强化和细化企业的信息披露要求，进一步扩大绿色金融的供需规模。支持绿色证券指数构建，加快全国统一的碳市场建设，推动绿色金融投资者群体稳步壮大，促进绿色金融业务体系更加完整、资金来源更加丰富。三是强化对金融机构的激励约束。根据习近平总书记提出的“良好生态环境是最普惠的民生福祉”精神，明确将绿色金融纳入普惠金融体系，使绿色金融享受普惠金融有关激励政策。持续探索、推广专业化的绿色担保机制，设立更多政府参与的绿色发展基金，完善绿色金融财税优惠、贴息政策，引导和撬动更多金融资源及社会资本投向绿色产业。将绿色金融绩效纳入中国人民银行宏观审慎监管框架，将绿色金融产品作为再贷款合格抵押物，扩大绿色金融债券规模，鼓励绿色信贷资产证券化，持续扩大绿色金融规模。充分认识绿色金融过滤环境和社会风险及各家银行的绿色信贷不良率远低于一般信贷不良率的事实，适当降低绿色信贷风险资本占用比例。鼓励在绿色金融领域开展投贷联动，为客户提供全方位服务，推动直接融资发展。明确绿色融资在发生信用风险时的优先受偿，给予绿色融资更宽松的呆坏账核销政策，及时化解处置风险。此外，还应建立对金融机构发展绿色金融不力的惩罚机制，督促金融机构常态化、制度化、规模化开展绿色金融。

第三，坚持修炼内功与借用外力相结合。

打铁还须自身硬。金融机构可持续地开展绿色金融，必须对自身进行深入改革。公司治理层面，应把绿色金融确立为核心理念，贯穿到发展战略之中，从环境与社会风险管理、绿色金融考评指标体系、绿色金融产品和服务创新、绿色金融资产管理、绿色金融品牌建设等多方面制定战略规划，明确绿色金融发展方向；组织架构层面，应将所有与之相关的功能板块、业务单元等都纳入绿色金融组织体系，明确分工配合机制，形成合力；制度建设层面，应吸收借鉴“赤道原则”等权威规则精髓，根据国家环保法律法规、产业政策、行业准入政策等规定，结合本机构的绿色金融发展战略和业务发展特点，制定、完善绿色金融政策和制度；机制流程层面，应在产品创新、尽职调查、审查审批、授信后检查等各环节落实绿色金融要求，加强绿色金融业务各个流程和环节的管理，严格考核，推动绿色金融政策和制度的落实；业务模式层面，应努力以绿色金融服务为突破口扩大与客户的合作范围，为客户提供综合金融服务，以综合收益的获取抵补开展绿色金融的或有损失；能力建设层面，应持续提高对环境风险的识别、定价和管控能力，不断探索金融科技在绿色金融领域的应用，高度重视绿色金融专业人才的培养和引进，夯实绿色金融发展的基础。

另外，金融机构也要善于借用外力，突破自身局限，达到事半功倍的效果。金融机构之间在开展绿色金融的时间上有先后，在区位、资源、牌照、大小等方面也各有不同，因而在竞争之外有很大的合作空间，应尽量整合各方面的专业优势，提高开展绿色金融的能力。兴业银行积极开展绿色金融同业合作，目前已与九江银行、安吉农商行、湖州银行等建立了合作关系，帮助合作方完善制度体系，提供专业能力，并充分利用各自的网络、信息、资源优势，为客户提供更加全面的绿色金融服务。一些中小型金融机构在绿色金融领域的探索创新也富有启示意义。如国际金融公司正在帮助我国部分商业银行转型成为以绿色金融为主营业务的银行，马鞍山农商行成为首个尝试者，计划逐步实现“绿色信贷占比达 60%”，其探索将为其他希望将绿色金融作为差异化发展战略的银行提供借鉴。这些工作都将有力地推动我国绿色金融发展，帮助民众实现对美好生活的梦想。

跋

时光的刻痕

40 年以前，以邓小平同志为核心的党中央做出了改革开放的伟大决策，掀开了中国现代历史波澜壮阔的新篇章，推动中国向着民富国强的目标大步前行，在规模和深度上创造了人类历史崭新的奇迹。作为在改革开放年代中成长起来的一代人，我有幸目睹、见证并深深受益于这一伟大的社会变革。

生产队的记忆

夜已经很深了，屋外的北风一阵紧似一阵，吹落了院里树上残存的几片树叶。四周静悄悄的，偶尔从远处传来几声狗吠，更增添了夜的静谧。

母亲从织布机上走下来，伸了个懒腰，吹灭窗台上的油灯，打算休息。

这时，院门处传来几声轻响，伴着低声的呼叫，“睡了吗？我

---

* 作者系 CF40 成员、安信证券首席经济学家高善文。

想借你们家点东西，有急用”。

母亲侧耳静听，分辨出是邻居家要借东西。“这深更半夜的，要借什么呢？难不成家里孩子病了？可我们家也不是药铺子呀？”母亲心里琢磨着，一边起身去开门。

一进院门，邻居低声而急促地说：“今天晚上生产队要组织挨家挨户搜家，检查是否有私藏队里棉花的情况，你们要小心呀。”说完，他转身出门，又去通知别的邻居了。

原来，这段时间生产队里组织采摘棉花，但许多棉苞还没有绽开。由于寒冬将至，气温很低，棉花早已停止生长，只好将棉苞整个摘下，然后分给每家每户。

每户的任务是，用手把棉苞剥开，把其中带籽的棉花扒出来，再全部上交给生产队。

由于缺吃少穿，一些人会私藏扒出来的棉苞，其中的棉籽可以用来榨油，棉花可以自己纺线、织布，做成衣服穿。

为了打击这种行为，生产队的做法是深夜组织突袭搜家。

邻居走后，母亲睡意全无，重新点亮油灯，坐在织布机上，一边织布，一边等待，一边想着家里的生计。

果然，到了后半夜，村里的狗叫声由远及近，越来越多，越来越响亮。紧接着，街上传来杂乱的脚步声，和着咳嗽声和偶尔的低声交谈。没多久，院门处传来“咚咚咚”的声响，像擂鼓一样。

院门刚开，马上涌进来一群壮汉。这些人二话不说，拿着手电筒，就着月光，开始翻箱倒柜地检查，家里的面缸、麦瓮、衣柜、藤筐、被子里都一一查到，有的甚至要下到地窖里看一看。

正在熟睡的我被吓醒，裹着被子蜷缩在墙角惊恐地看着这一切。这时的我，只是一个 5 岁左右，刚开始模糊记事的小童。

这是20世纪70年代中期，在中国北方农村一个普通的冬天的夜晚。也许后来的中央领导这时正在酝酿着改革开放的伟大构想，但童年的我只模糊地记得，广播里到处在宣传要“割资本主义的尾巴”，而父母却在愁眉紧锁地盘算着日常的生计：眼看着天气一天比一天冷，孩子们的冬衣还没有着落；家里的存粮，到来年开春就支撑不下去了，青黄不接的时候，孩子们吃什么呢？

多年以来，围绕计划经济的争论时而沉渣浮起，但这段童年的经历始终告诉我，至少在摘棉花这件事情上，计划经济是不靠谱的。

北大往事

1988年的北京大学，刚刚在这年5月4日的时候隆重纪念了建校90周年。作为“戊戌变法”的产物，北大师生总是对现实政治怀有异乎寻常的热情，并常以“兼容并包、兼收并蓄”来自诩。

这年秋天，我完成高中学业，进入北大，开始了此后七年在燕园的学习生活。当时的北大校园，多少还散落着一些校庆的气氛，《精神的魅力》作为杰出校友纪念校庆的一本文集，几乎是人手一本。

但一进北大，给我冲击最大的并非这些。我最深刻和最新鲜的感受是，北大像个自由市场。

只是在这个市场上自由叫卖的并非文具，而是各种闻所未闻的新思想。在名目繁多的各类讲座、沙龙和聚会上，社会名流纷纷登场，宣讲他们对中国问题的各种思考，或者自己的学术主张。学生则可以自由出入，甚至打断演讲人，提问交流。

经常出现的情况是，阶梯教室被围得水泄不通，连过道上都挤满了人，讲台两边也都密密麻麻地站满了学生，手里都拿着笔记本。演讲者在讲台上侃侃而谈，眉飞色舞，不时用力地挥动双手，来强调自己的观点。讲到精彩处，教室里自发地爆发出潮水般的掌声和叫好声。偶尔有学生起身提问诘难，观点犀利，见人所未见，周围的人则会报以钦佩的眼神和热烈的鼓掌，连演讲者也会连连赞叹“好问题、好问题”。

当时在北大校园里传播、争论并相互激荡的许多新思想其实是舶来品，但也有不少是本土学者的学术思考。

对刚经历了长期思想禁锢的许多人而言，对刚在高中阶段被灌输了不少形态意识教条的我来说，这一切都是那么激动人心。这好比在一所长期不通风的房间里，突然打开了窗户，新鲜的空气涌进来，终于可以自由地大口呼吸，不由得感觉神清气爽、精神为之一振。

高中的政治课，我们学习了政治经济学、辩证法和历史唯物主义，自以为利刃在手，应有尽有，可以无往而不胜，可以犀利地批判其他经济和社会学说的虚伪和欺骗，可以深刻地揭穿西方资本主义压迫和剥削的真实面目。

但是，面对各种竞争性学说的宣讲和介绍，我似乎毫无招架之力，深感困惑和迷茫。在那时的我看来，不少新鲜的学说具有严密的逻辑推演、扎实的经验证据、深刻的思辨拷问，完全不是自说自话的说教，非常有说服力。这使我开始认识到，具有独立的、批判性的思考能力，而不是寻章摘句地死记硬背是多么重要和稀缺的能力。

高考前夕，我曾经在报考北大还是北大的隔壁校之间颇为纠结。后来听人说北大思想自由、环境宽松，便选择了北大。重要的原因是当时我有两大雅好：一是喜欢凑热闹（属于看热闹不嫌乱子大的类型）；二是好为人师（属于不懂装懂的类型）。

进入北大不久，就发现这所学校的气质与我十分契合，两大雅好同时得到了很好的满足，深感当时报志愿的选择是正确的。

尽管当时在北大，各类思想宣讲呈现百家争鸣之势，但大多数演讲和争论还是围绕中国经济改革展开的，这也是当时报纸和社会上最热门的话题。1978 年，北大学生冲出校园，喊出“团结起来、振兴中华”的口号；1984 年，国庆游行，北大学生在通过天安门城楼时，打出了“小平您好”的横幅，这些往事也一直为人津津乐道。

尽管高中阶段曾经着迷于物理学，进入北大的专业是无线电电子学，也是物理学的一个分支，但进入北大不久我就认识到，经济学可真不错，热闹时髦，从之者众；又可以冒充国师，指点江山，十分合我的胃口，于是暗下决心要去经济学院读研究生。

我找到一位北大经济学院的学长寻求帮助。他给了我几本书，并开列了一个书单，还嘱咐了一些要点。实际上，他的书单主要是美国大学经济专业本科和研究生的教材，不少都是原版书目。他嘱咐的要点是，书中有感兴趣或弄不明白的地方，可以查阅和钻研一下相关英文文献。

当时，在大多数中国大学的经济专业，《资本论》仍然是最主要的教材，西方经济学是作为思想史用来批判的，但北大已经引入美国原版教程作为主要的教学内容，这种开放的态度让我受益良多。

几年以后，我进入北大国民经济管理系（北大光华管理学院的前身）开始研究生阶段的学习。

"葵花宝典"

1992 年春节过后，从南方回校的同学开始提到邓小平南方谈话的消息，但细节很模糊，我们也是将信将疑，甚至担心这又是境外敌对势力的阴谋和谣言。

大约五六月的时候，系里突然通知召开全体大会，传达重要讲话。大家多少能够猜到要传达的内容，纷纷赶往指定的会场。屋里黑压压地坐满了人，大家都不说话，屏声静气，等待会议开始。往常的会议之前大家多少会相互打招呼、交头接耳，会前总是一片嗡嗡的声音，但这次的气氛显然不同。

系里的领导开始宣读邓小平同志南方谈话的要点，会场不时响起热烈的掌声。当读到邓小平同志说，"要防止右，但主要是防止'左'"时，雷鸣般的掌声经久不息。我向窗外望去，视野中一片模糊，情不自禁的泪水早已浸透了双眼。

之后，许多同学都去了深圳。

在研究生学习阶段，厉以宁教授担任学院掌门人。由于他长期倡导股份制改革，并带领几位研究生学长牵头起草中国第一部《证券法》，再加上当时股票市场在初创阶段，交易活跃，波动巨大，投机成风，学生在紧张的学习之余，都很关心股票市场的情况。

有天深夜，我正在宿舍上铺熟睡，突然一声巨响，紧接着，听到下铺兄弟声如洪钟般的断喝："写得好呀！"

我心中一惊，深更半夜的，这家伙大呼小叫，是个什么情况？

我揉了揉惺忪的双眼，探头向床下望去，见他正在挑灯夜读。刚才他读到精彩处，心生共鸣，情不自禁，不由得一掌击在墙上，大声喝彩。原来，那声巨响，是他演习“降龙十八掌”产生的。

我寻迹望去，在书的封面上依稀看到了四个金光闪闪的大字：“葵花宝典”。

我凛然起身，世上竟然真有这等奇书？这可要借过来好好研读一番，实在不行就“巧取豪夺”。

我眯起双眼，瞧个仔细。书的题目赫然是：炒股三十六招。原来刚才是看花了眼。

20 多年过去了。这位同学甫一毕业就投身证券市场，迄今已成为中国股票市场少见的常青树，声名远播。

而我当时正着迷于资本资产定价模型和效率市场假说，折服于其简洁、精巧、深刻的经济思想，以致迄今进入股票市场有年，却仍然是深山探宝，空手而归。

上海滩

四月的北京乍暖还寒。中南海的宫墙外，玉兰花已经凋谢；昆玉河畔，柳树刚刚抽出新芽，在春风中摇曳起舞。

夜晚时分，华灯初上，薄暮下的长安街气度恢宏，庄严大气。

我与朋友漫步在复兴门的桥头，却无心欣赏身边的美景，内心充满彷徨和纠结。

这是 2003 年的暮春，“非典”的阴影还没有散去，而我则站在人生的又一个十字路口，不知道该何去何从。

一个选项是远赴美国，再念一个经济学的博士学位。当时我已经拿到一些录取通知书，并开始办理留学签证。

另一个选项是在国内谋一份差事，薪水优厚一些，还有一些成长空间。

麻烦在于，在国内谋份差事何其不易，所谓成长空间更是一片朦胧；而留学生涯的未来路径明确清晰，容易预测。

陪同我散步的是多年的同窗好友，当年正是他的指点使我顺利转入经济系读研究生。

这时，他正在力劝我加入光大证券，从事经济数据的分析工作。新上任的光大证券总裁决心加大投入，全力转型和发展卖方研究业务；而好友则受命主理此事。

此前，我曾经在政府机构工作数年，从事公文运转，对证券公司十分陌生，也弄不懂卖方业务到底是做什么，去证券公司分析经济数据有什么价值，心中难免惶恐忐忑。

好友尖锐地指出，你已经三十出头，如果远赴美国，到四十多岁才能够安定下来，大好年华，皓首穷经，十分不值。即使四十多岁在美国谋到一份差事，薪水难言丰厚，这期间还要生孩子、置产业，经济必然不宽裕。而国内证券市场则是“广阔天地、大有作为”。

总之，他痛陈留学之非，极言在国之是，剖析利害，鞭辟入里，直似苏秦重生，张仪再世。

就这样，尽管家里人坚决反对，我也颇有疑虑，但几个月后，我还是撕掉了美国留学的签证，一咬牙、一跺脚，转身去了上海。

光大证券的研究所当时设立在上海浦东张杨路上一个居民楼里，属于这所建筑的底层商铺。这个底商本来的设计是要建一个超市，由于无人承租，一楼变成一家川菜馆，二楼则成为我们的办公场所。每天中午时分，办公室便飘来菜馆炒菜的香气，和着川菜独有的麻辣味；偶尔有老鼠从桌子底下钻出来，又飞快地溜走了。

这一年的证券公司经营极度困难。有同事含着泪说，基层营业部的员工，一个月 800 元的工资都已经发不出来了。在居民楼里，与川菜馆一起办公，重要的原因是租金便宜。想起“广阔天地、大有作为”的豪言，我的心中开始惴惴不安。

会议室里灯火通明，烟雾缭绕，已经是凌晨两三点，我们刚讨论完一个演示文稿，处理好最后几个数据，开始吐着烟圈，随口议论卖方业务的模式和公司的未来发展。

好友大手一挥说，我们今年的分仓业务收入刚起步，差不多 500 万元，几年以后，我们的业务收入会达到 3000 万元以上。到那时候，大家的个人年收入，将足以睥睨美国的普通中产阶级。

会议室里传出轻快的欢笑声。不是期盼，而是大家认为这是不可能发生的：公司已经快无米下锅了，能否撑到那时候都还难说呢。再说，从哪里能弄到那么多钱呢？

实际发生的情况是，几年以后，我们的分仓业务收入已经数以亿计。

江湖之远

在美国，金融市场的波动在政府宏观经济决策中具有举足轻重的作用，投资银行（在中国称作证券公司）经济学家对经济数据的分析，以及对市场的解读，对政府判断局势具有不可忽视的影响。但中国的情况显然并非如此。

当年，一些朋友听说我去证券公司做分析师、炒股票，感觉十分惋惜：干点什么正经事儿不好，非要去搞投机生意。再说，原来在政府的工作又体面、又高大上，怎么说丢就丢了呢？

在上海期间，有次打电话给当地人民银行分支机构，自我介绍后，客气地询问对方主要负责哪个领域的工作，接电话的人员不屑地说："我的工作就是管你们这些人。"说完就把电话挂了。

还有一次，应邀参加一个私募基金的午餐会，我的角色是介绍一些经济方面的判断。我站起身来，刚说明身份，就被中国人民银行上海分行的一位科长打断："这些事情你们不懂的。我的分析刚上报给中国人民银行总行，得到了总行货币政策司的肯定。下面我来给大家介绍一下……"

这就是当时的状况：2003 年，中国证券业的研究业务刚开始蹒跚起步，没有人认为证券公司能够拿出严肃的、具有启发性的宏观研究报告。

2018 年 5 月 31 日上午，成都洲际酒店的大宴会厅座无虚席，连过道和后排都站着许多人，听众十分安静，神情投入而专注。

受现场气氛的感染，站在讲台上的我变得十分放松，脱离既定的演示文稿，开始谈起一段时间以来，郁积在胸中的、对当下宏观经济政策的观察、思考和批判。由于事前没有准备，随口议论，有些言辞颇为尖锐，忘记了两个重要事实：一是台下的摄像机正在进行网络图文直播；二是在移动互联网时代，即时文稿的整理和传播速度是以分钟来计量的。

让我完全没有想到的是，这次演讲的内容立即在网络上疯传，引起了一场轩然大波。

第二天，广州一家很有影响力的报纸即以头版社论的形式发表评论，指名道姓、单刀直入地指责我在成都的演讲是"将个人利益凌驾于国家利益之上"。一些网络评论员也认为我是"一些利益集团的代言人"，试图干扰和阻挠国家大政方针的实施。

作为证券公司的经济分析人员，在媒体能够享受这样的待遇，这与15年前相比，判若云泥。

一些很长时间不联系的人也打来电话，嘘寒问暖的同时，旁敲侧击地询问：目前有没有压力？人身是否安全？上下班有人跟随陪同吗？还能够自由活动吗？

实际上，这次演讲的题目倒是事前经过仔细斟酌和精心选择的，用的是故宫保和殿后边的匾额“允执厥中”，想借此表达的意思是政策要做好搭配平衡，财政、货币、监管等各司其职，协调有序，不要单兵突进，不要走极端。由于“允执厥中”这个词语出自《尚书》，艰涩难解，没有引起太多的注意。

后来听人说，这场成都演讲似乎确实引起了政府部门的关注，并引发了一些官员的巨大愤怒。

值得注意的是，几个星期以后，其他一些学者和退任官员开始加入公开批评当前政策的行列，成都的演讲开始显得不那么突兀和孤单了。

6月下旬以后，金融市场的许多领域都开始出现明显的压力，我在成都担心的一些情况也开始显现。

7月中下旬，宏观经济政策开始出现全面调整和修正，此前的批评和争论基本平息下来。

差不多1000年以前，范仲淹勉励士大夫要“处江湖之远则忧其君，居庙堂之高则忧其民”。证券公司的研究人员从事的是商业工作，以赚钱为己任，处于江湖之远；但这并不表示他们没有超越个人利益的高尚追求，没有维护公众利益的庙堂之忧。

像在美国发生的那样，证券公司研究人员的经济分析和市场解读，也许正在成为中国制定宏观经济政策过程中，值得参考的意见和想法。这一相对于15年前的显著变化，生动地折射了在改革开放的历史大潮中，中国资本市场所取得的巨大进步。

40年以前，邓小平同志以战略家的无与伦比的远见卓识，掉转了中国历史巨轮的航向，由此创造了前所未见的经济繁荣和社会进步，这一伟大转折必将彪炳史册。作为这一历史巨变中的一粒尘埃，我的经历当然是微不足道的，但我希望它像一滴水珠一样，能够折射出太阳般耀眼璀璨的光芒。

后　记

制度、包容、活力
——纪念中国金融四十人论坛成立十周年

中国金融四十人论坛自 2008 年 4 月 12 日成立至今已有十年。论坛经过十年的发展，已经成为中国金融界在政策、学术、行业等诸多方面的重要研究机构，在国内和国际上具有广泛影响。从论坛的规模到研究的深度，论坛都保持了良好的发展势头，在中国众多民间智库中，凸显其优势。在论坛十周年之际，回顾论坛发展历程，总结论坛特点和优势，不仅有利于自身继续发展，而且也会对其他类似组织有所启发。

从 2008 年 4 月至 2011 年 4 月的三年中，谢平担任第一届学术委员会主席。自 2011 年 4 月至 2017 年 4 月的六年中，我担任了两届学术委员会主席。自 2017 年 4 月以来，黄益平担任第四届学术委员会主席。回顾中国金融四十人论坛发展的十年，特别是根据我担任六年学术委员会主席的经历，我提出三条论坛的特点和优势，即制度、包容、活力，在此与大家分享。我希望今后论坛能够保持

* 作者系 CF40 第二、三届学术委员会主席，清华大学经济管理学院院长（2006—2018 年）钱颖一。

并进一步发扬这些优势。

制度

中国金融四十人论坛以研究中国金融改革和发展为己任。我们这一代人是伴随着中国金融事业从计划经济走向市场经济的一代。中国的银行从计划经济时期的国家出纳到如今的市场经济中的商业银行，中国的资本市场从无到有快速成长，我们这一代人既是见证者，更是参与者和贡献者。在中国金融业的发展过程中，一直都伴随着制度建设，包括金融机构、金融市场、金融监管框架的制度建设，以及相关的公司治理的制度建设。我们理解制度建设的重要性，我们也是制度建设的学习者和探索者。

在中国金融四十人论坛发展过程中，我们把推动金融制度建设的思路也运用到论坛自身的制度建设中。非常幸运的是，正是因为论坛同人们对制度安排重要性和机制设计的理解，这个建设过程进行得很顺利。制度是保障论坛可持续发展的基石。十年来，我们与时俱进，不断地对论坛《章程》进行修改和完善。论坛按照《章程》定期开会，到期换届，平稳运行，充满活力。

经过十年的探索，论坛的制度日趋完善，目前，论坛在组织结构上可以理解为有以下三层：

第一层是论坛参加者。论坛参加者包括成员、理事、学术顾问三类。其中成员和学术顾问是论坛的学术研究主体，理事多是来自金融商业机构，他们既是研究的受众，也是论坛的财务支持者。

第二层是论坛决策层。在组织制度的建设上，论坛建立了常务理事会、学术委员会、监事会的架构。论坛《章程》确定了常务理事会负责决策、学术委员会负责学术管理、监事会负责监督的有效分权机制。自 2015 年起，论坛每年请普华永道、毕马威等四大会计师事务所之一对论坛财务报告进行外部审计，保障论坛运营合规、合理、有效。

第三层是论坛执行层。论坛的执行机构是秘书处，在常务理事会的领导下负责论坛日常运行。秘书处由秘书长领导，是论坛的常设机构，设有编辑部、会议部、研究部、国际交流与合作部、公共事务部等部门，为整个论坛体系做支撑。

但这并不是论坛最开始时的治理结构。在论坛初建时，论坛的治理结构是理事会、学术委员会。第一届理事会主席是蒋超良，学术委员会主席是谢平。第二届理事会主席是陈元，学术委员会主席是我。由于理事单位很多，理事会很难成为一个真正的决策机构。所以在运行中，实际的决策权就都集中于学术委员会。在这种情况下，学术委员会就成为事实上的唯一决策机构。比如在操作中，学术委员会需要领导秘书处。

我们很快意识到，这并不是最优的治理结构。由于学术委员会的委员都是学者，他们或是高校、研究机构、商业机构中的研究者，或是政府中的学者型官员，他们的专长是学术。另外，权力过于集中并不利于论坛的运行，这是经济学和金融学的基本原理。因此，这个治理结构需要进行改革和完善。

当然，改革的一个难点是它需要由学术委员会来推动，而改革的结果是削弱学术委员会自身的权力。如果从学术委员会本身的权力来讲，这个改革很难推动。不过如果是站在论坛可持续健康发展的角度，站在论坛能够推动中国金融改革和发展的大目标上来看，学术委员会就应该积极推动这个改革。

在我担任论坛学术委员会主席的第一个任期内，学术委员会经过讨论，形成一致意见，从可持续发展的角度出发，论坛必须尽快完善治理结构。这项工作在论坛成立五周年之际的2013年启动并完成。

在2013年1月5日召开的第15次学术委员会会议上，学术委员会做出了关于“优化论坛治理结构”的决定：鉴于中国金融四十人论坛五年来取得的成绩，为进一步巩固成果、完善治理结构，学术委员会建议修改《章程》相关规定，于3月中下旬召开专门会议讨论后，提交金融四十人大会全体成员表决。

在2013年3月17日召开的第16次学术委员会会议上，学术委员会提出了常务理事会、学术委员会、监事会的基本框架。在这个框架下，秘书处作为执行机构由常务理事会领导。学术委员会根据这个框架提出了修改论坛《章程》的建议，并提请在4月召开的金融四十人年会全体大会上表决。

论坛治理结构优化建议的核心内容如下：

第一，金融四十人大会由学术顾问、理事、正式成员构成。大会参加者可对论坛重大事项发表建议，但只有论坛正式成员有权就《章程》制定与修改、常务理事会选举、学术委员会选举、监事会选举进行投票表决。

第二，常务理事会是论坛的最高权力机构，常务理事、常务理事会主席由全体正式成员选举产生。常务理事会任免秘书长，审核年度预算，考核秘书处年度工作业绩，制定论坛发展规划，募集研究经费。

第三，学术委员会负责论坛的学术领导和管理工作。学术委员会委员由全体正式成员选举产生，学术委员会主席每届任期三年，可以连任。学术委员会每一季度（全体大会召开季度除外）召开一次会议。

第四，监事会负责审核论坛财务，对学术委员会主席、秘书长的履职情况进行监督。监事会每半年召开一次会议。监事会纪要须报送全体常务理事审阅。

第五，秘书处由秘书长领导，负责论坛日常运行。秘书处年度工作汇报报送常务理事会、学术委员会、监事会全体成员审阅。

在 2013 年 4 月 14 日召开的第六次论坛年会的全体会议上通过了论坛《章程》的修改。这次修改论坛《章程》获得了论坛参与者的广泛认可，为论坛之后的有序发展奠定了基础。在 2014 年学术委员会换届时，论坛成员又推选我连任下一届学术委员会主席。

在此之后，学术委员会又对自身的制度建设进一步细化。在 2016 年 10 月 23 日召开的第 26 次学术委员会上，又增加了差额选举学术委员会委员的规定：由学术委员会提名 7 位学术委员候选人，由金融四十人大会投票选出其中 6 位作为新一届学术委员会委员。之后又规定了学术委员会主席最多连任两届。

学术委员会以身作则，严格按照《章程》规定运作。从 2008 年 4 月论坛成立至 2018 年 4 月的十年中，共召开学术委员会会议 30 次，除了每年 4 月的全体会议之外，每个季度一次，每年三次，从未间断。

论坛完善的治理结构决定了论坛能够高效、透明、持续地运转。十年来，论坛的绝大部分资源都用于支持研究研讨活动及论坛的发展。在此基础上，论坛得以实现在上海、天津和青岛的实体机构布局，并形成了“四十人”和“新金融”两大实体智库系列，分别聚焦宏观经济金融与新金融领域的研究。

包容

在中国金融四十人论坛的十年发展历程中，“包容”成为一个重要特色。其中有两类包容：一是在国内形成了一个学界、政界、业界之间的广泛、深入和频繁的融合，这种融合是建立在包容的基础之上的。二是与国际上的著名智库形成了定期、紧密的交流合作关系，这种关系也是建立在包容的基础之上的。

无论是论坛成员，还是论坛学术委员会委员，都包括了来自学界、政界、业界的有志于经济金融理论、应用，特别是政策研究的人员。这种参与范围和参与度在国际上也是少见的。这并不容易做到，因为来自各界的研究者有着不同的工作使命：学者的导向是发表研究成果，政府官员是为了制定和贯彻政策，而商业机构的研究人员要满足客户的需求。当然，他们也有共同的诉求，就是要搞清楚金融发展的规律和趋势。

在发达国家，学术界发展成熟，通常是自成象牙塔，与政界和业界的联系不能说没有，但是不够紧密。而业界与政界的关系往往表现为在法律框架下业界在国会的“游说”活动。当然，发达国家有很高水平的智库，不过这些智库往往是全时研究人员组成的研究机构，是“封闭式”的。

中国金融四十人论坛是开放式的。从形式上看，我们的论坛与美国的 Council on Foreign Relations（美国外交关系协会）有些相似。不过，从论坛组织的活动来看，中国金融四十人论坛的活动更加频繁，研究互动更为深入。

这种跨学界、政界、业界的包容性有一定的中国国情因素。中国学界、政界、业界研究水平的提升几乎是同步的，都是伴随着中国经济的改革开放，伴随着中国经济的快速发展而进步的。虽然论坛的参与者来自各界，但是他们都是在 20 世纪 80—90 年代随着改革开放一起学习和成长的。在此期间，各界的流动很常见，有些人在三个领域都工作过。因此，论坛参加者个人之间的关系，学术之间的关系，远比发达国家中类似群体之间的关系要密切。

除了时代特点之外，中国的历史和国家组织特征也是一个因素。中国的精英阶层比较紧密和集中，特别是北京集中了最多的精英，尤其是经济和金融精英。再加上中国国家组织的特征，使中国金融四十人论坛能够发挥独特的作用。这也是与发达国家的不同之处。

论坛有意识地保持来自学界、政界、商界参与者的平衡，避免某一领域的人员过多。在 2016 年 10 月 23 日召开的第 26 次学术委员会会议上，学术委员会发现了潜在不平衡的问题，就决定来自政府、学界和商界的正式成员的比例应该大体维持在 2∶1∶1，而且也对来自单一机构的正式成员数量做了限制。

包容也体现在国际交流合作方面。国际交流合作需要包容的心态。各国有各国的利益，其中当然有不同的利益诉求。但是同时，各国之间又有共同利益，特别是在现代金融体系中，这些共同利益非常之大。如果没有包容的心态，总是用“阴谋论”看问题，视经济或金融为零和游戏，那就不可能有深入的交流和合作。

中国金融四十人论坛成立于 2008 年 4 月，正值全球金融危机酝酿爆发。中国亟须深入了解各国，尤其是发达国家的经济金融状况以及政策变动，而国际社会也对迅速崛起的中国充满好奇，极度渴望聆听来自中方的学者、市场人士以及政府官员、前政府官员的声音。因此自成立之初，中国金融四十人论坛就有拓展国际交流与合作的强烈愿望。

"CF40-PIIE 中美经济学家学术交流活动"是目前中美两国经济金融领域最高端、最稳定的民间交流机制。中国金融四十人论坛与美国彼得森国际经济研究所（Peterson Institute for International Economics, PIIE）的合作始于 2012 年。2012 年 4 月 23—28 日，中国金融四十人论坛联合 PIIE 在京沪两地举办了首届中美经济学家学术交流系列活动，PIIE 派出了自其成立以来规模最大的代表团，成员包括即将出任所长的亚当·珀森（Adam Posen）、研究中国问题的知名学者尼古拉斯·罗迪（Nicholas Lardy）等经济学家。迄今，中国金融四十人论坛与 PIIE 已连续七年在北京、纽约、华盛顿等地每年举办中美经济学家学术交流会，得到了中美双方专家的广泛参与，取得了一系列重要成果。

近年来，中国金融四十人论坛加快国际合作与交流的步伐。在与 PIIE 合作的基础上，论坛与国际顶尖智库、政府部门和国际组织形成了稳定而富有成果的交流机制，除了 PIIE 外还包括国际货币基金组织、布鲁金斯学会、EURO 50（欧洲 50 人论坛）、CIGI（加拿大国际经济治理创新中心）、NRI（野村综合研究所）、美联储、美国财政部、英国金融行为监管局、新加坡金管局等。与此同时，中国金融四十人论坛还成为国际知名政要和学者演讲、交流的重要平台，其中包括克里斯蒂娜·拉加德、亨利·保尔森、保罗·沃尔克、杰罗姆·鲍威尔、约瑟夫·斯蒂格利茨、迈克尔·斯宾塞等。

曾经参与中国金融四十人论坛国际学术交流活动的学者如此评价："在官方的沟通交流管道之外，国内外的学者和独立研究人员、卸任高官以及市场参与者都需要一个兼具包容性和代表性的民间沟通管道。中国金融四十人论坛牵头开展的一系列国际学术交流活动恰好弥补了这一空白，做出了开创性的工作。”

活力

从2007年筹备期的管涛、钟伟、陆磊3位成员，到2008年成立之初的40位创始成员，论坛的研究平台上聚集了金融界体制内外各类机构308位成员、学术顾问和理事。截至2018年4月，论坛及相关机构的理事单位和会员单位共计142家，不仅为论坛的发展提供了宝贵的财务基础，也为论坛形成了良好的智库生态。

中国金融四十人论坛的一个显著特征是具有非同一般的活力，特别是青年研究者的活力。这是中国金融四十人论坛有别于国内其他论坛的重要特征。十年前开始组织这个论坛时，论坛的主体成员是40岁左右的研究人员。此后，在保留资深人员的同时，论坛大力吸纳年轻研究者，还特别组织青年论坛等活动。

论坛能够保持活力，其中非常重要的原因，也是其他类似组织不具备的，是论坛《章程》中有成员竞争和流动机制的规定，以及论坛参与人员对这个机制的认同和论坛学术委员会的严格执行。学术委员会的重要职责是根据《章程》考核成员，对所有成员的贡献定期做出评估，对不活跃或未能提供高质量研究成果的成员实行流动。这是论坛始终保持活力的重要因素。

论坛《章程》规定成员分为正式成员、特邀成员两种。如果不符合参会要求（至少一年一次）和提交论文要求（至少一年一篇），或连续两年没有参会，正式成员就被降为特邀成员。如果特邀成员不符合参会要求（至少一年一次）和提交论文要求（至少一年一篇），就会被要求退出论坛。来自商业机构的正式成员还需要同时满足作为理事单位交纳会费的要求，不然也要被降级，甚至被要求退出论坛。正式成员如果年龄超过 60 岁，必须退出正式成员，或成为学术顾问，或成为资深研究员。理事单位或会员单位如果没有按时交纳会费，也会被要求退出论坛。学术委员会也有退出机制：如果一年内两次缺席会议，将会被要求退出学术委员会。自 2017 年起，论坛学术顾问也有聘期，每届聘期为三年，每三年续聘一次。这个流动机制的严格执行是保证论坛保持活力的重要原因。

十年来，学术委员会严格执行这些规定。根据学术委员会会议记录，在过去十年的 30 次会议中，共有 29 人次被从正式成员降为特邀成员，有 43 人次被退出论坛。到论坛成立十周年时，仅有 14 位创始成员在列正式成员或学术顾问、高级研究员。

学术委员会也根据《章程》接纳新的正式成员。根据《章程》规定，在通常情况下，在成为正式成员之前要先成为特邀成员，并根据表现转为正式成员。在过去的十年中，在 2008 年 40 位正式成员的基础上，共有 45 人次被接受为正式成员，有 84 人次被接受为特邀成员。

论坛能够实现这种程度的流动是非常不容易的。中国是一个人情社会，特别是在金融领域，圈子很小，参与论坛的人员之间的关系都很近。特别是还有不少参与者是政府官员，有的官位很高。能否一律执行流动规则，是一项挑战性非常大的工作。一些其他类似组织，虽然也有规定，但是很难落实到位。中国金融四十人论坛能够坚持严格的流动机制，有三个原因。首先是秘书处的执行力，为学术委员会安排日程并提供准确信息。二是学术委员会的原则性，坚决按照制度办事。三是常务理事会、监事会对学术委员会和秘书处的有力支持。这是论坛能够充满活力的根本保证。

2008—2018 年，中国金融四十人论坛走过了第一个十年。十年的时间并不长，但论坛在十年中的成长历程是值得我们回忆和总结的。在我看来，制度、包容、活力这三条是值得我们这个论坛自豪的三个特点，也是论坛的三个优势。在中国金融四十人论坛步入第二个十年之际，我提出这三条与同人共勉。

中国金融四十人论坛组织机构成员名单

（2018 年 10 月）

论坛学术顾问（按姓氏拼音排序）：

1.	蔡　昉	中国社会科学院副院长
2.	陈文辉	全国社会保障基金理事会副理事长
3.	陈雨露	中国人民银行副行长
4.	方星海	中国证券监督管理委员会副主席
5.	胡晓炼	中国进出口银行董事长
6.	黄奇帆	全国人大财政经济委员会副主任委员
7.	蒋超良	湖北省委书记
8.	姜建清	上海新金融研究院理事长
9.	李剑阁	孙冶方经济科学基金会理事长
10.	林毅夫	北京大学国家发展研究院教授
11.	刘世锦	国务院发展研究中心原副主任
12.	刘　伟	中国人民大学校长
13.	卢　锋	北京大学国家发展研究院教授
14.	潘功胜	中国人民银行副行长、国家外汇管理局局长
15.	钱颖一	清华大学经济管理学院原院长

16. 秦　晓	香港金融发展局成员，招商局集团、招商银行原董事长
17. 沈晓晖	国务院研究室国际司原司长
18. 魏尚进	哥伦比亚大学金融学教授
19. 吴敬琏	国务院发展研究中心资深研究员
20. 吴晓灵	全国人大财经委副主任委员、中国人民银行原副行长
21. 谢　多	中国银行间市场交易商协会党委书记
22. 许宪春	国家统计局原副局长
23. 阎庆民	中国证券监督管理委员会副主席
24. 杨凯生	中国工商银行原行长
25. 易　纲	中国人民银行行长
26. 尹艳林	中央财经委员会办公室副主任
27. 于学军	国有重点金融机构监事会主席
28. 余永定	中国社会科学院世界经济与政治研究所研究员
29. 张　涛	国际货币基金组织副总裁
30. 张晓慧	中国人民银行原行长助理
31. 朱光耀	财政部原副部长
32. 朱　民	国际货币基金组织原副总裁
33. 邹加怡	财政部副部长

论坛常务理事会主席：

陈　元	第十二届全国政协副主席

论坛常务理事会副主席：

谢　平　　中国投资有限责任公司原副总经理

论坛常务理事（按姓氏拼音排序）：

1. 毕明建　　中国国际金融股份有限公司首席执行官
2. 蔡鄂生　　北方新金融研究院院长
3. 蔡明兴　　富邦金融控股公司董事长
4. 陈东升　　泰康保险集团股份有限公司董事长兼 CEO
5. 陈生强　　京东金融集团首席执行官
6. 陈　元　　第十二届全国政协副主席
7. 黄益平　　北京大学国家发展研究院副院长
8. 康　义　　天津市副市长
9. 李东荣　　中国互联网金融协会会长
10. 李伏安　　渤海银行股份有限公司董事长
11. 李若谷　　中国进出口银行原董事长
12. 李振江　　国务院办公厅秘书四局局长
13. 连　平　　交通银行首席经济学家
14. 廖　岷　　中央财经委员会办公室副主任、财政部副部长
15. 刘信义　　上海浦东发展银行行长
16. 刘　勇　　国家开发银行首席经济学家
17. 缪建民　　中国人民保险集团股份有限公司董事长
18. 牛成立　　中诚信托有限责任公司董事长
19. 钱颖一　　清华大学经济管理学院原院长
20. 裘国根　　上海重阳投资管理股份有限公司董事长
21. 任汇川　　中国平安集团总经理

22. 沈仁康　　浙商银行股份有限公司董事长
23. 孙德顺　　中信银行行长
24. 孙　杰　　中国外汇交易中心副总裁
25. 陶以平　　兴业银行行长
26. 屠光绍　　中国投资有限责任公司总经理
27. 王海明　　中国金融四十人论坛秘书长
28. 谢　平　　中国投资有限责任公司原副总经理
29. 阎庆民　　中国证券监督管理委员会副主席
30. 杨德红　　国泰君安证券股份有限公司董事长
31. 袁　力　　北京阿尔山科技有限公司董事长

论坛理事（按姓氏拼音排序）：

1. 毕明建　　中国国际金融股份有限公司首席执行官
2. 蔡明兴　　富邦金融控股公司董事长
3. 陈东升　　泰康保险集团股份有限公司董事长兼 CEO
4. 陈生强　　京东金融集团首席执行官
5. 陈卫东　　中国银行国际金融研究所所长
6. 陈一松　　中信信托有限责任公司董事长
7. 付　钢　　渤海银行行长
8. 高善文　　安信证券首席经济学家
9. 黄金老　　苏宁金融集团常务副总裁
10. 洪　磊　　中国证券投资基金业协会会长
11. 洪维智　　富滇银行股份有限公司董事长
12. 井贤栋　　蚂蚁金融服务集团董事长
13. 孔德昌　　天津市东丽区区长

14. 赖智明　　腾讯集团副总裁
15. 李　彬　　民生银行副行长
16. 李若谷　　中国进出口银行原董事长
17. 李正强　　大连商品交易所理事长
18. 连　平　　交通银行首席经济学家
19. 廖宜建　　汇丰银行（中国）有限公司行长兼行政总裁
20. 李南青　　深圳前海微众银行行长
21. 林震昊　　摩根士丹利亚洲有限公司董事总经理
22. 刘守建　　建银国际（控股）有限公司副总裁
23. 刘信义　　上海浦东发展银行行长
24. 刘　洋　　中融国际信托有限公司董事长
25. 刘　勇　　国家开发银行首席经济学家
26. 吕家进　　中国邮政储蓄银行行长
27. 梅恺威　　捷信集团董事
28. 牛成立　　中诚信托有限责任公司董事长
29. 裘国根　　上海重阳投资管理股份有限公司董事长
30. 任汇川　　中国平安集团总经理
31. 沈仁康　　浙商银行股份有限公司董事长
32. 沈晓明　　中国长城资产管理股份有限公司董事长
33. 束行农　　南京银行行长
34. 宋跃升　　恒生银行（中国）有限公司行长
35. 盛　佳　　网信集团首席执行官
36. 孙德顺　　中信银行行长
37. 孙　杰　　中国外汇交易中心副总裁
38. 陶以平　　兴业银行行长

39. 唐臻怡	中信里昂证券有限公司董事长
40. 万　放	平安资产管理有限责任公司董事长
41. 王金山	北京农商银行董事长
42. 吴　跃	中国东方资产管理股份有限公司董事长
43. 薛　峰	光大证券股份有限公司董事长
44. 杨德红	国泰君安证券股份有限公司董事长
45. 姚　洋	北京大学国家发展研究院院长
46. 杨　婕	Point72 资产管理公司亚洲区首席经济学家
47. 余春玲	中再资产管理股份有限公司总经理
48. 于业明	太平洋资产管理有限责任公司董事长
49. 张健华	华夏银行行长
50. 张晓蕾	渣打银行（中国）有限公司行长，首席执行总裁兼副董事长
51. 赵桂才	工银金融租赁有限公司总裁
52. 赵　民	正略集团董事长
53. 郑　杨	上海市金融服务办公室主任
54. 周向勇	国泰基金管理有限公司总经理
55. 周学东	中国人民银行金融稳定局局长
56. 朱碧新	中国诚通控股集团有限公司总经理
57. 朱勇勤	新加坡政府投资公司私募股权首席投资官
58. 祝献忠	华融证券股份有限公司董事长

论坛会员单位：

中银国际控股有限责任公司

论坛学术委员会主席：

黄益平　　北京大学国家发展研究院副院长

论坛学术委员会成员（按姓氏拼音排序）：

1. 白重恩　　清华大学经济管理学院院长
2. 高善文　　安信证券首席经济学家
3. 廖　岷　　中央财经委员会办公室副主任、财政部副部长
4. 隆国强　　国务院发展研究中心副主任
5. 潘功胜　　中国人民银行副行长、国家外汇管理局局长

论坛监事长：

钟　伟　　北京师范大学金融研究中心主任

论坛监事会成员：

巫和懋　　中欧国际工商学院经济学教授

论坛秘书长：

王海明

成员名单

论坛正式成员（按姓氏拼音排序）：

政府机关人员：

1.	范文仲	中国银行业监督管理委员会国际部主任
2.	郭　凯	中国人民银行国际司副司长
3.	纪志宏	中国人民银行金融市场司司长
4.	李　波	中华全国归国华侨联合会副主席
5.	李文红	中国银行业监督管理委员会业务创新监管协作部主任
6.	廖　岷	中央财经委员会办公室副主任、财政部副部长
7.	刘春航	中国银行业监督管理委员会政策研究局局长
8.	刘　健	财政部国际经济关系司司长
9.	刘尚希	中国财政科学研究院院长
10.	隆国强	国务院发展研究中心副主任
11.	陆　磊	国家外汇管理局副局长
12.	缪延亮	国家外汇管理局中央外汇业务中心首席经济学家
13.	孙国峰	中国人民银行金融研究所所长
14.	王　毅	财政部金融司司长
15.	徐　忠	中国人民银行研究局局长
16.	宣昌能	国家外汇管理局副局长
17.	叶兴庆	国务院发展研究中心农村经济研究部部长

18. 殷　勇　　北京市副市长
19. 张晓朴　　中央财经委员会办公室经济一局副局长

研究机构人员：

20. 白重恩　　清华大学经济管理学院院长
21. 丁志杰　　对外经济贸易大学副校长
22. 黄益平　　北京大学国家发展研究院副院长
23. 李稻葵　　清华大学苏世民学者项目主任
24. 马　骏　　清华大学金融与发展研究中心主任
25. 瞿　强　　中国财政与金融政策研究中心主任
26. 钟　伟　　北京师范大学金融研究中心主任

商业机构人员：

27. 高善文　　安信证券首席经济学家
28. 黄海洲　　中国国际金融公司董事总经理
29. 李伏安　　渤海银行股份有限公司董事长
30. 刘　珺　　中国投资有限责任公司副总经理
31. 彭文生　　光大集团研究院副院长、光大证券首席经济学家
32. 孙明春　　博海资本董事长兼首席投资官
33. 王　庆　　上海重阳投资管理股份有限公司总裁
34. 伍　戈　　华融证券首席经济学家
35. 张健华　　华夏银行行长

论坛特邀成员（按姓氏拼音排序）：

1. 陈剑波　　中国农业银行非执行董事

2. 陈　龙　　阿里巴巴罗汉堂秘书长
3. 陈卫东　　中国银行国际金融研究所所长
4. 崔　历　　建银国际证券公司宏观研究主管、董事总经理
5. 党小卉　　国务院研究室信息司巡视员
6. 何　东　　国际货币基金组织（IMF）货币及资本市场局副局长
7. 花长春　　国泰君安研究所全球首席经济学家
8. 黄金老　　苏宁金融集团常务副总裁
9. 纪　敏　　中国人民银行研究局副局长
10. 金刻羽　　伦敦政治经济学院副教授
11. 金中夏　　驻国际货币基金组织（IMF）中国执行董事
12. 李　麟　　浦发银行公司业务管理部总经理
13. 李迅雷　　中泰证券首席经济学家、研究所所长
14. 梁　红　　中国国际金融有限公司首席经济学家
15. 林采宜　　华安基金首席经济学家
16. 刘向民　　中国人民银行条法司司长
17. 鲁政委　　兴业银行首席经济学家
18. 阮健弘　　中国人民银行调查统计司司长
19. 孙天琦　　国家外汇管理局总会计师
20. 王　信　　中国人民银行货币金银局局长
21. 温信祥　　中国人民银行支付结算司司长
22. 张敬国　　泰康保险集团股份有限公司总经理助理
23. 周诚君　　中国人民银行研究局副局长
24. 祝丹涛　　中央财经委员会办公室经济二局副局长
25. 朱　隽　　中国人民银行国际司司长

论坛专职高级研究员（按姓氏拼音排序）：

1. 管　涛　　中国国家外汇管理局国际收支司原司长
2. 张　斌　　中国社科院世界经济与政治研究所全球宏观经济研究室原主任

论坛资深研究员（按姓氏拼音排序）：

1. 连　平　　交通银行首席经济学家
2. 魏加宁　　国务院发展研究中心宏观经济部巡视员
3. 巫和懋　　中欧国际工商学院经济学教授
4. 张承惠　　国务院发展研究中心金融研究所前所长
5. 郑京平　　国家统计局原副局长

论坛特邀研究员（按姓氏拼音排序）：

1. 程　炼　　中国社科院金融所研究员
2. 程漫江　　中银国际证券董事总经理、研究部主管
3. 何　平　　清华大学经济管理学院金融系教授
4. 李　斌　　中国人民银行货币政策司副司长
5. 张成思　　中国人民大学财政金融学院货币金融系主任